Geheimnisse der Matrix

Der neue Mystery-Report

1. Auflage November 2021

Copyright © 2021 bei
Kopp Verlag, Bertha-Benz-Straße 10, D-72108 Rottenburg

Satz und Layout: Martina Kimmerle
Umschlaggestaltung: Nicole Lechner

ISBN: 978-3-86445-851-4

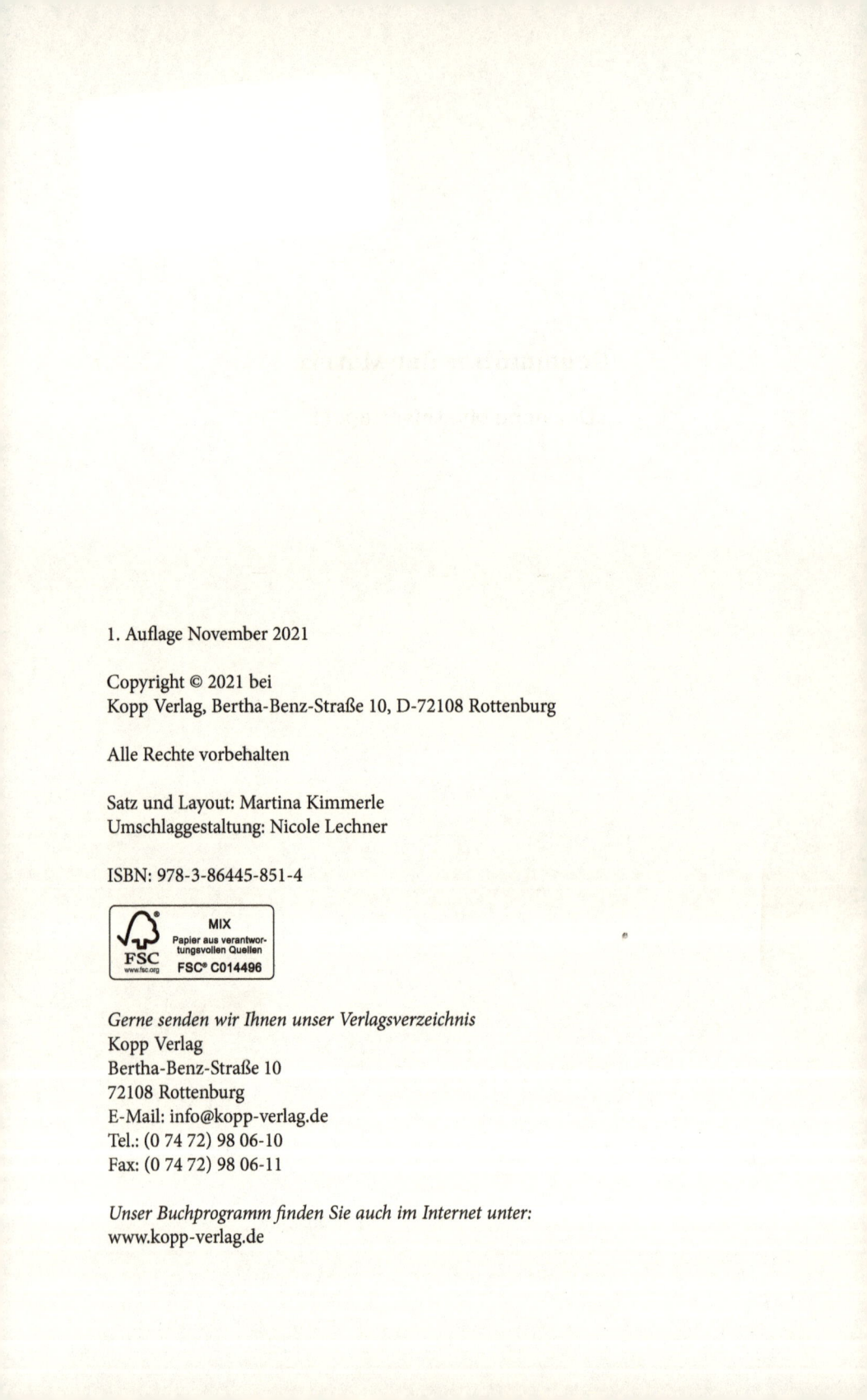

MIX
Papier aus verantwor-
tungsvollen Quellen
FSC® C014496
FSC
www.fsc.org

Gerne senden wir Ihnen unser Verlagsverzeichnis
Kopp Verlag
Bertha-Benz-Straße 10
72108 Rottenburg
E-Mail: info@kopp-verlag.de
Tel.: (0 74 72) 98 06-10
Fax: (0 74 72) 98 06-11

Unser Buchprogramm finden Sie auch im Internet unter:
www.kopp-verlag.de

Ich widme diese Zeilen
drei herzenszarten,
fleißigen und geistreichen
Freunden des Fantastischen,
die unserer Zeit um
Lichtjahre voraus waren.
Ich vermisse Euch.

Lucius Werthmüller
(1958–2021)
Wolfgang Schmidt
(1962–2020)
Hermann Hemminger
(1939–2020)

Inhalt

Ist es
nicht seltsam,
dass sich
die menschliche
Geschichte
seit Ewigkeiten
stets von Neuem
wiederholt?
Zufall?
Oder Absicht?

Wie real ist unsere Realität?

» Wie ist das Leben auf unserem Planeten entstanden?
Wie hoch ist die mathematische Wahrscheinlichkeit einer Kette
biologischer Unfälle in einem Häufchen Kohlenstoff, die dazu
geführt hat, dass wir uns heute über Hunderte Kilometer hinweg an
einem Hightech-Telefon über derlei Dinge unterhalten können?
Man fragt sich: reiner Zufall? Oder gab es doch
eine Art Anleitung von außen? «

Ridley Scott, Filmregisseur

Was geht in einer Fliege vor, die auf uns herumkrabbelt? Und was geistert uns dabei durch den Kopf? Was denkt sich ein Vogel, der uns beobachtet? Und was denken wir über ihn? Wer berichtet realistischer über eine Geburt? Die Mutter, die ihr Kind zur Welt bringt? Die Hebamme, die sie entbindet? Der Vater, der ihr dabei hilflos zuschaut? Das Pflegepersonal, das hilfreich Hand anlegt? Oder der Arzt, der später Protokoll darüber führt?

Wie wirklich ist unsere Wirklichkeit? Wissen wir aus eigener Erfahrung, dass unerklärliche Phänomene samt und sonders Hirngespinste sind? Oder glauben wir es lediglich zu wissen? Wissen wir, dass im Tresor unserer Bank, den wir nie im Leben betreten, unsere Ersparnisse lagern? Oder glauben wir es nur zu wissen? Wissen wir, dass jeder steinalte Berg und jede ferne Insel, die wir nie erkunden werden, auch in Wirklichkeit existieren? Oder glauben wir es lediglich zu wissen? Bleibt es nicht eigentümlich, dass sich jedes Dorf, jede Stadt und jedes fremde Land, das wir zum aller-

1
Villa Verte in Gland
(Waadt). Kein Einfamilien-
haus – sondern ein getarnter Schweizer Artillerie-
stützpunkt.

2
Festung Magletsch bei
Gretschins (St. Gallen).
Das versteckte Geschütz
lässt sich samt der Scheune
um 360 Grad drehen.

ersten Mal bereisen, vollkommen anders präsentiert, als wir es uns zuvor in Gedanken ausgemalt hatten?

Nichts ist so, wie es scheint! Eifrig präsentieren uns Archäologen auf Malta oder in Ägypten fantasievolle Rekonstruktionen uralter Tempelanlagen als historische Originale. Niemanden scheint das zu stören. Ebenso wenig, dass sich in manchen Museen vermutlich mehr gefälschte als echte Exponate tummeln, wie mir der eine oder andere Kurator bei meinen Recherchen im Keller namhafter Institutionen zuflüsterte. Und im englischen Stonehenge? Selbst dort wird Besuchern ein in den letzten 100 Jahren mittels Spritzbeton und Tragwinden mehrfach aufgemöbelter und umgruppierter Steinkreis für alt verkauft, den es in dieser Form niemals gegeben hat. »Botox-Archäologie« im Namen des Mammons?

Falsche Fassaden führen uns auch in London in die Irre. Im Stadtteil Bayswater findet sich die Anschrift 23–24 Leinster Gardens, hinter deren aufgemalten Fenstern und Türen kein Mensch je gewohnt hat. Ebenso wenig wie im französischen Scheingebäude an der 145, rue La Fayette in Paris, dessen trügerische Außenseite einen Lüftungskamin verbirgt. Oder an der 58 Joralemon Street im New Yorker Stadtteil Brooklyn, hinter der sich trotz täuschend echter Fenster keine Wohnungen befinden – sondern ein kaschierter Notausgang der U-Bahn. Harry Potter und seine Zauberfreunde aus Hogwarts lassen grüßen.

Allein in meiner Heimatregion Basel unterqueren gleich vier geheime Tunnel den Rhein. Einer der verborgenen Eingänge befindet sich in einer versifften Litfaßsäule am Ufer der dortigen Partymeile – versteckt, verheimlicht und vergessen. Auf dem Vierwaldstättersee gondeln Urlauber derweil auf Raddampfern durch die Idyllen der Zentralschweiz. Entzückt bewundern sie die imposante Naturszenerie, denn an manchen Uferstellen fallen die Felswände steil ab. So auch bei der Seeenge Nas nahe Vitznau. Was selbst Einheimische kaum wissen: Ein einziger Handgriff im Berginnern genügt, um an dessen Außenseite kaschierte Teile der dortigen Felswand herunterzufahren. Unter Kettengerassel öffnet sich eine riesige rechteckige Luke und gibt den Blick auf martialische Geschützstellungen aus dem Zweiten Weltkrieg frei! Ein schauerliches Spektakel, das an James-Bond-Filme erinnert und das kein Tourist jemals zu sehen bekommt.

Ernüchterung macht sich in der Schweiz selbst in den Jurahöhen, im Mittelland oder in den Alpen breit, wo traditionelle Landhäuser, Bauernhöfe oder Ställe das ländliche Bild prägen. Erst bei genauerem Hingucken entpuppt sich so manche herausgeputzte Berghütte und so manche schmucke Scheune als militärische Anlage. Nur wer die trickreich getarnten Objekte oder Geschütze aus nächster Nähe betrachtet, entdeckt die trügerischen Kulissen.

Ebenso veräppelt wurden die Bürger in Cochem (Rheinland-Pfalz). Jahrzehntelang zählte der dortige Bundesbankbunker zu den geheimsten Gebäuden Deutschlands. Hinter der ortsüblichen Fassade eines Mehrfamilienhauses, mitten in einem biederen Wohngebiet im Hunsrück, hortete die Regierung Geldscheine im Gesamtwert von 15 Milliarden D-Mark! Eine »Notstandswährung« für den Krisenfall. Bis 1988 lagerte der behördliche Schatz dort – sowie in weiteren Tresoren der Bundesbank. Die Panzerschränke lagen 30 Meter unter der Erde. Im Garten existierten unter Hecken und Bäumen verborgene Notausstiege. Die Anlage verfügte über eine eigene Trinkwasser-, Elektrizitäts- und Atemluftversorgung.

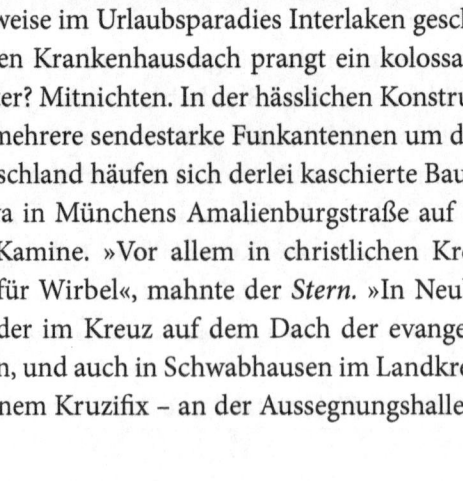

3
Als Wohnhaus
kaschierter Bunker
in Cochem
(Rheinland-Pfalz).
15 Milliarden
D-Mark hatte die
Bundesbank hier
bis 1988 versteckt.

Ihren 1500 Quadratmeter großen Bunker kaschierten die Staatsbanker nicht nur optisch. Offiziell beherbergte das ansehnliche Mehrfamilienhaus ein Schulungsheim der Deutschen Bank! Außer einem »Heimleiter« wusste niemand, was sich hinter den dortigen Mauern verbarg. Nicht einmal die Polizei. Die wurde bei Störungsmeldungen zwar alarmiert, hatte aber keinen blassen Schimmer, zu welch brisantem Spezialbau sie ausrücken musste. Mittlerweile wurde die Ersatzwährung eingestampft, der Bunker aufgegeben – und vermutlich andernorts wieder aufgebaut.

Werden wir täglich hinters Licht geführt? Selbstverständlich! Nahezu in jeder kleinen oder großen Stadt unserer Heimat sendet und strahlt es stärker denn je – ohne dass wir über die Präsenz so mancher Mobilfunkmasten Bescheid wüssten. Nicht zuletzt, weil immer mehr umstrittene Sendeanlagen zunehmend dreister versteckt werden. Schon vor Jahren wurde beispielsweise im Urlaubsparadies Interlaken geschummelt. Mitten auf dem örtlichen Krankenhausdach prangt ein kolossaler Betonaufbau. Ein Rauchgasfilter? Mitnichten. In der hässlichen Konstruktion verborgen strahlen gleich mehrere sendestarke Funkantennen um die Wette!

Auch in Deutschland häufen sich derlei kaschierte Bauten. Wer danach sucht, stößt etwa in Münchens Amalienburgstraße auf Sendeanlagen in Form falscher Kamine. »Vor allem in christlichen Kreuzen versteckte Masten sorgen für Wirbel«, mahnte der *Stern*. »In Neuburg an der Donau ist der Sender im Kreuz auf dem Dach der evangelischen Apostelkirche verborgen, und auch in Schwabhausen im Landkreis Dachau steckt ein Sender in einem Kruzifix – an der Aussegnungshalle der Gemeinde.«

Weitere 4G-Antennen wurden in Freizeitparks versteckt. Andere als Tannen, Palmen, moderne Kunstwerke oder Fahnenmasten verkleidet.

Seit 2015 strahlen Mobilfunkverstärker sogar dort, wo man sie am wenigsten vermutet. Direkt unter unseren Füßen. Im Straßenbelag von Flaniermeilen, öffentlichen Plätzen und Fußgängerzonen! Verborgen unter kanaldeckelartigen Plastikattrappen. Entwickelt wurden derlei »Kabelschachtantennen« von der Schweizer Swisscom und dem bayerischen Technologiekonzern Kathrein als Patentnehmer. Deren Installationen sind inzwischen landesweit im Einsatz. Wo genau? Darüber schweigen sich die Verantwortlichen aus. Insider gehen aber davon aus, dass allein in Zürich längst über hundert »Untergrundantennen« um die Wette funken.

Street Connect nennt sich das kaum bekannte Produkt, das auch 5G-tauglich ist. »Bei unserer Lösung geht es lediglich darum, den in Innenstädten begrenzten Platz für Mobilfunkantennen auf neue Art zu nutzen«, versuchte Kathrein-Sprecher Anton Maier 2019 auf meine Anfrage hin, die Gemüter zu beruhigen, ehe das Unternehmen aus Rosenheim Knall auf Fall an den schwedischen Mobilfunkriesen Ericsson verhökert wurde. Im Gegensatz zur Schweiz oder den USA werde das Kathrein-Patent »in Deutschland aktuell noch nicht verbaut«, so Maier wortkarg, räumte aber ein: »In weiteren Ländern ist der Einsatz geplant.« Im Klartext: Trügerische Gullydeckel häufen sich allerorts. Auch unter unseren Füßen!

Wenn wir bereits in heimischen Gefilden zunehmend erfolgreicher verschaukelt werden, welche Blendwerke erwarten uns dann in exotischeren Regionen am anderen Ende

4
Je stärker die Funkstrahlung, desto trickreicher die Tarnung: Schornsteinimitat, wie es zunehmend häufiger Verwendung findet.

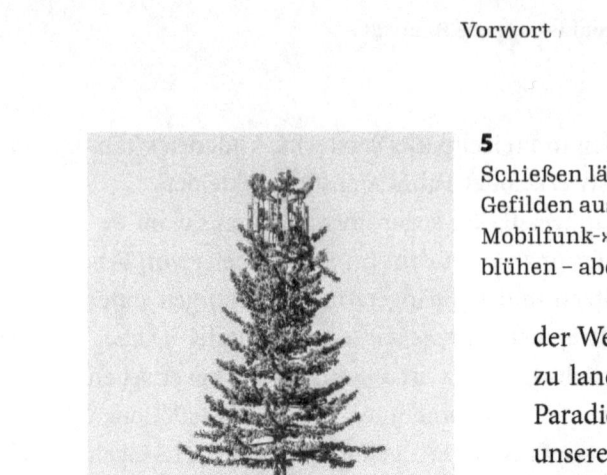

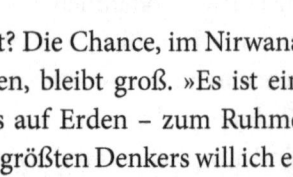

5
Schießen längst auch in unseren
Gefilden aus dem Boden: künstliche
Mobilfunk-»Bäume«, die nicht
blühen – aber umso stärker strahlen.

der Welt? Die Chance, im Nirwana zu landen, bleibt groß. »Es ist ein Paradies auf Erden – zum Ruhme unseres größten Denkers will ich es Kantia taufen!«, soll sich etwa der Leipziger Kaufmann und Segler Johann Otto Polter begeistert notiert haben, als er im Jahr 1884 »auf dem 14. Breitengrade über dem Wendekreis des Krebses eine unbekannte Insel aus dem Meer aufsteigen« sah.

Detailversessen beschrieb der Seefahrer ein Eiland, das er nach dem deutschen Philosophen Immanuel Kant benannte: »Im Osten schlägt der Atlantik mit wilder Wucht seine Gischt gegen eine felsenreiche Küste. Im Süden und Westen aber plätschert die See mit zartem Grün über strahlend weißen Sand. Der Norden der Insel wird von einem Gebirge beherrscht, der Süden ist eher flach – und überall scheint die Erde äußerst fruchtbar. Die Wilden gehen nackt wie Gott sie geschaffen und sind von guter Statur – auch scheinen sie wohlgesonnen.« 1888 organisierte Johann Otto Polter mit eigenen Mitteln eine Expedition, um das vermeintliche Paradies zwischen Martinique und Barbados für den deutschen Kaiser in Besitz zu nehmen. Doch Kantia ignorierte ihn. Die Trauminsel war verschwunden. Verschollen. Untergetaucht. Unauffindbar.

War der Abenteurer ein Schelm? Oder ein Mystery-Pionier? Leider keines von beiden. Aus den Fingern gesaugt hat sich diese fiktive Geschichte vielmehr der Lebenskünstler Samuel Herzog, der sie am 22. Mai 2004 als Tatsachenbericht (!) unter dem Titel »Die Wilden scheinen wohl gesonnen« in der *Neuen Zürcher Zeitung* unterbrachte, von wo sie am

17. Mai 2010 in der *Süddeutschen Zeitung* unkritisch nachgeplappert sowie am 22. November 2011 im *Spiegel* und am 7. Dezember 2012 in der *Welt* ungeprüft zitiert wurde. Ebenso wie uns Susanne Kusicke bereits am 19. Februar 2000 in der *Frankfurter Allgemeinen Zeitung* ähnlich abstruse Inselmärchen als Tatsachen verkauft hatte (»Der Ele-Archipel überrascht die Fachwelt«). Kuriosum am Rande: Sowohl Herzog als auch Kusicke dürfen uns ihre Zeitungsenten in besagten Gazetten gegen Honorar bis heute weiterhin auftischen.

Alles klar? Mitnichten. Denn Dichtung und Wahrheit differieren auch anderswo um etliche Längen- und Breitengrade. Nicht zuletzt, was Sarah Ann betrifft. Laut einer Zeitungsmeldung der *Ludington Daily News* vom 16. Oktober 1932 wollten westliche Forscher die dortigen Insulaner im Südpazifik angesichts einer bevorstehenden Sonnenfinsternis im Jahr 1937 kontaktieren und machten sich auf den Weg zu besagtem Eiland, das auf Seekarten in der Nähe der Osterinseln eingezeichnet war. Doch sie fanden – nichts. Sarah Ann wurde darauf von den Weltkarten getilgt. Heute geht man davon aus, dass die Insel nie existiert hat. Oder dass sie einst mit einem anderen Eiland verwechselt wurde. Zu Recht?

Stranden könnten Suchende auch auf Podesta, einer weiteren umstrittenen Phantominsel, die sich knapp 1400 Kilometer westlich des chilenischen Hafens Valparaíso befinden soll. Auf Google Earth wird das winzige Eiland bei 32° 18′ S, 89° 08′ W lokalisiert, obwohl es seit der erstmaligen Erwähnung durch den Kapitän der Barone Podesta im Jahre 1879 von niemandem mehr gesichtet wurde. Die 2009 gegründete Mikronation República de Rino Island beansprucht die Souveränität über Podesta angeblich bis heute.

Zumindest in der 2015er-Ausgabe des *National Geographic Atlas of the World* findet sich im Weiteren das Ernest-Legouvé-Riff. 1902 soll es vom Kapitän eines gleichnamigen Schiffes im Pazifik gesichtet worden sein, bei den Koordinaten 35° 12′ S, 150° 40′ W liegen und rund 100 Meter breit sein. Weil niemand weiß, ob das Riff tatsächlich existiert, blieb es – ähnlich wie die umstrittene Maria-Theresa-Insel (Tabor) in benachbarten Gefilden – vorsichtshalber auf vielen Seekarten verzeichnet.

Selbst Bermeja im Golf von Mexiko fand seit ihrer Erwähnung durch den Kartografen Alonso de Santa Cruz im Jahr 1539 Eingang in unsere

Atlanten. Die Beschreibungen der 80 Quadratkilometer kleinen Insel beruhen ebenfalls nur auf Beobachtungen. Niemand hatte je seinen Fuß auf das Eiland gesetzt, das von fern »hell und rötlich erscheint«. Im Juni 2009 wollten es Forscher der Universität von Mexiko-Stadt genauer wissen. Im Auftrag des Parlaments begaben sie sich mit Flugzeugen und Schiffen auf die Suche nach dem Landfleck, den man bei 22°33′ N, 91°22′ W wähnte. 40 Stunden lang war das Echolot auf einer Fläche von über 10000 Quadratkilometern im Einsatz. Man fand – ebenfalls nichts.

Den Mexikanern wäre die Existenz von Bermeja durchaus gelegen gekommen. Immerhin hätten sie im Wettbewerb um die Vergabe von Ölbohrrechten dadurch einen Trumpf in der Hand gehalten. Kein Wunder,

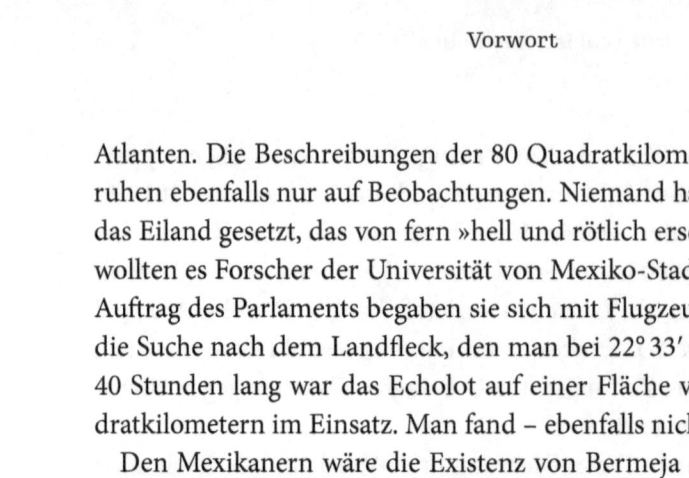

6 Phantomwelt: Wie viele mysteriöse Inseln und unerforschte Landflecke auf unserem Erdball existieren? Niemand weiß es.

dass bald die wildesten Gerüchte kursierten. Ein kartografischer Irrtum oder tektonische Aktivitäten als Ursachen für das Verschwinden der Insel schienen als Erklärung für deren Nichtexistenz zu simpel. Und so bezichtigten manche sogar die CIA, das Eiland kurzerhand in die Luft gejagt zu haben, um die Vorherrschaft der USA in der ölreichen Region zu sichern.

Ähnlich konsterniert reagierten australische Forscher im November 2012. Denn das im 18. Jahrhundert vom französischen Seefahrer Joseph Bruny d'Entrecasteaux und von James Cook beschriebene und kartierte Sandy Island (Île de Sable) existiert ebenfalls nicht (mehr)! Eine Expedition der University of Sydney ortete im Korallenmeer zwischen Australien und Neukaledonien zwar jede Menge Wasser, aber keinen Quadratmeter Land. Und dies ausgerechnet dort, wo selbst Google Maps das Eiland kürzlich noch verzeichnet hatte. Wie es auf moderne Kartenwerke gelangte? Eine entscheidende Quelle seien auch in diesem Fall die Schlapphüte der CIA, kritisierte Steven Micklethwaite von der University of Sydney. »Das nährt Verschwörungstheorien!«, notierte Ende 2012 selbst der Hamburger *Spiegel*.

Nicht nur Fantasten geraten deswegen ins Fabulieren. Vernebeln obskure Mächte die Existenz geheimer Phantomwelten? Mutet es nicht merkwürdig an, dass niemand exakt beziffern kann, wie viele reale oder irreale Inseln es auf unserem Globus gibt? Bleiben nicht nur ferne Landflecken trügerisch – sondern auch jede nahe Fassade in unserer Nachbarschaft, deren Rückseite wir niemals persönlich erkundet haben? Ist da draußen alles ganz anders?

Befremdlicher als die Fiktion entpuppt sich nur die Wirklichkeit. »Man entdeckt keine neuen Erdteile, ohne den Mut zu haben, alte Küsten aus den Augen zu verlieren«, notierte der französische Schriftsteller André Gide (1869–1951). »Fahre in die Welt hinaus. Sie ist fantastischer als jeder Traum!«, doppelte sein US-Kollege Ray Bradbury (1912–2012) nach. Oder wie der Dalai Lama einst mit einem vieldeutigen Augenzwinkern nachschob: »Einmal im Jahr solltest du einen Ort besuchen, an dem du noch nie warst!«

Willkommen in der Anderswelt!

» Woher wissen wir eigentlich, dass unsere Welt, in
der wir leben, echt ist? Sind wir alle nur programmierte Scheinwesen
innerhalb eines riesigen Computerprogramms? Und falls ja:
Müsste es dann nicht auch Programmierfehler geben – und müssten wir
im Prinzip dann nicht auch fähig sein, diese zu entdecken? «

Christoph Pöppe, Mathematiker

Die »Erleuchtung« kam von oben. Im Hollywood-Klassiker *The Truman
Show* (1998) donnert Jim Carrey alias Truman Burbank eines Morgens aus
heiterem Himmel mitten auf der Straße ein riesiger Scheinwerfer mit der
Aufschrift »Sirius« vor die Füße – ehe es ihm allmählich dämmert und sich
sein gesamtes irdisches Dasein samt allen Bekannten und Verwandten als
lebenslang inszeniertes TV-Schauspiel bezahlter Komparsen entpuppt.

Ein ähnlich schockierendes Erlebnis lässt auch Volker Mühlthaler aus
Baden-Württemberg an der Realität zweifeln. »Es war im September
1989«, berichtete er mir. »Ich war mit der Ehefrau des Deutschlandmana-
gers von Electrolux bei einer Theatervorstellung. Als Mitglied des Theater-
chors hatte sie den Bonus, ein gern gesehener Gast zu sein, auch ohne Vor-
anmeldung. Auf der Rückfahrt erzählte sie mir über das letzte Abendessen
mit den ›Obersten‹ von Electrolux Schweden und deren Skrupellosigkeit.
Denn zum Schluss dieses Essens feuerte der Vorstandsvorsitzende einen
führenden Mitarbeiter, den er zuvor noch eng und wie es schien auch ver-
trauensvoll in die Strategiegespräche eingebunden hatte. Der Rauswurf

7 Welche Sterne sind echt – und welche nicht? Scheinwerferszene aus dem Hollywood-Film *The Truman Show* (1998).

kam für alle Beteiligten wie aus heiterem Himmel. Die Frau war empört. Mit ihrem Mann wollte sie nicht darüber reden. Zurück vor ihrem Haus war sie noch voll in Fahrt ...«

Ein Blick auf die Uhr veranlasste Mühlthaler, den Redefluss der Dame höflich zu unterbrechen. »Es war 23:25 Uhr, und um diese Uhrzeit kamen die Spätschichtarbeiter von Daimler aus Sindelfingen zurück. Einer davon ging unsere Straße in Richtung seines Domizils entlang. Also machte ich ihr aus Diskretionsgründen den Vorschlag eines Ortswechsels.« Mühlthaler steuerte den Wagen auf einen landwirtschaftlichen Verbindungsweg zwischen Steinegg und Mühlhausen, auf der Suche nach einer Wendemöglichkeit. Je weiter er fuhr, desto finsterer erschien ihm die Strecke. Endlich tat sich vor ihm ein befestigter Weg auf, der in den angrenzenden Wald führte. Rückwärts kurvte er auf sein Ziel zu.

Plötzlich traute der Mann seinen Augen nicht: »Ich war vielleicht etwa 8 Meter ins Dickicht gesteuert, hatte gerade meine Rückwärtsfahrt gestoppt, da wurde es auf der Wiese vor uns überraschend leuchtend hell! Das Licht war grellweiß, das Gras hatte einen blassgelblichen, nur leicht grünen Farbton. Allein diese seltsame Farbe werde ich nie mehr vergessen! Die vor uns ausgeleuchtete Stelle hob sich zudem messerscharf von der absoluten Dunkelheit ab. Da ich wissen wollte, woher das Licht kam, suchte ich nach Schatten. Es gab jedoch absolut keine. Folglich musste

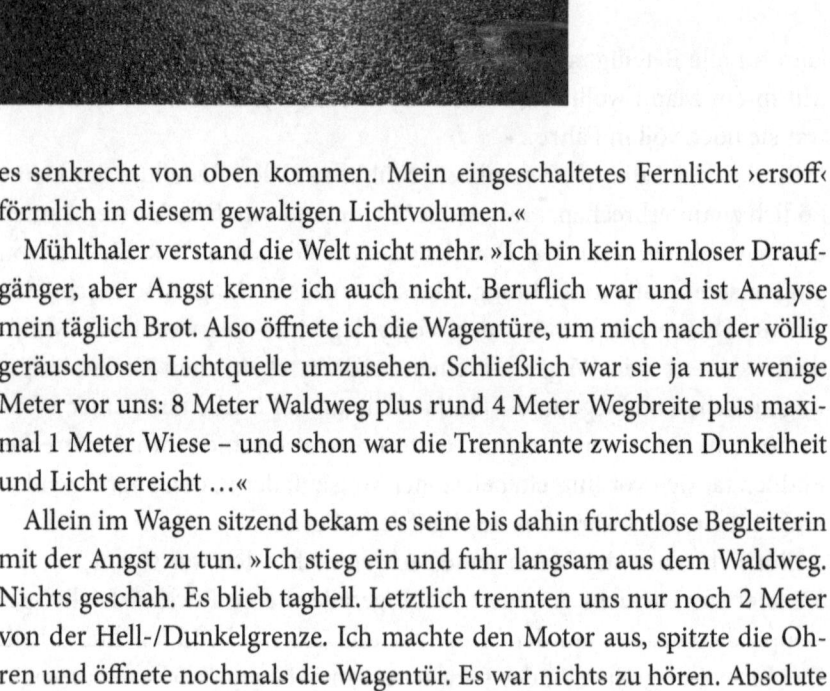

8
Konfrontation mit
dem Unfassbaren.
Täglich erleben kern-
gesunde Menschen
Dinge, die unserem
Realitätsverständnis
widersprechen.

es senkrecht von oben kommen. Mein eingeschaltetes Fernlicht ›ersoff‹
förmlich in diesem gewaltigen Lichtvolumen.«

Mühlthaler verstand die Welt nicht mehr. »Ich bin kein hirnloser Drauf-
gänger, aber Angst kenne ich auch nicht. Beruflich war und ist Analyse
mein täglich Brot. Also öffnete ich die Wagentüre, um mich nach der völlig
geräuschlosen Lichtquelle umzusehen. Schließlich war sie ja nur wenige
Meter vor uns: 8 Meter Waldweg plus rund 4 Meter Wegbreite plus maximal 1 Meter Wiese – und schon war die Trennkante zwischen Dunkelheit
und Licht erreicht …«

Allein im Wagen sitzend bekam es seine bis dahin furchtlose Begleiterin
mit der Angst zu tun. »Ich stieg ein und fuhr langsam aus dem Waldweg.
Nichts geschah. Es blieb taghell. Letztlich trennten uns nur noch 2 Meter
von der Hell-/Dunkelgrenze. Ich machte den Motor aus, spitzte die Ohren und öffnete nochmals die Wagentür. Es war nichts zu hören. Absolute
Stille, nur Licht.«

Nachdem ihn seine Begleiterin nicht mehr aussteigen ließ, brachte er
sie nach Hause. »Da wir ja nun wieder auf freiem Feld waren, sah ich öfter
in den Rückspiegel als durch die Frontscheibe. Nichts zu hören, nichts zu

sehen – außer diesem gleißenden Licht, das sich letztlich wie ein Punkt-strahler, aus einer gewissen Entfernung von oben, begrenzt vom Wagen-dach darstellte.«

Am folgenden Tag besuchte Volker Mühlthaler den Ort erneut, um nach Hinweisen zu suchen, die den Spuk erklären könnten. »Doch da war nichts! So weit mein Beitrag, der Sie vielleicht interessieren könnte. Im Grund bedaure ich es, ich ärgere mich sogar, statt wie geplant der Sache auf den Grund zu gehen, wieder zurück zum Wagen gegangen zu sein. Vielleicht wüsste ich heute sonst mehr?«

Pulsiert in unserer Welt eine zweite, weitaus mächtigere Welt voller Mysterien und Wunder? Das fragte sich auch Irene Kunzmann aus dem süddeutschen Remchingen. Wie etliche Beobachter des Unfassbaren rauf-te sie sich rückblickend die Haare, nicht genauer hingeschaut zu haben, wie sie in einem mir vorliegenden Typoskript festhielt: »Damals fuhr ich mit meinem Auto in der Abenddämmerung in einen Nachbarort. Plötz-lich sah ich zu meinem Erstaunen Lichter, die sich im Zeitlupentempo vorwärtsbewegten. Ich konnte mir keinen Reim darauf machen, hielt des-halb kurz an und drehte das Autofenster herunter. Zunächst dachte ich, es handelt sich um einen Suchtrupp, der Fackeln in der Hand hält und links und rechts damit den Weg ausleuchtet, um irgendetwas in Boden-nähe zu suchen. Es waren aber keine Fackeln, sondern es sah eher so aus wie tragbare Neonröhren, die man heutzutage auch anstelle von Taschen-lampen benutzen kann. Ich konnte jedoch keine Körper erkennen. Es sah vielmehr so aus, als würden sich die sehr hellen Neonröhren von alleine fortbewegen. Allerdings in menschenähnlicher Form und Gestalt, ähnlich den Strichmännchen, die wir als Kinder gemalt haben. Ich war an jenem Abend in Eile. So kurbelte ich damals leider meine Autoscheibe hoch und fuhr kurzerhand weiter ...«

Nach Antworten suchte Zeit seines Lebens ebenso Josef Dörig aus Bonaduz (Graubünden). 1994 teilte mir mein Landsmann mit: »Im Zu-sammenhang mit der Angelegenheit von Frau Kaiser, die wir anlässlich Ihres seinerzeitigen Aufenthalts in Chur besucht hatten, möchte ich Ih-nen noch Folgendes berichten: Als Mädchen im Alter von rund 12 Jahren erkrankte Frau Kaiser an einer schweren Lungenentzündung und lag mit hohem Fieber im Bett. Ihre Mutter, die das Krankenbett von der Küche aus von Zeit zu Zeit beobachtete, erblickte eines Tages eine dunkle, verhüllte Gestalt am Bett ihrer Tochter. Nachdem sie ihren ersten Schrecken überstanden hatte und noch einmal nachschaute, war die Gestalt bereits verschwunden. Frau Kaiser selbst hat von diesem Vorfall nichts mitbekommen, ihre Mutter erzählte ihr erst später davon, als sie wieder genesen war. Nach der Beschreibung von Frau Kaiser war ihre Mutter eine realistische und auch strenge Frau ohne jeglichen Hang zu Übersinnlichem. Eine Erklärung für diesen Vorfall konnte nicht gefunden werden.«

Ähnlich Verstörendes gab mir in Unkenntnis der obigen Beschreibung kürzlich Martin aus Wien zur Kenntnis. Aus Angst vor Unannehmlichkeiten bat er um Anonymisierung seines Nachnamens. »Ich war damals verheiratet und hatte eine Tochter. Mitten in der Nacht wurde ich munter und sah auf meiner Bettseite am Fußende drei kleine graue Gestalten. Ich wollte meine damalige Frau sogleich wecken, aber ich konnte mich keinen Millimeter rühren. Als ich am Morgen aufwachte, ging mein Wecker 10 Minuten nach. Es war ein Radiowecker. Der Wecker meiner Frau und meiner hingen an demselben Stromkreis, und am Abend davor war die Zeitanzeige noch identisch. Wenn das mit der verstellten Uhrzeit nicht gewesen wäre, hätte ich die Geschehnisse als Traum abgetan.«

Und dann ist da nicht zuletzt auch Ruth Blum aus dem Baselbieter Städtchen Aesch. Im Winter 1975 oder 1976 stand sie als junges Mädchen abends in ihrem Zimmer am Fenster, als sie in der Dämmerung ein seltsames Licht am Himmel sah. 10 Minuten später hatte sie zusammen mit ihrer Schwester Charlotte eine groteske Erscheinung, die ihr bis heute zu denken gibt. »Im Abstand von 5 bis 10 Metern tauchten vor meinem Fenster fünf menschenähnliche Wesen auf, die etwa 3 bis 4 Meter über dem Boden schwebten! Eines von ihnen bewegte sich direkt auf mein Fenster zu, wo wir uns rund eine Minute lang anstarrten ...«

Es habe so ausgesehen, als würden die fremden Gestalten vor ihr »schwimmen«, ohne ihre Arme zu bewegen. Sie hätten dunkle Overalls getragen, »ähnlich der Kleidung von Motorradfahrern«. Ihre Köpfe seien auffällig groß gewesen im Verhältnis zum Körper, ohne Nase oder Mund, »und ihre leuchtenden Augen erschienen mir doppelt so groß wie die eines

Menschen«. Zudem bemerkte das Mädchen, dass sich etwa 20 Zentimeter über den Wesen ein Gegenstand befand, der an ein Surfbrett erinnerte. »Er war 2 bis 3 Zentimeter dick und etwas breiter als deren Körper.« Anfänglich habe sie die kuriosen Kreaturen deshalb für »Deltaflieger« gehalten, die »im Innenhof herumschwebten«.

Etwa im Jahr 1984, im Alter von 15 Jahren, offenbarte Ruth Blum das Erlebnis ihrem Lehrer Hans Rudolf Zeller (1934–2016), als dieser in der Schule das Thema UFOs behandelte. »Der Bericht von Ruth ist in der Klasse natürlich auf großes Interesse gestoßen«, bestätigte mir der frühere Pädagoge. Er hatte Ruth gebeten, den Vorfall akribisch zu notieren, und machte ihn Jahre später publik. Ruth sei von ihren Kameraden damals regelrecht ins Kreuzverhör genommen worden, erinnerte sich Zeller. Vor der Veröffentlichung habe er seine frühere Schülerin 2006 nochmals kontaktiert. Damals lebte sie in Lausanne. An einige Details wie die leuchtenden Augen der »Besucher« konnte sich die heutige Englischlehrerin nicht mehr erinnern. Im Kern aber bestätigte sie ihm ihr Erlebnis. Die seltsamen Wesen schwebten über dem Boden. Und auch deren ungewöhnliche Kleidung war ihr in Erinnerung geblieben: »Sie waren mit Overalls und einer Art Schutzhelm bekleidet!«

Schilderungen wie diese sind nur einige wenige Erzählungen von mittlerweile über 1500 geistig kerngesunden Zeugen des Unglaublichen, die mir ihre Erfahrungen mit der Anderswelt in den letzten drei Jahrzehnten aufgewühlt zu Protokoll gaben. Mündlich oder schriftlich. Persönlich. Oder am Telefon. Glaubhaft. Ohne Geltungssucht. Ohne finanzielle Absichten. Ihre Erlebnisse werfen verwirrende Fragen auf, die alles auf den Kopf stellen, was wir zu wissen glauben. Beobachten wir? Oder werden wir beobachtet? Sind wir die Regisseure unseres Lebens? Oder lediglich Marionetten in einer kosmischen Puppenkiste, deren Fäden andere ziehen?

Das Universum ist groß – und das Gehirn bleibt klein. Je paradoxer die Fragen, desto vertrackter die Erkenntnis: Ist es wahr, dass es in Wahrheit keine Wahrheit gibt? Ist es möglich, die Unmöglichkeit zu beschreiben? Wie viel Unvernunft bedingt der Glaube an die Vernunft? Vermag der allmächtige Gott einen kolossalen Steinbrocken zu erschaffen, welcher derart schwer ist, dass selbst er ihn nicht mehr hochheben kann? Wie lautet die vorletzte Ziffer der unendlichen Zahl Pi? Wie ehrlich lügt ein Politiker, der behauptet, dass alle Politiker lügen? Und weshalb endet dieser Satz ebenfalls mit einem Fragezeichen?

Leider bleibt es mit dem menschlichen Grips so eine Sache. Wer von Zahlen nichts versteht, kann mit ihnen auch nicht rechnen. Wer nicht weiß, was ein Telefon ist, kann damit auch nicht telefonieren. Wer von Philosophie keinerlei Ahnung hat, wird auch nie über sie philosophieren. Und wer als naturverbundener Weltverbesserer niemals über die Risiken eines Atomkraftwerks aufgeklärt wurde, wird dessen Kühltürme irgendwann frohgemut in die Luft sprengen – um damit besten Gewissens jede Menge Platz für neue Wälder oder kunterbunt strahlende Biotope zu schaffen.

Ob Flugzeuge am Himmel oder als Hubschrauber getarnte rosarote Elefanten: Wir entdecken immer nur, was wir kennen oder zu erkennen glauben. So will es unser Gehirn. Von Natur aus mit Intelligenz bestückt, von Natur aus mit Intelligenz beschränkt. Einem biologischen Superrechner gleich, der allen Updates zum Trotz irgendwann veraltet, überhitzt und ausgebrannt seinen Dienst verweigert. Weil täglich weitaus mehr Informationen auf unsere von Geburt an limitierte Festplatte einprasseln, als wir lebenslang verkraften und verarbeiten können.

Wer kapiert etwa schon, dass es unsere moderne Physik klipp und klar erlaubt, in die Zukunft zu reisen? Postuliert und berechnet hat dies vor über 100 Jahren Albert Einstein in seiner Relativitätstheorie. Seine posthum bewiesene Theorie der »Zeitdilatation« macht das scheinbar Unmögliche möglich. Die komplizierten Details lassen sich in jedem Physikbuch nachschlagen. Allein deren Konsequenz sprengt alle Grenzen des Vorstellbaren. Konkret: Würde man laut Einstein heute in einem irdischen Raumschiff mit knapper Unterlichtgeschwindigkeit zu einem rund 500 Lichtjahre entfernten Stern düsen und danach wieder zurück, wäre man selbst rund 25 Jahre älter – während auf der Erde gleichzeitig 1000 Jahre vergangen wären. Unvorstellbar. Und dennoch wahr.

Ein Mysterium kommt selten allein. Und so hält unser kleiner Erdball weitaus größere Phänomene und Geheimnisse parat, als wir wahrhaben wollen. »Darunter ein kosmisches Rätsel, das kein Mensch bislang lüften konnte.« Diese Behauptung stammt nicht von mir. Sondern von ein paar

9
Hannah Fry:
»Wer hat die
Zahlen erfunden?
Das Universum?
Oder wir?«

geistreichen Professoren und Professorinnen der Neuzeit. Im Bewusstsein, dass so manch Unverständliches im wörtlichsten Sinne des Wortes berechenbar ist, Berechenbares aber ebenso oft unverständlich bleibt.

Die vielleicht faszinierendste aller paradoxen Fragen, welche sich besagte Damen und Herren stellen: Kommuniziert das Universum in der Sprache der Mathematik? Oder haben wir die Mathematik lediglich erfunden, um mit dem Universum zu kommunizieren, und glauben, dieses damit aus unserer Sicht einen Hauch besser ergründen und verstehen zu können? »Tatsächlich wissen wir bis heute nicht, was Mathematik genau ist oder woher sie stammt«, wie es Hannah Fry vom University College in London 2018 in einer BBC-Dokumentation (*Magic Numbers*) auf den Punkt brachte.

Hannah Fry flirtet gerne mit der Anderswelt. Ohne Jahwe, Allah, Shiva oder obskure M'schimba-M'schamba-Dämonen zu bemühen, fragt sich die Naturwissenschaftlerin bis heute: »Existieren Zahlen in einer Art magischem Paralleluniversum der fundamentalen Wahrheiten? Helfen sie uns von dort aus, die Regeln der Wissenschaft zu verstehen? Oder entspringen sie lediglich unserem Kopf, also unserer ureigenen menschlichen Fantasie? Haben wir sie als eine Art universelle Sprache erdacht? Oder haben wir sie einfach nur entdeckt? Quasi als ein Geschenk einer Art höher entwickelter Intelligenz?« Das eine? Das andere? Beides? Oder keins von beiden?

Unterstützung erhält die Engländerin von der Professorin Eleanor Knox vom King's College London: »Ich kann mir beim besten Willen nicht vorstellen, dass die beindruckenden mathematischen Prinzipien ein Produkt des menschlichen Verstandes sind. So einfallsreich sind wir nicht!« Der US-Physikprofessor Max Tegmark vom Massachusetts Institute of Technology ist sich ebenso sicher: »Die platonischen Körper sind ein perfektes Beispiel dafür, dass Mathematik eine menschliche Entdeckung ist. Als die alten Griechen in der Natur auf diese kongenialen Formen stießen, gaben sie ihnen Namen, aber die Formen an sich existierten längst, als sie darauf aufmerksam wurden.« Ähnlich fruchtbare Zweifel züchtet, hegt und pflegt in seinem Gedankengarten der Astrophysiker Silvio Livio von der Johns Hopkins University in Baltimore: »Freundlicherweise wird die Natur von allgemeingültigen Gesetzen und nicht von Feld-Wald-und-Wiesen-Regeln beschränkter Reichweite gelenkt. Weshalb? Ist Gott ein Mathematiker?«

Schon der griechische Ziffernjongleur Pythagoras von Samos und seine Anhänger waren vor rund 2500 Jahren nach intensiven Studien der Natur überzeugt: Mathematik, deren Gesetze, Kurven und Geheimnisse sind ein Geschenk des Himmels – also der Götter! Die detaillierte Beobachtung und Vermessung aller Formen und Wunder der Natur ließen für sie keinen anderen Schluss zu. Zu fasziniert, zu verblüfft, zu »geschüttelt und gerührt« fühlten sie sich von ihren Entdeckungen, die sie sich zuvor nicht einmal in ihren kühnsten Träumen ausmalen konnten. Weil sich ihnen dank bis dahin unbekannter harmonischer Zahlenfolgen und Formeln neue Welten mit schier unbegrenzten Möglichkeiten eröffneten.

Zwar glauben wir, unsere antiken Vorfahren mithilfe von ultramodernen Mikroskopen und blitzschnellen Computern intellektuell längst überflügelt zu haben. Dennoch bleiben die Ausrufezeichen von gestern die Fragezeichen von heute. Warum basteln und formen etwa vermeintlich geistlose Nautilusse ihre Gehäusekammern stets in mathematisch harmonischen Mustern aus logarithmischen Spiralen – und dies seit der Urzeit, als es uns und unsere Mathematik noch gar nicht gab? Wie gelingt ihnen dieses rechnerisch kongeniale Kunststück noch dazu ohne Winkelmaß, Taschenrechner oder Supercomputer, sodass sich ihre Strukturen in Form ebenso exakt ausbalancierter Wendeltreppen längst in der modernen Architektur wiederfinden? Also in geometrisch perfekten Maßstäben konzipiert, die bis heute nur von Experten erkannt, berechnet, kopiert und perfektioniert werden können?

Warum spinnt so manche vermeintlich bewusstseinsfreie Spinne seit Jahrmillionen reißfestere Netze als so mancher Profifischer – mitunter in mathematisch derart komplexen Mustern, dass selbst heutige Zahlenjongleure bei der Betrachtung und Vermessung von derlei Strukturen Glücksgefühle überkommen? Wieso entwickeln, organisieren und strukturieren sich etliche, vermeintlich primitive Organismen seit jeher im Goldenen Schnitt, den Architekten und Künstler erst vor wenigen Jahrhunderten entdeckten und dem sie seither milliardenfach nacheifern? Und weshalb zählen unsere Botaniker an natürlichen Blumen so gut wie nie sieben Blütenblätter, aber umso öfter numerische Wachstumsmuster, die sich an der erst im Jahr 1202 vom Italiener Leonardo Fibonacci beschriebenen Zahlenfolge orientieren (0, 1, 1, 2, 3, 5, 8, 13, 21, 34, 55, 89 ...)? Pure Magie, wie der Mathematiker Jakob Bernoulli 1691 schwärmte?

Kuriositäten, die auch dem preisgekrönten Mathematiker Norbert Lossau aus Solingen Kopfzerbrechen bereiten, wie er in der *Welt* vom 11. Januar 2016 eingestand: »Die Spiralstruktur einer Nautilusschnecke, einer kosmischen Galaxie sowie der innere Aufbau eines Rotkohls lassen sich mit der gleichen mathematischen Formel beschreiben, obwohl es hier inhaltlich keinen Bezug zu geben scheint. Weshalb?« Wer ist einfallsreicher? Die Natur? Oder wir? Oder beide – weil wir selbst Bestandteil der Natur sind?

Paradoxe Fragen wie diese strapazieren unsere Vorstellungskraft. Ebenso wie jeder Blick in Richtung Firmament, dessen Sternenhimmel uns Nacht für Nacht vorgaukelt, was einst war – und vorenthält, was dereinst sein wird. Ein verwirrender Blick in die Vergangenheit! Denn etliche der

10 Inbegriff harmonischer Mathematik: Nautilusschnecke,
wie sie die Natur vor Jahrmillionen schuf – lange, ehe Hominiden
das Einmaleins erlernten.

funkelnden Himmelskörper dürfte es mittlerweile nicht mehr geben, weil
ihr zweifelhafter Schein unser ebenso zweifelhaftes Sein erst nach Jahrmillionen erreicht. Umso fataler, dass in den letzten Jahrzehnten mindestens
100 Sterne im Universum spurlos von unseren Radarschirmen verschwunden sind. Womöglich sogar noch weitaus mehr! Unauffindbar. Erloschen.
Immer noch da? Oder nie dagewesen?

Auch dies behaupte einmal mehr nicht ich. Sondern Beatriz Villarroel
und ihre Kollegen von der Universität Stockholm – nach dem Vergleich
mit Sternenkarten aus den 1950er-Jahren. Blitzsauber dokumentiert im
Astronomical Journal (»The Vanishing and Appearing Sources during a
Century of Observations Project«, 12. Dezember 2019). Dazu mein Journalistenfreund und Astronomieexperte Andreas von Rétyi, der in Coburg
eine private Sternwarte betreibt: »Wenn jetzt von ›100 verschwundenen
Sternen‹ die Rede ist, dann ist das eigentlich nur ein kleiner Teil der Wahr

heit, denn insgesamt stießen die Astronomen auf rund 150 000 kosmische Objekte, die in den moderneren Kartenwerken nicht mehr auffindbar sind. Umso interessanter, dass das Team um Beatriz Villarroel den Einfluss Außerirdischer, welcher Art auch immer, ausdrücklich nicht ausschließen kann oder will.«

Der nächste Big Bang ließ nicht lange auf sich warten. Ereignet hat er sich in der 75 Millionen Lichtjahre entfernten Zwerggalaxie PHL 293B (Kinman). Irgendwo da draußen, im Sternbild des Wassermanns, fehlt seit 2019 völlig überraschend ebenfalls ein bekannter Riesenstern, weit über 2 Millionen Mal leuchtstärker als unsere Sonne! Einer der hellsten seiner Art. Für versierte Astronomen schon fast ein »alter, erleuchteter Kumpel«.

Umso verdutzter guckten universitäre Forscher vom irischen Trinity College in Dublin in die Röhre, als sie mit dem Very Large Telescope (VLT) der Europäischen Südsternwarte nach dem »Leuchtkräftigen Blauen Veränderlichen«, so sein offizieller Name, Ausschau hielten. Denn der galaktische Superstar hatte sich quasi über Nacht buchstäblich aus dem kosmischen Staub gemacht. Verschwunden. Untergetaucht. Weg. Unauffindbar. Und dies ohne erwartete Supernova-Explosion. Ohne beobachteten Sterbeprozess. Also ohne jegliches bekanntes Abschiedszeichen. Als hätte ein Programmierer der »Superleuchte« mittels Mausklick von einer Sekunde auf die andere den kosmischen Stecker gezogen. Ein Novum in der kurzen Geschichte der Astrophysik.

»Es scheint extrem ungewöhnlich für einen derart massereichen Stern, dass er so ohne Weiteres verschwindet, ohne zuvor für eine helle Supernova-Explosion zu sorgen«, wunderten sich die Iren im August 2020 in den *Monthly Notices of the Royal Astronomical Society* (»The possible disappearance of a massive star in the low-metallicity galaxy PHL 293B«, Vol. 496/2). Schärfere Teleskope sollen in seinen Gefilden künftig mehr Licht ins Dunkel zaubern, in der Hoffnung, nicht zuletzt auch uns damit zu erleuchten. Selbstverständlich werden andere Wissenschaftler irgendwann eine rationale Erklärung dafür finden, warum der »Leuchtkräftige Blaue Veränderliche« unserer Realität den Laufpass gab. Ebenso selbstverständlich dürften weitere Experten dank noch genauerer Messungen später eine weitere, noch rationaler klingende Erklärung dafür favorisieren. Fleißige

Naturwissenschaftler mögen keine irrationalen Erklärungen. Also fahnden sie unermüdlich nach Fehlern in ihren Berechnungen und Theorien, um das Unerklärliche aus unserer Realität zu eliminieren.

Dennoch gibt mir die schwindende himmlische Lichterpracht zu denken. Wenn trotz modernster Operngläser nicht mal die hellsten Scheinwerfer im Universum berechenbar sind, wie unberechenbar bleibt dann unser restliches Verständnis der kosmischen Glitzerkulisse?! Scheint es nicht bedenklich, dass nicht nur weitaus mehr Sterne, sondern auch weitaus mehr Menschen als vermutet täglich buchstäblich ins »Nichts« verschwinden? Mutet es nicht befremdlich an, dass Poltergeister in unserer Nachbarschaft nach wie vor ihr Unwesen treiben, wie mir verzweifelte Augenzeugen versicherten? Ebenso wie sich über unseren Köpfen seit Jahrzehnten haarsträubende UFO-Phänomene abspielen?

Neue Ketzer braucht diese Welt! Kein noch so verstaubter Schmöker, der nicht ein Körnchen Wahrheit birgt. Kein noch so modernes Lexikon, das nicht misstrauisch studiert gehört. Insofern bleiben die Fragen in diesem Buch subversiv. Glaubt Gott an Außerirdische? Glauben Außerirdische an Gott? Wie viele echte Haarlocken des vergifteten Dichterfürsten Friedrich Schiller existieren in Wirklichkeit? Diejenigen, die wir kennen? Oder weitaus mehr, von denen selbst heutige Experten keine Ahnung haben? Was hatten Zwerge in der Alpenwelt verloren, die just dann verschwanden, als wir ihnen auf die Schliche kamen? Und weshalb landen verkannte Genies weitaus öfter in der Psychiatrie als prominente Politiker? Weil Erstere zu viel von unserer Welt verstanden haben? Und Letztere zu wenig?

Ist es möglich, warmherzige Zeitgenossen unter Hypnose zu kaltblütigen Mordtaten anzustiften? Sind uns Tiere nur deswegen unterlegen, weil wir ihren Intellekt unterschätzen? Weshalb schwitzen manche von uns im Eisbad, während andere darin erfrieren? Inkarniert sich der Dalai Lama im nächsten Leben als bezaubernde Lady, Insekt oder erleuchteter Bazillus? Muss vorzeitig gehen, wer dem Sinn des Lebens auf die Spur gekommen ist? Darf länger verweilen, wer weiter danach sucht? Oder ereilt uns das Schicksal am Ende stets dort, wohin wir uns vor ihm flüchten?

Die Wirklichkeit bleibt unkooperativ, aber faszinierend. Ob unglaubliche Geschichten, mysteriöse Phänomene, unterdrückte Entdeckungen oder bizarre Todesfälle: Die Pforten zur Anderswelt verbergen sich stets dort, wo wir sie am allerwenigsten erwarten. Versteckt in den vertrautesten Winkeln unserer vermeintlichen Realität – wo uns das Unwahrscheinliche heimlich und das Wahrscheinliche noch öfter unheimlich erscheint.

Wie mahnte uns der österreichische Philosoph Paul Watzlawick (1921–2007), ehe er diese Welt wieder verlassen musste: »Der menschliche Glaube, es gäbe lediglich eine einzige Wirklichkeit, ist die gefährlichste aller geistreichen Selbsttäuschungen.« Oder wie Jim Carrey im eingangs erwähnten Kinoklassiker *The Truman Show* vor der Flucht aus seiner lebenslangen Illusion zum Abschied in die 5000 Fernsehkameras diktierte, die seinen Sternenhimmel simulierten und sein Tun rund um die Uhr aufgezeichnet hatten: »Guten Morgen – und falls wir uns nicht mehr sehen sollten: Guten Nachmittag, guten Abend und gute Nacht!«

11 Schauspieler Jim Carrey beim Verlassen »seiner« Realität. Schlussszene des Hollywood-Klassikers *The Truman Show* (1998).

Unheimliche Zufälle: Fehler in der Matrix?

»Je planmäßiger die Menschen vorgehen, desto wirksamer vermag sie der Zufall zu treffen. Wer dem Paradoxen gegenübersteht, setzt sich der Wirklichkeit aus. Das Wirkliche ist nur ein Sonderfall des Möglichen und deshalb auch anders denkbar. Daraus folgt, dass wir das Wirkliche umzudenken haben, um ins Mögliche vorzustoßen.«

Friedrich Dürrenmatt, Schriftsteller

»Was man dem Unbewussten als wahr übermittelt, wird wahr!«, zeigte sich der irische Bestsellerautor Joseph Murphy (1898–1981) überzeugt. Ist es tatsächlich so, dass Pessimisten das Unglück anziehen? Und Optimisten das Gegenteil? Kann der Glaube an das Gute Berge versetzen? Führen uns unsere Ängste im Gegenzug unbewusst stets dorthin, wovor wir uns am meisten fürchten?

Der begnadete Schriftsteller Ödön von Horváth (1901–1938) – Autor von *Jugend ohne Gott* – galt zeitlebens als abergläubischer Mensch. Bereits mit 36 Jahren musste der österreichisch-ungarische Literat unsere Welt wieder verlassen. Sein vorzeitiges Ableben in Paris gibt bis heute Anlass zu Spekulationen. Stolperte Horváth dem Tod nur deshalb in die Arme, weil er ihm entgehen wollte?

12
Ödön von Horváth. Begegnete der Literat dem Tod nur deswegen, weil er ihm aus dem Weg gehen wollte?

»Der Mystiker«, wie ihn die Fachwelt noch heute gerne tituliert, verkehrte regelmäßig mit Spiritisten und besuchte auch Hellsichtige. Ein solcher hatte ihm kurz vor seinem Ableben geweissagt, »dass er im Juni 1938 auf einer Reise ›das größte Erlebnis seines Lebens‹ haben werde«, bestätigt Nicole Streitler-Kastberger von der Universität Wien, welche die kommentierte Gesamtausgabe des Schriftstellers herausgegeben hat.

Am 29. Juni 1938 hatte auch sein österreichischer Schriftstellerkollege Franz Werfel notiert, dass »ein Wahrsager« in Amsterdam Horváth »wenige Wochen vor seinem Tod prophezeite, dass ihn in Paris die größte Entscheidung des Lebens« erwarte. Andere Quellen wie die *Neue Zürcher Zeitung* ergänzen, dass dem Schriftsteller exakt der 1. Juni 1938 »als wichtigster Tag in seinem Leben« genannt wurde. Es war in jedem Fall eine wegweisende Vorhersage. Denn tatsächlich verunglückte Ödön von Horváth an besagtem Tag tödlich! Er hielt sich an jenem Datum gerade in Paris auf und war auf dem Heimweg von einem Treffen mit dem Regisseur Robert Siodmak und dessen Frau, bei dem die Verfilmung seines Romans *Jugend ohne Gott* besprochen wurde.

Ein heftiges Gewitter tobte damals über der Seine-Metropole. Was dann passierte, beschreibt sein Biograf Traugott Krischke wie folgt: »Horváth geht die Champs-Élysées entlang und überquert sie in Höhe der Avenue Marigny. Alles Weitere geschieht in Sekunden. Ein plötzlicher Windstoß.

Krachen. Horváth sucht Schutz unter den Bäumen. Dann Stille. Horváth tritt vor. Einen Schritt. Einen zweiten. Da trifft ihn ein stürzender Ast und zerschlägt ihm das Hinterhaupt.« Der Schwerverletzte wird in eine Klinik gebracht, doch die Ärzte können ihn nicht mehr retten. »In seiner Manteltasche findet man ein Paket Aktfotos und ein Gedicht, auf eine Zigarettenschachtel notiert, das in den Zeilen endet: ›Was echt ist, das soll kommen. Obwohl es heut krepiert.‹« (*Spiegel*, Nr. 19/1989)

Offensichtlich hatte Ödön von Horváth schon am Morgen jenes Tages eine Vorahnung. Denn bereits beim Frühstück mit seinem Freund, dem Schriftsteller Walter Mehring, lag ein heftiges Gewitter in der Luft. Als es draußen plötzlich blitzte und donnerte, habe Horváth ihm zugeraunt: »Das gilt mir!« So jedenfalls hielt es Mehring gemäß Biograf Traugott Krischke später fest.

Tatsache ist: Der Ungar war zeitlebens ein ängstlicher, fast schon paranoider Mensch. Nicht ohne Grund, hatte er im Verlauf der Zeit doch mehrere Prophezeiungen seines frühen Todes erhalten. So schrieb der Schriftsteller Hermann Kesten wenige Tage nach dem Unfall des gemeinsamen Freundes in einem Brief an den Verleger Walter Landauer: »Dass uns die SS verfolgt, wissen wir. Aber dass schon die Bäume auf den Champs-Élysées anfangen, exilierte deutsche Poeten zu erschlagen! Sie wissen, wie abergläubisch Horváth war. Lieber ging er zum 7. oder 8. Stock eines Hotels hinauf, als den Aufzug zu benutzen, weil ihm eine Zigeunerin den Tod durch einen Unfall geweissagt hat.«

Bizarre Angewohnheiten, die der Schriftsteller Alfred Döblin in privaten, archivierten Aufzeichnungen bestätigte. Er hatte Ödön von Horváth kurze Zeit vor dessen Ableben getroffen. Der Schriftsteller habe ihn zu Hause besucht und sich trotz Lift durch das Treppenhaus mehrere Stockwerke zu ihm hochgequält, erinnerte er sich: »Als ich ihn fragte, warum er zu Fuß raufgestiegen war, gestand er ein bisschen geniert, dass er alle technischen Einrichtungen meide. Vor ein paar Monaten hätte ihm eine Zigeunerin aus der Hand gelesen und ihn vor einem lebensbedrohenden Unfall gewarnt.« Davon sei Horváth derart beeindruckt gewesen, »dass er sogar bei seiner Flucht durch halb Österreich nur mit Bauernwagen und Pferden gereist war und Auto und Eisenbahn gemieden hatte«.

Diverse Zeitzeugen wissen von weiteren Erlebnissen mit dem technikfeindlichen Künstler zu berichten. So schilderte Horváths Autorenkollege Klaus Mann in seiner Autobiografie (*Der Wendepunkt*): »Horváth war eine der merkwürdigsten dichterischen Begabungen seiner Generation, plauderte für sein Leben gern über seltsame Unglücksfälle, groteske Krankheiten und Heimsuchungen aller Art. (...) ›Vor den Nazis habe ich keine so sehr große Angst‹, stellte Horváth fest. ›Es gibt ärgere Dinge, nämlich die, vor denen man Angst hat, ohne zu wissen, warum. Ich fürchte mich zum Beispiel vor der Straße. Straßen können einem übelwollen, können einen vernichten. Straßen machen mir Angst.‹«

Am Tag seines Ablebens wurde dem Autor ausgerechnet seine Vorsicht zum Verhängnis. Denn wenige Minuten vor dem fatalen Unglück in Paris hatte die Frau seines letzten Gesprächspartners Robert Siodmak angesichts des aufziehenden Unwetters angeboten, ihn mit dem Auto in sein Pariser Hotel zurückzubringen. Der Schriftsteller lehnte dankend ab. Aus Furcht vor einem Unfall. Kurz darauf war er tot. Ein einziger Ast eines morschen Kastanienbaums war stärker gewesen als sein geistreicher Dickschädel.

Wurde Ödön von Horváth Opfer einer »selbsterfüllenden Prophezeiung«, wie sie US-Soziologe Robert K. Merton 1948 erstmals propagierte? Ähnlich wie allein schon die Angst vor Stürzen bei Senioren zu einer häufigeren Anzahl von Stürzen führen kann? Möglich wäre es. Denn, wie Merton dozierte: »Die selbsterfüllende Prophezeiung ist anfänglich eine falsche Bestimmung der Situation, sie verursacht aber ein neues Verhalten, das bewirkt, dass die ursprünglich falsche Auffassung richtig wird. Die Gültigkeit der selbsterfüllenden Prophezeiung führt eine Herrschaft des Irrtums fort. Der Prophet wird den Gang der Dinge als Beweis dafür anführen, dass er von Anfang an recht hatte.«

Vereinfacht formuliert: Hätte Horváth sich vor seinem frühzeitigen Ableben nicht gefürchtet, hätte es ihn womöglich nicht so früh überrumpelt. Oder wie es der Kommunikationsforscher Paul Watzlawick zu Papier brachte: »Wenn eine Prophezeiung geglaubt wird, also nur wenn sie als eine in der Zukunft sozusagen bereits eingetretene Tatsache gesehen wird, kann sie konkret auf unsere Gegenwart einwirken und sich damit selbst erfüllen.«

Andere Literaten wissen mitunter von weiteren »Zufällen« zu berichten, die sie sich bis an ihr Lebensende nicht erklären konnten. Unter ihnen Carl Zuckmayer (1896–1977). In seiner Biografie *Als wär's ein Stück von mir* berichtet der Schriftsteller (*Der Hauptmann von Köpenick*) von manchem Erlebnis, das ihm Gänsehaut verursachte. So lebte Zuckmayer in den 1930er-Jahren vorübergehend in Österreich. Der Wirt und Künstler Carl Mayr beherbergte ihn damals in seinem Gasthof Kaspar-Moser-Bräu in Henndorf am Wallersee. In seinem Privathaus besaß der Gastronom ein Gartenzimmer. Dort hing laut Zuckmayer eine prächtige, handbemalte Tapete, die er sehr bewunderte.

Jene Wandverkleidung sei eine »sehr wertvolle Rarität« gewesen – ein Kunstwerk namens *Reise in Amerika*. Sie zeigte im Stil des Biedermeier typische Landschaften, Personen und Szenen aus den frühen USA. Zuckmayer: »Carl Mayr hatte die Tapete in München, Wien oder Paris erstanden und so kunstvoll in seinem Gartensalon angebracht, dass sie wie ein eigens dafür geschaffenes Wandgemälde wirkte. Ich erinnere mich gut, wie er jeweils zwischen Kaffee und Likör mit Pinsel und Farbe an der Ausbesserung ihrer schadhaften Flecke zu arbeiten pflegte.«

Nach der Besetzung Österreichs musste der Schriftsteller flüchten. Er emigrierte in die USA. Eines Tages sei er dort von Freunden aus seiner »Vermonter Farm- und Waldeinsamkeit weggeholt« worden, um ein paar Autostunden entfernt den amerikanischen Autor Charles Jackson zu besuchen. Dieser hatte mit seinem verfilmten Roman *The Lost Weekend* große Erfolge gefeiert und sich von den Einnahmen ein »wunderschönes, frühamerikanisches Haus« gekauft. Darin hingen überall Football-Fanartikel und weitere Sportsouvenirs, so Zuckmayer. »Auf künstlerische Begegnungen war ich nicht vorbereitet, als man mir sagte, es gäbe noch ebenerdig einen besonders schönen Raum, eine Art ›Gartenzimmer‹, das aber nicht heizbar sei und daher jetzt nicht bewohnt werde.« Deshalb wollte man ihm jenen Raum erst gar nicht zeigen.

»Ohne besondere Neugier bestand ich darauf, ihn zu sehen«, schilderte der Literat das Geschehen. »Als wir eintraten, wurde mir kalt – aber nicht weil der Raum unbeheizt war: Ich stand in Carl Mayrs Gartenzimmer.« Und oh Wunder: Im hinteren Bereich des unmöblierten Raums hing – identisch mit der in Österreich – Zuckmayers geliebte Tapete *Reise in Amerika*. Exakt jenes Kunstwerk! Als habe sein früherer Herbergsvater »soeben den letzten Farbtupfer aufgesetzt«, notierte der Exil-Deutsche in seinen Lebenserinnerungen. »Ich war nah herangetreten, und ich glaube nicht, dass ich mir einbildete, die Farbstriche und Linien zu erkennen, die ich Herrn Carl Mayr selbst mit seinem feinen Malpinsel hatte nachziehen sehn.«

Wie ihm Jackson berichtete, hatte der Vorbesitzer des Landhauses die Tapete erstanden und aufhängen lassen, »weil sie ganz genau auf diese Wand passte«. Es existierten nur drei Exemplare jenes Kunstwerks. »Dieses war nach Europa verkauft worden und wurde durch einen Kunsthändler vor ein paar Jahren nach Amerika zurückverkauft. Zuletzt kam es aus Österreich«, bestätigte der neue Besitzer des Schmuckstücks Zuckmayers Vorahnung. Doch damit nicht genug. Dessen kurioses Wiedersehen mit jenem Kunstwerk – dies noch dazu auf einem anderen Kontinent – »ereignete sich ungefähr um die Zeit, in der Carl Mayr in Henndorf starb«, betonte Carl Zuckmayer. »Mir aber ist, als hätte ich ihn vorher noch in seinem Gartenzimmer besucht.«

Noch unglaublicher mutet das Erlebnis von Schauspieler Anthony Hopkins (*Das Schweigen der Lämmer*) an. Um sich auf seine Hauptrolle in der Verfilmung des Romans *Das Mädchen von Petrovka* des US-Schriftstellers George Feifer vorzubereiten, versuchte Hopkins in den frühen 1970er-Jahren in London verzweifelt, ein Exemplar des besagten Buches aufzutreiben. Vergebens. Kein Händler und keine Bücherei hatte Feifers Werk vorrätig. Ernüchtert begab sich der Schauspieler zur U-Bahn, um nach Hause zu fahren. Während er auf den nächsten Zug wartete, entdeckte der Schauspieler auf einer Sitzbank zufällig ein offenbar vergessenes, eingewickeltes Papierbündel. Er öffnete es – und hielt zu seinem großen Erstaunen eine Ausgabe von *Das Mädchen von Petrovka* in seinen Händen. Hopkins nahm seinen »Glücksfund« mit nach Hause, studierte ihn fasziniert und wunderte sich beim Lesen später über die zahlreichen handschriftlichen Markierungen und Notizen auf den Seiten des Buches.

2 Jahre später traf der Schauspieler am Filmset auf den Romanautor. Hopkins erzählte ihm von der grotesken Begebenheit. Als der Mime besagtes Papierbündel aus seiner Tasche zog, weiteten sich nun auch die

Augen seines Gegenübers. Denn die Anmerkungen auf den Seitenrändern stammten von Feifer höchstpersönlich, wie dieser sofort erkannte: »Es war ein Korrekturabzug, den ich damals Monate zuvor einem Freund ausgeliehen hatte«, bestätigte der Schriftsteller 2012 in einem Erinnerungsbericht für die Gazette *Russia Beyond The Headlines*. »Ich hatte meinen Vertrauten gebeten, vorsichtig damit umzugehen. Dennoch hatte er das Manuskript leider noch am selben Tag versemmelt, irgendwo in London.«

Der Sensationsfund sei aber auch dem furchtlosen Charakter von Hopkins zu verdanken, wie der Schriftsteller rückblickend betont. »Angesichts des IRA-Terrors wurde damals in Londons U-Bahn-Stationen unermüdlich per Lautsprecherdurchsagen davor gewarnt, herrenlos herumliegende Gepäckstücke oder Bündel anzufassen.« Hopkins tat es trotzdem. Er schlug dem Schicksal damit ein Schnippchen. Oder dieses ihm?

Auch Mark Twain (1835–1910) war immer für eine Überraschung gut. Vor seinem Ableben soll sich der US-Schriftsteller und Berufszyniker wie folgt geäußert haben: »Ich kam auf die Welt mit dem Erscheinen des Halleyschen Kometen. Er kommt im nächsten Jahr wieder, und es wäre die größte Enttäuschung meines Lebens, nicht gemeinsam mit ihm abzutreten. Aller Wahrscheinlichkeit nach hat sich der Allmächtige gesagt: Hier sind diese beiden komischen Freaks. Sie sind zusammen gekommen, sie müssen auch gemeinsam gehen.« Älteste nachprüfbare Quelle besagter Zeilen ist Biograf Albert Bigelow Paine, dem Twain seine Lebenserinnerungen ab 1906 diktierte. Tatsächlich wurde der Schriftsteller am 30. November 1835 unmittelbar nach Halleys Erscheinen geboren und segnete nur gerade einen Tag nach Halleys Rückkehr am 21. April 1910 das Zeitliche. Purer Zufall? Vielleicht.

Szenenwechsel. 5. Februar 1971, am frühen Morgen. In der Schweizer Touristenhochburg Luzern herrscht Großalarm. Nach einem Handwerkerpfusch brennt der dortige Bahnhof lichterloh. Die 100 Kilo schwere Bahnhofsuhr übersteht die Feuersbrunst, bleibt nach dem Einsturz der großen Gebäudekuppel aber um exakt 9:03 Uhr stehen. Gespenstisch, aber wahr: Eine vergilbte Planskizze aus dem Jahr 1911 zeigt den damals noch nicht gebauten Luzerner Bahnhof, samt seiner großen Uhr. Welche Zeit ihre Zeiger auf besagter Zeichnung anzeigen? Exakt 9:03 Uhr! Ebenfalls

13
Etliche Male vom Blitz
getroffen: der amerikanische
Forstbedienstete Roy Cleveland Sullivan (1912–1983).

nur ein Zufall? Vielleicht.
Jedenfalls wurde der Neu-
bau 1991 auf den Tag genau
20 Jahre später eröffnet.
Pünktlich um 9:03 Uhr.

Glück und Unglück lagen auch bei Roy Cleveland Sullivan (1912–1983) aus Greene County, Virginia, lebenslang unmittelbar nebeneinander. Gemäß offiziell bestätigten Angaben wurde der US-Forstbedienstete im Laufe seines Lebens siebenmal vom Blitz getroffen. Laut *Spiegel* vom 27. September 2013 sogar achtmal! Unglaublicherweise überlebte er jeden Einschlag ohne gravierende gesundheitliche Folgen – ehe sein Leben durch einen bis heute ungeklärten Pistolenschuss ein tragisches Ende fand. Ein weiterer Zufall? Vielleicht. Vielleicht aber auch nicht.

Synchronizitätsphänomene dieser Art ließen selbst den Psychologieprofessor und UFO-Befürworter Carl Gustav Jung (1875–1961) verzweifeln. Im österreichischen Physiker Wolfgang Pauli fand Jung einen ebenso selbstkritischen Gesinnungsgenossen, mit dem er sich austauschen konnte. Auch Pauli verstand die Welt nicht mehr. In welchem wissenschaftlichen Labor oder Institut auch immer sich der Nobelpreisträger aufhielt – stets gingen in seiner Anwesenheit teure technische und experimentelle Apparaturen zu Bruch oder versagten unerklärlicherweise ihren Dienst, wie er zerknirscht bestätigen musste. Humorige Fachkollegen bezeichneten besagten »Pauli-Effekt« anlehnend an dessen berühmtes Ausschließungsprinzip später als »zweites Paulisches Ausschließungsprinzip«: »Es ist unmöglich, dass sich Wolfgang Pauli und ein funktionierendes Gerät im selben Raum befinden.«

Um sich nicht damit beschäftigen zu müssen, tun Skeptiker derlei phänomenale Koinzidenzen bis heute mit der inhaltsleersten aller Floskeln ab –

dem »Zufall«. Eine anerzogene, nichtssagende intellektuelle Bankrotterklärung, die das Unglaubliche sprachlich derart geschickt kastriert, normiert und vereinheitlicht, dass wir es mit einem Schulterzucken guten Gewissens verdrängen können, als wäre es die selbstverständlichste Nebensache der Welt. Frei nach dem Motto: Natürlich gibt es Zufälle. Aber nur im Sinne von vernachlässigbaren Rissen eines ansonsten blitzblank polierten Realitätskonstrukts, die wir nicht wahrhaben wollen. Schöpfungspatzer einer vermeintlich allumfassenden, universalen Wirklichkeit, die mit unserem Ableben ebenso schnell wieder verschwindet, wie wir sie uns lebenslang ausgemalt hatten?

Zurück bleibt das mulmige Gefühl, dass bei der kosmischen Chancenverteilung so manches nicht mit rechten Dingen zuzugehen scheint. Ist es nicht seltsam, dass hochbetagte Ehepartner, die ein halbes Leben miteinander verbrachten, nie Lottomillionäre werden, aber oft unmittelbar nacheinander sterben? Wie kommt es, dass wir nach etlichen Jahren plötzlich an einen vergessenen Freund denken und uns dieser wenige Minuten später vom anderen Ende der Welt unerwartet anruft? Und weshalb beschleicht uns manchmal die Erkenntnis, dass manchen dauerhaft das Glück in den Schoß fällt, während andere ohne Verschulden bis ans Lebensende andauernd vom Pech verfolgt zu sein scheinen?

Keine Katastrophen könnten das intellektuelle Dilemma besser verdeutlichen als die kurz nacheinander erfolgten Dramen der Malaysia-Airlines-Flüge MH370 und MH17. Die eine Passagiermaschine verschwand am 8. März 2014 vom Radarschirm, die andere wurde am 17. Juli 2014 über der Ukraine abgeschossen. Dies zum Schrecken der Australierin Kaylene Mann, welche vom Schicksal gleich zweimal bestraft wurde. Beim Verschwinden des ersten Fluges hatte sie ihren Bruder Rod Burrows und dessen Frau Mary verloren. Beim Absturz des zweiten Flugzeuges kamen ihre Stieftochter Marie Rizk und deren Mann ums Leben.

Gleich zweimal großes Glück im Unglück hatte dagegen der niederländische Radprofi Maarten de Jonge. Um ein Haar wäre er ebenfalls in Flug MH17 gesessen, hätte er kurz vor dem Abflug nicht die Maschine gewechselt, um ein paar Hundert Euro zu sparen. Zum zweiten Mal in Serie hatte ihm dabei eine gute Fee zur Seite gestanden. Denn nur durch

»Zufall« hatte Maarten de Jonge wenige Monate zuvor auch keinen Platz in Flug MH370 gebucht. Weil er aus einem Bauchgefühl heraus spontan ein 50 Minuten später startendes Flugzeug vorzog. »Ich habe all die Menschen von Flug MH370 in der Wartehalle sitzen sehen.«

Das Schicksal küsste und quälte auch den US-Basketballer Austin Hatch intensiver als erwünscht. Zwar überlebte er 2003 und 2011 jeweils einen Flugzeugabsturz. Allerdings starben beim ersten Crash seine Mutter, sein Bruder und seine Schwester. Und beim zweiten Unglück verloren sein Vater und seine Stiefmutter ebenfalls ihr Leben. Für andere ein weiterer »Zufall« – für den amerikanischen Multimilliardär Elon Musk ein Wink aus einer anderen Welt. Der Tesla-Boss traut seinem eigenen Körper ebenso wenig wie den Gedanken seiner Bekannten. Denn wenn der technologische Fortschritt weiter anhält, und alles deutet darauf hin, dürften sich Schein und Sein schon bald weitaus intimer umarmen, als er glaubt. Bis zu dem Punkt, an dem wir nicht mehr sicher sein können, ob wir tatsächlich geboren – oder vielleicht nur erfunden wurden.

»Die Chance, dass sich die gesamte Menschheit – also auch wir! – gegenwärtig in einer virtuellen Computersimulation befindet, beträgt mittlerweile eine Milliarde zu eins!«, gab der Visionär 2016 auf der amerikanischen Code Conference unter Berufung auf neueste Forschungsergebnisse zu bedenken, während sich weltweit unzählige Gamer begeistert ihre Virtual-Reality-Helme überstülpten. Elon Musk wörtlich: »Heute besitzen wir längst fotorealistische 3D-Games mit Millionen von Menschen als gleichzeitigen Spielern – und das ist erst der Anfang. Irgendwann werden die virtuellen Computerwelten derart perfekt und realistisch werden, dass wir sie von unserer wirklichen Realität nicht mehr unterscheiden können. Nicht morgen und auch nicht übermorgen. Aber in 10 000 Jahren mit Garantie. Nach evolutionären Maßstäben ein Klacks. Spätestens dann wird es mit Sicherheit Milliarden solcher Spiele geben. Und eines davon beherbergt womöglich unsere heutige Welt. Hand aufs Herz: Was spricht dagegen? Wer beweist mir das Gegenteil?«

»Warum eigentlich nicht?«, fragt sich selbst Philosophieprofessor Nick Bostrom von der Oxford University, der die Gegebenheit einer irdischen Computersimulation im Fachjournal *The Philosophical Quarterly* (Vol.

14, 15
Das »Marsgesicht«, wie es
Viking 1 erstmals fotografierte
(1976). Daneben: Jack Kirbys
visionäres Comic-Titelblatt
von 1958.

53/211) schon 2003 als möglich bezeichnete – mit einer Wahrscheinlichkeit von 20 bis 50 Prozent. Denn auch in unserer kosmischen Nachbarschaft scheint mitunter nicht alles mit rechten Dingen zuzugehen, wie Fotos der Viking-1-Sonde Ende der 1970er-Jahre verdeutlichten, die auf dem Mars je nach Licht- und Schattenspiel ein riesiges steinernes Gesicht zeigten. Die Krux: Auf neueren Aufnahmen hat sich das monumentale Antlitz ebenso schnell aus unserer Realität verflüchtigt, wie es zuvor auftauchte war. Als hätte ein kosmischer Pixel-Kosmetiker kurzfristig zum Zauberstab gegriffen und kaschiert, was nicht sein durfte.

Weltweite Aufmerksamkeit erlangte die umstrittene Struktur 1987 durch den Bestsellerautor Johannes von Buttlar (*Leben auf dem Mars*). Umso bizarrer, dass ein Comicheft besagtes »Marsgesicht« Jahrzehnte zuvor visuell vorwegnahm – gestaltet von Jack Kirby, einem legendären US-Zeichner (*Iron Man* oder *X-Men*). Unter dem Titel »The Face on Mars« hatte dieser schon im September 1958 skizziert, wie irdische Astronauten ein riesiges Steingesicht auf dem Mars erkundeten. Lange bevor unsere Sonden Nahaufnahmen des »Roten Planeten« schossen.

Ebenso eigenartig bleibt die Geschichte um den tragischen Untergang der Titanic am 14. April 1912. Rund 14 Jahre vor dem wirklichen Unglück ließ der amerikanische Schriftsteller Morgan Robertson in einem frei erfundenen Drama das seinerzeit weltgrößte Dampfschiff in seinem Roman *Futility* (1898) im Nordatlantik ebenfalls auf der Steuerbordseite einen Eisberg rammen und untergehen – samt zu wenigen Rettungsbooten und einer tragischen Romanze zwischen einem Schiffsoffizier und einer jungen Frau. Der Name seines Riesenkahns? Titan!

16
Unheimliche Vorhersehung:
Titelblatt des amerikanischen
Magazins *The New Yorker*
vom 26. Juli 1993.

17
»Folgt demnächst!« Kinoplakat
in der US-Zeichentrickserie
Johnny Bravo (April 2001,
Episodentitel: »Chain Gang
Johnny«).

Zu denken gibt auch der Hollywood-Blockbuster *Matrix*. Und dies just in der Filmszene, als Lehrmeister Morpheus Keanu Reeves alias Neo in die reale Welt hinter der virtuellen Welt einführt und damit Millionen von Zuschauern ins Zweifeln brachte: »Ich will dir sagen, wieso du hier bist, Neo. Du bist hier, weil du etwas weißt. Etwas, das du nicht erklären kannst. Aber du fühlst es. Du fühlst es schon dein ganzes Leben lang, dass mit deiner Welt etwas nicht stimmt. Du weißt nicht was, aber es ist da. Wie

18
Flugzeugeinschlag im World
Trade Center. Comicseite aus
dem *Clever-&-Smart*-Album
»El 35 Aniversario« (1993)
von Ibáñez.

ein Splitter in deinem Kopf, der dich verrückt macht. Weißt du, wovon ich
spreche? Was ist real? Wie definierst du ›echt‹? Wenn du davon sprichst,
was du fühlen und riechen kannst, was du schmecken und sehen kannst,
dann sind es im Grunde lediglich elektrische Signale, die von deinem Gehirn interpretiert werden.«

Ins Kino kam besagter Streifen 1999. Ehe Neo darin aus unserer com-
putergenerierten Scheinwelt, der Matrix, in die düsterere, aber realere
Anderswelt ausbricht, ist im Film für Sekundenbruchteile sein Personal-
ausweis zu sehen. Dessen schicksalsträchtiges Ablaufdatum: ausgerechnet
der 11. September 2001! Nicht minder kontrovers: Auch mancher visionär veranlagte Comiczeichner – bis hin zum Erfinder von *Clever & Smart*
Ibáñez – skizzierte den Terrorangriff auf die Twin Towers etliche Jahre vor
dem Drama. So auch die Schöpfer von Donald Duck oder Iron Man. Zuhauf sahen sich berühmte Pechvögel oder Superhelden in zeichnerischer
Form mit dem Szenario der attackierten, explodierenden und einstürzen-
den Twin Towers konfrontiert. Lange bevor der bis dahin undenkbare
Terroranschlag erschreckende Realität wurde.

Comiczeichner scheinen seit jeher ein Gespür für die Zukunft zu haben. So erfuhr die Welt am 11. Februar 2013, dass Papst Benedikt zurücktreten wird. Der Cartoonkalender des kleinen Berliner Espresso Verlags vermeldete die Sensation allerdings schon auf dem Kalenderblatt des Vortages. »Heiliger Strohsack! Morgen kündige ich«, hieß es dort. Zu sehen war ein gezeichneter Papst, der vor dem Fernseher sitzt und feststellt, dass er beim Lotto den Jackpot geknackt hat. Und tatsächlich: Keine 24 Stunden später kündete Benedikt XVI. völlig überraschend seinen Rücktritt an. Dazu die Berliner Zeichnerin Katharina Greve auf persönliche Anfrage: »Ich hatte diesen Cartoon bereits 2011 gezeichnet. Was mir durch den Kopf ging, als ich meinen Volltreffer bemerkt hatte? Dass das in etwa so wahrscheinlich ist wie ein Sechser im Lotto plus Superzahl!«

19
»Heiliger Strohsack!« Kalenderblatt-Cartoon von Katharina Greve – einen Tag vor Papst Benedikts überraschendem Rücktritt.

Und im realen Glücksspiel? Dort fällt weltweit vor allem Joan R. Ginther durch die statistischen Maschen. Von US-Medien wird sie als »glücklichste Frau unseres Planeten« gefeiert. 1993 gewann sie im Lotto 5,4 Millionen Dollar, 2 Millionen Dollar 2006, 3 Millionen Dollar 2008 und 2010 sagenhafte 10 Millionen Dollar. Zumindest in ihrem Fall scheint die Sache einen kleinen Haken zu haben. Oder wie Zweifler einwenden: »Die Statistikprofessorin investierte überdurchschnittlich viel Geld in ihre künftigen Loskäufe.« Dennoch bleibt Ginthers Erfolgsquote beachtlich.

Umso erstaunlicher, welche Kapriolen die Wahrscheinlichkeit in Norwegen ohne jegliche Systemtricks schlug. 1,65 Millionen Euro gewann Tord Oksnes im September 2012 im Lotto. 2006 hatte bereits sein Vater Leif Oksnes den nationalen Jackpot geknackt, ebenso wie seine Schwester Hege Jeanette Oksnes im Jahr 2010. Sagenhafte 3,3 Millionen Euro hatten die Verwandten gemeinsam ergattert. Drei Millionengewinne innerhalb einer einzigen Familie? Dazu ein Pressesprecher von Norwegens Lotterie: »Es ist in der Tat schon vorgekommen, dass jemand zweimal gewonnen hat. Aber dies ist absolut einmalig und beweist, dass alles möglich ist.«

Erwähnenswert auch die persönlichen Zeilen, die mir Ende 2017 Heidrun Gonschorek aus dem französischen Urlaubsparadies Port Leucate als Leserbrief zukommen ließ: »Vor ein paar Jahren träumte unsere Tochter die kommenden Lottozahlen. Die letzte davon konnte sie im Traum nicht richtig erkennen. Die anderen aber stimmten haargenau – und sie gewann 10 000 Euro! War sie im Traum in die Zukunft gereist? Wer weiß …«

Nicht minder verstörend: Intensiv simulierten die Bill & Melinda Gates Foundation, das Weltwirtschaftsforum und das Johns Hopkins Center for Health Security in einem Kongresszentrum in New York »zu Übungszwecken« einen globalen Pandemieausbruch. Das Katastrophenszenario wurde unter dem Namen Event 201 debattiert. Grundlage: Ein »neuartiger Coronavirus« verbreitet sich in Windeseile um die Welt, mit gravierenden gesellschaftlichen Folgen. Da kein wirksamer Impfstoff vorhanden ist, bricht Panik aus. An den Börsen regiert das Chaos. Erst nach 18 Monaten und Millionen von Toten beginnt sich die weltweite Situation zu normalisieren. Stattgefunden hatte besagtes »Gedankenspiel« nicht irgendwann – sondern am 18. Oktober 2019! Wenige Monate später wurde aus der Fiktion erschreckende Wirklichkeit.

Sind wir insofern alle nur Spielfiguren auf einem kosmischen Schachbrett? Oder manifestieren sich unsere Träume und Alpträume mitunter physikalisch realer, je intensiver wir über sie nachsinnen? Bereits Europas

Gedankenakrobat Arthur Koestler (1905–1983), der den Menschen als »Irrläufer der Evolution« brandmarkte, vermerkte 1972 in seinem Buch *Die Wurzeln des Zufalls*, dass nicht nur die Parapsychologie immer wissenschaftlicher, sondern auch die Physik immer mysteriöser wird. Mittlerweile scheint es gemäß Quantenexperten sogar denkbar, dass um uns Milliarden von ebenso realen Paralleluniversen existieren. Diese könnten mitunter sogar miteinander interagieren und unser Realitätsempfinden damit weitaus empfindlicher tangieren als erwünscht.

»Eines Tages wird man zugeben müssen, dass das, was wir Wirklichkeit getauft haben, eine noch größere Illusion ist als die Welt des Traumes!«, gab selbst der spanische Surrealist und Maler Salvador Dalí (1904–1989) zu bedenken. Oder wie es ein zeitloser Schelm an einem 31. April in einer Kneipe auf seinen Bierdeckel kritzelte: »Realität ist lediglich eine Halluzination, die auf den Entzug von Alkohol und Drogen zurückzuführen ist.«

Die morbide Macht der neunten Sinfonie

Sind Sie abergläubisch? Dann befinden Sie sich in illustrer Gesellschaft. Denn bei der Zahl 9 schreckt so mancher Komponist noch heute zusammen. Seinen Anfang nahm der vermeintliche Fluch mit Ludwig van Beethoven (1770–1827). Als der talentierte Notenzauberer und Klaviervirtuose in Wien verstarb, hatte er bereits neun Sinfonien zu Papier gebracht. Die zehnte hatte er zwar begonnen, konnte sie jedoch aus gesundheitlichen Gründen nicht mehr vollenden. Der Tod hatte früher angeklopft als erwartet.

Beethoven war nicht der einzige klassische Komponist, der nach seinem neunten Opus unsere Welt verlassen musste. Sein ebenso ver-

ehrter deutscher Nachfolger Louis Spohr (1784–1859) zog kurz vor seinem Ableben seine zehnte Sinfonie zwar noch zurück, konnte dem Schicksal mit diesem »Trick« aber ebenfalls nicht entrinnen. Bereits mit 31 Jahren segnete auch der geniale Franz Schubert (1797–1828) das Zeitliche – kurz nach Beendigung seines fragmentarischen Entwurfs zu einer Sinfonie in D-Dur. Je nach Zählweise von Experten nach Vollendung seiner achten beziehungsweise neunten Sinfonie in C-Dur. Auch Antonín Dvořák (1841–1904), den in Prag verstorbenen Komponisten, ereilte der Fluch. *Aus der Neuen Welt* war seine neunte und zugleich letzte Sinfonie.

20
Zu genial? Bereits nach 50 Jahren musste das musikalische Ausnahmegenie Gustav Mahler unsere Welt wieder verlassen.

Österreichs Anton Bruckner (1824–1896) verstarb noch vor der Vollendung seiner neunten Sinfonie. Dies nach einem schrecklichen Erlebnis, das ihm derart zusetzte, dass er fortan an schlimmen Träumen und Phobien litt. Der Komponist war am 8. Dezember 1881 vom Fenster seiner Wiener Wohnung aus Zeuge des verheerenden Ringtheaterbrandes geworden. Dies, nachdem er sich spontan entschieden hatte, der dortigen Aufführung von *Hoffmanns Erzählungen* nicht beizuwohnen, weil er sich »unwohl fühlte«.

Nicht viel besser erging es dem Musikgenie Gustav Mahler (1860–1911). Als ihm bewusst wurde, dass er an seiner neunten Sinfonie arbeitete, bekam es der Künstler laut dem Komponisten Arnold Schönberg ebenso mit der Angst zu tun. Denn, so Schönberg 1912 in seiner Gedenkrede:

»Es scheint, die Neunte ist eine Grenze. Wer darüber hinaus will, muss fort. Diejenigen, welche eine Neunte geschrieben haben, standen dem Jenseits zu nahe. Vielleicht wären die Rätsel dieser Welt gelöst, wenn einer von denen, die sie wissen, die Zehnte schriebe. Und das soll wohl nicht so sein.«

Der Fluch, der manchen seiner Vorgänger ereilte, war Gustav Mahler wohlbekannt, und als abergläubischer Sensibler fürchtete er, dass es auch ihn treffen würde. Verzweifelt suchte er einen Ausweg. Da kam ihm die Idee, sein kommendes Opus *Das Lied von der Erde* zu nennen. Obwohl eine Sinfonie, weigerte er sich beharrlich, diese auch als solche zu bezeichnen. Die Selbstüberlistung half ihm leider ebenfalls nicht. Als Mahler an die Arbeit zu seiner zehnten – oder nach eigener Rechnung neunten – Sinfonie ging, segnete auch er das Zeitliche.

Das gleiche Schicksal ereilte wenige Jahrzehnte später Ralph Vaughan Williams (1872–1958). Den englischen Komponisten verließ die Lebenskraft exakt ein Jahr nach seiner neunten E-Moll-Sinfonie. Ebenso wie Jean Sibelius aus Finnland (1865–1957). Dessen achte Sinfonie blieb aus perfektionistischen Gründen unvollendet, wobei es sich unter Mitzählung von *Kullervo* eigentlich schon um seine neunte gehandelt hatte. Auch der russisch-deutsche Pianist und Komponist Alfred Schnittke (1934–1998) starb noch während der Vollendung seiner neunten oder je nach Zählung zehnten Sinfonie. Weitere Komponisten der Neuzeit teilten ein ähnliches Schicksal: Peter Mennin, Roger Sessions, Egon Wellesz, Alexander Glasunow oder David Maslanka.

Alles nur statistische Zahlenspielereien? Oder Schicksalsspiele höherer Mächte, deren Tun wir bis heute nicht verstehen, wie es anlässlich Mahlers Beerdigung bereits der erwähnte österreichisch-amerikanische Komponist Arnold Schönberg anklingen ließ? Kurioses Detail: Schönberg – Erfinder und Verfechter der Zwölftonmusik – fürchtete

21
Panische Angst vor
der Ziffer 13: der
Komponist Arnold
Schönberg.

sich seinerseits lebenslang vor der Ziffer 13. »Geboren am 13. September 1874, richtete er sein ganzes Leben so ein, dass er die 13 möglichst vermied«, erinnerte der Schweizer Theologe Hans Küng 2012 in seiner Eröffnungsrede zum Lucerne Festival: »Nie saß Schönberg in einer 13. Reihe, Termine für den 13. verschob er oder sagte sie ab. Bei der Oper *Moses und Aron* ließ er im Titel lieber ein A von Aaron weg als 13 Buchstaben im Titel zu dulden. Den Abend des 13. Juli 1951 verbrachte der herzkranke ›Zwölftöner‹ denn auch in großer Unruhe. Erst nach Mitternacht soll er sein Schlafzimmer aufgesucht haben. Dort fand ihn seine Frau kurz darauf – leblos.«

Dummerweise war Schönbergs Uhr im Wohnzimmer ihrer Zeit voraus, wie sich später herausstellen sollte. Und so verschied der abergläubische Komponist im Alter von 76 Jahren (Quersumme 13) tatsächlich noch am 13. Juli 1951, geschätzte 13 Minuten vor Mitternacht – und dies ausgerechnet an einem Freitag. Exakt so, wie es ihm seine allerschlimmsten Befürchtungen diktiert hatten.

Die geheimnisvolle Gefühlswelt unserer Tiere

»100 Jahre lang vermuteten Hirnforscher, dass
höhere Intelligenz ohne den für Säugetiere typischen Hirnkortex
nicht möglich sei. Menschen haben einen riesigen Kortex.
Also glaubten wir, diese Hirnstruktur und ihre Größe seien entscheidend.
Nun aber zeigten Experimente, dass Krähen oder
Papageien ohne Kortex und mit viel kleineren Gehirnen
genauso intelligent sind wie Schimpansen.«

Onur Güntürkün, Biopsychologe

»Sie starb in meinen Armen«, erinnert sich Richard »Ric« O'Barry an den Tag, der sein Leben verändern sollte. Jahrelang hatte der Amerikaner Delfine dressiert. Für Vorführungen in Großaquarien, aber vor allem für den TV-Klassiker *Flipper*. Fünf Tiere hatten den prominentesten Vertreter aller Zahnwale dargestellt. Nach dem Ende der Serie in den späten 1960er-Jahren lebten nur noch zwei Tümmler: Susie und Kathy. Erstere wurde an einen Wanderzirkus verhökert, wo sie erkrankte und starb. Kathy, die Flipper am häufigsten verkörpert hatte, blieb im Meeresaquarium von Miami. Sie kam in ein Einzelbecken, wo sie sich, an Action und Bewegung gewohnt, schrecklich zu langweilen begann.

Eines Tages habe ihn die Leitung des dortigen Ozeaniums angerufen, erinnert sich O'Barry in seiner Biografie. Es sei dringend, mahnte man ihn, Kathy ginge es miserabel. »Ich schwang mich aufs Fahrrad, kam schweißgebadet an, fuhr direkt durchs Tor und weiter, obschon ein neuer Pförtner mir etwas hinterherschrie, direkt zum Tank, in welchen Kathy gesteckt worden war.«

In seinem Buch *Die Bucht* (2010) schildert der Schweizer Journalist Hans Peter Roth nach intensiven Gesprächen mit O'Barry, was dann geschah: »Das Tier war wie betäubt. Da schwamm Kathy, ja. Aber nicht die Kathy, die er gekannt hatte. Ihr ganzer Körper war mit Pusteln übersät. Entsetzlich!« Der Delfin rührte sich kaum noch. »Mein Gott!«, rief O'Barry panisch. »Was habe ich bloß getan?!« In voller Montur sprang er ins Wasser. »Kathy schwamm in meine Arme. Ich hielt sie, und ihr gebrochenes Auge blickte mich an.« Noch einmal holte der Tümmler Luft. Es war sein letzter Atemzug. »Kathy hat sich in meinen Armen das Leben genommen!«, ist er felsenfest überzeugt.

Das Delfinweibchen war aufgrund seiner Gefangenschaft derart frustriert, dass es freiwillig und bewusst aus dem Leben geschieden sei, glaubte ihr Ex-Trainer zu erkennen und erklärt bis heute: »Sie beging Selbstmord. Das sage ich mit großer Zurückhaltung, aber ich wüsste nicht, wie man es sonst nennen sollte.« Schließlich geschehe jeder einzelne hirngesteuerte Lungenzug dieser Tiere über Wasser kontrolliert und sei »eine bewusst vollzogene Anstrengung«. Ganz im Gegensatz zum Menschen, dessen Atmung reflexartig und automatisch erfolgt. Bei Delfinen muss unter Wasser eine Hirnhälfte immer wach sein, da die Tiere ansonsten im Schlaf ersticken würden. Deshalb können sie ihr Leben willentlich beenden, wann immer sie wollen, so O'Barry: »Und genau das tat Kathy! Sie entschied sich, den nächsten Atemzug nicht zu machen. Sie erstickte sich selbst – in einem Stahltank des Seeaquariums.«

Autor Roth ist überzeugt, dass O'Barry die Wahrheit sagt, wie er im persönlichen Gespräch beteuert. »Der Mann ist absolut glaubwürdig, seine Berichte sind authentisch!« Es seien in der Tat mehrere Fälle »von Selbstmord bei Delfinen bekannt«, betont auch Jürgen Ortmüller, Gründer des deutschen Wal- und Delfinschutz-Forums (WDSF). Stets hätten die Tiere bewusst aufgehört zu atmen. Es sei unübersehbar, dass Delfine für eine Haltung in Gefangenschaft nicht geeignet sind. »Die Sterberate ist überdurchschnittlich hoch, viele Tiere werden krank oder befinden sich in desolatem Zustand. Sie leiden an der Vereinsamung in Gefangenschaft. Durch die psychische Labilität, die in hiesigen Zoos

23
»Ric« O'Barry. Für Aufsehen sorgte Flippers Ex-Trainer zuletzt im prämierten Dokumentarfilm *Die Bucht* (2009).

mit Psychopharmaka behandelt wird, können Krankheiten aufgrund von Immunschwächen entstehen.«

Die Umweltschutzgruppe Sea Shepherd will sogar den Suizid eines Kleinwals in freier Wildbahn beobachtet haben: Bei der alljährlichen grausamen Delfinjagd in der Bucht von Taiji in Japan ging Fischern 2014 ein seltenes weißes Kalb in die Falle. Das Kleine schwamm die ganze Zeit aufgeregt und auffallend eng an seine Mutter gedrängt durch die Wellen, ehe die Jäger zugriffen und es an Bord zerrten. Eine fette Beute, da Zoos und Vergnügungsparks für Albino-Delfine Höchstpreise zahlen.

Die Mutter habe verstört auf den Verlust ihres Kindes reagiert, berichtet Sea Shepherd. Das Baby war »möglicherweise blind oder taub, wie es bei vielen Albinos der Fall ist. Dies könnte einer der Gründe gewesen sein, weshalb sich das verängstigte Kalb so eng an seine Mutter geschmiegt hat.« Die Aktivisten vermuten, dass seine Mama darauf Suizid beging. »Unsere Freiwilligen vor Ort dokumentierten, wie die trauernde Delfinkuh wiederholt aus dem Meer auftauchte und nach ihrem Kalb suchte, bevor sie sich ins Wasser senkte, um nie wieder aufzutauchen.«

Obwohl der Homo sapiens nach neuesten biologischen Erkenntnissen einer Untergattung der Trockennasenaffen (!) angehört, schließen viele unserer Mitprimaten immer noch aus, dass Tiere Suizid begehen können. Selbstmord sei »ein rein menschliches Privileg«, konstatiert etwa Medizinhistoriker Edmund Ramsden mit erhobenem Zeigefinger. Der Dozent an der Queen Mary University in London verweist dabei auf den französischen Soziologieprofessor Jean Baechler: »Der Suizid ist spezifisch und universell menschlich. Jeder hat vom treuen Hund gehört, der am Grabe seines Herrchens verhungert, oder von der Katze, die ihre Herrin nicht überleben will. Diese Geschichten sind rührend. Unglücklicherweise haben sie sich überall dort, wo Verifizierung möglich gewesen wäre, als Produkte der Einbildung erwiesen.« Die Fähigkeit zum Selbstmord setze ein Wesen mit Bewusstsein voraus, so Baechler. Deshalb könnten auch Schwerstbehinderte, Kleinkinder oder Tiere keinen Suizid begehen. Basta!

Zwar existierten im Tierreich durchaus »Trauerreaktionen, die mitunter an depressive Entwicklungen erinnern«, ergänzt der Ulmer Psychiater Volker Faust in seinem Internetblog. Dennoch resultierten aus jenen Stim-

24 Ihr angeborenes Lächeln täuscht. Eingepfercht in Aquarien leiden Delfine Höllenqualen. Im Gegensatz zum Menschen steuern sie ihre Atmung durch ein Blasloch bewusst und nicht reflexartig.

mungstiefs keine geplanten Selbsttötungen. »Ein bewusstes Sichselbsttöten – das können nur Menschen«, beharrt auch er. »Suizidales Verhalten setzt die bewusste Vorstellung von Leben und Tod voraus. Dies wird allen Tieren abgesprochen, selbst den sogenannten höheren Arten.«

Vereinfacht formuliert: Tiere bringen sich laut Faust sehr wohl um. Nicht mit Absicht. Sondern aus Versehen. Weil sie Stress empfinden oder in Panik geraten. Als Beispiel nennt er den Skorpion, der sich bei einer Feuersbrunst seinen Giftstachel in den eigenen Rücken rammt und damit tödlich verletzt. Das Spinnentier tue dies nicht, weil es sich die Qual des Feuertods ersparen will, sondern weil es die schmerzhafte Hitze spürt und gegen den »unbekannten Angreifer« reflexartig seine eigene Waffe einsetzt.

Wissen wird geboren, Wissen vergeht. Und weil jede noch so intelligent scheinende Lehrmeinung ein Verfallsdatum hat, mehren sich inzwischen die Stimmen von Naturforschern, die zumindest einigen Tierarten sehr wohl die Fähigkeit zubilligen, ihrem Leben ein bewusstes Ende setzen zu können. »Das Thema Suizid unter Tieren ist sehr schwierig abschließend zu beantworten«, gibt etwa der deutsche Biologe und Delfinexperte

David Pfender auf Anfrage zu bedenken. »Tiere hinterlassen schließlich keinen Abschiedsbrief vor ihrem Tod, wie Menschen das oft tun. Ebenso wenig haben wir Menschen es bis heute geschafft, die Sprache der Tiere so weit zu entschlüsseln, dass wir Selbstmordabsichten zweifelsfrei interpretieren könnten.«

Pfender arbeitet für die in München beheimatete Organisation Whale and Dolphin Conservation. Aufgrund neuerer Forschungsergebnisse bestreitet er entschieden, dass man Tieren die Möglichkeit einer bewussten Selbsttötung absprechen könne: »Es gibt mittlerweile viele Hinweise, die untermauern, dass zumindest Wale und Delfine die Fähigkeit zum Suizid besitzen!«

Grundvoraussetzung für einen Selbstmord sei das Vorhandensein einer »Selbstwahrnehmung«. Und exakt diese glaubt die US-Neurowissenschaftlerin Lori Marino bei Delfinen nachgewiesen zu haben. So präsentierte sie 2001 mit Diana Reiss in der Zeitschrift *Proceedings of the National Academy of Sciences* ihre Studien, wonach Delfine ihr eigenes Spiegelbild erkennen. Eine Fähigkeit, die zuvor neben dem Menschen nur bei gewissen Affenarten, Elefanten oder Elstern beobachtet worden war.

Mittels besagten »Spiegeltests« wird in der Naturwissenschaft untersucht, ob höhere Lebewesen über ein »Ichbewusstsein« verfügen. Eine typische Form derartiger Experimente besteht im Anbringen einer Farbmarkierung an einer Körperstelle, die ein Tier ohne Hilfsmittel nicht wahrnehmen kann. Danach wird beobachtet, ob dieses beim Betrachten des eigenen Spiegelbildes eine Reaktion zeigt, die darauf schließen lässt, dass es den neuen Fleck am eigenen Körper erkannt hat. Dies kann etwa der Versuch sein, die Markierung aktiv zu entfernen. Also hielten die US-Forscherinnen bei ihren Experimenten zwei Tümmlern den Spiegel vor. Nachdem diese entsprechend »geschminkt« worden waren, hätten sie sich davor »wie Diven bewegt« und ausgiebig beäugt, um ihren neuen »Körperschmuck« in Augenschein zu nehmen.

Kombiniert mit der überraschenden Entdeckung von sogenannten Spindelzellen in deren Gehirnen, ebenso wie im Kortex anderer Walarten, scheinen sich revolutionär anmutende Sichtweisen zu eröffnen. Spindelzellen sind Nervenzellen, die für schnelle, intuitive Entscheidungen in komplexen sozialen Situationen zuständig sind. Außerdem werden derlei Neuronen mit Ichbewusstsein, Empathie und Sozialbewusstsein in Verbindung gebracht. Lange wurden sie nur Menschen, wenigen Primaten sowie Elefanten zugeschrieben. Ein fataler Trugschluss! Insofern scheinen Meeressäuger und Menschen unter den Säugetieren »ein Paradebeispiel für eine psychologische Parallelevolution« zu sein, wie Lori Marino betont: »Viele Walarten könnten demnach ein Level sozialer, emotionaler Intelligenz erreicht haben, welches dasjenige aller anderen Lebewesen, Menschen eingeschlossen, übersteigt!«

Wie aber verhält es sich mit vermeintlich »dümmeren« Lebewesen? Haben sie ebenso ein Bewusstsein von Leben und Tod? Sind sie lediglich irritiert, wenn ein vertrauter Partner stirbt, oder empfinden sie tatsächlich Trauer wie wir selbst? Ist das Gefühlsleben vieler Wirbeltiere womöglich weitaus sensibler und ausgeprägter als angenommen? Hat die Wissenschaft unsere Vierbeiner, ja selbst Vögel oder Fische sträflich unterschätzt?

Neuere Forschungsresultate untermauern, dass manche Tierarten tatsächlich Rituale pflegen, mit denen sie sich von verstorbenen Artgenossen verabschieden. Im Journal *Scientific Reports* vom März 2017 meldete etwa der Zoologe Edwin van Leeuwen von der University of St Andrews in Schottland, dass »erstmals dokumentiert werden konnte, wie Schimpansen Werkzeuge zur Reinigung verstorbener Gruppenmitglieder einsetzten«. So wurde in der Tierhilfsstation Chimfunshi Wildlife Orphanage im Norden Sambias die Schimpansendame Noel dabei gefilmt, wie sie sich um den Leichnam eines jungen Männchens kümmerte, das ihr sehr nahegestanden hatte. »Das Weibchen setzte sich zu dem toten, jungen Männchen hin, nahm einen Pflanzenhalm und begann damit Essensreste aus dessen Gebiss zu entfernen.« Dazu muss man wissen: Das gegenseitige Reinigen der Zähne gehört zum oft beobachteten Sozialverhalten bei Schimpansen. Es zeige die starke Bindung zwischen den Tieren, erklären Zoologen.

Auch von Elefanten sind Trauerrituale dokumentiert. Mehrfach wurde gefilmt, wie diese versuchten, verstorbene Artgenossen wieder aufzurichten. Regelmäßig kehrten die Dickhäuter zu ihren Toten zurück, befühlten sie, stupsten sie an oder hielten sich einfach nur in ihrer Nähe auf. Dies umso intensiver, wenn das dahingeschiedene Wesen ein Leittier oder ein naher Verwandter war. »Tag für Tag kommen die Elefanten in der Mittagshitze zum Kadaver und halten Totenwache«, notierte der britische Biologe und Elefantenexperte Ian Redmond, als er in der afrikanischen Steppe die grauen Riesen beobachtete, wie sie um ihre Leitkuh trauerten. Ähnliche »Abschiedsrituale« bestätigten in den vergangenen Jahren Pfleger von Schweizer Zoos in Basel oder Zürich.

Offenbar können also auch Tiere Abschiedsschmerz empfinden. Es hänge lediglich davon ab, »wie hoch sie entwickelt sind«, betont die Tierärztin Angela Bartels von der Ludwig-Maximilians-Universität in München. »Säugetiere können auf jeden Fall trauern!« Der niederländische Verhaltensforscher Frans de Waal plädiert deshalb dafür, Tieren generell komplexere Gefühlswelten zuzutrauen. Schließlich seien sie nur »andere Tiere als wir selbst«, wie er Ende der 1990er-Jahre in seinem Buch *Der gute Affe* schrieb: »Typischerweise finden wir Trauer bei Säugetieren, etwa bei Müttern und ihrem Nachwuchs. Also immer dann, wenn Tiere Bindungen eingehen, Freunde haben – was über eine reine Schwarmbildung oder Ähnliches hinausgeht. Alle Säugetiere haben so etwas zu einem gewissen Grad, auch Vögel. Diese bilden oft Paare fürs Leben. Wenn ein Partner stirbt, nimmt sie das mit.«

Verständnisvolle Kommunikation mit der Natur bedarf der Vernachlässigung unseres Egos, Wissens und Zeitgefühls, der Aneignung fremdartiger Gesten, jeder Menge Geduld – sowie der Offenheit für Neues. Insofern mahnt auch der Förster Peter Wohlleben aus der Eifel, tierische oder pflanzliche Mitkreaturen aller »Sprachprobleme« zum Trotz nicht zu unterschätzen. Deutschlands »Waldflüsterer« spricht von einer »ungeahnten Gefühlswelt« vieler Bäume und widmet in seinem Bestseller *Das Seelenleben der Tiere* (2016) der Trauer sogar ein ganzes Kapitel. Darin zeigt er an einem Waldbewohner, nämlich den Hirschen, auf, dass Abschiedsschmerz keinesfalls ein rein menschliches Phänomen ist. Ob diese ebenfalls Trauer empfinden können? »Sie können es nicht nur, sondern sie müssen es sogar. Trauer hilft, Abschied zu nehmen!«

Weitere Untersuchungen verdeutlichen, dass sogar Wildvögel wahrnehmen und verstehen, was passiert ist, wenn ein Artgenosse verstorben ist. Dazu Peter Wohlleben: »Krähen werden bei uns zu Zehntausenden geschossen. Viele Menschen empfinden sie als störend. Dabei sind sie so intelligent wie Menschenaffen. Wenn Sie eine Krähe zu Hause halten dürften, die sonst vielleicht draußen geschossen werden würde, dann würden Sie sehen, was für wunderbare Tiere das sind. Sie können langjährige Freundschaften mit Krähen aufbauen, ähnlich wie mit Hunden oder Katzen.«

Bereits 2012 hatte die Biologin Teresa Iglesias von der University of California im Journal *Animal Behaviour* notiert, dass Rabenvögel einander verständigen, wenn sie einen toten Artgenossen entdecken. Sie versammelten sich um den Kadaver und stellten ihre betriebsame Futtersuche ein. Zudem können speziell Kolkraben menschliche Gesichter in einer Menge von Tausenden wiedererkennen. Weiter verfügen sie bereits in jungen Jahren über die Fähigkeit zu zählen, vorausschauend zu planen, empathisch zu agieren – und sind damit »in der Tat so schlau wie Menschenaffen«, wie Professorin Simone Pika von der Universität Osnabrück in *Scientific Reports* (Nr. 10/2020) bestätigt.

Beobachtungen, die auch den früheren Basler Zoodirektor und Biologen Peter Studer faszinieren, wie er 2012 in einem Vortrag einräumte: »Seit ich mir darüber Gedanken mache, bin ich der Überzeugung, dass insbesondere höhere Wirbeltiere Gefühle und Einfühlungsvermögen in die

Gefühlslage anderer haben« – auch wenn Akademiker bis zum Aufkommen der Neurobiologie einen großen Bogen um dieses Thema gemacht hätten. Tatsächlich aber seien Trauerprozesse längst bei vielen Säugetier- und Vogelarten beschrieben. Studer wörtlich: »Mich würde es nicht wundern, wenn sie irgendwann selbst bei Fischen nachgewiesen werden!«

Bestätigt wurde seine Vorahnung kürzlich von neuen Studien an winzigen Putzerlippfischen, die den Spiegeltest trotz Minigehirn mittlerweile ebenfalls bestanden und damit offenbar ebenso über ein Ichbewusstsein verfügen. Hoffen wir insofern auf jede tierische Kreatur, die im künftigen Weltgericht Einzug hält! Weil sie dereinst womöglich humaner über uns richtet als so manche menschliche Intelligenzbestie über unsere Tierwelt.

Wenn die Erde bebt: Unterschätzte Spürnasen und ihr siebter Sinn

Sehen Katzen mehr als wir? Wittern Hunde mehr als wir? Spüren Ziegen mehr als wir? Weshalb blicken Kühe beim Grasen häufig in die gleiche Richtung? Wieso richten sie ihre Körperachse dabei oft in Nordsüdrichtung aus? Was hat es mit dem »Magnetkompass« von Zugvögeln auf sich? Und weshalb verfügen etliche Tiere im Gegensatz zu uns über die Gabe, Naturkatastrophen weitaus früher vorauszuahnen als hochmoderne Messinstrumente?

Erstaunlicherweise waren die Inselbewohner von Simeuluë im Indischen Ozean vor der Westküste von Sumatra dem verheerenden Tsunami von 2004 nur aufgrund uralter Erfahrungen entgangen. Sie bemerkten, wie Büffel kurz zuvor überraschend in die Berge trabten und auch ihre Hühner und Hunde auffällig unruhig wurden. »Wenn die Tiere

26
Hat tierische Vorahnungen
während eines Erdbebens
am eigenen Leib erlebt:
Professor Helmut Tributsch.

verrücktspielen, dann lauf weg vom
Meer und geh ins Hochland!«, heißt es
in jener Region in Kinderliedern.

1978 hatte Helmut Tributsch, Professor für Physikalische Chemie in Berlin, für sein Buch *Wenn die Schlangen
erwachen* Dutzende solcher Berichte
zusammengetragen: Überlieferungen
von Reptilien, die im Vorfeld von Erd-
erschütterungen ihre Winterschlafstätten verlassen hatten – und im
Schnee erfroren. Berichte über Ratten und Mäuse, die vor Naturkatastrophen wie wild durch die Gegend rannten. Oder von Katzen, welche
besagte Nager ignorierten und sich auch sonst sehr seltsam verhiel-
ten, ehe der Boden erzitterte. Sogar von Elefanten, die auf Sri Lanka aus
ihren angestammten Gebieten flüchteten, um sich vor den erst Stunden später eintreffenden Monsterwellen in Sicherheit zu bringen, weiß
Tributsch zu berichten. Ebenso wie von Rehen und Hirschen, die aus
ihren Wäldern flüchteten, ehe die Erde bebte.

Knapp 300 Buchseiten füllte der Naturwissenschaftler mit derlei Schilderungen und ließ auch persönliche Erfahrungen einfließen. Denn Tributsch hatte am eigenen Leib erlebt, wie die Natur in einen Ausnahme-
zustand gerät, bevor der Erdboden zu zittern beginnt. So hielt er sich
am 6. Mai 1976 in der italienischen Provinz Friaul auf, als die Region von
einem heftigen Beben getroffen und sein Geburtshaus zerstört wurde.

Stunden zuvor waren dort wie aus dem Nichts Vogelschwärme wie wild auseinandergestoben, hatten Hunde scheinbar grundlos gebellt und war das Geflügel der Bauern wie von Sinnen in den Gehegen umhergejagt, erinnert sich der 2008 emeritierte Professor. Lokale Landwirte erzählten ihm später, dass ihre Zuchtbullen sogar die Paarung unterbrachen, um sich vor dem nahenden Unheil in Sicherheit zu bringen.

Trotz unzähliger Fallbeispiele weigerte sich die Fachwelt bis in die Neuzeit, derartigen Erzählungen Aufmerksamkeit zu schenken. »Warum hat sich die moderne Erdbebenforschung den traditionsreichen Vorzeichen aus dem Volksmund gegenüber völlig verschlossen?«, kritisiert der 1943 geborene Professor. »Warum haben anerkannte Erdbebenforscher – in völlig unwissenschaftlicher Weise – diesen Berichten jahrelang jeglichen Wahrheitsgehalt abgesprochen, ohne dass Dokumente jemals ernsthaft gesammelt oder die Naturphänomene gar wissenschaftlich analysiert worden wären?« Viele Opfer hätten »eine reelle Chance« gehabt, derlei Katastrophen zu überleben – hätten Politik und Wissenschaft die uralten Volksweisheiten ernster genommen und besser erforscht, resümierte er vor etlichen Jahrzehnten.

Zur Erinnerung: »Psi bei Tieren« zählte damals noch zu den Themen, mit denen sich einzig Parapsychologen intensiver auseinandersetzten. Darunter nicht zuletzt das Institut für Grenzgebiete der Psychologie und Psychohygiene in Freiburg im Breisgau. Bereits im Juni 1971 dokumentierten Forscher um den Psychologieprofessor Hans Bender Katastrophenvorahnungen von Tieren im deutschen Raum. So sei anlässlich der schlimmen Sturmflut 1966 in Hamburg beobachtet worden, wie Tage zuvor »Hasen, Ratten und andere Tiere in großer Zahl abwanderten«. Gleiches sei in den Niederlanden festgestellt worden.

Wie die Psi-Forscher betonten, gibt es zahlreiche und zum Teil sehr eindrucksvolle Beispiele präkognitiven Verhaltens bei Tieren. Da

27
Setzt auf Ziegen als
»Frühwarnsystem«:
Professor Martin Wikelski
vom Max-Planck-Institut
in Radolfzell.

waren etwa Hunderte von
Tauben, die lange im Dach
des Wiener Justizpalastes
genistet hatten. »In der
zweiten Juliwoche 1927 verließen sie alle ohne ersichtlichen Grund dieses Domizil und ließen sich auf dem nahe gelegenen Parlamentsgebäude nieder. Wenige Tage später wurde der Justizpalast angezündet, und das gesamte Dachgestühl brannte aus!«

Die Schulwissenschaft schenkte Bender & Co. kaum Beachtung. Erst die nachfolgende Generation begann ihre Scheuklappen abzulegen. Im April 2009 untersuchten Experten um die Britin Rachel Grant und Friedemann Freund (NASA) das Phänomen, nachdem sie selbst Zeugen »hellsichtiger« Tiere geworden waren. In den Abruzzen hatten sie das Fortpflanzungsverhalten von Erdkröten studiert, als diese noch vor dem Verrichten ihres Laichgeschäfts fluchtartig ihre Brutplätze verließen. Nicht nur einige – sondern die gesamte Population! 5 Tage später erzitterte die Erde. Das Beben von L'Aquila riss in der Region Hunderte von Menschen in den Tod. Das Team um Rachel Grant ist sich so gut wie sicher, dass die Kröten die Katastrophe »irgendwie« im Voraus gespürt hatten, wie es 2010/2011 in Fachpublikationen darlegte.

»Es existieren viele Anekdoten, dass Tiere Katastrophen wie Erdbeben oder Vulkanausbrüche vorhersehen können, aber kaum systematische Studien«, bringt Martin Wikelski, Direktor am Radolfzeller Max-Planck-Institut für Ornithologie, die Misere im hauseigenen Fachmagazin auf den Punkt. »Als Wissenschaftler hat man es auf diesem Gebiet leider nicht leicht: Man wird schnell als eine Art zweifelhafter Wünschelruten-gänger abgetan.« Zuvor hatten der Professor und sein Team auf Sizilien frei laufende Ziegen beobachtet. Einheimischen zufolge hätten diese Vulkanausbrüche jeweils im Vorfeld gespürt. Man stattete die Tiere des-halb mit Funkhalsbändern aus und überwachte sie 2 Jahre lang. Insge-samt 27 Ausbrüche, davon sieben mächtigere, ließen sich anhand des Verhaltens der tierischen Probanden in der Folge voraussagen. »Also alle großen Ausbrüche in jener Zeit!«, betont der Ornithologe. Immer wenn eine größere Eruption bevorstand, waren auch die Ziegen Stun-den zuvor unruhig geworden, liefen auf und ab oder flüchteten unter Büsche und Bäume.

Gemeinsam mit dem Deutschen Zentrum für Luft- und Raumfahrt sowie der russischen Raumfahrtagentur Roskosmos treiben die Radolfzeller Forscher im Rahmen des Projekts Icarus die Erforschung tierischer »Erdbebenwarner« voran. Im Herbst 2020 nahm ihr weltraumbasier-tes Beobachtungssystem auf der Raumstation ISS seinen Betrieb auf. Wikelskis Ziel: Die Bewegungsmuster von mit winzig kleinen Funk-sendern ausgestatteten Tieren endlich besser zu verstehen.

Mord unter Hypnose: Mythos oder Wahrheit?

» 5 bis 10 Prozent aller Menschen kann man
unter Hypnose dazu bringen, alles zu tun. Es ist der Grund dafür,
dass Hypnose nicht mehr als Beweismittel zulässig ist.
In den 1970er-Jahren war es das nämlich. Aber dann kam heraus,
dass man Erinnerungen in Leute platzieren kann. Die haben
dann als Zeugen behauptet: ›Ich habe den Angeklagten dort gesehen‹ –
und haben damit auch die Wahrheit gesagt.
Nur: Es stimmte nicht! «

Danny Boyle, Filmregisseur

Es wirkte wie eine Inszenierung und war dennoch Realität: Wie von unsichtbarer Hand gesteuert erhebt sich der junge Mann auf der Empore eines gut besuchten Londoner Theaters. Gemächlich zückt er eine Pistole. Seelenruhig zielt er in Richtung Bühne. Dann drückt er ab. Ein Schuss kracht – und der britische Dichter und Schauspieler Stephen Fry bricht während seines Auftritts zusammen. Getroffen von der Kugel eines Auftragskillers? Was wie ein eiskalter Mord wirkte, entpuppte sich als spektakuläres Ende eines ebenso phänomenalen wie makabren TV-Experiments des britischen Topmentalisten Derren Brown.

Es gibt Liveshows, die man mit eigenen Augen gesehen haben muss, um das Staunen zu lernen. Derren Brown hat in den vergangenen Jahren jede Menge davon produziert. Im englischen Raum ist er, was David Copperfield in den 1990er-Jahren bei uns war: ein Weltstar. Doch während Copperfield auf der Bühne auf klassische Zaubertricks setzt, versteht sich Mentalist Brown darauf, seine Gegenüber mit weitaus tückischeren Mitteln zu verwirren – bis sie tun, was er will. Unzählige Experimente, oft heimlich gefilmt, enthüllen schier Unglaubliches. Etwa wie er eine Bankangestellte mittels »Mentalkraft« dazu bringt, ihm ohne mit der Wimper zu zucken größere Geldsummen über den Tresen zu schieben. Oder wie er eine Gruppe von Managern derart manipuliert, dass diese vor laufender Kamera einen Geldtransporter überfallen.

Den Vogel schoss Derren Brown, beziehungsweise sein »Opfer« Chris, im Jahr 2011 ab – in der 45-Minuten-Folge *The Assassin* (*Der Attentäter*) der Channel-4-Serie *The Experiments*. Selbsterklärtes Ziel des britischen Mentalisten war es, zu überprüfen, ob es vor laufender Kamera möglich ist, aus unbescholtenen Bürgern mittels Gehirnwäsche gewissenlose Killer zu machen. Ähnlich, wie dies der US-Geheimdienst in den 1950er- und 1960er-Jahren praktizierte. Womöglich auch 1968 beim Attentat auf Robert Kennedy, dessen Mörder laut seinen Verteidigern unter Hypnose gehandelt haben soll.

Ist Mord unter Hypnose überhaupt möglich? Viele Experten schließen eine solche Umprogrammierung des menschlichen Geistes aus. Endgültig sicher ist sich aber niemand. Also versetzte Brown in besagter TV-Show den einen oder anderen seiner Zuschauer mittels Konfusionstechnik sekundenschnell in eine Art hypnotischen Zustand. Methoden, die auf den von ihm hochgelobten Milton H. Erickson (1901–1980) zurückgehen.

Besagter Hypnotiseur erzeugte hierzu bei seinem Gegenüber einen plötzlichen Verwirrungszustand – mit unterschiedlichen Mitteln. Etwa durch die überraschende Unterbrechung eines gewohnten und alltäglichen Handlungsablaufs wie etwa beim Händeschütteln. Tatsächlich geht Brown in seinen Shows gerne mit ausgestreckter Hand auf Gäste im Publikum zu und erweckt dabei den Eindruck, dass es nun gleich zu einer Begrüßung per Handschlag kommt. Stattdessen zieht er seine Hand zu-

rück und fasst seinen verblüfften Kandidaten beispielsweise unvermittelt an die Stirn. Manche Zuschauer fallen daraufhin in Trance.

Zurück zur eingangs erwähnten TV-Performance. Nach einer kurzen Begrüßung kann eine Frau im Publikum ihre Handflächen nicht mehr voneinander lösen. Einen weiteren Anwesenden befördert Derren Brown mit ein paar Handbewegungen kurz danach sekundenschnell auf den Boden, wonach dieser vor aller Augen erstarrt vor sich hindöst. Für sein Experiment wählt der Mentalist nach weiteren Vortests schließlich vier Kandidaten aus dem Publikum aus, die er für besonders empfänglich für mentale Manipulation hält. Unter Hypnose und Aufsicht namentlich genannter universitärer Beobachter lässt er diese anderen Zuschauern Säure ins Gesicht schütten. Alle vier führen seinen Befehl in Trance aus – ohne zu wissen, dass die Säure zuvor gegen Wasser ausgetauscht worden war.

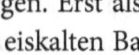

29 Nackt im Eiswasser: Kandidat Chris im 1,4 Grad kalten
Eisbottich – dank Trance ohne jede Schmerzempfindung!

30
Wärmebildaufnahme.
Die dunklen Stellen
offenbaren den massiven
Temperaturunterschied.

Minutenlang lässt Brown zwei von ihnen ihre Unterarme anschließend in ein 3 bis 4 Grad kaltes Eisbad tauchen. Ein unangenehmer Akt. Doch auch in diesem Fall »funktionieren« die Manipulierten ohne jegliches Schmerzempfinden, obwohl Wärmebildkameras ihre extreme Unterkühlung dokumentieren. Schließlich entscheidet sich der Mentalist für einen jungen Mann aus dem Duo: Chris, ein Experte für Sportmarketing. Erneut begibt sich dieser hypnotisiert ins Eiswasser. Diesmal lediglich mit einer Badehose bekleidet – abermals unter strenger Überwachung durch medizinisches Personal. Die Wassertemperatur misst nur noch 1,4 Grad! Dennoch fühlt sich der Mann pudelwohl, bleibt vor aller Augen 2 Minuten seelenruhig in der Wanne liegen. Erst als Brown die Trance aufhebt, springt Chris reflexartig aus dem eiskalten Bad, das ihn kurz darauf wohl umgebracht hätte.

Später fragt ihn der Mentalist, ob er an einem Langzeitexperiment teilnehmen wolle. Fasziniert stimmt Chris zu – ein Zeitgenosse, den seine Familie und seine Freunde als »äußerst friedlich und harmlos« beschreiben. Brown bearbeitet den jungen Mann später über Wochen und bedient sich dabei nach eigenen Angaben unter anderem der Methoden der Hypnose und des Mind Controls, wie sie die CIA bis in die 1970er-Jahre angewandt haben soll. Unter großem Aufwand führt er bei seinem Kandidaten eine regelrechte Gehirnwäsche durch. Mit erstaunlichem Resultat: So lässt er Chris beim Ertönen bestimmter akustischer und visueller Signale in Trance fallen und willenlos Befehle ausführen. Mittels Bewusstseinskontrolle bewirkt Brown weitere »Wunder«. Im wirklichen Leben ist Chris ein miserabler, untrainierter Schütze. Doch unter Hypnose trifft er beim Zielschießen plötzlich so exakt wie ein Profi – und das Ganze unter den Augen einer verblüfften Schießexpertin. Durch monatelanges Training bringt Brown seinen Schützling dazu, all die Dinge zu vergessen, die er unter Hypnose ausführte. Nicht einmal Lügendetektoren offenbaren dessen Trancetun.

Nach weiteren Vorbereitungen ist es so weit. Auf Abruf mutiert Chris, ohne es zu merken, zum willenlosen Killer. Als Trigger – das Trance auslösende Signal – verwendet der Mentalist unter anderem einen spezifischen Handyklingelton. Und den lässt er auch an jenem denkwürdigen Live-Abend während des Auftritts von Stephen Fry erschallen. Nachdem Chris seine mit vermeintlich echter Munition geladene Waffe im Theater gezückt und seelenruhig abgedrückt hat, setzt er sich – ständig gefilmt – wieder auf seinen Stuhl und dämmert tranceartig vor sich hin. Erst Derren Brown kann das verstörte Publikum beruhigen und Chris anschließend wieder aufwecken. An seine »Tat« hat der Freiwillige keinerlei Erinnerungen. Genau wie der Mörder von Robert Kennedy. Mit geübter Hand »deprogrammiert« Brown seinen »menschlichen Roboter« anschließend und setzt alle Trancebefehle außer Kraft.

Alles wieder gut? Nicht unbedingt. Zwar betont der Mentalist regelmäßig, dass seine TV-Experimente keine psychischen Schäden hinterließen. Doch Experten, wie der deutsche Psychologe und Psychotherapeut Klaus Hönig oder Rudolf Corchia vom Hypnose Dachverband Schweiz, äußerten nach Betrachtung der Brown-Show auf Anfrage starke Bedenken. »Hypnose ist erwiesenermaßen hoch wirksam«, bringt es Hönig als Präsident der Deutschen Gesellschaft für Hypnose und Hypnotherapie auf den Punkt. »Um eine heilsame Kraft sein zu können, setzt sie aber professionelle diagnostische und methodische Kenntnisse voraus. Ebenso wie einen verantwortungsbewussten Umgang unter Berücksichtigung möglicher Gefahren.« Showhypnotiseure wie Brown, so der Experte von der Universitätsklinik in Ulm, erreichten zwar oft herausragende technische Fertigkeiten. Dies aber oft »in vollständiger Ermangelung psychotherapeutischen Wissens bis hin zu blankem Desinteresse an den psychischen, körperlichen und emotionalen Konsequenzen ihres Handelns für die Teilnehmer«.

Sein Schweizer Kollege Rudolf Corchia pflichtet ihm bei: »Nach weit über 30 Jahren Erfahrung mit der Methode Hypnose halte ich wenig von solchen Spektakeln, wie Derren Brown sie praktiziert.« Nicht, weil er deren Wirkung anzweifeln würde, sondern weil diese »erfahrungsgemäß oft mit gesundheitlichen oder anderen Risiken« gekoppelt seien. So würden bei derartigen Aufführungen »vor dem Einleiten einer Trance niemals aufklärende Fragen im Kontext einer Risikobereinigung gestellt«. Ein kaum zu unterschätzendes Risiko sei auch das Phänomen der Verzerrung, nach dem Motto: »Ja, wenn dieser Typ mehrmals im Fernsehen und Rundfunk war, muss er doch auch in medizinischer Hinsicht seriös und kompetent sein.«

Entsprechend kritisch kommentiert Hönig Derren Browns Hypnoseexperimente. »Es sind verblüffende künstliche – also mithin auch inszenierte – Beispiele dafür, welche Verhaltens- und Erlebnisweisen Menschen in Folge autoritärer Beeinflussung an den Tag legen können«, erklärt er. Entscheidend für den Erfolg eines Experimentes sei nicht zuletzt die Vorauswahl der Teilnehmer. »Alle Kandidaten sprechen voller Hochachtung von Brown und sind sich weitgehend sicher, dass es sich bei dem Unterfangen um eine seriöse Angelegenheit handelt.« Sie seien somit besonders empfänglich für die Techniken des englischen Mentalisten.

Weiter betont Hönig, dass eine Umprogrammierung von »unfreiwilligen Menschen« zu Killermaschinen nur sehr schwierig möglich und kaum praktikabel sei: »Niemand kann gegen seinen Willen in eine hypnotische

31
Schießtraining
und Showdown
im Theater.
In Trance zielt
und feuert Chris
Richtung Bühne,
auf der Stephen
Fry seinen
Auftritt hat.

Trance versetzt werden.« Zudem sei es zeitlich extrem aufwendig, Menschen per Gedankenkontrolle zu manipulieren, weiß der Psychologe. So sei in jedem Fall »eine lange Reihe von suggestiven Beeinflussungen notwendig, um die persönlichen Eigenschaften beziehungsweise psychischen Störungen der angestifteten Menschen für unlautere Zwecke auszunutzen«.

Misstrauischer bleibt Rudolf Corchia: »Die Manipulation von Menschen bleibt ein unbereinigtes Risiko, auch in der heutigen Zeit.« Fakt sei, dass es »manche Techniken für ›Mind Control‹, also Gehirnwäsche«, gebe, erklärt der Hypnosespezialist. »Wir finden hypnotische Sprachmuster ja auch in der Politik, der Werbung, in den Medien und so weiter.« Für Corchia ist es denn auch vorstellbar, dass solche Methoden auch im militärischen oder geheimdienstlichen Bereich eingesetzt werden. Leider. Denn die positiven, »nützlichen« Aspekte von Hypnose gerieten unter dieser Betrachtung zu Unrecht in den Hintergrund. »Metaphorisch gesprochen können wir ein Messer dafür verwenden, einem Bedürftigen ein Stück Brot abzuschneiden, wir können damit aber auch jemanden verletzen.«

Beide Spezialisten betonen, dass die Gehirnwäsche von Chris nur am Rande mit Hypnosetechniken erreicht worden sein dürfte. »Brown nutzt in seiner Arbeit ein breites Spektrum an Beeinflussungsmethoden, von denen nur wenige der klassischen Hypnose zuzuordnen sind«, vermutet Hönig. »Am typischsten sind vielleicht noch die direkten Suggestionen und das Koppeln bestimmter Erlebniszustände wie Bereitwilligkeit und Motivation an sinnliche Erfahrungen.« Im Fall von Chris waren dies nicht zuletzt musikalische Signale. Sprich: die Handymelodie.

Rudolf Corchia glaubt zudem, dass Derren Brown bei seinen Shows mehrheitlich Techniken des neurolinguistischen Programmierens (NLP) benutzt, das in den 1970er-Jahren aufkam. NLP ist »eine Sammlung von Kommunikationstechniken und Methoden zur Veränderung psychischer Abläufe im Menschen«, lautet eine gängige Definition. Deren Wirksamkeit ist umstritten. Deshalb verteufeln manche Experten NLP als Nonsens. Brown wiederum betont, dass seines Erachtens nur vereinzelte NLP-Techniken tatsächlich wirken und dies auch nur »sehr begrenzt«.

In jedem Fall sei Hypnose viel mehr als scheinbare Zauberei, hebt Klaus Hönig hervor. »Neben autogenem Training, Qigong, Meditation und Tagträumen ist sie eine weitere Möglichkeit, einen Trancezustand hervorzurufen.« Dennoch lässt sich, was positiv wirkt, eben auch negativ einsetzen. Insofern bleibt wahrscheinlich, dass man besonders labilen Menschen mittels Hypnose auch illegale Handlungen befehlen kann. Umso mehr, als Derren Browns »Killer-Experiment« bereits am 10. Juli 2009 vom deutschen Privatsender Pro7 in ähnlicher Form (*Mord unter Hypnose*) inszeniert worden war. Vor laufender Kamera hatte ein hypnotisierter 39-jähriger Deutscher damals eine Stuntfrau in den vermeintlichen Tod gestürzt, um an ihren Aktenkoffer zu gelangen. Das schockierende Resultat dürfte dem Briten als Inspiration gedient haben.

Dazu der für das Pro7-Experiment verantwortliche Hypnotiseur und Psychotherapeut Gerhard Schütz aus Berlin: »Ich sagte unserem in Trance befindlichen Probanden, dass er die Stelle in seinem Körper spüren solle, wo er Entscheidungen treffe. Er ortete diese Stelle hinter seiner Stirn. Schließlich sagte ich ihm, dass er diese Stelle fühlbar ausschalten, neutralisieren solle, und wenn er so weit wäre, solle er es mir sagen. Außerdem baute ich das hypnotische Setting so auf, dass ich dem Probanden unterschiedlich schwierige Aufgaben suggerierte, denen er nachkommen sollte.

Dann sprach ich von einer Spielsituation, in der sich der Proband befände, und von einer sich permanent weiter ausbreitenden und sich vertiefenden hypnotischen Trance. Ich erzählte dem Probanden eine Geschichte, in der Aliens, also menschenähnliche Maschinen, beginnen, die Herrschaft über die Welt zu übernehmen. Mehr will ich zum technischen Vorgehen diesbezüglich nicht sagen, damit es keine Nachahmungsversuche gibt.«

Die Wirkung des Experiments schockierte selbst den erfahrenen Diplompsychologen und Psychotherapeuten. Er hätte auch nichts dagegen gehabt, wenn die Versuchsperson seinen Aufforderungen nicht nachgekommen wäre, betont Gerhard Schütz. »Das geschah jedoch nicht. Stattdessen führte mein Proband alles widerstandslos aus, was ihm von mir aufgetragen wurde. Hätte ich ihm gesagt, dass er sich bewaffnen und die nächste Bank überfallen solle, hätte er es wahrscheinlich getan.«

Im Gegensatz zu vielen Berufsgenossen spricht Gerhard Schütz offen aus, dass gewisse Menschen im hypnotischen Zustand durchaus zu unmoralischen Handlungen verführt werden könnten, die ihnen im »normalen« Leben zuwider wären. Alles andere sei eine »naiv romantisierende, unprofessionelle Begriffsverklärung des Phänomens«, wie der Berliner kritisiert. »Sie führt dazu, die Schattenaspekte zu verleugnen und zu verdrängen und dieses ausgesprochen wichtige Feld den Show- und Bühnenhypnotiseuren zu überlassen.« Als Psychotherapeut sah sich der Mann nach der Pro7-Sendung denn auch genötigt, ein ausführliches Statement zu verfassen, um seine Mithilfe an dem TV-Experiment zu rechtfertigen. Darin betont er, dass der Hypnotisierte nach der Sendung »intensiv von meiner Mitarbeiterin, der Psychologin Claudia Maurer, betreut« worden sei. Außerdem habe er mit dem Probanden »in der Praxis ein ausführliches Interview nach der Sendung gemacht«, um mögliche gesundheitliche Risiken auszuschließen.

Dennoch bleibt Gerhard Schütz in seiner Gilde ein schwarzes Schaf, wenn er aus eigener Erfahrung warnt: »Mit einer bestimmten Technik, einer Mischung aus hypnotischen Suggestionen, verdeckten Konditionierungen, Spielsituationen, Wahrnehmungsergänzungen und Gruppendruck ist es möglich, Menschen mental abhängig zu machen. Ob beim Militär, im Umkreis von religiösem Fanatismus oder in der Werbung: Die

Möglichkeiten, unsere Gedankenwelt zu beeinflussen, sind enorm, und oft können wir uns gar nicht richtig vor gezielter Manipulation schützen.« Und Derren Brown? Der Brite verblüfft, verwirrt und verzaubert sein Publikum längst mit weiteren Experimenten. Neuerdings auch auf dem Streamingdienst von Netflix.

Daria Peter: »Abnehmen dank Trance ist kein Hokuspokus!«

Sich selbst bezeichnet Daria Peter als »äußerst rational denkenden Menschen«. »Seriöse Hypnose bei einem Therapeuten mit entsprechender Ausbildung hat nichts mit Scharlatanerie zu tun!«, wird die frühere Juristin aus Baden im schweizerischen Aargau nicht müde zu betonen. »Vielmehr ist dies eine wissenschaftlich erforschte Technik der Schulmedizin wie viele andere auch, deren Wirkung belegt und seit 2006 in Deutschland offiziell sogar als wissenschaftliche psychologische Methode anerkannt ist.«

Seit vielen Jahren arbeitet Daria Peter als Mentalcoach – sowie als Hypnosetherapeutin. Dass sie dabei auch vermehrt als Expertin in Sachen Abnehmen aufgesucht wird, ergab sich durch Zufall. Vor Jahren hatte ein über 150 Kilo schwerer Kunde eine mehrstündige Anfahrt in Kauf genommen und Hilfe bei ihr gesucht. Da sie sich in ihrer Hypnoseausbildung auch Wissen zum Thema Magenbandhypnose angeeignet hatte, behandelte sie den Mann in einer dreistündigen Sitzung. Einige Monate später häuften sich bei ihr Anrufe von Interessierten aus derselben Gegend. »Sie sagten, sie hätten einen Bekannten, der über 50 Kilo abgenommen hat, und sie wollten nun ebenso aussehen wie er.«

So sei sie wie die Jungfrau zum Kind gekommen und nebenbei zur Expertin für Menschen mit Gewichtsproblemen geworden, nachdem ihr Repertoire etliche weitere Techniken umfasste, die es Hilfesuchenden erlauben, die Kontrolle über eigene Ängste und Schwächen ohne Psychopharmaka oder Ähnliches zurückzugewinnen.

Den Willen zur Veränderung durch Eigeninitiative empfiehlt sie allen, die bei ihr Hilfe suchen. Auch denen, die übergewichtig sind und abnehmen wollen. Denn wer denkt, dass

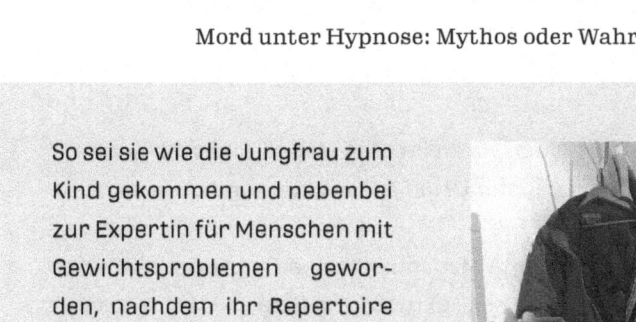

32 Berät, coacht und hilft: Daria Peter in ihrer Praxis.

er bei der Therapeutin dank Magenbandhypnose quasi im Schlaf abnimmt, hat sich getäuscht. Ihre Kunden müssen nach der Hypnose auch selbst aktiv werden. Ehe die ersten Pfunde purzeln, durchlaufen sie ein mehrstufiges Verfahren, das sich in der Vergangenheit bewährt hat. Als Voraussetzung für eine erfolgreiche Hypnose muss unter anderem der Wille vorhanden sein, die Ernährung und andere Lebensgewohnheiten umzustellen. Nicht geeignet ist Hypnose zudem bei Psychosen, Epilepsie oder Herzerkrankungen.

Daria Peters Vorgehen ist ebenso einleuchtend wie risikoarm. Denn anstatt sich operativ den Magen verkleinern zu lassen, um Gewicht zu verlieren, wird beim imaginären Magenband, wie sie es anbietet, mittels Hypnose ein direkter Zugang zum Unterbewusstsein geschaffen und somit im Geiste ein Magenband eingesetzt. Gesprochene Worte werden in Vorstellungen umgewandelt und als real erlebt. Das fiktive

Magenband suggeriert einen verkleinerten Magen. Dadurch entsteht ein frühzeitiges Sättigungsgefühl. Man isst weniger und bewusster.

»Das in der fiktiven OP gelegte Magenband wird im Langzeitgedächtnis abgespeichert. Auch anderen Faktoren von Übergewicht, wie etwa emotionalen Appetitattacken bei Stress, Trauer oder Langeweile, wird auf den Grund gegangen, um diese per Hypnose im Unterbewusstsein aufzulösen und durch neue positive Programme zu ersetzen.« Neben dem Gewichtsverlust komme es so bei vielen Patienten auch zu einem angenehmeren Körpergefühl. Und dies oft schon nach einer einzigen Sitzung. Ohne Nebenwirkungen.

Ihr Angebot versteht Daria Peter nicht als Ersatz, sondern als Alternative zur klassischen medizinischen Magenbandoperation, bei der ein Silikonband um den oberen Teil des Magens geschlungen wird, um damit Sättigungsgefühle auszulösen. Obwohl dieser kostspielige Eingriff chirurgisch mittlerweile zwar weitaus routinierter ausgeführt wird als früher, kann es während oder nach der Operation immer wieder zu teils lebensgefährlichen Komplikationen kommen. Zudem müssen sich die Betroffenen später lebenslang einem strengen Ernährungsplan unterwerfen, um nicht erneut im Krankenhaus zu landen.

Hat man sich im Gegenzug für die weitaus angenehmere und risikofreiere Magenbandhypnose entschieden, folgt eine umfangreiche Fachbefragung, aufgrund derer der maßgeschneiderte Therapieplan erstellt wird. Vor der eigentlichen Prozedur klärt Daria Peter ihr Gegenüber zudem gründlich darüber auf, was Hypnose ist, was sie mit den Menschen macht, in welchen Zentren des Gehirns sie sich abspielt und was im Unterbewusstsein passiert. »Das ist mir enorm wichtig«, betont sie. Entgegen allgemeiner gesellschaftlicher Vorurteile könne nämlich nur hypnotisiert werden, wer dies auch wirklich will: »Unfreiwillig lässt sich niemand in Trance versetzen!«

Vermisst: Wenn Menschen spurlos verschwinden

»Jedes Jahr werden bundesweit rund 100 000 Menschen als vermisst registriert. In der Regel macht die Polizei nicht mehr als eine Registrierung der Fälle in der Fahndungsdatei INPOL. Sie hat weder das Personal noch eine Ausbildung, um Sozialarbeit zu leisten. Ich fordere seit Jahren, dass es Beratung in den Sozialbehörden der Städte und Gemeinden und eine nationale Vermisstenwebsite geben muss. Aber kein Politiker, keine Behörde kümmert sich darum!«

Peter Jamin, Journalist

Ein Knall, ein Blitz – und alles war plötzlich anders. Im gleißenden Licht einer vermeintlichen Kometenerscheinung tauchen im Nordwesten der USA in der freien Natur nachts unvermittelt 4400 Männer, Frauen und Kinder auf, die von 1946 bis 2004 spurlos von der Erde verschwanden. Keiner von ihnen kann sich daran erinnern, was geschehen ist. Entsprechend misstrauisch werden sie in der Folge von Politikern, Militärs und der Gesellschaft beäugt. So beginnt die fiktive TV-Serie *4400 – Die Rückkehrer,* die bis 2007 von Altmeister Francis Ford Coppola produziert wurde.

Und in Wirklichkeit? Wie viele Menschen verschwinden Jahr für Jahr auf unserem Planeten, ohne je wieder aufzutauchen? Niemand weiß dies mit Sicherheit. Auf jeden Fall weitaus mehr als vermutet. Zu wenige, um deswegen in Panik zu geraten. Aber deutlich zu viele, um sich deswegen keine Gedanken zu machen. Allein Angelika Nassauer aus Aschheim im Landkreis München schilderte mir am 17. Februar 2019 in einem sechsseitigen Schreiben etliche unerklärliche Vorfälle aus ihrem Bekanntenkreis. Aufgewühlt hatte sie nicht zuletzt das spurlose Verschwinden eines »behinderten, erwachsenen Mannes«, der sich mit seinen Betreuern und weiteren Weggefährten auf eine Wanderung begeben hatte – und während einer Rast plötzlich fehlte, wie dessen Mutter ihrem Schwager, einem Augenarzt, später persönlich bestätigte. Nassauer: »Er ist einfach so verschwunden! Die Betreuer riefen die Polizei und erstatteten Vermisstenanzeige. Man ist dann sofort mit Spürhunden und einer Suchmannschaft den Weg nachgegangen, den die Gruppe marschiert war. Gefunden haben sie aber trotz wochenlanger Suche nichts. Ihr Sohn ist bis heute nie mehr aufgetaucht!«

Das Internet weiß über derlei Vorkommnisse wöchentlich viel zu berichten und unterschlägt täglich noch mehr. Wer den Suchbegriff »Spurlos verschwunden« googelt, stößt zwar auf etliche aktuelle Meldungen aus unseren Gefilden – die aber bereits morgen ebenso spurlos wieder aus dem Netz verschwinden. Weil ständig neue Vermisstenmeldungen dazukommen. Relevantere Informationen verstauben in Form vergilbter Zeitungsbände und Chroniken im Keller von Unibibliotheken. Dort, wo sie niemand mehr in Augenschein nimmt.

Selbst der mysteriöse Fall von Hans Buchmanns monatelangem Verschwinden lockt heute keinen Reporter von ARD oder CNN hinter dem Ofen hervor. Notiert hatte dessen haarsträubendes Erlebnis der von Papst Clemens VIII. zum Ritter geschlagene Stadtschreiber Renward Cysat (1545–1614). Nachzulesen im umfangreichen Werk *Collectanea chronica und denkwürdige Sachen pro Chronica Lucernensi et Helvetiae*, dessen Original im Schweizer Stadtarchiv von Luzern seine »letzte Ruhe« gefunden hat.

Cysat wörtlich: »Anno 1572, den 15. Tag des Novembers, wurde abermals ein Landmann – Hans Buchmann oder Kriesbühler genannt – von Römerswil bei Rothenburg – damals an die 50 Jahre alt – mir gar wohl bekannt, unversehens verloren. Daraus entstand viel Aufhebens. Auch die Obrigkeit war damit beschäftigt.« Buchmann hatte zwei erwachsene Söhne, »und der Mutter war wohl bewusst, dass der Vater am selbigen Tag nach Sempach gegangen war«. Weil ihr Mann zu später Stunde immer noch nicht zurückgekehrt war, schickte sie ihre Sprösslinge los, »ihn zu suchen, aus Zweifel, dass er sich zu lang bei dem Trunke säumen möchte«.

Buchmanns Söhne zogen los, doch als sie in den Wald kamen, fanden sie lediglich dessen Hut, Mantel und Handschuhe, ebenso sein Gewehr. Vom Vater aber fehlte jede Spur. »Vier Wochen danach kam ein gewisser Bescheid von dem Verlorenen, der Mann sei in Mailand – doch weiter nichts«, schreibt Cysat. »Schließlich kam er an Lichtmess (2. Februar) des folgenden Jahres – 1573 – endlich nach Hause: ohne Haar, ohne Bart und ohne Augenbrauen, mit verschwollenem, zersprengtem Angesicht und Kopf und so schützlich gestaltet, dass man ihn – mit Ausnahme der Angehörigen – der Gestalt nach nicht erkennen konnte.«

Der verschollen Geglaubte wurde laut dem Stadtschreiber mehrere Male intensiv vernommen (»Das habe ich selbst gesehen«). Verstört beteuerte

Buchmann, im Wald von Sempach ein »seltsames Gestöße und Sausen« vernommen zu haben. »Anfangs war es einem (...) Bienenschwarm gleich; danach aber als käme allerlei Saitenspiel gegen sein Haar, welches ihm ein Gruseln und Beängstigung gemacht, sodass er nicht wusste, wo er war oder wie ihm geschehen wolle. Doch habe er sich ein Herz gefasst, sein Gewehr gezückt und um sich gehauen. Da habe er von Stund an seine Vernunft, Gewehr, Mantel, Hut und Handschuh verloren und sei in den Lüften hinweg in ein fremdes Land getragen worden, das er nicht kannte und auch selbst nie dort gewesen sei.«

Gemäß Cysat hatte Buchmann nicht gewusst, wo er war, »wohl aber habe er die Schmerzen, das geschwollene Gesicht, den geschwollenen Kopf und die Haar- und Bartlosigkeit empfunden«. 2 Wochen nach seinem Verschwinden habe er sich in Mailand wiedergefunden, verwirrt und vollkommen kahl. »Als er nach Luzern gefragt hatte, habe man ihm geantwortet: ›Milano, Milano, das ist Mailand‹, wie er glaubte verstanden zu haben ...«

Rund 450 Jahre später beschäftigte sich Joseph »Sepp« Buchmann als Hobbyahnenforscher intensiv mit der Geschichte. »Sie liegt mir besonders am Herzen, weil der Entführte meinen Familiennamen trug und er keine 500 Schritte von meinem Elternhaus entfernt in Ludiswil bei Römerswil wohnte«, hielt er 2004 fest. Tatsächlich habe damals ein Hans Buchmann im Weiler Kriesbühl gehaust – »so ist es dokumentiert in mehreren Datensätzen in alten Luzerner Archiven«. Und noch etwas gab ihm zu denken. Denn ausgerechnet 4 Tage vor dem Verschwinden seines mutmaßlichen Urahnen war dem Astronomen Tycho Brahe im Sternbild Kassiopeia ein hell leuchtender Stern aufgefallen, der dort nicht hingehörte – die allererste in Europa beobachtete Supernova! Sepp Buchmann: »Nur ein bedeutungsloser Zufall?«

Wo sich Zufälle paaren, werden Synchronizitäten geboren. In Unkenntnis der damaligen Geschehnisse gab mir Georg Günther aus Tutzing (Starnberg, Bayern) im November 1994 Ähnliches zu Protokoll: »Meine Großmutter erzählte mir oft von merkwürdigen Ereignissen. Sie ist leider verstorben. Aber meine Mutter erfreut sich mit ihren 83 Jahren heute noch bester Gesundheit, und sie kennt die Geschichte in- und auswendig von meiner Urgroßmutter, die selbst in die Sache verwickelt war. Das Ganze spielte sich etwa im Jahre 1870 ab. Ort der Handlung war Pähl, ein Bauerndorf am Südende des Ammersees, wo meine Urgroßmutter aufwuchs. Sie war damals etwa 10 Jahre alt, und man schärfte ihr ein, ›wenn das Nachtgeläute kommt, musst du dich flach auf den Boden werfen, sonst nimmt es dich mit‹.

Die markanteste Geschichte über das ›Nachtgeläute‹ erlebte ein Bauer aus demselben Ort. Er pflügte damals mit einem Ochsengespann den Acker. Als er zum Essen nicht nach Hause kam, wollte ihn seine Frau abholen. Das Gespann stand auf dem Acker, aber der Bauer fehlte. Etwa eine Woche lang blieb er verschwunden. Als der Bauer völlig verstört zurückkam, wollte das ganze Dorf wissen, wo er gewesen ist. Er sagte: ›Ich war in der Türkei. Das Nachtgeläute hat mich in der Nähe von Konstantinopel ausgesetzt.‹ Das Gelächter im Dorf war groß, und seither heißt der Hof ›Beim Türk‹ – und die Straße, die daran vorbeiführt, ist die Türkenstraße.«

Glücklicherweise gab es damals in Pähl einen Schullehrer, den die Sache nachdenklich stimmte. Georg Günther: »Der Bauer erzählte ihm, er wäre hilflos und ohne Geld in Istanbul herumgeirrt, bis er an einen Bahnhof gelangt sei.« Der dortige Vorsteher hätte etwas Deutsch gesprochen und habe ihn in einen Zug gesetzt. Dem Lehrer gelang es tatsächlich, den Bahnhofsvorsteher ausfindig zu machen. Dieser bestätigte die Aussage des Bauern. »Ebenso wie dessen abenteuerliche Rückreise nach Pähl in Oberbayern. Es gab damals ja noch keine durchgehende Eisenbahnverbindung ...«

Und heute? Allein in Deutschland, wo preußisch Buch geführt wird, wurden gemäß Bundeskriminalamt Anfang 2019 »offiziell rund 11 300 Menschen« als verschollen geführt. »In dieser Zahl sind sowohl Fälle enthalten, die sich innerhalb weniger Tage aufklären, als auch Vermisste, die bis zu 30 Jahren verschwunden sind.« Täglich werden demnach jeweils etwa 250 bis 300 Fahndungen neu erfasst und beinahe ebenso viele wieder gelöscht.

In der Schweiz können oder wollen die Behörden keine konkreten Zahlen liefern. »Wir kennen keine Statistiken dieser Art«, heißt es beim Bundesamt für Polizei. Allerdings führen manche Kantone, vergleichbar mit den deutschen Bundesländern, auf eigene Faust trotzdem Buch. So verzeichnete zum Beispiel Basel-Stadt 2019 elf langzeitig vermisste Personen seit 1965, wie dessen Justizsprecher auf Anfrage vorrechnete. Zum Vergleich: In Düsseldorf wurden zum gleichen Zeitpunkt »25 bis 30 Personen dauerhaft vermisst«. Untergetauchte Flüchtlinge ausgenommen. Und in Österreich? Dort seien es »rund zehn Fälle pro Jahr, die ungelöst bleiben«, erklärt Gerhard Brunner vom Bundeskriminalamt.

Die gute Nachricht: Zumindest 80 Prozent aller in Deutschland gemeldeten Vermissten – oftmals Männer und Kinder – tauchen nach einem Monat wieder auf. Und die schlechte Nachricht? 3 Prozent bleiben auch nach einem Jahr immer noch spurlos verschollen. In Zahlen: 339 Menschen! Kommt dazu, dass viele ungeklärte Fälle nach 30 Jahren aus der Statistik eliminiert werden und damit für immer in Vergessenheit geraten. Zieht man von den besagten 339 Fällen großzügig 95 Prozent aller Personen ab, weil sie innerhalb der besagten 30-Jahre-Frist irgendwann vielleicht doch noch auftauchen, bleiben pro Jahr immer noch rund 17 Menschen übrig, deren Verschwinden bis in alle Ewigkeit ungeklärt bleibt – allein in der Bundesrepublik. Multipliziert man diese bewusst niedrig geschätzte Zahl mit der Restbevölkerung der EU, sind es bereits über 88 Menschen pro Jahr. Und hochgerechnet auf die gesamte Weltbevölkerung sogar weit über 1300 spurlos Verschwundene, ebenfalls pro Jahr! Also im Durchschnitt mindestens rund vier Personen pro Tag – und aufgrund so mancher Dunkelziffer wohl noch deutlich mehr.

Makabre Quintessenz: Ließen irdische Geheimdienste, fremde Mächte oder Besucher aus der Zukunft für irgendwelche finsteren Zwecke alle paar Tage lediglich einen einzigen Erdenbürger auf Nimmerwiedersehen verschwinden, würde dies statistisch gesehen niemandem auffallen, geschweige denn beunruhigen. Berechnungen, die auch David Paulides den Schlaf rauben. In viel diskutierten Büchern (*Missing 411*) spürt der US-Polizist und Sonderermittler im Ruhestand seit 2012 kuriosen Fällen spurlos verschwundener Mitmenschen nach, die ihm verdächtig vorkommen. Viele davon scheinen sich ihm zufolge seit Jahrzehnten in US-Nationalparks regelrecht in Luft aufzulösen. Vornehmlich in grellbunter Kleidung roter oder gelber Färbung, wie sie Dschungelvölker, aber auch Militärs seit jeher wohlweislich meiden, um da draußen keine Aufmerksamkeit zu erregen.

34
Verschollenen
Zeitgenossen
auf der Spur:
der US-Fahnder
David Paulides.

Als David Paulides bei der amerikanischen Nationalparkbehörde zu Beginn seiner Spurensuche um verlässliche Statistiken bat, erlebte er sein blaues Wunder. Obwohl in deren Gefilden jährlich Millionen von Touristen unterwegs sind und Jahr für Jahr kerngesunde Naturfreunde unter rätselhaften Umständen verschwinden, wird darüber nicht Buch geführt. Noch bizarrer: Seit seinen Publikationen wurde Paulides von den dortigen Behörden mittlerweile sogar zur Persona non grata erklärt und allen Rangern jegliche Kommunikation mit ihm untersagt. Nicht zuletzt des blühenden Tourismusgeschäftes wegen.

Trotzdem konnte der Amerikaner dank hartnäckiger Rechtsbegehren mittlerweile über 2000 »Missing Cases« samt deren bis dahin teils geheimen Polizeiakten näher unter die Lupe nehmen. Im Zentrum seines Interesses steht dabei nicht nur das Phänomen selbst, sondern vor allem auch die oft äußerst bizarren Umstände, unter denen manche der Vermissten verschwanden beziehungsweise Tage später tot aufgefunden wurden. »Vieles ergibt dabei einfach keinen Sinn!«, konstatiert der erfahrene Ermittler. Umso mehr, als er beim Sichten der Akten immer wieder auf Parallelen stieß.

Demnach verschwinden in der Nähe von Bergen oder Gewässern, vermehrt am helllichten Tag, neben Kindern auch erstaunlich viele sportliche junge Männer. Stutzig machte ihn zudem, dass vielen Opfern laut Polizeiakten Schuhe und Strümpfe fehlten. In einigen Fällen lag deren Wäsche sogar zusammengefaltet neben den Leichen. Immer wieder scheint sich das Verschwinden zudem in Sekundenschnelle abgespielt zu haben. Frei nach dem Motto: Der Opa einer Wandergruppe eilt 100 Meter voraus, um sich auf einer Bank auszuruhen, ist dann aber an der nächsten Wegbiegung nicht mehr auffindbar.

Weitere Parallelen: Oft wurden die Leichen erst Tage später an entfernten oder unzugänglichen Orten aufgespürt, welche für die Betroffenen in kurzer Zeit nie und nimmer erreichbar gewesen wären. Und dies oft ausgerechnet dort, wo zuvor nach ihnen gefahndet wurde. Außerdem wiesen viele vermisste und später tot aufgefundene Personen laut Polizeiberichten keinerlei äußere Verletzungen auf, die auf ein Gewaltverbrechen schließen ließen. Besonders obskur: Laut David Paulides' Statistiken sollen »beinahe 90 Prozent aller Verschwundenen deutschstämmige Wurzeln« haben. Ein Steilpass für Skeptiker – und so hütet sich der US-Spürhund vor Spekulationen, wer oder was hinter den bizarren Todesfällen stecken könnte. Denn je eifriger er seine Ergebnisse publiziert, desto lauter unken seine Kritiker.

35
Auf der Suche nach Antworten. Die Videoblogger Oliver und Simon während ihrer Recherchen im Skiparadies Wengen.

Längst hat Paulides sein Augenmerk auch auf europäische Fälle gerichtet. Suspekt erscheint ihm nicht zuletzt ein Drama in der Schweiz, das sich am 22. Dezember 2009 im bekannten Skiparadies Wengen ereignete. Der englische Tourist Myles Robinson (23) verabschiedete sich dort gegen 2:50 Uhr in der Früh nach einigen Drinks gut gelaunt von einer irischen Freundin, um danach zu seiner Familie im örtlichen Dorfhotel zurückzukehren. Aufnahmen einer Überwachungskamera zeigen ihn beim Verlassen der lokalen Blue Monkey Bar – ohne dass er betrunken gewirkt hätte.

Rund 7 Tage (!) später, am frühen Abend des 28. Dezember 2009 wird der groß gewachsene Sportler nach tagelangen Suchaktionen weit entfernt unterhalb der 200 Meter hohen Steinhaltefluh, kurz vor Lauterbrunnen, tot aufgefunden. Mit entstelltem Antlitz und etlichen Knochenbrüchen. Laut Obduktionsbericht soll Myles Robinson dort noch in den Morgenstunden seines Verschwindens nach einem »Sturz aus großer Höhe« verstorben sein, »ohne jegliche Spuren einer Fremdeinwirkung«. Auch Drogentests fielen negativ aus.

Seltsamerweise trug der angehende Finanzberater, als er aufgefunden wurde, keine Schuhe und nur eine Socke! Seine später entdeckten Gamaschen waren laut seiner Schwester zudem nicht zugeschnürt und noch blitzsauber. Dennoch wurde die Polizeiakte 8 Monate später ergebnislos geschlossen. Umstände, die dem lokalen Bergkenner und Journalisten Bruno Petroni bis heute Kopfzerbrechen bereiten. Umso mehr, als Myles und seine Eltern das auf 1274 Metern Höhe gelegene und nur mit der Bahn erreichbare Alpendorf als Stammgäste bestens kannten.

Kurz nach dem Drama notierte Petroni im *Berner Oberländer:* »Wie kam Myles Robinson, der in besagter Nacht im tiefsten Winter nur mit Turnschuhen im Schnee unterwegs war, in das unwegsame und steile Gelände oberhalb der 200 Meter hohen Steinhaltefluh, das zu Fuß eine knappe halbe Stunde vom Wengener Dorfzentrum entfernt liegt? (...) Seine Schwester Cara: ›Absolut nicht erklärbar ist, dass am Tag von Myles' Verschwinden um 10:55 Uhr eine Internetleitung von seinem Mobiltelefon aus aufgebaut wurde, die dann während 5 Stunden und 56 Minuten lief – zu einem Zeitpunkt also, wo Myles längst hätte tot sein müssen.‹ Myles' Vater Michael Robinson: ›Vodafone UK kann nur aufzeigen, dass eine Internetverbin-

36
Myles Robinson
(links). Weshalb
musste der junge
Mann sterben?

dung zustande kam, aber nicht, ob und welche Websites damit angesteuert wurden.‹ Cara Robinson: ›Wer um Himmels willen hat denn die Internetverbindung aktiviert, wenn mein Bruder schon tot war?‹«

Fragen, die auch die fleißigen Schweizer Videoblogger Oliver und Simon vom Internetportal Hangar 18b beschäftigen. Mit Kameras, Drohne und Mikrofon bestückt begaben sie sich 2018 4 Tage lang auf Spurensuche nach Wengen. Doch statt Antworten zu finden, kehrten sie mit noch mehr Fragen zurück. »Nach etlichen persönlichen Gesprächen mit der Dorfbevölkerung sind wir in der Tat ziemlich nachdenklich. Wir kamen mit Leuten in Kontakt, die Myles Robinson persönlich gekannt oder mit ihm zu tun hatten. Keiner der Befragten konnte oder wollte sich im Gespräch mit uns einen Reim auf das Drama machen. Niemand sagte: ›Nein, das war ganz klar so oder so ...‹ Alle zuckten nur ratlos mit den Achseln, weil ihnen die Umstände von Myles' Ableben bis heute ebenfalls reichlich suspekt erscheinen.«

Dennoch erfuhren die beiden Wissenswertes. So wurde ihnen bestätigt, dass Myles in jener Winternacht tatsächlich nur in Turnschuhen ins steile Gelände losmarschierte. Und dies bei Temperaturen von 0 bis minus 10 Grad Celsius. Um zur vermeintlichen Unglücksstelle zu gelangen, hätte er im Mondschein, bei rund 1,2 Meter hohem Schnee, wohl bis zu 45 Minuten benötigt. Was um alles in der Welt trieb den sportlichen Hünen wider jede Vernunft dorthin? Und dies nach »nur« einigen Drinks? Nachweislich ohne Drogeneinfluss oder Suizidgedanken?!

»Es hat dort oben einen Aussichtspunkt, Mönchblick genannt«, erzählen Oli und Simon, nachdem sie das lokale Gelände ausgiebig erkundet hatten. »Von dort verläuft ein schmaler Pfad nach hinten Richtung Hunneflue, wo sich ein paar Sitzbänke befinden. Weitere 20 Meter dahinter ist der Weg mit einem Band abgesperrt, weil es danach in die Wildnis hinabgeht.« Anfangs nicht senkrecht, wie man vermuten könnte, sondern zuerst rund 50 Meter über mehrere kleinere Hänge mit Bäumen bis zu einer Art Schneerinne, und dann rund 100 bis 200 Meter direkt nach unten. An jener Stelle soll Myles abgestürzt sein. »Befremdlich bleibt – wie wir auch von einem Skilehrer erfuhren, der in die Suchaktion involviert war –, dass sich Myles' Spuren bereits bei den Sitzbänken verloren haben sollen. Also deutlich vor dem Abhang. Die Spürhunde wussten nicht mehr weiter, und auch dahinter fanden sich im Schnee keinerlei Abrutschspuren, wie eigentlich zu erwarten war.«

Merkwürdig überdies, dass Myles' Leiche nicht in besagter Schneerinne aufgefunden wurde, sondern – von oben betrachtet – rund 50 Meter rechts davon, ganz unten im Tal. »Die damaligen Ermittler konnten sich keinen Reim darauf machen, wie sein Leichnam dorthin gelangt sein könnte. Dies bestätigte uns auch besagter Skilehrer, der bis heute vor einem Rätsel steht, obwohl er die Absturzstelle im darauffolgenden Sommer nochmals genauestens, aber ergebnislos unter die Lupe nahm.«

Mit Unterstützung von Myles' Mutter gelang es dem Hangar-18b-Team 2019, Kopien des damaligen Polizeiberichts sowie des Obduktionsprotokolls zu beschaffen. Papiere, die bis dahin selbst die betroffene Familie nie zu Gesicht bekommen hatte. Darin wird die wichtigste Frage – Myles' rätselhaftes Verschwinden – ausdrücklich bekräftigt, wie ich nach Einsicht in die besagten Dokumente ebenfalls bestätigen kann. Tatsächlich verlor sich seine Spur gemäß Polizeibericht hoch oben am Mönchblick, deutlich vor dem Abhang, wo selbst Spürhunde seinen Geruch verloren und Experten im Schnee keinerlei Fußabdrücke oder Abrutschspuren in Richtung Lauterbrunnen feststellen konnten. Das Mysterium um die Entdeckung seiner seitlich davon aufgefundenen Leiche im Tal ist somit amtlich beglaubigt.

Noch kurioser, dass selbst stundenlange behördliche Suchflüge mit drei (!) Hubschraubern am 22. und 23. Dezember keinerlei Spuren des

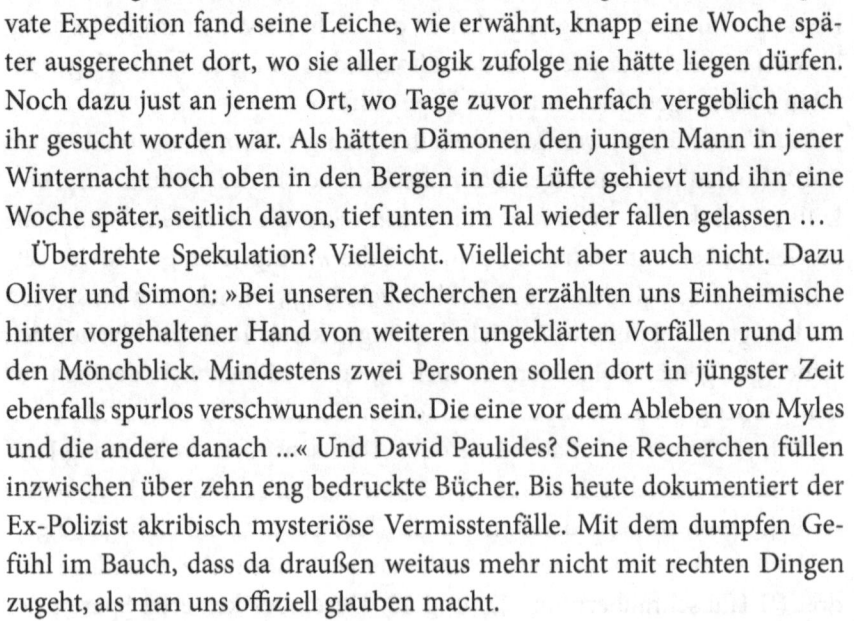

37 Der Mönchblick. Links der Abhang in Richtung Lauterbrunnen.

Briten zutage brachten, wie im Polizeibericht bestätigt wird. Erst eine private Expedition fand seine Leiche, wie erwähnt, knapp eine Woche später ausgerechnet dort, wo sie aller Logik zufolge nie hätte liegen dürfen. Noch dazu just an jenem Ort, wo Tage zuvor mehrfach vergeblich nach ihr gesucht worden war. Als hätten Dämonen den jungen Mann in jener Winternacht hoch oben in den Bergen in die Lüfte gehievt und ihn eine Woche später, seitlich davon, tief unten im Tal wieder fallen gelassen ...

Überdrehte Spekulation? Vielleicht. Vielleicht aber auch nicht. Dazu Oliver und Simon: »Bei unseren Recherchen erzählten uns Einheimische hinter vorgehaltener Hand von weiteren ungeklärten Vorfällen rund um den Mönchblick. Mindestens zwei Personen sollen dort in jüngster Zeit ebenfalls spurlos verschwunden sein. Die eine vor dem Ableben von Myles und die andere danach ...« Und David Paulides? Seine Recherchen füllen inzwischen über zehn eng bedruckte Bücher. Bis heute dokumentiert der Ex-Polizist akribisch mysteriöse Vermisstenfälle. Mit dem dumpfen Gefühl im Bauch, dass da draußen weitaus mehr nicht mit rechten Dingen zugeht, als man uns offiziell glauben macht.

»In meinem Laden lösten sich drei Männer in Luft auf!«

Dreimal betraten »Phantommänner« einen kleinen Laden – und dreimal lösten sie sich dort buchstäblich in Luft auf. Nicht nur die Inhaberin, auch Angestellte und Kunden trauten ihren Augen nicht, wie sie 2016 auf Nachfrage versicherten. »Wenn man so etwas erlebt, denkt man im ersten Moment: ›Ich spinne!‹«, erzählt Susanne Späti. Obwohl es damals bereits rund 15 Jahre her war, konnte sich die Frau noch gut an die unheimlichen Geschehnisse entsinnen. »Ich war gerade mit einer Kundin im Gespräch, als ein Mann in meinem Geschäft erschien«, erinnert sich die Schweizerin, die in Füllinsdorf seinerzeit einen kleinen Schmuck- und Mineralienladen betrieb.

Auf ihre Begrüßung reagierte der unbekannte Besucher nicht und entschwand hinter einem Warenregal aus Spätis Blickfeld. »Die Dame, die ich bediente und die den Neuankömmling ebenfalls gesehen hatte, nahm gerade ein paar Schmuckstücke in Augenschein. Also wollte ich kurz zu dem Herrn hinüber, um zu fragen, ob ich ihm helfen könne.« Sie ging um die Ecke und staunte nicht schlecht: Von dem Mann war nichts mehr zu sehen, keine Spur. »Das war total merkwürdig«, beteuert die Geschäftsfrau. »Den Laden verlassen haben konnte er nicht! Es gab nur den einen Zugang, und den hatten wir die ganze Zeit im Blick. Außerdem hätten wir zumindest das Geräusch der Ladentür gehört.« Auch ihre Kundin sei völlig perplex gewesen und konnte sich nicht erklären, wohin der merkwürdige Besucher entschwunden war.

Anfänglich habe sie sich nichts dabei gedacht und die Sache beinahe schon vergessen, sagt Susanne Späti. Doch wenige Wochen darauf wiederholte sich der Vorfall. »Wieder kam ein Herr in meinen Laden, ging auf der anderen Seite desselben Regals entlang und war nach wenigen

38
Susanne Späti vor dem
Regal, wo die Unbekannten
verschwunden waren.

Schritten wie vom Erdboden
verschluckt. Einfach ver-
schwunden!« Erneut war
eine Kundin Zeugin des Phänomens. »Auch in diesem
Fall hatte der Mann grußlos
mein Geschäft betreten und
war stumm an uns vorbei-
gegangen.«

Aufgrund seiner Schrittgeräusche ist sich Späti sicher, dass er an der
gleichen Stelle verschwand wie im ersten Fall. Die gelernte Naturärztin
und Heilpraktikerin entschloss sich deshalb, der Sache auf den Grund zu
gehen. Mit ihrem Pendel untersuchte sie die ominöse Stelle und glaubte
dort ein äußerst starkes Energiefeld zu orten. »Und dies mitten in einem
Einkaufszentrum aus dickem Beton. Das war eigentlich unmöglich!«

3 Monate vergingen. Die Händlerin war gerade zu Hause, um ein paar
Schmuckstücke zu reparieren. »Eine Aushilfe hat mich im Geschäft ver-
treten.« Plötzlich klingelte das Telefon. »Frau Späti, in Ihrem Laden verschwinden Menschen!«, rief eine Kundin am anderen Ende der Leitung
aufgeregt. Gemeinsam mit der Aushilfsverkäuferin hatte diese Minuten
zuvor das Gleiche erlebt wie Späti zweimal zuvor. Ein Mann betrat den
Laden, ging zu besagter Stelle – und war weg. Den Zeuginnen zufolge
dürfte es sich stets um dieselbe Gestalt gehandelt haben: Anfang 40,

mittellanges Haar, schlanke Statur, ein Durchschnittstyp. »Seltsam ist, dass sich keine von uns sein Gesicht merken konnte.«

Nicht die Ladenbesitzerin oder eine ihrer Angestellten hatte mich auf die merkwürdigen Begebenheiten aufmerksam gemacht – sondern ein deutscher Leser. Er habe vor langer Zeit mal ein ungewöhnliches Erlebnis in einem Füllinsdorfer Mineralienladen gehabt, begann Udo Kinzel aus Brislach seinen Bericht. »Ich besuchte jenes Geschäft damals als Kunde«, so der pensionierte Sozialpädagoge. »Beim Betreten zog mich eine Stelle sofort an. Ich kann Kraftfelder spüren. Die sind normalerweise ja recht großflächig, aber in diesem Fall war das ein kleines Eck von vielleicht 1 Quadratmeter in der Nähe eines dortigen Regals.« Immer wieder schritt der Auslandsdeutsche über die besagte Stelle, bis sein Verhalten auch der Ladenbetreiberin Susanne Späti auffiel.

»Sie haben hier eine besondere Stelle – wissen Sie das?«, fragte er die Händlerin. Doch diese wollte nicht so richtig darauf eingehen, worauf Kinzel bat, den Ort auspendeln zu dürfen. »Es waren enorm hohe Energiewerte – und dies auf einer extrem kleinen Fläche. Das hatte ich noch nie zuvor erlebt!« Da rückte sie doch noch mit der Sprache heraus und erzählte ihm von den drei Unbekannten, die sich an besagter Stelle buchstäblich »verdünnisiert« hatten.

Die Sache beschäftigt Udo Kinzel bis heute. Er und Susanne Späti sind sich seither nie mehr begegnet. Dennoch bestätigten beide unabhängig voneinander und übereinstimmend die damaligen Ereignisse. Inzwischen ist die Steinschmuckhändlerin mehrfach umgezogen und führt heute einen Mineralienladen in Grenchen. »Phantommänner« sind dort nicht mehr aufgetaucht. Und auch nicht mehr abgetaucht.

Top Secret: NASA-Schätze im Tresor von Bern

» Ob ich 1971 auf dem Mond war? Selbstverständlich!
Ob 1947 im amerikanischen Roswell ein außerirdisches UFO abgestürzt ist?
Selbstverständlich! Man hat mir persönlich geheime Berichte gezeigt.
Sie dokumentierten, dass die Regierung darüber informiert war –
doch sie entschied, öffentlich nichts darüber zu erzählen.
Eine staatliche Organisation zur Geheimhaltung dieses Zwischenfalls
arbeitet bis heute erfolgreich an der Vertuschung dieses vielleicht
wichtigsten Ereignisses in der Menschheitsgeschichte! «

Edgar Mitchell, Apollo-14-Astronaut

Die ultimativen Beweise für die ersten Mondlandungen der NASA verstauben seit etlichen Jahrzehnten in zwei streng vertraulichen Schweizer Panzerschränken im Keller der Universität Bern. Kein Journalist hat sie jemals persönlich zu Gesicht bekommen – geschweige denn fotografieren dürfen. Weshalb die fast schon militärisch anmutende Geheimhaltung? Und wieso wurde das dort verwahrte Mondgestein vor Jahren in aller Stille »entsorgt«, ohne dass dies öffentlich je kommuniziert wurde?

Diplomatische Geheimniskrämerei hat in der »neutralen« Schweizer Hauptstadt und ihrer unterkellerten Altstadt Tradition. Ob das eidgenössische »Pentagon«, international tätige Spionageclubs, diplomatisch

39
Apollo-11-Astronaut
»Buzz« Aldrin bei
der Installation des
Sonnenwindsegels
am 20. Juli 1969.

geduldete CIA-Lauschposten an der Sulgeneckstraße 19 oder milliardenschwere Goldlagerstätten in der näheren Umgebung: In Berns verwinkel-
ten Gassen tummeln sich weitaus mehr internationale Schlapphüte und
dubiose Wissensträger, als der Öffentlichkeit weisgemacht wird!

Offenheit wird dort am scheinheiligsten zelebriert, wo anderes verborgen bleibt. So auch im Herbst 2017, als die Universität Bern lauthals 50
Jahre Weltraumforschung feierte. Dutzende von hochpräzisen Messin-
strumenten gehen auf das Konto der dortigen Forscher zurück. Viele ihrer
Apparaturen wurden in den letzten Jahrzehnten ins All katapultiert, um
den Ursprung des Lebens zu ergründen. Prunkstücke der Sammlung bleiben unbezahlbare Aluminiumfolien: der ultimative Beweis, dass die Amerikaner 1969 tatsächlich als Erste auf dem Mond gelandet sind. Entwickelt
worden waren besagte Sonnenwindsegel im Auftrag der NASA, um auf der
lunaren Oberfläche Sonnenwindpartikel einzufangen und diese später auf
der Erde zu analysieren.

Mit Erfolg: Am 20. Juli 1969 hissten Neil Armstrong und »Buzz« Aldrin das Schweizer Solar Wind Composition Experiment vor aller Augen auf dem Mond. Und dies auf Druck des Berner Projektleiters Professor Johannes Geiss noch vor der US-Flagge, wenngleich es dazu einiger Überzeugungskraft bedurfte. So wollte Präsident Nixon die US-Fahne unbedingt als Erstes im TV sehen. Aus wissenschaftlicher Sicht ein Unding. Denn die Zeit für die erste bemannte Landung war knapp bemessen. Dazu kam, dass die Berner Folie mindestens 1 Stunde lang auf dem Trabanten stehen musste, um genügend Sonnenwind einsammeln zu können.

Geiss machte Druck. Buchstäblich in letzter Minute knickte Nixon schließlich auf Drängen seiner Berater ein. Und so schickte sich Astronaut »Buzz« Aldrin nach dem Ausstieg noch vor dem Hissen der Flagge an, das Berner Sonnenwindsegel zu installieren. 77 Minuten später wurde es wieder eingerollt und anschließend zurück ins NASA-Hauptquartier transportiert, wo der Professor der Rückkehr seines »Babys« höchstpersönlich entgegenfieberte.

Welche Teile davon wann und wie in die Schweiz zurückkehrten? Welche Stückchen seither von der Originalfolie weggeschnippelt und wo untersucht wurden? Darüber herrscht heute trotz etlicher Publikationen selbst unter Insidern heillose Konfusion. Klar scheint: Die Folie kam nach der Rückkehr in Quarantäne. »Ein winziges Stück dagegen wurde in den USA von Professor Geiss vorab aus der Mittelsektion herausgeschnitten und in einem Vakuumcontainer sterilisiert«, wie dem *Apollo 11 – Preliminary Science Report* der NASA zu entnehmen ist. »Dieses traf am 12. August 1969 in Bern ein.« Ein späteres Datum nannte der *Walliser Bote* am 22. September 1969: »Ein 500stel des Sonnenwindsegels – 10 Quadratzentimeter – ist am Dienstag in einem Vakuumbehälter in der Uni Bern eingetroffen, wo Professor Geiss die von der Sonne abgeschossenen Partikel untersuchen wird.«

Die Tat wiederum notierte am 29. September 1969: »Professor Peter Eberhardt aus der Schweiz hat im Raumfahrtzentrum der NASA nicht nur Mondgestein abgeholt, sondern erhielt auch noch die restlichen zwei Drittel des Sonnenwindsegels. Mit dem ersten Teil des Segels wurden bereits seit etwa einem Monat Untersuchungen durchgeführt.« Und am 19. Juli

2009 fasste das Schweizer Fernsehen noch verwirrender zusammen: »Erst nach 3 Wochen Quarantäne durfte Professor Geiss mit dem Sonnenwindsegel von Apollo 11 in die Schweiz zurückkehren.«

In der breiten Öffentlichkeit geriet das Berner Segel trotz anfänglicher Euphorie bald in Vergessenheit. Erst 2009 tauchte das kostbare Stück wieder auf. »Das ist das untere Ende der Apollo-11-Folie«, verkündete Professor Geiss zum 40-jährigen Jubiläum im Schweizer Fernsehen und hielt das eingerahmte Fragment stolz in die Kamera: »Diese Folie war tatsächlich auf dem Mond. Untermauert wurde dies durch Analysen in unserem Labor. Wenn gewisse Leute glauben, dass die Landung eine Fälschung gewesen sei, dann müssen sie von uns ein Stück Folie kaufen – da ist der Sonnenwind tatsächlich drin!«

2010 überließen Geiss und seine Mitarbeiter dem Schweizer Planetarium in Kreuzlingen ein winziges Fragment der Sonnenwindfolie von Apollo 15 als Dauerleihgabe. Ein weiteres 5 x 5 Zentimeter kleines Folienstück der Apollo-11-Mission befindet sich mittlerweile zudem im Verkehrsmuseum Luzern: bis heute die beiden einzigen offiziell präsentierten Originalfragmente der damaligen Experimente.

2011 aber begann sich der Wind in Bern zu drehen. Zwar durfte ein Fotograf in meinem Auftrag den untersten Teil des Sonnensegels von Apollo 11

40
Der unterste Teil des Sonnenwindsegels von Apollo 11 im Archiv der Universität Bern, samt Spuren der Probenentnahmen.

41
Prototyp des Sonnenwindsegels,
wie er in Bern 2017 öffentlich zu
sehen war.

im Physikalischen Institut damals noch persönlich ablichten. »Dennoch glaube ich nicht, dass wir entsprechende Stücke davon – im Gegensatz zu den Aussagen von Professor Geiss – heute noch verkaufen würden«, meinte die dortige Astrophysikerin Kathrin Altwegg auf Anfrage. Besagte Mondfolie sei längst derart verunreinigt, dass nur noch Spezialisten etwas damit anfangen könnten. Speziell ihr unterer Teil sei bereits nach der Rückkehr mit Mondstaub kontaminiert gewesen und tauge heute somit nicht mehr zur Analyse. »Zudem gäbe es wohl juristische Probleme, da die Folie auch Eigentum der NASA ist.«

Weitere 6 Jahre vergingen, während denen der »Schatz« einmal mehr in Vergessenheit geriet. Bis zum 16. September 2017 – dem offiziellen 50-jährigen Jubiläum der Universität Bern in Sachen Weltraumforschung, das mit einer gut besuchten Sonderausstellung gewürdigt wurde. Der perfekte Zeitpunkt, um ein für alle Mal sämtliche Zweifel am damaligen Tun der NASA auszuräumen. Doch wer das wertvolle Originalteil in besagter öffentlich zugänglichen »Nacht der Forschung« zu erspähen hoffte, wurde enttäuscht. Präsentiert wurde nur ein Prototyp des damaligen Sonnensegels. Wenige Sekunden lang hielt ein Professor an jenem Abend während seines öffentlichen Referats das eingerahmte Apollo-11-Reststück in die Höhe, ehe es aus Sicherheitsgründen eiligst wieder weggeschlossen wurde.

Tatsächlich lagern sämtliche Originale des Sonnensegels der NASA-Missionen Apollo 11 und 12 sowie 14 bis 16 gemäß Insideraussagen seit vielen Jahrzehnten in zwei unterirdischen Tresoren der Universität Bern. »Die größere der beiden Panzerschranktüren ist schätzungsweise 1,90 Meter hoch und etwas weniger als 1 Meter breit«, wie es ein Insider umschreibt. »Nur ein paar wenige Koryphäen« hätten heute noch Zugang in jenes »Heiligtum« im Untergrund der Schweizer Hauptstadt.

Konkrete Informationen über die Panzerschränke sind dünn gesät. Lediglich vereinzelte Experten äußerten sich darüber öffentlich. Darunter der bekannte Radiochemiker Professor Hans Rudolf von Gunten, den die *Neue Zürcher Zeitung* am 28. Dezember 1994 wie folgt zitierte: »Als Principal Investigator der NASA war ich auch verantwortlich für die sichere Aufbewahrung und eine milligrammweise Abrechnung der Verwendung des wertvollen Materials. In unseren Laboren an der Uni Bern mussten speziell für die Mondproben ein großer Tresor und ein ausgeklügeltes Sicherheitssystem mit Alarm eingerichtet werden.«

Am 20. Juli 2009 bestätigte auch Professor Johannes Geiss gegenüber der Zeitung *Der Bund:* »Bis heute verfügt die Universität Bern über viele Mondsteine und Staub« – aufbewahrt in einem Tresor. »Der Tresor war mit einer Zahlenkombination und der Raum durch eine mit der Polizei verbundene Ultraschallanlage gesichert. Mondgestein durfte man zwar verbrauchen, musste aber ganz genau Buch führen, was man damit gemacht hatte.«

Kaum zu glauben: Kein Pressefotograf durfte besagte Panzerräume seit 1969 je von innen ablichten, wie mir Guido Schwarz als Kommunikationsverantwortlicher von NCCR PlanetS der Universität Bern 2017 bestätigte: »Selbst ich habe besagte Originalstücke noch nie mit eigenen Augen gesehen«, räumte der Raumfahrtexperte ein. »Ich weiß nur, dass die Sonnenwindsegelfolien in Plastik eingeschweißt im dortigen Tresor lagern, um nicht kontaminiert zu werden.« Und das dort gelagerte Mondgestein? »Das befindet sich nicht mehr bei uns«, präzisierte Guido Schwarz überraschend. Grund: »Die Auflagen der NASA bezüglich der Lagerung sind in etwa ebenso aufwendig, wie wenn man dort direkt Gestein für Forschung beantragt – also immens. Man hat die bei uns ab 1969 gelagerten Mondproben mangels aktuellem Forschungsbedarf bereits vor einigen Jahren wieder an die NASA zurückgegeben.« Oha!

Ein offizielles Gesuch, ob die ominösen Panzerschranktüren zumindest von außen abgelichtet werden dürften, musste Schwarz nach interner Rücksprache mit den Verantwortlichen der Universität leider abschlägig beantworten. »Wir haben auch Anfragen anderer Journalisten aus dem In- und Ausland abgelehnt. Tresore sind dazu gemacht, um Objekte und Dokumente sicher zu verwahren. Das ist auch bei den Mondfolien so. Um diese Sicherheit gänzlich zu gewährleisten, wollen wir nicht nur die Folien selbst, sondern auch deren Standort schützen.« Die Geheimniskrämerei der Universität mag aus sicherheitstechnischer Sicht zwar Sinn machen, erscheint aus heutiger Sicht jedoch fragwürdig. Umso mehr, als sie Wasser auf die Mühlen aller Mondlandungsskeptiker gießt.

Was also wäre, wenn die NASA damals tatsächlich mit falschen Karten gespielt und das Apollo-11-Segel bewusst manipuliert hätte, wie Mondlandungsskeptiker bis heute unken? »Grundsätzlich wäre dies natürlich möglich gewesen – wenn auch nicht gerade einfach«, räumte Professorin Kathrin Altwegg mir gegenüber bereits 2011 ein. Allerdings konnte die NASA seinerzeit nicht wissen, wie der Sonnenwind zusammengesetzt ist. »Das war der Wissenschaft vor Apollo 11 völlig unbekannt. Hätte man die Folie irgendwie präpariert, wäre deren Zusammensetzung von späteren Resultaten – wie etwa In-situ-Messungen mit Massenspektrometern – abgewichen, was aber nicht der Fall war.« Quintessenz: Das Berner Sonnensegel muss 1969 auf dem Mond gewesen sein.

Umso überraschender und selbst Experten so gut wie unbekannt bleibt dagegen, dass sich zwei weitere Schnipsel der Apollo-11-Folie bis heute in Privatbesitz befinden! Wie es zu diesem wissenschaftlichen »Sakrileg« kam, von dem selbst die amerikanische NASA keinen Schimmer haben dürfte? Am 13. und 14. Dezember 1969 hatte das Physikalische Institut im Rahmen eines öffentlichen Sonderevents neben Teilen der ersten Sonnensegelfolie in Bern auch Mondgestein zur Schau gestellt. Dabei kam es zu einem schier unglaublichen Vorfall.

»Fasziniert fragte damals ein Mann, ob es sich tatsächlich um die Originalfolie von Apollo 11 handelt und ob er ein Stück davon als Erinnerung behalten könne«, bestätigte mir der Thurgauer Autografenhändler Rolf Ramseier 2017. »Erstaunlicherweise riss ihm darauf ein über die Anfrage wohl verdutzter Mitarbeiter des Berner Instituts spontan ein Folienteilchen aus dem Segel heraus und überreichte es ihm.« Damals eine Selbstverständlichkeit, aus heutiger Sicht ein Unding. Die Hälfte jenes Fragments befindet sich seither im Besitz von Ramseier, wie er persönlich bestätigte. »Ich habe es direkt von besagtem Mann, der heute noch lebt, erhalten. Im Rahmen eines Tausches halbierte dieser sein einzigartiges Kleinod und schenkte mir die andere Folienhälfte – rund 1 x 1,8 Zentimeter groß.« Ein mittlerweile unbezahlbares Stück, wie er überzeugt ist. »Es befindet sich bis heute in meinem Archiv, und ich habe keinerlei Absicht, es öffentlich zu veräußern.«

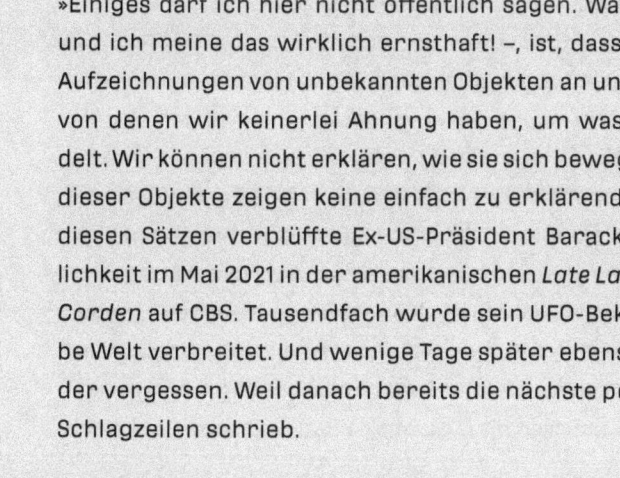

Deutscher Lufthansa-Chefpilot bestätigt Mondmysterien

»Einiges darf ich hier nicht öffentlich sagen. Was aber korrekt ist – und ich meine das wirklich ernsthaft! –, ist, dass es Aufnahmen und Aufzeichnungen von unbekannten Objekten an unserem Himmel gibt, von denen wir keinerlei Ahnung haben, um was es sich dabei handelt. Wir können nicht erklären, wie sie sich bewegen. Die Flugbahnen dieser Objekte zeigen keine einfach zu erklärenden Muster auf!« Mit diesen Sätzen verblüffte Ex-US-Präsident Barack Obama die Öffentlichkeit im Mai 2021 in der amerikanischen *Late Late Show with James Corden* auf CBS. Tausendfach wurde sein UFO-Bekenntnis um die halbe Welt verbreitet. Und wenige Tage später ebenso tausendfach wieder vergessen. Weil danach bereits die nächste politische Enthüllung Schlagzeilen schrieb.

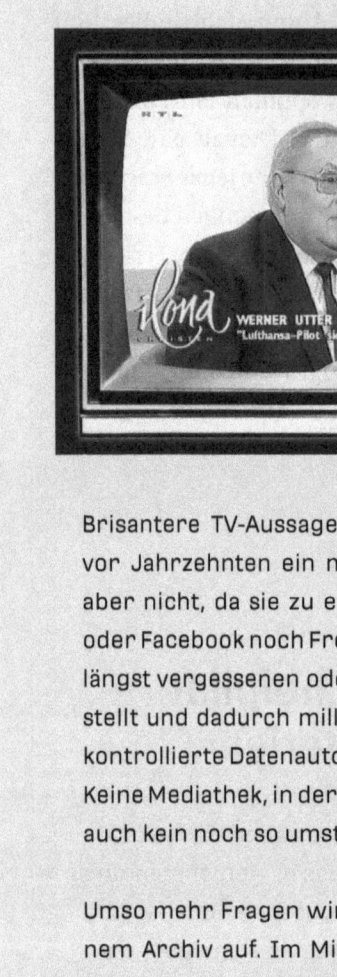

42
Verblüffende
Enthüllung.
Werner Utter
in der *Ilona-*
Christen-
Talkshow
(Dezember
1993).

Brisantere TV-Aussagen prominenter Berichterstatter hätten schon vor Jahrzehnten ein mediales Erdbeben auslösen müssen. Taten sie aber nicht, da sie zu einer Zeit ausgestrahlt wurden, in der YouTube oder Facebook noch Fremdwörter waren. Niemand, der inzwischen die längst vergessenen oder verschollenen Filmschnipsel ins Internet gestellt und dadurch millionenfach multipliziert hätte. Weil die staatlich kontrollierte Datenautobahn erst um 1995 öffentlich zugänglich wurde. Keine Mediathek, in der sie heute überprüft werden könnten. Und somit auch kein noch so umstrittener *Wikipedia*-Eintrag.

Umso mehr Fragen wirft ein historischer RTL-Videomitschnitt in meinem Archiv auf. Im Mittelpunkt zwei vergessene Koryphäen. Auf der einen Seite Ilona Christen, legendäre TV-Moderatorin. Auf der anderen Seite Werner Utter, Chefpilot der Lufthansa von 1971 bis 1980. Mit ihm und weiteren Gästen plauderte Christen in ihrer gleichnamigen Show im Dezember 1993 über UFOs. Talkgequassel zum Abwinken! Also platzte Utter als Profiaviatiker vor laufender Kamera irgendwann der Kragen. Mit einem verbalen Rundumschlag distanzierte er sich von Spinnern und Sektierern. Sachlich erzählte er in den folgenden Minuten von seinen eigenen UFO-Erlebnissen als Lufthansa-Pilot. Und dann – auf Nachfrage – zum allerersten Mal auch von seiner persönlichen Begegnung mit Apollo-12-Pionier Charles »Pete« Conrad, dem dritten Mensch auf dem Mond, die er bis dahin für sich behalten hatte.

Seine explosivsten Sätze formulierte Utter just dann, als er von Ilona Christen wegen eines Werbeblocks mitten im Satz abgewürgt wurde. »NASA-Astronaut Charles Conrad hat 1969 ebenfalls UFOs gesehen. Und zwar auf dem Mond!«, versicherte der Flugkapitän aufgebracht. »Conrad hat sie wirklich in Gestalt gesehen – nicht in Licht! Er hat mir das persönlich geschildert. Wie gesagt: Auf dem Mond hat er sie gesehen. Es muss also was da sein!«

Werner Utter war alles andere als ein Knallkopf. Der in Crailsheim geborene Spitzenpilot sammelte während 43 Jahren 29 000 Flugstunden auf allen wichtigen Strecken dieser Welt. Er kutschierte Spitzenpolitiker durch die Lüfte und war bis 1985 auch im Lufthansa-Vorstand aktiv. Selbst der konservative *Spiegel* würdigte ihn nach seinem Ableben mit einem längeren Nachruf. Warum sollte dieser stocknüchterne und kerngesunde Flugpionier seinem verehrten Astronautenkollegen Conrad eine UFO-Begegnung auf dem Mond andichten?

Auf telefonische Nachfrage bestätigte Werner Utter seine TV-Aussagen am 27. Dezember 1993 gemäß Tonbandprotokoll wie folgt: »Es war um 1980 herum, da führte ich mit Conrad ein längeres Arbeitsgespräch. Conrad war damals Repräsentant für McDonnell Douglas. Bei dieser Gelegenheit deutete mir der Ex-Astronaut hinter vorgehaltener Hand an, dass sie dort oben auf dem Mond noch viel unglaublichere Dinge erlebt hätten als das, was man bei uns gelegentlich so über UFOs hört. Als ich ihn fragte, ob die beobachteten Phänomene nicht eher russischen Ursprungs gewesen seien, verneinte er dies kategorisch. Leider habe ich dann nicht mehr weiter gefragt.« Utter war während unseres Telefongesprächs offenbar nicht ganz wohl in seiner Haut. Denn ganz zum Schluss bat er mich eindringlich: »Bitte gehen Sie mit diesen Informationen diskret um! Ich möchte den hochgeschätzten Herrn Conrad mit meinen Äußerungen nicht in Gefahr bringen.«

Um keine schlafenden Geister zu wecken, dementierte Astronaut Charles Conrad derlei Aussagen am 23. Juni 1994 auf meine Anfrage denn auch via Fax-Mitteilung, unter offiziellem Briefkopf der McDonnell Douglas Space Systems Company: »Ich denke, es handelt sich dabei um ein Missverständnis. Ich habe niemals UFOs in fliegender Form gesehen, ebenso wenig wie ich sagte, dass ich solche je gesehen hätte. Ich denke auch nicht, dass ich mit Werner Utter über solche Dinge gesprochen habe.«

Der deutsche Aviatiker dagegen bekräftigte seine Aussage auf meinen Wunsch hin am 25. September 1994 einmal mehr gegenüber dem DPA-Korrespondenten Rudolf Merget. Danach segnete die Wahrheit das Zeitliche: Charles Conrad starb 1999. Werner Utter folgte ihm 2006. Bis zuletzt beharrte der renommierte Flugpionier und Lufthansa-Fachmann auf seiner Aussage, obwohl er dafür in späteren Lebensjahren nur noch Hohn und Spott kassierte.

Vergessene Winzlinge: Hobbits am Rheinufer?

» Die Geschichte der Schrazeln, Zwerge, Erdweibl,
Erdmannli gibt es überall, wo es unterirdische Anlagen gibt.
In Arnschwang in der Oberpfalz gab es im letzten Jahrhundert
jemanden, der ihnen sogar noch Essen oder Kleidung hingelegt hat.
Fakt ist, die kleinen Wesen sind in den Erzählungen
allesamt nett zum Menschen. Dann aber machte der Mensch
einen Fehler - und sie verschwanden ... «

Birgit Symader, Erdstallforscherin

Noch vor 100 Jahren bevölkerten Berggeister, Kobolde oder Wichtelmänn-chen das europäische Erzählgut und damit auch unser Vorstellungsver-mögen. Abgesandte einer anderen Realität? Asylanten aus der Anderswelt? Was kaum einer weiß: Just in jener Zeit sorgte eine akribisch dokumentierte Entdeckung steinzeitlicher »Zwergskelette« für Aufregung! In Vergessen-heit geraten, verrotten deren Gebeine heute in einem Universitätsinstitut.

Jakob Nüesch (1845–1915) würde sich heute wohl im Grab umdrehen, wenn er vom archäologischen Schlamassel erführe. Mit seiner Nickelbrille und dem schneeweißen Vollbart erinnerte der Mann im hohen Alter eher an einen jüdischen Rabbi als an Filmhelden wie Indiana Jones. Dennoch

43
Kein Indiana Jones – und
seiner Zeit dennoch
weit voraus: Jakob Nüesch.

war Nüesch seiner Zeit weit voraus. 1897 wurde der Schweizer Laien-forscher und spätere Pädagoge und Prähistoriker in die Deutsche Aka-demie der Naturforscher Leopol-dina aufgenommen. Vorausgegan-gen war eine bizarre Entdeckung. 1891 ließ Nüesch im Quartier Herblingen in Schaffhausen an der Grenze zu Deutschland einen ur-geschichtlichen Schauplatz unter die Lupe nehmen, der mittler-weile selbst bei Einheimischen in Vergessenheit gerät: die Begräbnisstätte Schweizersbild aus der Zeit des Magdalénien, eines jüngeren Abschnitts des Jungpaläolithikums. Geschätzte 14 000 Jahre alt.

Grabungen bis 1893 förderten dort nicht nur jede Menge kleinerer Werk-zeuge und Waffenreste ans Tageslicht, sondern auch allerlei menschliche Überreste: Skelettteile von 27 menschlichen Körpern. 14 davon konnten Erwachsenen zugeordnet werden, 13 weitere Kindern unter 10 Jahren. So weit, so interessant. Dennoch war die Fundstätte außergewöhnlicher als erwartet. Grund: »Unter den Erwachsenen waren fünf Skelette von außer-ordentlicher Kleinheit!«, wie Jakob Nüesch im Mai 1900 im *Anzeiger für Schweizerische Altertumskunde* festhielt.

Bestätigt hatte dies ein namhafter Wissenschaftler, so Nüesch: »Herr Professor Dr. Julius Kollmann in Basel hat als Anthropologe dieselben ge-nau untersucht und nachgewiesen, dass diese kleinen Skelettreste nicht von Kindern – wie anfänglich irrtümlich angenommen wurde – herrühren, sondern von erwachsenen, vollständig ausgebildeten, kleinen Menschen, also von Pygmäen. Es war dies das erstmalige Auffinden von Pygmäen aus der Steinzeit, und zwar aus der älteren Epoche der jüngeren Steinzeit.«

Hobbits und Zwerge in der Steinzeit? Noch dazu quasi vor unserer Haustüre? Tatsächlich hatte Professor Kollmann exakt dies am 20. Oktober 1894 vor der Berliner Anthropologischen Gesellschaft sowie in der *Zeitschrift für Ethnologie* zur Kenntnis gebracht. Inklusive seitenlanger Beschreibungen der Fundstücke. Zu denken gab dem deutschen Zoologen, Anthropologen und Anatomen nicht zuletzt Grab Nr. 2: »Reste einer Frau von etwa 36 Jahren, Körpergröße 1,37 bis 1,41 Meter«, wie er notierte. Noch erstaunlicher schien ihm Grab Nr. 12. Darin: mehrere »lange Knochen eines erwachsenen Skeletts, einst rund 1,32 Meter groß«.

Letztere Überreste bereiteten dem Professor allerdings Kopfzerbrechen. Weil sie nicht zusammenzupassen schienen. Der einzige Schädel der Fundstätte, »der mit einiger Sicherheit als zugehörig zum Skelett eines Pygmäen bezeichnet werden kann«, sei derjenige aus Grab Nr. 12, konstatierte er. »Und dennoch kann ich einige Bedenken über diesen Frauenschädel nicht unterdrücken. Meine Bedenken sind durch die Größe des Schädels und die Kleinheit des Skeletts hervorgerufen. Das Skelett gehört zu den kleinsten unter den drei am Schweizersbild gefundenen. Es misst nur 1,31 bis 1,35 Meter Körperhöhe. Es ist unter allen bis jetzt in Europa bekannt gewordenen das kleinste. Unter solchen Umständen darf man auch einen kleinen Schädel voraussetzen.« Insofern, so Kollmann weiter, sollte der zu einem so kleinen Skelett gehörige Schädel »kleiner sein als der vorliegende aus dem Grab Nr. 12, obwohl ich anerkennen muss, dass die Beurteilung der relativen Größe, ja schon der Vergleich an sich durch den fragmentarischen Zustand des Objektes ganz beträchtlich erschwert sind«.

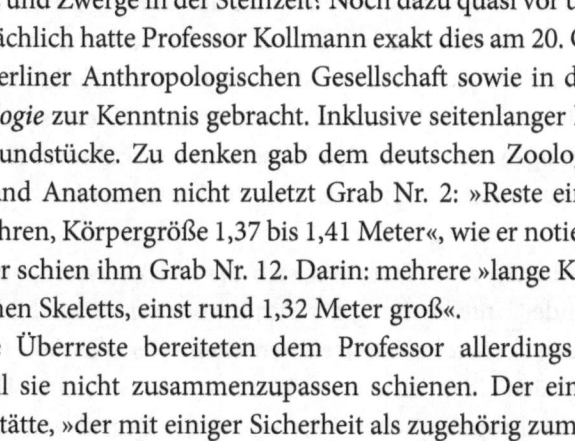

44
»Vier bis fünf kerngesunde Pygmäen!« Auch Professor Julius Kollmann war von der Fundstelle begeistert.

Wurden der auffällig große Schädel und die auffällig kleinen Knochen von Grab Nr. 12 womöglich bereits bei der Entdeckung durch Nüesch fälschlicherweise der gleichen Fundstelle zugeordnet? Kollmann wollte es nicht ausschließen. Doch falls nicht: Hatte er dann Überreste eines überaus kleinwüchsigen, kerngesunden Wesens mit verhältnismäßig großem Kopf ebenso gesunden Ursprunges vor sich? Und beides sogar aus der Steinzeit?!

Allen Vorbehalten zum Trotz war sich der 1918 verstorbene Professor nach eingehender Untersuchung der Funde vom Schweizersbild felsenfest sicher, unter den bestatteten Steinzeitmenschen »vier, allenfalls fünf« kerngesunde »Pygmäen« identifizieren zu können. »Unter solchen Umständen muss in dem anthropologischen Wortschatz der Begriff von Zwergen in Folge von Degeneration von dem Begriff der Pygmäen vollkommen getrennt werden. Pygmäen sind, wie schon erwähnt, eine besondere, rassenanatomisch mit bestimmten Merkmalen ausgestattete Varietät des Menschengeschlechts; Zwerge sind dagegen menschliche Wesen, entstanden unter dem Einfluss pathologischer, also krankhafter Prozesse.«

Es sollten nicht die letzten »Hobbits« in Rheinnähe bleiben. Denn 1900 wusste Jakob Nüesch im erwähnten *Anzeiger für Schweizerische Altertumskunde* von weiteren Steinkisten zu berichten: »Es ist mir nun die Freude zu Teil geworden, einen zweiten Fund ähnlicher Natur, das heißt von Pygmäen, welche ebenfalls aus neolithischer Zeit stammen, zu machen. Er wurde einer Höhle entnommen, die zwischen den beiden prähistorischen Stationen, dem Kesslerloch bei Thayngen und dem Schweizersbild, liegt.« Demnach hatte im April 1874 ein gewisser Franz von Mandach sen. in der Nähe von Herblingen beim sogenannten Dachsenbühl ebenfalls eine Höhle aufgestöbert.

»Der hervorragendste Fund war ein Grab, von einer trocken gemauerten Steinkiste umgeben, das er in seiner Publikation sorgfältig dokumentierte (›Bericht über eine im April 1874 im Dachsenbühl bei Herblingen untersuchte Grabhöhle‹, *Mitteilungen der antiquarischen Gesellschaft in Zürich*, Band XVIII). Darin befanden sich zwei menschliche Skelette in beinahe vollständig ausgestreckter Lage.« Deren Überreste tauchten nach längeren Recherchen 1899 schließlich im Museum von Schaffhausen auf.

Laut Nüesch ebenfalls kleinwüchsige »Pygmäen«, lediglich rund 1,37 Meter groß, wie er in späteren Veröffentlichungen darlegte.

Freidenker im Scheinwerferlicht erwartet das Kreuzfeuer der Kritik. Ein ehemaliger Mitarbeiter warf Jakob Nüesch später denn auch vor, bei seinen Ausgrabungen »unsorgfältig« vorgegangen zu sein, wie im *Jahresbericht der Schweizerischen Gesellschaft für Urgeschichte* 1914 angemerkt wird, ohne auf die polemischen Anschuldigungen näher einzugehen. Kommentar der Redaktion: »Eine Ausgrabung zu leiten ist für einen Laien, wie es Nüesch damals war, als er die Ausgrabung am Schweizersbild begann, eine sehr schwierige Sache und muss von Spatenstich zu Spatenstich gelernt werden; wenn dabei Fehler unterlaufen, so wird das jedermann verstehen.«

45
»Skelettreste eines Pygmäen«. Aufschrift einer Aufbewahrungsschachtel von damals.

Nüesch ließ sich davon nicht beirren. Während in Ägypten gefeierte Ausgräber Pharaonengräber sprengten und plünderten, berichtete er 1904 im *Anzeiger für Schweizerische Altertumskunde* nüchtern von einem weiteren »steinzeitlichen Pygmäen« von rund 1,20 Metern Größe, dessen Reste Jahre zuvor aus einer Nische im Kesslerloch geborgen werden konnten. »Franz v. Mandach legte sie der Naturforschenden Gesellschaft in Schaffhausen in der Sitzung vom März 1874 vor und deponierte sie nachher im Museum, wo sie von dem Referenten in Begleitung der Herren Prof. Dr. Klaatsch aus Heidelberg und Dr. Paul Nüesch aus Schaffhausen im August 1899 wieder aufgefunden wurden. Sie lagen und liegen heute noch in einer dunklen Ecke eines unverschlossenen, waagrecht liegenden Glaskastens seit jener Zeit beinahe verborgen.« Fazit: Aus der Gegend um Schaffhausen habe man damit »nun vom Schweizersbild fünf Rassenzwerge mit einer durchschnittlichen Körperhöhe von 1,42 Metern, vom Dachsenbühl zwei Pygmäen von rund 1,37 Metern und vom Kesslerloch einen Pygmäen von nur 1,20 Metern Höhe«.

Nüesch war von den Fundstätten wie elektrisiert. »Die verbreitete Sage, dass in früheren Zeiten ganz kleine Menschen, Zwerge und Bergmännchen in den Höhlen und in dem Berginnern hausten, ist durch die Auffindung der Skelettreste von Pygmäen aus der Steinzeit am Schweizersbild und im Dachsenbühl zu einer Tatsache geworden. Der Umstand, dass diese Sage weitverbreitet ist, lässt erwarten, dass auch an anderen Orten, welche für die Erhaltung der Knochenreste ebenso günstige Bedingungen aufweisen, sich ebenfalls Überreste von dieser kleinen Menschenrasse in Europa zur jüngeren Steinzeit auffinden lassen werden.«

Sagenhafte Erkenntnisse. Und so schrieben Gelehrte noch 1907 in *Meyers Konversations-Lexikon* (Leipzig): »Ebenso wie die südfranzösischen Höhlen der Rentierzeit haben die von Nüesch, Heierli u. a. erschlossenen Höhlen im Kesslerloch bei Thayngen und die (...) Niederlassung beim Schweizersbild bemerkenswerte Tierzeichnungen ergeben. In der letzteren fand man auch die Skelettreste kleinwüchsiger Menschen, die von Kollmann als Angehörige eines Zwergvolkes, das während der jüngeren Steinzeit in jenen Gegenden gelebt hätte, angesprochen werden.«

Und heute? Die Ausbeute im Internet fällt auffällig mager aus. Selbst die Internetenzyklopädie *Wikipedia* widmet Professor Julius Kollmann diesbezüglich lediglich einen einzigen Satz: »Er beschrieb ein europäisches Zwergenvolk aus vorhistorischer Zeit.« Was aber sagen zeitgenössische Experten zu den damaligen Ausgrabungen und Analysen? Und wo verstauben besagte Knochenreste heute? Die Spurensuche im Lokalmuseum zu Allerheiligen in Schaffhausen führt ins Nirvana. »Dort wird man nicht gerade mit Erläuterungen über das Schweizersbild überhäuft«, wie selbst lokale Archäologen zynisch anmerken: »Das Fundmaterial wird heute nicht mehr offiziell ausgestellt und wurde bereits vor langer Zeit verkauft.« Bloß: Wohin?

»Die Knochen sind aktuell im Anthropologischen Institut der Universität Zürich eingelagert«, präzisiert Kantonsarchäologin Kathrin Schäppi vom Amt für Denkmalpflege und Archäologie auf Anfrage. »Ob sie dort eingesehen werden können, ist mir nicht bekannt. Bei uns liegt kein Fundmaterial mehr vor, das sich für eine Reportage eignen würde.« Verkauft, vergessen, verschollen?

Mit modernen Methoden unter die Lupe genommen wurden die Skelettreste letztmals vor rund 30 Jahren – um 1992/1993. Dafür zuständig: ein Archäologen- und Expertenteam um Markus Höneisen und Sabine Peyer, das seine Erkenntnisse 1994 veröffentlichte, samt manchem Ausrufezeichen und noch mehr Fragezeichen (*Schweizersbild – ein Jägerlager der Späteiszeit*). Im Gegensatz zu anderen Experten habe Professor Kollmann zu Lebzeiten korrekt erkannt, dass es mehrheitlich »keine Kinderskelette, sondern Skelette erwachsener, vollständig ausgebildeter, aber kleiner Menschen waren«, wird in besagtem Bericht anerkennend festgehalten. Dennoch sei zu bedenken, dass das Wissen über unsere Entwicklung seinerzeit weitaus rudimentärer war als heute. Manche Knochenreste vom Schweizersbild seien mittlerweile zudem leider nicht mehr auffindbar.

Und noch ein Umstand bereitete Höneisen und seinen Kollegen bei ihrer neuzeitlichen Analyse Probleme: »Leider sind die einzelnen Knochen in einem sehr schlechten Zustand und selten vollständig, was anthropologische Aussagen einschränkt. Ein sehr starker Leim, der damals zum Rekonstruieren gebraucht worden ist, hält die geklebten Knochenteile selbst heute noch zusammen und lässt sich auch chemisch nicht lösen, was Untersuchungen erschwert und zum Teil zu neuen Brüchen führt. Vor allem Messungen an Schädeln werden heute ungenau und weichen durch die Leimdichte bedingt von den Maßen von damals ab.« Insofern erscheine es reichlich gewagt, aus moderner Sicht verlässliche anthropologische Aussagen zu machen. »Absolute Angaben über die Größe der damaligen Individuen« seien selbst mit heutigem Forschungswissen leider nur noch bedingt möglich.

Gesichert scheine nach aktuellen, kalibrierten C14-Datierungen zumindest, dass alle Knochen von »großen« und auffällig »kleinen« Menschen derselben zeitlichen Periode zuordenbar und mehrheitlich wohl knapp 6000 Jahre alt seien, also aus der europäischen Jungsteinzeit stammen – ungefähr 1500 Jahre vor dem Bau der ägyptischen Cheopspyramide. »Von der Ausgrabung sind heute am Anthropologischen Institut in Zürich 31 Individuen inventarisiert. Drei der Erwachsenen waren weiblich, vier

46 Schlummern hier noch weitere Geheimnisse im Untergrund? Aktuelle Aufnahme vom Schweizersbild.

männlich, und fünf konnten keinem Geschlecht zugeordnet werden. Von den 18 nicht erwachsenen Individuen sind zwei im juvenilen Alter verstorben, können aber keinem Geschlecht zugeordnet werden.«

Zwar schätzten Markus Höneisen und Co. die von Kollmann benannten »Pygmäen« aus heutiger Sicht vorsichtig etwas größer als seinerzeit angenommen. Konkret beweisen lasse sich dies indes ebenfalls nicht, da auch die Anwendung »heutiger Umrechnungsformeln« auf unsere Urahnen umstritten sei. Nach unzähligen Konjunktivfloskeln wie »könnte«, »vielleicht«, »vermutlich« und »möglicherweise« mussten selbst die Fachleute der Neuzeit kapitulieren: »Tatsache ist, dass die meisten Individuen, die am Schweizersbild bestattet worden sind, klein sind.« Oder präziser formuliert: »Es scheint momentan so, als ob damals im Jura bis ins Alpengebiet eher kleine Individuen gelebt hätten.« Pygmäen im klassischen Sinn seien sie wohl eher nicht gewesen, »aber ihre Körpergröße liegt im unteren Viertel der Statistik«. Wieso und warum? Niemand scheint es zu wissen.

Ignoranz bleibt eine menschliche Tugend. Was also erfährt man im *Historischen Lexikon der Schweiz* heute zum Schweizersbild? Jede Menge über »bedeutende Siedlungsspuren aus dem Jungpaläolithikum (um 12 000 v. Chr.)«, über tierische Knochen oder »Geräte aus Knochen und Geweih wie Geschossspitzen« – aber kein Sterbenswörtchen zum Thema der umstrittenen »Zwergenskelette«. Wer diesen lückenreichen Beitrag verfasst hat? Niemand anderer als Markus Höneisen höchstpersönlich, seines Zeichens bis 2016 Kantonsarchäologe von Schaffhausen. Zu seiner Ehrenrettung sei fairerweise angemerkt, dass sparwütige Politiker seine Arbeit insofern zunichtemachten, als sie staatliche archäologische Forschungen von 3,4 Vollzeitstellen auf eine einzige Vollzeitstelle zusammenkürzten.

Höneisen zeigte sich darüber erschüttert, wie er am 27. November 2014 gegenüber der Wochenzeitung *Schaffhauser AZ* bekannte: »Die wissenschaftliche Auswertung der Fundsachen liegt im Argen! Im Grunde können wir schon heute nur noch reinigen und archivieren – bestenfalls. Publikationen sind mit dem aktuellen Budget kaum möglich. Den Unterhalt der Ruinen und archäologischen Stätten nimmt der Kanton Schaffhausen überhaupt nicht wahr. Wir sind im Besitz einer Sammlung von über 100 000 Objekten. Für deren Pflege steht uns eine 20-Prozent-Stelle zur Verfügung. Ein Magaziner hält alles notdürftig in Ordnung in teilweise kaum zu verantwortenden Räumlichkeiten.« Zwar habe die Mehrheit der Bevölkerung begriffen, worum es gehe, und interessiere sich stark für die eigene Vergangenheit: »Die Einzigen aber, die kein Interesse haben, sind unsere Politiker. Sie werden zwar mit unseren Steuergeldern bezahlt und tragen Verantwortung für unser kulturelles Erbe, aber sie sind schlicht uninteressiert und uninformiert. Das ist tragisch und zutiefst enttäuschend!«

Die verbale Ohrfeige ließ Schaffhausens Verwaltung kalt. Seit August 2016 fungieren Kantonsarchäologie und Denkmalpflege aus Kostengründen staatlich verordnet unter einem Dach. »Punkto Aufgaben wird die Kantonsarchäologie in Zukunft noch stärker priorisieren müssen«, ließ die Regierung sparwütig verkünden. »Es werden im Bereich der Auswertung, bei der Bewirtschaftung des Funddepots und des Archivs, aber vor allem im Bereich der Vermittlung und Öffentlichkeitsarbeit nur noch die nötigsten Arbeiten gemacht werden können. Erste Priorität wird dem Themenfeld ›Erkennung‹ mit der Bearbeitung von Baugesuchen Dritter und den entsprechenden Stellungnahmen eingeräumt.«

Und Markus Höneisen? Der wurde von seinen Vorgesetzten mit viel Lob und einem Handschlag in den Ruhestand »befördert«. Bleibt zu hoffen, dass Archäologen der Zukunft die skurrilen Skelettreste irgendwann erneut unter die Lupe nehmen, um sie mit Methoden zu analysieren, von denen wir heute nur träumen können. Irgendwann, wenn es auch der Fachwelt dämmern dürfte, dass Legenden über uralte Wichtelvölker im Alpenland realer gewesen sein dürften, als man uns heute glauben machen will.

Unterirdische Zwergenlabyrinthe in der Schweiz

Schon mal von Erdställen gehört? Mit Viehhaltung hat dies nichts zu tun. Vielmehr sind Erdställe von Menschen geschaffene Stollen in Mittel- und Osteuropa, deren Bedeutung bis heute nebulös ist. Oft 30 bis 60 Meter lang – manchmal auch deutlich länger. Über 1000 Jahre alt, vielleicht auch bis zu 2000 Jahre oder sogar noch weitaus älter. Viele davon sind aufgrund ihrer Enge lediglich gebückt begehbar. Manche sogar nur auf allen Vieren. Die meisten mit gewölbter, einige mit flacher Decke. Und andere derart verschlungen, dass einem unterwegs die Luft ausgeht. Als ob dort einst Zwergenvölker mit Atemgeräten gehaust, gebuddelt und geschuftet hätten.

»Wer diese engen Tunnellabyrinthe in unseren Breitengraden einst gebaut hat, wann und wozu, weiß bis heute niemand!«, bestätigt die Schweizer Geografin und Geologin Helen Wider vom Oberpfälzer Arbeitskreis für Erdstallforschung e. V. Tatsächlich existieren allein in Deutschland und Österreich ein paar Tausend derartiger künstlich angelegter

Stollen. Rund 700 davon alleine in Bayern, wie 2011 selbst der *Spiegel* ratlos konstatierte: »Nicht eine einzige mittelalterliche Nachricht erwähnt den Bau eines Erdstalls!« Die Anlagen seien bereits damals totgeschwiegen worden.

Unverstandene Irrgärten, mitten unter unseren Füßen! Nur nicht in der Schweiz. Zumindest, wenn man jedes Wort des Hamburger Magazins für bare Münze nimmt. Erstaunlicherweise finde sich in der Eidgenossenschaft »kein einziger Erdstall«, wie *Spiegel*-Redakteur Matthias Schulz anmerkte. Hunderttausendfach gedruckt und weiterverbreitet. Und dennoch schlecht geraten und kreuzfalsch notiert! Denn in den vergangenen Jahren konnte Helen Wider dank dem fleißigen privaten Erdstallforscher Alex Huber und weiterer Kollegen Dutzende derartiger Korridore und Tunnelstätten persönlich erkunden, fotografieren und dokumentieren.

Nicht wenige der von Wider, Huber und Co. erforschten »Zwergenställe« und Stollen befinden sich zwischen Burgdorf und Langenthal, viele auf privatem Boden. »Für alle der von uns untersuchten Anlagen gilt, dass sie außerordentlich exakt gearbeitet sind. Es scheint, als wäre hier einst mit größter Sorgfalt und Planung vorgegangen worden.« Nicht minder kurios: Rußablagerungen sind Mangelware. »Und wo dennoch

47
Unbekannten
Erdställen auf
der Spur.
Richard Walker,
Helen Wider,
Alex Huber und
Benjamin
Fässler (v.l.n.r.).

welche zu finden sind, handelt es sich eindeutig um Spuren von Kerzen oder Teelichtern aus der Neuzeit.« Um die historischen Plätze vor Vandalismus zu schützen, teilt die pensionierte Forscherin exakte Koordinaten nur interessierten Archäologen mit.

Wer sucht, den belohnt die Neugier. Und so wurde Widers Kollege Alex Huber 2017 einmal mehr fündig, als er auf die Grotte du Talent in Bottens (Kanton Waadt) aufmerksam gemacht wurde. Mit einer Länge von 30 Metern, mit bis zu 3 Metern Höhe und ungefähr 1 Meter Breite weist der dortige erdstallartige Korridor ebenfalls ungewöhnliche Bearbeitungsspuren und Steinritzungen auf. Swastikasymbole zieren die Wände. Alter, Bedeutung und Zweck der Anlage: einmal mehr unklar!

Gemeinsame Besonderheiten, die Helen Wider und ihren Kollegen bei den von ihnen untersuchten Schweizer Erdställen und Stollen aufgefallen sind: zusätzliche Ein- oder Ausgänge fehlen. Es gibt keine erkennbaren Schutthalden vor dem Eingang, ebenso sind keinerlei Spuren einer späteren Bearbeitung in den Gängen feststellbar. Alle Stollen waren bei ihrer Entdeckung zudem leer, die Eingänge mehrheitlich von Hangmaterial zugedeckt oder absichtlich zugeschüttet worden. Die Forschergruppe konnte auch keinerlei Spuren von Tierresten – etwa Knochen oder Exkremente – nachweisen. Rußspuren? So gut wie keine. Was mag den Erbauern einst als Lichtquelle gedient haben?

Spezialisten wie Wider können und wollen eine weitaus frühere Entstehung nicht ausschließen: »Wahrscheinlich scheint mir, dass diese Erdställe mit dem Eindringen des Christentums aus dem Bewusstsein verdrängt wurden.« Dafür spricht auch, dass bereits antike römische Schriftsteller wie Ovid oder Plinius von derartigen Anlagen »im alten Germanien« berichteten.

Welchen Zweck die für Erwachsene oft kaum zugänglichen, niedrigen Tunnellabyrinthe einst erfüllten? Waren es Fluchtwege? Zufluchtsorte? Behausungen? Lagerstätten? Kultorte? Relikte von kleinwüchsigen

48
Kein Ort für Klaustrophobiker. Helen Wider
und ihre Kollegen bei der Erkundung eines
eidgenössischen Unterweltlabyrinths.

»Wichtelmännchen« oder Zwergen, wie in etlichen Sagen und Legenden im Alpenraum über-
liefert? Oder Überbleibsel einer bis heute unbekannten jahrtausendealten Hochkultur?

»Auch wir können nicht erklären, wer alle diese
Stollen einst gebaut hat, wir wissen nicht, wann
und warum. Wir wissen nur, dass es sie gibt«,
räumen Helen Wider und ihre Mitstreiter ratlos ein. Generell seien viele Erdställe zu eng und zu niedrig, um sie vernünftig zu deuten, gibt
die Geologin zu bedenken: »Nicht nur wegen des fehlenden Luftaustau-
sches sind sie langfristig keinesfalls als Wohnungen zu gebrauchen. Sie
sind nicht für den Aufenthalt von Menschen gemacht.« Auch als Lager-
flächen seien sie vollkommen ungeeignet. »Wo lediglich zwei Personen
nur mit Mühe aneinander vorbeikommen, reicht der Platz dafür nicht
aus.« Selbst Bergbau scheidet als weitere Erklärungsmöglichkeit aus,
weil es in den genannten Erdställen nichts abzubauen gibt.

Waren es also doch Verstecke oder Zufluchtsorte? Bleibt ebenfalls umstritten. Denn Erdställe können laut Wider zu tückischen Fallen werden.
»Ein Feuer am Eingang würde genügen. Deshalb dürfte auch ein militärischer Zweck kaum infrage kommen.« Insofern hofft die Schweizerin
auf Forscher der Zukunft und deren fortschrittlichere Messmethoden –
aber auch darauf, dass lokalen Sagen und Mythen künftig wieder mehr
Beachtung geschenkt wird. »Bis dahin scheint es mir wichtig, die faszinierenden Stollen zu schützen. Vor Vandalismus. Vor Zerstörung durch
den Straßenbau. Und nicht zuletzt vor dem Vergessen.«

Der verkannte Erfinder aus der DDR-Anstalt

» Nikola Tesla (1856–1943) war ein außergewöhnlicher Kopf.
Er hatte die erstaunliche Vision, jedem auf diesem Planeten freien Zugang
zu Energie zu verschaffen. Ebenso freien Zugang zu Kommunikations-
mitteln. Doch statt ihn zu unterstützen, betrogen ihn die Menschen
sein Leben lang und beuteten ihn aus. Warum behandelte man ihn so
despektierlich? Er hätte unser aller Leben verändern können! «

Jim Jarmusch, Filmproduzent

»Ob sich die Bewohner unserer Sterne, wenn es denn welche gibt, in derselben Weise mit den Bewohnern der Erde beschäftigen, wie diese mit ihnen?«, sinnierte Sachsens Gedankenakrobat Karl May 1900 in seinen *Himmelsgedanken* gegen Ende seines Lebens und seufzte wenige Sätze später:
»Man spricht so oft von höherer Inspiration und hat doch nicht den Mut
zu fragen, woher sie kommt! Ade, ade, ihr wohlgemeinten Worte.«

70 Jahre später schrieb sich ein weiterer ostdeutscher Visionär die
Finger wund: »Wenn Sie jemals an Raumfahrt denken, behalten Sie bitte mich und meine toten Eltern in guter Erinnerung! Ich war der erste
unseres Volkes, der alles hierfür fertigstellte. Und sagt dann recht schön:
Danke, das hast Du uns geschenkt!« Der Mann, der diese unbescheidene
Bitte im Jahre 1970 vortrug, ging nicht als gefeierter Raketenkonstrukteur
vom Schlage eines Wernher von Braun in die Geschichte ein. Und er gilt

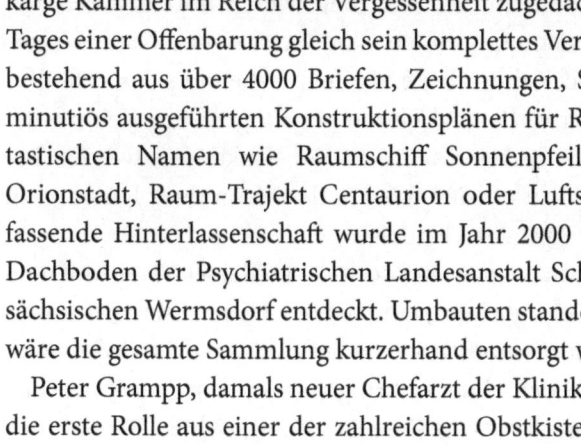

49
Erfinder Karl Hans Janke.
Nahm das verkannte Genie
seine letzten Geheimnisse
mit ins Grab?

auch nicht als Raumfahrtpionier wie Hermann Oberth (»Vater der Rakete«). Vielmehr war Karl Hans Joachim Janke (1909–1988) fast 40 Jahre lang Insasse einer psychiatrischen Klinik in der DDR.

Bereits in den 1930er-Jahren hatte Janke GPS-Vorläufer oder Hubschrauber skizziert. Später entwarf er Raumschiffe, futuristisch anmutende Motoren und Triebwerke, die mit »freier Energie« funktionieren sollten. Ebenso wie etliche weitere Konstruktionen, deren Zweck wir heute höchstens in Ansätzen begreifen. Eigenen Angaben zufolge hat Janke zeitlebens »über 420 technische Neuerungen auf allen Gebieten des Lebens« erfunden.

Ursprünglich hatte die Geschichte dem »pathologischen Erfinder« eine karge Kammer im Reich der Vergessenheit zugedacht. Wäre da nicht eines Tages einer Offenbarung gleich sein komplettes Vermächtnis aufgetaucht – bestehend aus über 4000 Briefen, Zeichnungen, Skizzen, Modellen und minutiös ausgeführten Konstruktionsplänen für Raumschiffe mit so fantastischen Namen wie Raumschiff Sonnenpfeil, Dampf-Düsen-Schiff Orionstadt, Raum-Trajekt Centaurion oder Luftschiff Sedina. Die umfassende Hinterlassenschaft wurde im Jahr 2000 überraschend auf dem Dachboden der Psychiatrischen Landesanstalt Schloss Hubertusburg im sächsischen Wermsdorf entdeckt. Umbauten standen an, und um ein Haar wäre die gesamte Sammlung kurzerhand entsorgt worden.

Peter Grampp, damals neuer Chefarzt der Klinik, erinnert sich: »Als ich die erste Rolle aus einer der zahlreichen Obstkisten nahm, war ich völlig

50 »Kreiselhubschrauber« (1924/1935/1939). Visionär anmutender Entwurf des technisch versierten Autodidakten.

verblüfft. Es war die Zeichnung eines Flugkörpers – von Janke ›Trajekt‹ genannt. Meine Vorgängerin hatte mich zwar auf die Existenz des Nachlasses eines außergewöhnlichen Patienten hingewiesen, doch den Wert des Funds hatte niemand erkannt.« Seitdem sind Geistes- und Naturwissenschaftler, Psychiater und Kulturschaffende dem Geheimnis des Erfinders auf der Spur. Zögerlicher verhalten sich moderne Ingenieure. Kaum einer mag sich eingehend mit Jankes visionären Konstruktionsentwürfen beschäftigen. Zumindest nicht offiziell. Weil es der Mann ihrer Ignoranz zu verdanken hatte, in der Anstalt zu landen?

Ungeachtet aller Vorbehalte bewahrt derweil ein kleiner Verein auf dem Gelände des einstigen königlichen Jagdschlosses Hubertusburg das umfangreiche Erbe des Künstlerkonstrukteurs auf und versucht Ordnung in den kongenialen Dachbodenschatz zu bringen (*www.karl-hans-janke.de*). Auch die Deutsche Fotothek hat eine Datenbank eingerichtet. Dort können

Tausende von Jankes Zeichnungen hochauflösend abgerufen und studiert werden. Ein faszinierendes Sammelsurium, das weitaus mehr Erfindergeist birgt als jahrzehntelang angenommen.

Wer war dieser Daniel Düsentrieb aus der Irrenanstalt? Geboren wurde Janke im August 1909 in Kolberg in Pommern. Als Einzelkind wuchs er in kleinbürgerlichen Verhältnissen auf, machte Abitur, belegte Abendkurse an der Technischen Universität Berlin und nahm ein Studium der Zahnmedizin auf. Mehrmals wurde er zum Militärdienst einberufen, aus gesundheitlichen Gründen aber wieder entlassen. Dass es nie zur ausdrücklichen Diagnose einer Geisteskrankheit kam, dürfte ihn während der Nazizeit vor Schlimmerem bewahrt haben. Die kargen Kriegsjahre verbrachte er auf dem Gutshof seiner Eltern, wo er originelle Skurrilitäten wie etwa einen Schnullerkasten für Ferkelaufzucht, einen leichten Beregnungswagen oder einen Milchfutter-Erwärmer ersann. Daneben machte er sich mit der Anfertigung von Spielsachen und der Reparatur von Töpfen nützlich.

Gegen Ende des Krieges starb der Vater. Janke und seine Mutter mussten aus Pommern fliehen. In Großenhain in Sachsen kamen sie unter. Janke schrieb später, er habe in diesen Jahren eine eigene Werkstatt betrieben. Das Unheil nahm seinen Lauf, als seine 79-jährige Mutter 1948 das Zeitliche segnete. Dieser Verlust warf den Mann aus der Bahn. Wegen Mangelernährung und Verwahrlosung wurde er aktenkundig. Das Fass zum Überlaufen brachte eine Protestaktion: »Es gibt keine Spielsachen mehr für Kinder, da wir dringend Kanonen brauchen. A. Hitler!«, schrieb Janke auf ein öffentliches Plakat. Er wurde verhaftet und auf Antrag des Sozialamtes am 4. Juni 1949 in die Nervenklinik Arnsdorf eingewiesen. Diagnose: chronisch paranoide Schizophrenie. Als Symptom vermerkte die Krankenakte »wahnhaftes Erfinden«.

Im November 1950 folgte die Verlegung in die Psychiatrische Landesanstalt Hubertusburg in Wermsdorf. Hier sollte der vermeintlich geisteskranke Erfinder den Rest seines Lebens verbringen. Janke landete in einer unwirtlichen, kalten Welt – und machte sich ans Werk, diese zu seinen Gunsten zu verändern. Wie besessen begann der auffallend höfliche und gesittet auftretende Mann in der spartanisch-primitiven Welt zu zeichnen. Zunächst Verbesserungsvorschläge für den Klinikalltag, wie

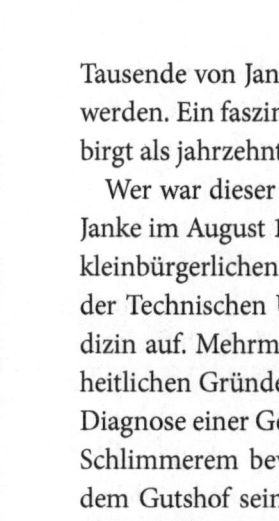
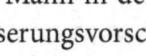

eine Anlage für den Kohletransport, eine alternative Saalbeheizung oder einen energiesparenden Tauchsieder aus Jenaer Glas. Bald wagte er sich an eine höhere Energieform, die – wie seine Datierungen bis zurück ins Jahr 1928 zeigen – schon lange in seinem Erfinderhirn schwelte.

Eines seiner Steckenpferde war das Raum-Trajekt. Unter einem Trajekt verstand Janke ein Raumfahrzeug, das keinerlei Energie verbraucht, sondern lediglich natürliche Magnetkraft als Antrieb nutzt. Oder in seinen Worten ausgedrückt: »Das nach dem Prinzip früherer Luftschiffe konstruierte Raumfahrzeug ›Venusland‹ ist gekennzeichnet durch eine pfeilförmige Rumpfbauform mit Balanceflächen und einer Ganzmetall- oder Kunststoff-Plankenschale; ferner durch bandagierte, kältegeschützte, elektrisch erwärmbare Traggaskessel, in denen untrennbar gemachtes Edelgas den Auftrieb erzeugt, während atom-elektrisch betriebene, peristaltisch arbeitende magnetische Hitze- oder Blitz-Impulsstrahl-Triebwerke mit vorheizbaren, hochtourigen, atom-elektrischen Stabturbinen oder Vorflutgebern die Raumluft beziehungsweise die raumelektronische Füllung in Fluss beziehungsweise in Anstoß versetzen, wobei die Steuerung der Fahrzeuge im Raum durch eine magnetische Strahl-Ablenkung erfolgt.«

Neben praktischen Dingen wie einem Rasierklingenschärfer, Eistabletten mit Fruchtsaft, einem tragbaren TV-Projektor oder einem Zigaretten- und Pfeifenanzünder entwickelte Janke auch eine eigene Kosmologie von der Entstehung der Erde, des Lebens und des Weltraums. Bebildert in zwei hundertseitigen Alben und festgehalten in Vorträgen, die er in der Anstalt, später aber auch außerhalb halten durfte. Denn er war überzeugt, damit die theoretischen Grundlagen für die Lösung der Energieprobleme der Menschheit gefunden zu haben: »Mein Atom, welches auch als Raumelektronen-Atom angesprochen werden könnte, ist eine Stromsammler- und Komprimier-Maschine, wobei der Strom selbst aus dem magnetischen Kraftfeld der Erde beziehungsweise aus dem ganzen Sonnensystem gezogen wird! (...) Der Strom als solcher befindet sich bereits im Raum, unsere Lufthülle, unsere Erde ist erfüllt mit Strom! Eine reichliche Nachfüllung erfolgt von der Sonne aus. Milliarden Raumelektronen, die Jahrtausende lang von der Sonne ins System gedrückt wurden, erzeugen diesen Strom, den ich dann mit geeigneten Akzeptoren, Antennen, Sensibilisatoren etc.

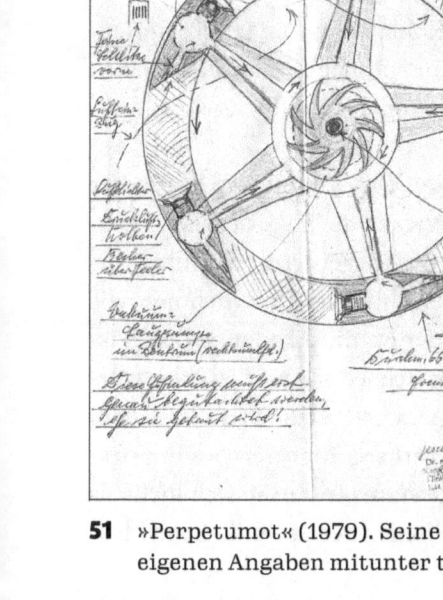

51 »Perpetumot« (1979). Seine Inspirationen erhielt Janke nach
eigenen Angaben mitunter telepathisch.

aufnehme und vermittels präzise gebauter Kompressoren in die stationäre
(oder transportable) Anlage pressen lasse!«

Man kann derlei Ausführungen schlechten Gewissens als Fantastereien
eines Verwirrten abtun. Oder den Mann besseren Gewissens als begna-
deten Schüler Teslas und verkannten Pionier der modernen »Raumener-
gieforscher«-Szene rühmen. Unbestritten bleibt sein visionärer Geist. Karl
Hans Jankes Ideen waren geradezu prophetisch, gründeten sie doch auf
einer Kreuzung aus Nuklearfusion und Sonnenenergie. Es handelt sich um
nichts weniger als das Zustandekommen eines der kühnsten Menschheits-
träume seit der Aufklärung: unbegrenzte, saubere, kostenfreie, erneuer-
bare Energie für jedermann! In einer Zeit, in der Atomkraft die Lösung
aller Probleme verhieß, drehte sich sein Denken um schadstofffreie und
regenerierbare Energiequellen, als ob er unsere heutigen Probleme unter
widrigsten Bedingungen vorausgeahnt hätte.

»Allein schon deshalb war der Mann seiner Zeit voraus«, so das positive
Fazit des MDR-Filmemachers Michael Erler in seiner TV-Dokumentation
Der Fall Janke (2007). Tatsächlich lässt sich der Erfinder rückwirkend als
verkannter Hochbegabter beschreiben. »Nur weil er auf Nachfrage der

Ärzte manchmal betonte, telepathischen Kontakt ›mit anderen Kreisen‹ zu haben, muss er deswegen noch lange kein Spinner im klassischen Sinn sein«, konstatiert ein psychiatrischer Fachmann, der aus Rücksicht auf seinen Ruf nicht genannt werden möchte.

Mitunter bedarf es einer zünftigen Portion Unvernunft, um auf dieser Welt vernünftig zu bleiben. Immer wieder versuchte Janke deshalb, Techniker oder Ingenieure für seine Erfindungen zu begeistern, und führte intensive Briefwechsel. Er wandte sich an verschiedene Unternehmen wie etwa die DDR-Fluggesellschaft Interflug oder an die Akademie der Wissenschaften. Das dortige Interesse zerschlug sich jedoch bald, als klar wurde, dass sich hinter der nobel klingenden Anschrift »Hubertusburg« kein Adelshaus, sondern eine Nervenheilklinik verbarg. Man verwies ihn deshalb an die Akademie der Künste, was Janke erzürnte. Er sah sich nicht als ein Picasso oder Giacometti, sondern als Pionier der Technik. Schriftlich protestierte er: »Ich bin kein Idiot!«

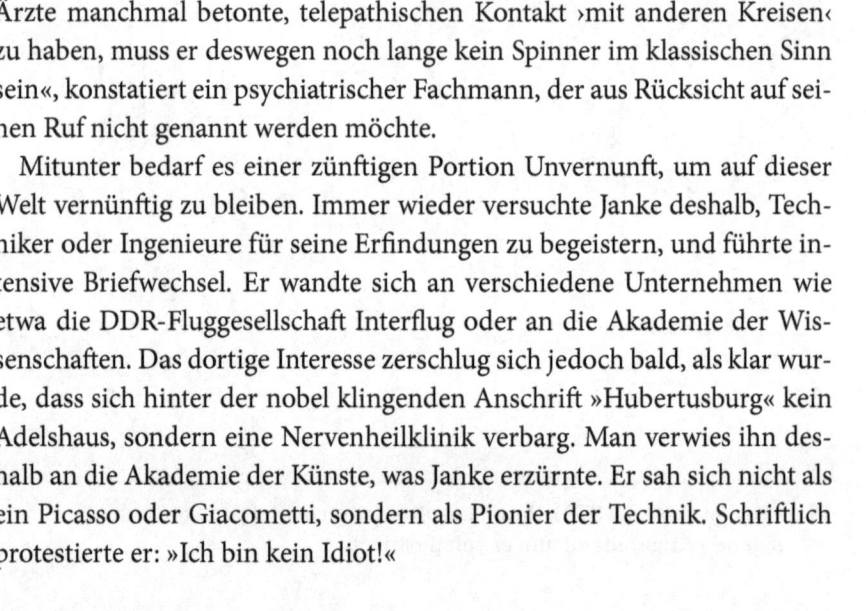

52 »Das Stadtfahrzeug in der Aktentasche! Minimaler Treibstoffverbrauch. Nur für Erwachsene!« (1958)

Die Vergangenheit verschmähte ihn, die Gegenwart feiert ihn. So einhellig die Ablehnung der damaligen Ingenieure war, so entzückt äußern sich heutige Experten. Jan Hoet, künstlerischer Leiter der Documenta IX, rückt Jankes Werke sogar in die Nähe von Genies wie Leonardo da Vinci: »Seine Zeichnungen sind perfekt. Man kann nichts hinzufügen, aber auch nichts wegnehmen.« Auch der Werkstattleiter in der psychiatrischen Klinik, der mit Janke jahrelang zu tun hatte, fragte sich immer wieder, ob an einigen der Erfindungen nicht doch etwas dran gewesen sein mag. »Auf kaum einen Visionär passt der Mythos von Genie und Wahnsinn so perfekt wie auf Karl Hans Janke«, ergänzt der Berliner Schriftsteller Clemens Füsers, »doch die Frage, welches dieser beiden Attribute bei ihm letztlich die Oberhand gewann, wird wohl auf ewig unbeantwortet bleiben.«

»Bereits 1936 hatte Janke ein Patent auf den Hubschrauber erreicht«, schwärmte denn auch Kathrin Krüger-Mlaouhia in der *Sächsischen Zeitung* vom 19. September 2015. »Er erfand den glasummantelten Tauchsieder oder den Tintenstift, dachte das Elektrofahrrad oder die Solarenergie voraus. Und er konstruierte einen Beamer, lange bevor andere es taten. Doch weil er als psychisch krank galt, merkte keiner, dass er seiner Zeit weit voraus war. In der DDR wurde keiner seiner Patentanträge genehmigt.«

Selbst das Grundprinzip der Satellitennavigation gründe auf einer deutschen Erfindung, wie Professor Jürgen Müller von der Dualen Hochschule Gera-Eisenach 2017 anmerkte: »Bereits 1939 meldete Janke in Berlin ein Patent für einen Standortsanzeiger, insbesondere für Luftfahrzeuge, an. Das Patent beschreibt zwei entfernte Körper, die ständig Funksignale aussenden, welche auf der Erde empfangen und auf einem Bildschirm dargestellt werden können. Inwieweit das Patent die Entwicklung von Navigationssystemen inspiriert hat, ist leider nicht bekannt.«

Nicht zu vergessen auch Jankes elektrisch (!) beleuchtete Kunsttanne, platzsparend verstaubar, zu einer Zeit, als noch echte Kerzen unsere Weihnachtsbäume erleuchteten. Oder seine Skizzen eines Stadtfahrzeugs in der Aktentasche (1958): ein serienmäßig gefertigtes Minigefährt, das an moderne E-Roller erinnert – samt dem handschriftlichen Zusatz »Nur für Erwachsene!«. Ähnlich visionär sein Konstruktionsplan für eine Bohnermaschine, »die garantiert funktioniert hätte, wenn sie gebaut worden

53 »Standortsanzeiger, insbesondere für Luftfahrzeuge«. Eines der wenigen Patente, die Janke vor seiner Einweisung anmelden konnte.

wäre«, so Chefarzt Peter Grampp. Ebenso habe der Erfinder den Entwurf eines Zehenspaltreinigers vorgelegt. »Den gibt es heute in ähnlicher Form tatsächlich!« Fast schon nebenbei experimentierte der Tüftler zudem mit Kunstharz als Baustoff. Grampp: »Heute würde er vielleicht bei einer großen Firma arbeiten.«

Immerhin durfte sich der gesellschaftlich verschmähte Erfinder bis an sein Lebensende damit rühmen, Inhaber von zwei Patenten zu sein. 1943 hatte ihm das Reichspatentamt ein Patent für ein Flugzeug mit schwingender Tragfläche sowie für seinen Standortsanzeiger, insbesondere für

Luftfahrzeuge, erteilt. Als er von der Mondlandung der amerikanischen Astronauten erfuhr, reagierte er aufgebracht. Das Patent auf diese Technologie habe er doch schon vor Jahren angemeldet, beschwerte er sich.

Verständlich, dass Karl Hans Janke im höheren Alter zunehmend misstrauischer wurde. Seine Pläne für die Lösung der Energieprobleme der Menschheit wollte er aus Angst vor Missbrauch nur vor der UNO-Vollversammlung präsentieren. Schließlich sollten alle Völker dieser Erde, so seine pazifistische Vorstellung, gleichermaßen von seiner Erfindung profitieren. Hatte der Erfinder den Schlüssel zu seiner Weltformel mit ins Grab genommen? »Ein letztes Quantum an Wissen hielt er sein Leben lang leider zurück – aus Angst, dass es in falsche Hände gerät«, bedauert Chefarzt Peter Grampp. »Deshalb stehen wir heute noch immer etwas ratlos vor seinen faszinierenden Werken.«

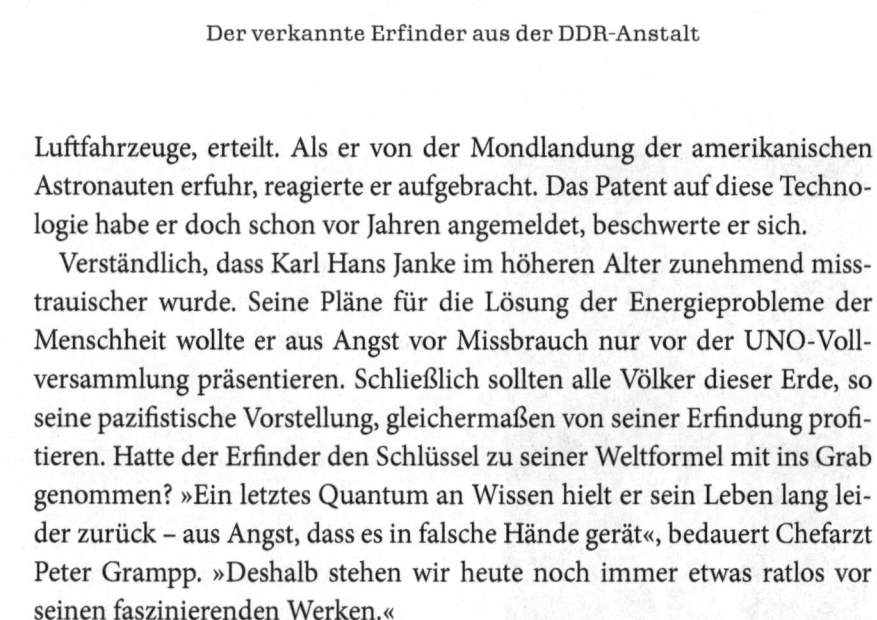

Gratisstrom für jedermann: Die verschollene Energiemaschine

Täglich werden sang- und klangvoll 100 neue Dinge erfunden, während 1000 vermeintlich »antiquierte« Entdeckungen und Erkenntnisse sang- und klanglos in der Versenkung verschwinden. Je mehr Wissen der Mensch anhäuft, desto mehr davon gerät in Vergessenheit. Warum wir vermehrt in vergilbten Büchern schmökern sollten? Weil diese mitunter weitaus geistreichere Weisheiten beinhalten, die in neuen Hochglanzwerken nicht mehr zitiert, geschweige denn im Internet multipliziert werden – und damit oft verblüffendere Überraschungen bereithalten als so manches moderne Lehrbuch.

Ein Umstand, der auch Hans A. Nieper (1928–1998) zu denken gab. Unter dem Titel *Konversion von Schwerkraft-Feld-Energie* ließ der innovative

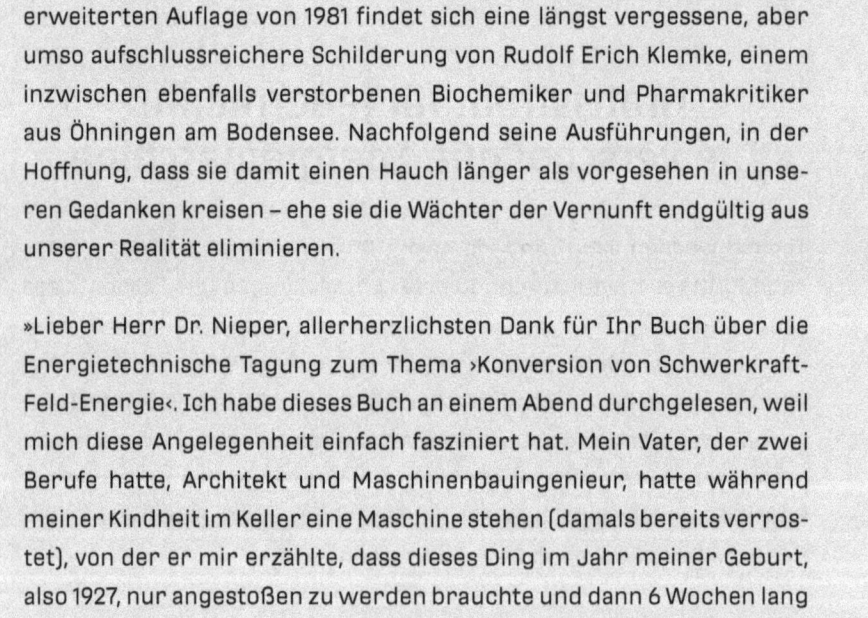

54 Kritiker der Schulwissenschaft: Hans A. Nieper.

deutsche Arzt und Querdenker vor über 40 Jahren auf eigene Kosten und in kleiner Auflage den Kongressband einer energietechnischen Tagung drucken, die am 27./28. November 1980 in Hannover stattgefunden hatte. Frei nach dem Motto »Kostenlose Energie für jedermann?«

Gerade mal ein paar Dutzend Menschen dürften heute noch im Besitz der besagten Broschüre sein, und noch weniger blättern vermutlich darin. Das ist bedauerlich, denn im Anhang der erweiterten Auflage von 1981 findet sich eine längst vergessene, aber umso aufschlussreichere Schilderung von Rudolf Erich Klemke, einem inzwischen ebenfalls verstorbenen Biochemiker und Pharmakritiker aus Öhningen am Bodensee. Nachfolgend seine Ausführungen, in der Hoffnung, dass sie damit einen Hauch länger als vorgesehen in unseren Gedanken kreisen – ehe sie die Wächter der Vernunft endgültig aus unserer Realität eliminieren.

»Lieber Herr Dr. Nieper, allerherzlichsten Dank für Ihr Buch über die Energietechnische Tagung zum Thema ›Konversion von Schwerkraft-Feld-Energie‹. Ich habe dieses Buch an einem Abend durchgelesen, weil mich diese Angelegenheit einfach fasziniert hat. Mein Vater, der zwei Berufe hatte, Architekt und Maschinenbauingenieur, hatte während meiner Kindheit im Keller eine Maschine stehen (damals bereits verrostet), von der er mir erzählte, dass dieses Ding im Jahr meiner Geburt, also 1927, nur angestoßen zu werden brauchte und dann 6 Wochen lang unentwegt lief, dabei immer schneller wurde, dass es in der Umgebung der Maschine merklich kälter war als an anderen Stellen des Raumes und dass er damit einen Dynamo antrieb, der eine Reihe von Glühbirnen speiste. Die Maschine bestand aus speichenförmig angeordneten Zylindern, in denen sich Kolben bewegten, in denen sich ein helles Öl befand, in den Zylindern, nicht in den Gewichten. Die Kolben wurden, soweit ich mich erinnern kann, durch ein Röhrensystem und Druck, der von der Maschine erzeugt wurde, im Augenblick des Erreichens des unteren Kulminationspunktes zum Mittelpunkt des Speichenrades ›gestoßen‹. Nach rund 6 Wochen hat er das Ding dann schließlich abgeschaltet.

Meines Wissens wurde die Patentanmeldung zurückgewiesen, weil das Patentamt der Meinung war, dass dies ein Perpetuum mobile sei und die Formeln, die mein Vater dafür aufgestellt hatte, angeblich gegen einen der Hauptsätze der Erhaltung der Energie verstießen. Später im Dritten Reich, ich glaube, es war so um 1936 herum, bot er diese Sache dem Beauftragten des 4-Jahres-Plans, Hermann Göring, an. Irgendein Federfuchser antwortete damals – und daran kann ich mich noch genau erinnern, nämlich an die Enttäuschung meines Vaters –, dass solch eine Maschine niemals würde funktionieren können. Sein Angebot, dieses schwere Monster nach Berlin zu bringen, um es persönlich vorzuführen, scheiterte dann aber am Ausbruch des Krieges, denn es gab irgendwelche Schwierigkeiten materieller Art, das Ding wieder flott zu machen.

Später habe ich das ›Rad‹ aus den Augen verloren; meine Schwester in Halle, die nicht wieder mit nach Hamburg zurückging nach dem Kriege, müsste es eigentlich noch besitzen. Auch die Unterlagen müssten noch irgendwo auf ihre Wiederentdeckung warten. Nachdem ich nun Ihr Buch gelesen habe, bin ich fest davon überzeugt, dass auch mein alter Herr damals die Tachyonen-Energie des Weltraums angezapft hat. Eine faszinierende Idee! Nochmals herzlichsten Dank für dieses außerordentlich interessante Buch. Ihr R. Erich Klemke«

Exorzismusalarm: Die Rückkehr des Teufels

»1977 hatte meine Band Rainbow für Aufnahmen das Studio
im Château d'Hérouville bei Paris gemietet, ein altes, verwittertes
Schloss. Alles lief irgendwie schief, nichts schien zu klappen.
Also machte ich eine spiritistische Sitzung, bei der deutlich der
Name Baal zu vernehmen war! Das war der Geist,
der für das Chaos verantwortlich war. Es war so unheimlich,
dass wir nur noch bei Tageslicht zu Bett gingen.«

Ritchie Blackmore, Musiker

Sommer 2015. Ohrenbetäubend schraubt sich der Helikopter in die Luft.
An Bord: ein vom Vatikan berufener Exorzist. Als der Hubschrauber über
der neapolitanischen Hafenstadt Castellammare di Stabia kreist, breitet
der Geistliche seine Arme aus und spricht ein Gebet. Im Kampf gegen den
Teufel – der den Ort befallen haben soll. Konservative Katholiken hatten
die Kirche zuvor um Hilfe gebeten, da es in Castellammare zu Kirchen-
einbrüchen und Grabschändungen gekommen war. Kreuze seien auf den
Kopf gestellt und Marienstatuen von den Klippen geworfen worden, hieß
es. Zudem leide die Stadt unter der Gewalt des organisierten Verbrechens.
Tenor: »Wenn Satan existiert, dann hat er in Castellammare di Stabia die
Kontrolle übernommen!«

55 Levitation einer »Besessenen«. Entsprechen derartige Szenen der Wirklichkeit? Ja – beteuern etliche christliche Priester.

Besagter Hubschrauberflug ist wohl einer der spektakulärsten, aber bei Weitem nicht der einzige »Noteinsatz« katholischer Geistlicher. Besonders die italienische Kirche fordert vehement, den Kampf gegen den »Fürsten der Dunkelheit« zu intensivieren. Vor allem Deutschland tue viel zu wenig, heißt es aus Kreisen des Vatikans. So monierte die vom Vatikan anerkannte Internationale Vereinigung der Exorzisten (AIE), dass ihre Zunft akute Personalnot habe und der steigenden Anzahl von Anfragen vermeintlich Besessener kaum noch Herr werde. Die katholische Kirche verfüge weltweit über rund 400 Exorzisten. Doch davon arbeite fast die Hälfte in Italien, so die AIE. Viele Länder hätten sogar überhaupt keine katholischen Teufelsaustreiber mehr. Und dies, obwohl selbst der aktuelle Papst mahne, dass der Einsatz von Exorzisten »unverzichtbar« sei.

Tatsächlich bestätigte Franziskus im März 2017, dass zu ihm immer wieder Menschen mit »spirituellen Störungen« kämen. »Sofern diese nicht, wie in den meisten Fällen, psychische Ursachen hätten, dürften Seelsorger ›nicht zögern, sich an diejenigen zu wenden, die in den Bistümern mit diesem sensiblen und notwendigen Dienst betraut sind, also die Exorzisten‹«,

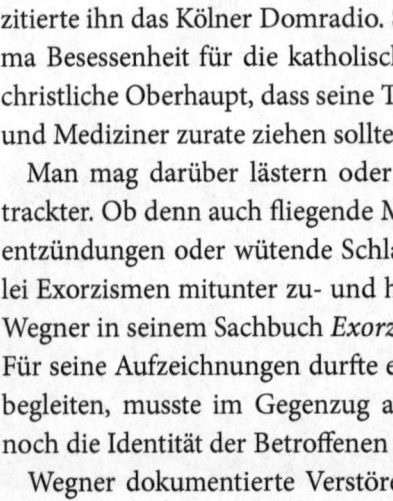

zitierte ihn das Kölner Domradio. Seine Worte zeigen, wie heikel das Thema Besessenheit für die katholische Kirche bleibt. So mahnte selbst das christliche Oberhaupt, dass seine Teufelsaustreiber stets auch Psychologen und Mediziner zurate ziehen sollten.

Man mag darüber lästern oder lächeln. Doch die Realität bleibt vertrackter. Ob denn auch fliegende Messer, Levitationen, Steinregen, Selbstentzündungen oder wütende Schlafzimmergeister: Wie heftig es bei derlei Exorzismen mitunter zu- und hergeht, schildert der Journalist Marcus Wegner in seinem Sachbuch *Exorzismus heute: Der Teufel spricht deutsch*. Für seine Aufzeichnungen durfte er über 2 Jahre lang Exorzisten hautnah begleiten, musste im Gegenzug aber versprechen, weder deren Namen noch die Identität der Betroffenen zu offenbaren.

Wegner dokumentierte Verstörendes. So etwa den Fall einer Bauernfamilie in Bayern: »Jetzt drückt der Exorzist entschlossen die Klinke nach unten und öffnet die Tür. Wir treten ein. Scharfer Brandgeruch schlägt mir entgegen. (…) Alles hier ist restlos verbrannt, verschmort oder angekokelt. Allein die Fensterscheiben sind unversehrt. Obwohl die Fenster offen sind, herrscht eine unbeschreibliche Hitze, die lediglich in der Mitte des Zimmers einigermaßen angenehm zu ertragen ist. Je mehr ich mich den Wänden nähere, umso mehr spüre ich die Wärme, die offenbar von den Steinen ausgeht«, beschreibt der kirchenkritische (!) und eher skeptische Beobachter das Szenario. »In der Mitte des Zimmers steht ein Bett. Es ist das einzige Möbelstück in diesem total zerstörten Zimmer. Der hölzerne Rahmen ist nur in unmittelbarer Nähe des Bodens angesengt, an einigen Stellen weisen Bretter Brand- und Glutspuren auf. Trotzdem ist die Matratze mit einem weißen Laken bespannt, die Bettdecke liegt ungefaltet darauf, und das Kopfkissen zeigt, dass hier vor Kurzem noch jemand geschlafen oder zumindest gelegen haben muss.«

Seit 2 Jahren würde dieser Raum immer wieder von einem brutalen Spukszenario heimgesucht, berichtete ihm die Familie. Grelle Flammen flackerten im Zimmer auf. »Sie waren an den Wänden, an der Decke und am Boden. Der Kleiderschrank verglühte einfach so und stürzte zusammen. Die Funken tanzten über die Fensterbank und an den Glasscheiben. Sie erloschen aber in unmittelbarer Nähe des Bettes. Dort lag unser Sohn und schrie verzweifelt. Alles brannte und verbrannte. Nur ihm und seinem Bett konnten die Flammen nichts anhaben.« Gutachter der Versicherung hätten keine logische Brandursache gefunden. Erst als der Pfarrer dort exorzierte, sei es besser geworden.

Speziell im vermeintlich aufgeklärten Deutschland steckt die katholische Kirche bei ihrem »Kampf gegen Satan« in einem Dilemma. Zwar nehmen Exorzisten auch in unseren Gefilden immer wieder Teufelsaustreibungen vor. Andererseits spricht man über dieses Thema nicht gerne. Grund dafür ist der tragische und dramatische Tod einer Deutschen im Jahre 1976. Die 23-jährige Anneliese Michel aus dem fränkischen Klingenberg starb, nachdem sie wochenlang von katholischen Priestern exorziert worden war. Ein Strafgericht verurteilte zwei Priester sowie die gläubigen Eltern später wegen »fahrlässiger Tötung durch Unterlassung«.

Einer der wenigen heute bekannten deutschen Exorzisten, der Kölner Prälat und Historiker Helmut Moll, nennt den Fall Michel ein »Trauma«, unter dem »das katholische Deutschland« nach wie vor leide. »Bis heute scheint es noch nicht überwunden zu sein«, so der Geistliche. Und fordert: »Theologie und kirchliches Lehramt waren und sind aufgerufen, wieder unbefangen darauf aufmerksam zu machen, dass die dämonische Wirklichkeit nicht nur möglich ist, sondern auch tatsächlich existiert.« Dennoch lehnen es viele Kirchenobere mittlerweile ab, Dämonenjäger zu bestimmen. Es gebe »Bischöfe, die mit der Begründung ›Daran glaube ich nicht!‹ in ihren Bistümern keine Exorzisten ernennen wollten«, ärgerte sich der offizielle Exorzistenausbilder des Vatikans, Professor Paolo Morocutti, im April 2016 in seinem »Grundkurs Exorzismus« an der päpstlichen Hochschule Regina Apostolorum.

Schätzungen zufolge sollen in Deutschland rund sieben der 27 Bistümer Exorzisten beschäftigen. Offizielle Zahlen gibt es nicht. Man führe keine Statistik, so die Deutsche Bischofskonferenz (DBK) auf Anfrage diplomatisch. Zu den wenigen, die Einblick in ihr Tun bieten, zählt der Wiener Theologieprofessor und Psychologe Larry P. Hogan. Er schreibt im Fachband *Exorzismus* der Evangelischen Zentralstelle für Weltanschauungsfragen, dass er als Stellvertreter des römisch-katholischen Erzbischofs von Wien und dessen »Beauftragter im Befreiungsdienst« pro Jahr bis zu

56
»Wir führen einen
Krieg gegen das Böse –
gegen unsaubere
Mächte!«
(Beat Schulthess,
»Befreiungsdiener«
der Heilsarmee)

achtzigmal einen großen Exorzismus durchführe. Der erwähnte Journalist
Marcus Wegner wiederum betont als studierter Germanist und Philosoph,
dass es weitaus mehr Teufelsaustreibungen innerhalb der katholischen
Kirche in Deutschland gebe, als diese offiziell einräumt. Etwa dreißig
katholische Priester seien regelmäßig – wenn auch ohne bischöfliche Ge-
nehmigung – exorzistisch tätig. Hunderte Teufelsaustreibungen fänden
jährlich allein in diesem Umfeld statt. Wegner: »Jeden Tag kommt es in
Deutschland zu fünf bis sechs Exorzismen. Diese werden von fast allen
Religionen und Konfessionen ausgeführt. Nach katholischem Ritual sind
es jedoch täglich nur etwa ein bis zwei.« Am häufigsten werde in freikirch-
lichen Kreisen exorziert, ergänzt der Szenekenner.

Überraschend transparent führt denn auch die 1865 in London ins
Leben gerufene Heilsarmee ihren Kampf gegen die »Welt der Dämonen«.
»Befreiungsdienst« nennen jene Methodisten ihre Mission. Bei den Evan-
gelikalen ist das Korps der Heilsarmee Zürich-Oberland unter der Leitung
von Offizier Beat Schulthess aktuell die Anlaufstelle für Teufelsaustreibungen. Sein Team erhalte jährlich rund 900 Anfragen: »Tendenz steigend.«

Im Schweizer Fernsehen berichtete der Offizier der Heilsarmee im März
2017 von seinen »Gebetskämpfen« mit dem Leibhaftigen: »Erst vor Kurzem wurden wir in ein Haus gerufen, in dem Bewohner angaben, nachts
von einer unsichtbaren Gestalt gewürgt worden zu sein.« Er und seine

ebenfalls als »Befreiungsdienerin« wirkende Gattin hätten daraufhin im Gebet vor Ort festgestellt, dass in dem Gebäude tatsächlich »Mächte im Spiel« seien. Sie hätten sich dann nachts in jenes Bett gelegt und seien ebenfalls attackiert worden. »Das ganze Bett hat gerüttelt!«, erinnert sich Schulthess. »Die Zimmertür ging dauernd auf und zu, das Licht an und aus – das waren ungute, unsaubere Mächte!«

Zu den wenigen Teufelsaustreibern, die tiefe Einblicke in ihr Tun gewährten, zählte auch der italienische Chefexorzist Gabriele Amorth (1925–2016). In Büchern und Interviews schilderte der katholische Präsident der Internationalen Vereinigung der Exorzisten Erstaunliches aus seinem Berufsalltag: Phänomene, wie sie auch wissenschaftlich geschulte Parapsychologen immer wieder beobachten. »Ich besitze 2 Kilo Metall, das von vom Teufel Besessenen ausgespuckt wurde«, pflegte er zu versichern. »Manchmal kommt es aus dem Rektum. Es waren auch Glassplitter darunter. Ich versichere Ihnen, dass diese Dinge erst außerhalb des Körpers Gestalt annehmen; man findet keine Spucke oder Blut daran. Wenn man eine besessene Person röntgen würde, könnte man nichts davon in ihren Eingeweiden finden. Einige Millimeter vor ihren Lippen tauchen sie aus dem Nichts auf.«

Der Teufel sei fähig, »wirklich grausame Streiche zu begehen, und er leistet sich viele solcher Schikanen«, so der katholische Priester in seinen *Memoiren eines Exorzisten*. Dessen Präsenz sei oft durch Kälte oder plötzliche Temperaturstürze spürbar. »Die Menschen, auf die er es abgesehen hat, haben sehr großes Leiden zu erdulden und erfahren Widerwärtigkeiten aller Art.« Als harmlosere Beispiele nannte Amorth »Türen und Fenster, die sich von alleine verschließen und wieder öffnen«. Oder »das Telefon klingelt, doch niemand antwortet am anderen Ende des Drahtes«. Auch Fernseher, die sich wie von Geisterhand ein- und ausschalten seien ein untrügliches Zeichen für dämonische Aktivitäten. »Der Teufel hat seinen Spaß an Streichen! Ich nenne solche Phänomene Störungen. Es sind die harmlosesten Formen teuflischer Quälerei.«

Der Erzkatholik hat nach eigenen Angaben jedoch noch viel Krasseres erfahren. Etwa bei jener Pförtnerfamilie, die ihn um Hilfe gebeten hatte. Dort drehten sich Wasserhähne von selbst auf und zu, ohne dass jemand sie berührte. »Gemälde rissen sich von der Wand los und flogen durch das Zimmer zur gegenüberliegenden Wand, ohne dass jemals das Glas oder der Rahmen zerbrach. Möbel kippten um oder verschoben sich.« Ferner hörte man dort nachts laute Schläge und »lärmige Schritte wie von marschierenden Soldaten«. Wasser floss aus Wänden, in denen sich gar keine Rohrleitung befand, und führte zu überschwemmten Räumen. »Seltsame Zeichnungen, die Gesichter darstellten, bildeten sich auf den Fensterscheiben.« Die Frau des Pförtners sei mehrfach wie vom Teufel aus ihrem Bett geschleudert worden.

In einem anderen Fall traf der Priester auf einen ebenfalls »mutmaßlich Besessenen«. Besagter junge Messdiener »erlebte an seinem Körper seltsame Phänomene«. Diese »nahmen ihren Anfang im Alter von 13 Jahren: Levitationen (freies Schweben), Wundmale, ikonografische Zeichen auf dem Körper, Statuen, die zerbrachen und aus denen Blut tröpfelte, Zerrungen in den Gliedern, Lähmungen, Visionen sowie Blütenblätter und Knospen von Rosen, die aus seinem Mund austraten.« Es habe damals fast ein Dutzend Sitzungen gebraucht, um ihn zu befreien. In dieser Zeit sei er von weiteren Priestern unterstützt worden. Einer davon vermerkte seine Erlebnisse ebenfalls: »Ich sah, wie eine Tür in Stücke zerfiel. (…) Fliegende Gegenstände, Zerstörung von Möbeln, Kratzspuren an den Wänden, scharfer Geruch von Schwefel. Blütenblätter und Knospen von Rosen kamen aus seinem Mund heraus.«

Erschütternd schilderte der katholische Chefexorzist in seinen Lebenserinnerungen, wie übernatürlich anmutend sich manche Attacke aus seiner Sicht abgespielt hatte. Etwa jene auf dem Weg zu einer Teufelsaustreibung in einem Gotteshaus: »Als ich in Richtung der Kirche fuhr, wurde mein Auto auf der Straße sanft emporgehoben und auf der nahen Wiese abgestellt. Zu jenem Zeitpunkt fuhr ich sehr langsam, etwa 15 Stundenkilometer.« Die Reifen seien auf unerklärliche Weise aufgeschlitzt gewesen. Zudem habe er persönlich erlebt, wie sich ein Hilfesuchender vor ihm wie von Geisterhand in den Raum erhob, berichtet er. »Sein Körper schwebte frei im Raum, etwa 30, 40 Zentimeter über dem Sitz!« Auch Apporte sah der Teufelsaustreiber, wie erwähnt, zuhauf. Im Nachgang eines Exorzismus an einer Frau notierte er etwa: »Jetzt erbricht sie die seltsamsten

57
Gabriele Amorth.
Der weltweit wohl
bekannteste und
berüchtigtste
Exorzist verstarb
2016 im Alter
von 91 Jahren.

Dinge: Glas, Nägel, Gaze, metallene Schnallen, kleine tierähnliche Gegenstände.« Später hätte die vermeintlich Besessene zudem ununterbrochen Papierfetzen ausgespuckt, die zusammengelegt »sakrale Bilder« ergaben.

Der Teufel steckt oft im Detail. Skeptikern, die hinter Besessenheit eher Krankheit, Ekstase, Indoktrination, Einbildung oder Schauspielerei vermuten, konterte Gabriele Amorth deshalb mit einer Episode, die er beim erstmaligen Hausbesuch bei einer Betroffenen erlebte. »Auf den Tisch neben uns hatte ich zwei Gläser gestellt. Das eine mit Trinkwasser, das andere mit Weihwasser. Ich bot ihr an, das gewöhnliche Wasser zu trinken. Sie dankte mir und trank es. Einige Minuten später reichte ich ihr das Glas mit dem Weihwasser. Sie trank es ebenfalls. Doch diesmal veränderte sich ihr Anblick. Aus der eingeschüchterten jungen Frau wurde ein wütendes Weib. Sie herrschte mich an, wobei sie die Worte mit tiefer und mächtiger Stimme skandierte, wie wenn ein Mann aus ihrem Inneren spräche: ›Du hältst dich wohl für schlau, Pfaffe!‹ Darauf begannen wir mit dem Gebet des Exorzismus. Und nur eine Stunde später erfolgte in der Kirche die Befreiung.«

Wie ein »Besessener« – Nomen est Omen? – hat der römisch-katholische Priester nach eigenen Angaben mehr als 70 000 »Dämonenaustreibungen« durchgeführt. Bis zu seinem Tod haderte er mit dem gespaltenen Umgang der Kirche mit seiner Zunft. »Jesus exorzierte öffentlich. Jetzt muss man es heimlich tun!« Amen?

Poltergeister im Pharmalabor, Steinregen in der Küche

Jahrzehntelang wurden die unheimlichen Vorfälle unter den Tisch gekehrt. Nun werden sie doch noch publik: In den geheimen Forschungsstätten des Schweizer Pharmariesen Ciba-Geigy (heute Novartis) war in den frühen 1990er-Jahren ebenfalls der Teufel los! Nachzulesen in einem sechsseitigen, handschriftlichen Dokument eines Ciba-Mitarbeiters, das mir unter der Hand zugespielt wurde. Aufgewühlt hatte der Betroffene darin allerlei paranormale Ereignisse notiert, die er wenige Jahre vor der Monsterfusion mit dem Sandoz-Konzern an seinem Arbeitsplatz erlebte.

Sein Wunsch um Anonymität kam nicht von ungefähr. Denn den Notizen zufolge soll sich in den streng überwachten Laboratorien um 1991/1992 monatelang wahrhaft Gespenstisches abgespielt haben: Dosimeter, also Messgeräte zur Messung der Strahlendosis, aktivierten sich etliche Male wie von Geisterhand oder zeigten plötzlich vollkommen falsche Werte an. Unerklärliches ereignete sich auch in der »Kapelle« – der chemischen Abzugshaube (Digestor) –, wo regelmäßig Reagenzgläser oder andere Utensilien, die dort aus Sicherheitsgründen nicht hingehörten, auftauchten, explodierten oder verschwanden.

Oder wie der Mann bis im Herbst 1992 zunehmend panikartig notierte: »Labortüre frühmorgens offen! Große Abdampfschale zerbrochen im Schrank. Rührkübel kaputt. Glühbirnen (220 Volt) in Ölbad! Schmelzpunktröhren fliegen auf Boden von Kapelle. Dosimeter spinnen wieder. Pillen fallen einzeln auf Boden vor dem Pult. Messer mit Farbstoff fliegt auf Boden. Löffel vor Waage in zwei Stücke zerbrochen. Plötzlich Plastik-

58 Protokoll des Grauens. Ausschnitt aus den sechsseitigen Notizen eines Ciba-Geigy-Mitarbeiters.

8.9.   1.te Schlieβrolle ist in Kapelle montiert ...

       11⁰⁰ Reinigungsmaschine weg

       Plötzlich Plastikschlauch in Kapelle geflogen.

9.   – 7 Zapfen 29/32 liegen auf Boden und
       zerplatzen laut.

       – 1 Zapfen auf Rollwagen gelegen wo ACT
       Kanister will unsch bringen.

       – Spachtel mit Farbstoff fliegt an Waschmaschine (... Sauerei)
       (Laborantin von ... 16 auf ...)
       8⁰⁰ "Blick" weg (alle Suchen)

10.   14⁰⁰ Zapfen fliegen auf Boden
       9⁰⁰ Blick wieder am alten Ort

       14¹⁰ Unbekanntes Pulver in Flasche abgefüllt
       auf unser Pult   (...)?

10.   8¹⁵ – Neue Reduzierschliff knallt an Wand dann
       kaputt auf Boden
       – Kleine ASS-Flasche leer
       – Rüde Freigleser weg

14.10. Diverse Magnetrühr (wenig, klein) fallen auf
       Boden vor Kapelle

15.10. – ASS-Flasche von N.Spöni leer (... vorher
       aufgefüllt aber nicht gebraucht)
       – Magnetstäbe fallen auf Boden
       – DC Röhrchen fliegen auf Boden
       (Waschbraun ... auf ...)
       Grosse Magnetrühr fällt auf Boden

137

schlauch in Kapelle geflogen! Sieben Zapfen liegen auf Boden und zer-
platzen laut. Spachtel mit Farbstoff fliegt an Geschirrwaschmaschine.
Große Sauerei! Laborantin von Bau 16 auf Besuch. DC-Röhrchen fliegen
auf Boden (Geschirrwaschfrau erschrickt).«

Vorfälle wie diese vermögen Walter von Lucadou kaum noch zu erstaunen. Zu vieles aus der Anderswelt hat der wissenschaftlich orientierte
»Geisterjäger« in den vergangenen Jahrzehnten mit eigenen Augen
gesehen oder am eigenen Leib erlebt. Der promovierte Physiker und
Psychologe gilt als Deutschlands rationalster Spukforscher – eine Art
aufgeklärte Gegenfigur katholischer Exorzisten. Jahrzehntelang am-
tierte er als Leiter der staatlich geförderten Parapsychologischen Be-
ratungsstelle in Freiburg im Breisgau. Vertraulichkeit bleibt ihm heilig: »Konkrete Beispiele geben wir in der Regel keine. Das widerspricht
unserem Verschwiegenheitsprinzip.«

59 Augenzeuge etlicher Spukphänomene. Der Physiker
und Parapsychologe
Walter von Lucadou.

Dennoch machte Lucadou 2012 eine Ausnahme, als er seine Erlebnisse bei einer italienischen Familie in Süddeutschland publik machte:
»Es hieß, es würden dort Steine durch die Wohnung fliegen – Pflas-
tersteine, aber auch kleinere Steine, welche die Wohnung in ei-
nen Trümmerhaufen verwandel-ten.« Die Polizei ermittelte, doch die Ermittler rätselten, woher die »Ge-schosse aus dem Nichts« stammen könnten. Schließlich wurde Luca-dou um Hilfe gebeten. Er reiste zu den Betroffenen und übernachtete sogar bei ihnen.

Was der Parapsychologe bei der Familie erlebte, beschäftigt ihn bis heute: »Vor allem der Vater war von großer Unruhe ergriffen, so sehr setzten ihm die Steine in der Wohnung zu. Verständlich. Teile des Mobiliars waren demoliert, es gab Dellen in der Wand, weil manche Steine offenbar mit großer Wucht geworfen worden waren. Eines Nachts hatte es zudem kleine Kieselsteine von der Decke geregnet.« Im Verdacht der Randale stand die 14-jährige Tochter. Das Mädchen führte »eine Art Aschenputteldasein«. Geistig beeinträchtigt musste es im Gegensatz zu ihren Geschwistern viel im Haushalt helfen und im kleinsten Zimmer der Wohnung leben. Nachts sperrte der Vater seine Familie ein und wachte mit einer Axt bewaffnet vor der Türe, berichtet Walter von Lucadou. »Er wollte selbst sehen, ob seine Tochter Steine ins Haus brachte, oder ob es einen Geist gab.« Ohne Erfolg, denn am folgenden Tag lagen erneut Steine in der Wohnung.

Und dann geschah etwas, das Forschern des Paranormalen nur selten passiert: Lucadou wurde selbst Augenzeuge des Unfassbaren! »Der Vater kochte in der Küche Spaghetti. Ich stand neben ihm, und wir sprachen miteinander, als plötzlich wirklich aus dem Nichts ein Stein mitten in seinen Topf fiel.« Die beiden waren allein in der Küche, die Türe geschlossen. »Das war tatsächlich ein Spuk«, konstatiert der Freiburger Forscher, »vermutlich ausgelöst von einer ›Fokusperson‹ – in diesem Fall der unglücklichen Tochter.« Manche Menschen, so die Theorie des Parapsychologen, können bei großem Stress oder in sonstigen psychischen Ausnahmesituationen Spukphänomene auslösen. Die Psyche nehme dabei konkreten Einfluss auf das Physische. Tatsächlich endete der Spuk bei den Italienern, als die Tochter vorübergehend zu Verwandten zog.

Lucadou verweist diesbezüglich auf den komplexen Bereich der Quantenphysik. Dort kennt man den Fachbegriff der »Verschränkung«. Dieser umschreibt das nachgewiesene »Paradoxon, dass es in der Natur

Effekte ohne Ursachen zu geben scheint«. Schon Einstein zermarterte sich das Gehirn darüber. Und auch Lucadou forscht in diesem Bereich. In ausgeklügelten Experimenten glaubte er nachweisen zu können, dass Menschen mit besonderen Begabungen und entsprechender Motivation tatsächlich in der Lage sind, mental auf Ereignisse in ihrem Umfeld einzuwirken. So gelang es einigen seiner Probanden, scheinbar durch ihre pure Anwesenheit und gedankliche Konzentration, einen atomar betriebenen Zufallsgenerator »aus dem Rhythmus« zu bringen. Der Parapsychologe folgert daraus, dass »seelische Vorgänge im Menschen und Zufallsereignisse in seiner Umgebung nicht voneinander unabhängig sind«. Psychokinese etwa, also die Bewegung von Objekten durch rein geistige Einwirkung, komme »vielleicht nicht durch eine Kraftübertragung, sondern durch einen Verschränkungszusammenhang zustande«.

Spukphänomene ereignen sich seiner Erfahrung nach demnach in der Grenzregion zwischen Psychologie und Physik. »Sie sind weder reine Produkte der mit Physik beschreibbaren Wirklichkeit noch reine Produkte unserer Gedanken. In der Parapsychologie wissen wir inzwischen, dass Menschen mit einer bestimmten Persönlichkeitsstruktur in der Lage sind, psychische Verarbeitungsprozesse in ihrer realen Umgebung stattfinden zu lassen. Also eine Art psychosomatische Reaktion, die nicht im eigenen Körper stattfindet. Sondern in unserer realen Welt.«

Ob unsere Zeit für derlei Gedanken reif ist? Walter von Lucadou bevorzugt diplomatische Formulierungen: »Im Mittelalter waren Spukphänomene noch kein Tabuthema. Aber seit der Aufklärung im 18. Jahrhundert neigen wir dazu, alles, was scheinbar unerklärlich ist, zur Seite zu schieben. Die moderne Gesellschaft will so etwas wie Spuk nicht wahrhaben. Die Menschen mögen es nicht, wenn sie durch Ungewissheiten verunsichert werden.«

Der Eismann: In Shorts durch den Himalaja

> »In der Geschichte der Wissenschaft kam es oft vor, dass neue Ideen nicht ernst genommen wurden. Als Alfred Wegener 1912 seine Theorie von der Kontinentalplattenverschiebung vorstellte, wurde er ausgelacht. Erst nach seinem Tod kam man drauf, dass sich die Erdplatten nachweislich mehrere Zentimeter pro Jahr bewegen. Man sollte also auch ›Spinner‹ im Prinzip erstmal ernst nehmen.«

Rainer Wolf, Naturwissenschaftler

Wim Hof ist kein Guru. Und auch kein Heilsbringer. Sondern ein Mensch wie wir. Mit einem faszinierenden Unterschied: Alleine mit der Kraft seines Geistes scheint der Niederländer seine Körpertemperatur bewusst steuern und manipulieren zu können! Als Beweis dafür badet er stundenlang in Eiswasser oder erklimmt halbnackt verschneite Berggipfel. »Kein Trick«, wie Mediziner nach etlichen Experimenten mit ihm irritiert versichern.

Viele Jahre lang war der Mann als Gaukler gescholten worden. Mittlerweile lässt der 1959 geborene Niederländer selbst seine Kritiker erblassen. Etliche Studien befassen sich mit seinen magisch anmutenden Körperkräften. Ein 2015 erschienenes Lehrbuch (*Biology Now*), das an US-Universitäten eingesetzt wird, widmet ihm sogar ein eigenes Kapitel. Auf unzähligen Seiten beschäftigen sich Experten darin mit den Fähigkeiten des »Wundermannes«. Denn der Ausnahmekönner scheint mit seinem

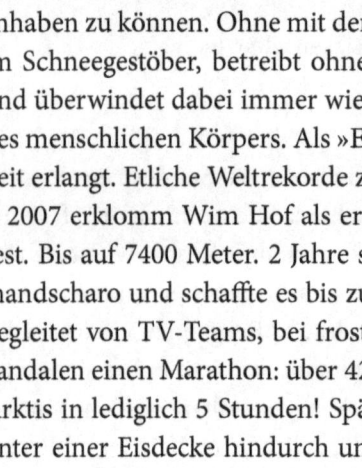

60
In Shorts und
Sandalen auf die
höchsten Gipfel.
Wim Hof nach
einem seiner
spektakulären
Rekordversuche.

Bewusstsein sein vegetatives Nervensystem samt Herzschlag, Atmung, Verdauung und Stoffwechsel aktiv beeinflussen zu können. Laut unserer Schulmedizin eigentlich ein Ding der Unmöglichkeit.

Ob Kälte, Hitze, Durst, Muskelschmerzen – nichts scheint ihm etwas anhaben zu können. Ohne mit der Wimper zu zucken sitzt er stundenlang im Schneegestöber, betreibt ohne Flüssigkeitszufuhr Hochleistungssport und überwindet dabei immer wieder die Schmerz- und Leistungsgrenzen des menschlichen Körpers. Als »Eismann« hat er internationale Berühmtheit erlangt. Etliche Weltrekorde zieren sein persönliches Erfolgskonto.

2007 erklomm Wim Hof als erster Mensch halbnackt den Mount Everest. Bis auf 7400 Meter. 2 Jahre später versuchte er das Gleiche am Kilimandscharo und schaffte es bis zum Gipfel. Im selben Jahr absolvierte er, begleitet von TV-Teams, bei frostigen 20 Grad minus nur in Shorts und Sandalen einen Marathon: über 42 Kilometer durch das Eis der finnischen Arktis in lediglich 5 Stunden! Später tauchte er ohne Sauerstoff 66 Meter unter einer Eisdecke hindurch und darauf in einem inoffiziellen Rekordversuch sogar 120 Meter. Zudem nahm der Niederländer im Jahr 2008 unter Expertenaufsicht das längste Eisbad der Welt: 1 Stunde, 52 Minuten und 42 Sekunden lang!

Nicht nur Kälte steckt Wim Hof spielend weg. Auch Hitze scheint dem Mann nichts anzuhaben. Als bisher einziger Mensch lief er ohne einen einzigen Schluck zu trinken einen Marathon durch die namibische Wüste. Und er erzielt Höchstleistungen im Free Climbing. So hing er ungesichert und an nur einem Finger über einem 2000 Meter tiefen Abgrund. »Der Mensch kann über seine Willenskraft viel mehr erreichen, als wir denken«, betont der »Iceman« immer wieder. Es sei alles nur eine Frage der Übung und Technik. So schaffe er all dies nur dank etwas Training sowie uralter Atem- und Meditationstechniken. Wim Hof beruft sich dabei unter anderem auf das Wissen tibetischer Mönche.

In Kursen und Seminaren sowie auf seiner Internetseite und in einem Buch stellt der Niederländer seit Jahren seine Technik öffentlich vor und fordert Interessierte immer wieder auf, diese selbst auszuprobieren. Denn er ist überzeugt, dass er etwas entdeckt hat, das unser Realitätsempfinden verändern könnte – zum Positiven. Seine Methoden, glaubt er felsenfest, seien in der Lage, vielen Menschen zu helfen. Weil sie jeder erlernen könne.

2009 untersuchten und begleiteten Wissenschaftler der US-Universität von Minnesota den Mann bei einem seiner Kälterekorde in einem Eisbad. Dabei stellten sie fest, dass bei Hof keinerlei körperliche Anomalien festzustellen sind, weder genetische noch organische. Sprich: Wim Hof ist ein Mensch wie wir. Mit einem Unterschied: So scheint er allein mithilfe seines Geistes normale Körperreaktionen, etwa den Blutfluss, bewusst steuern und manipulieren zu können, analysierte Larry Wittmers, welcher der Studie als Spezialist für Unterkühlungen beiwohnte. Wie Hof das schaffe, sei »ein ungelöstes Rätsel«, bestätigt sein medizinischer Kollege Kenneth Kamler. »Es zeigt uns jedoch, dass im menschlichen Gehirn ein enormes Potenzial steckt, das noch nicht genutzt wird. Wenn wir dieses sowie erstaunliche Menschen wie Wim genauer studieren, könnte dieses Potenzial eines Tages vielleicht für alle abrufbar werden.«

2010 bat eine weitere Gruppe internationaler Experten den »Iceman«, sein Können unter Laborbedingungen unter Beweis zu stellen. Wim Hof willigte ohne Zögern ein. Es sei schon immer sein innigster Wunsch gewesen, seine Methode von Wissenschaftlern analysieren oder vielleicht sogar verbessern zu lassen, betonte er. »Das Letzte, was ich möchte, ist den Menschen falsche Hoffnungen zu machen.« In einem ersten Versuch steckten ihn die Ärzte des medizinischen Zentrums der Radboud-

Universität im niederländischen Nimwegen 80 Minuten lang in einen Bottich voller Eiswürfel und maßen seine Körperwerte. Erstaunt stellten sie fest, dass Hofs Körpertemperatur dabei kaum sank und nahezu konstant bei 37 Grad Celsius blieb.

Laut Messgeräten gab es keinerlei Anzeichen von Unterkühlung. Auch Herzschlag und Blutdruck blieben völlig normal. Nur seine Hauttemperatur fiel von 28 auf 5 Grad. »Die Testperson hat es scheinbar geschafft, ihr autonomes Nervensystem zu beeinflussen und dabei aktiv das Herz-Kreislauf-System ebenso wie die Wärmeregulation im Körper zu steuern«, so die Mediziner. »Es hat den Anschein, dass Herr Hof sein Immun- und sein autonomes Nervensystem manipulieren kann«, erläuterte die Herz-Kreislauf-Expertin Maria Hopman. »Auch scheint es, als ob er bewusst seine Blutgefäße erweitern oder verengen kann.« Anders sei dieses Phänomen nicht erklärbar. Die nach dem Versuch entnommenen Blutzellen des »Meditationskünstlers« reagierten selbst bei Labortests nach 6 Tagen noch völlig anders als normale Zellen!

Matthijs Kox vom Medizinischen Zentrum der Universität Nimwegen setzte die Untersuchungen einige Monate später fort. Erneut musste sich Wim Hof, nachdem er seine Meditations- und Atemübungen praktiziert hatte, einem 80-minütigen Eisbad unterziehen. Vor und nach der Prozedur wurde ihm einmal mehr Blut abgenommen, das die Forscher darauf einem Endotoxin, also einem körpereigenen Abbauprodukt mit Giftstoffen, aussetzten – was gewöhnlich eine heftige Immunreaktion auslöst. Es zeigte sich jedoch, dass die zweite Blutprobe erheblich weniger darauf reagierte als diejenige, die ihm vor der Übung entnommen worden war.

Darauf wurde dem Holländer ein Endotoxin gespritzt. Das Mittel, das bei jedem anderen Menschen eine starke allergische Reaktion ausgelöst hätte, zeigte bei Wim Hof kaum Wirkung. Vielmehr schaffte er es, die zu erwartende Entzündungsreaktion seines Körpers willentlich zu unterdrücken, wie die Ärzte resümierten. »Schlussfolgernd scheint diese Person mit ihrer Konzentrations- und Meditationstechnik bewusst eine Stressreaktion herbeizuführen, die gekennzeichnet ist durch eine Aktivierung des vegetativen Nervensystems samt Ausscheidung körpereigener Stresshormone. Diese Reaktion scheint die angeborene, genetisch vorhandene

61 Lässt sich von Ärzten bereitwillig auf Herz und Nieren prüfen. Der Niederländer bei einem medizinischen Test im Eisbad.

Immunantwort zu mildern«, bilanzierten die Forscher im Jahre 2012, als sie ihre Studien der Fachwelt in der renommierten Fachzeitschrift *Psychosomatic Medicine* vorstellten.

Wim Hof setze durch seine tranceartigen Rituale im eigenen Körper mehr Adrenalin und Steroide frei als ein Abenteurer bei seinem ersten Bungeesprung, erläuterten die Ärzte später vor Journalisten, um die Vorgänge im Körper des Niederländers zu veranschaulichen. »Die Testperson behauptet, sie könne diese Technik auch anderen beibringen. Hier müssten weitere Forschungen stattfinden«, konstatierten sie erstaunt – und setzten ihre Forderung wenige Monate später mit Hofs Einverständnis in die Tat um. Zwölf weitere Probanden, welche dieser in seiner Methode geschult und trainiert hatte, wurden den gleichen Experimenten unterzogen.

Atemberaubendes Ergebnis, das 2014 in der Fachzeitschrift *Proceedings of the National Academy of Sciences* publiziert wurde: Die Gruppe
bestand die kritischen Tests ebenfalls!»Die vorliegende Studie zeigt, dass
das zentrale Nervensystem und das Immunsystem durch das Praktizie-
ren bestimmter Techniken bewusst beeinflusst werden können und dass
diese Methoden relativ leicht und schnell zu erlernen sind. Dies könnte
wesentliche Konsequenzen für die Behandlung einer Vielzahl von über-
mäßigen oder chronischen Entzündungen haben – insbesondere Auto-
immunerkrankungen«, zeigten sich die Forscher beeindruckt. Gerührt
nahm Hof den »Ritterschlag« zur Kenntnis. Endlich galt er nicht mehr
als körperlicher Freak oder belächelte Schaubudenattraktion!

Warum sich der Extremsportler derart intensiv mit seinem Körper beschäftigt? Seine erste Ehefrau starb 1995. Sie hatte sich das Leben genommen, nachdem sie jahrelang unter Depressionen gelitten hatte und
kein Arzt ihr helfen konnte. »Sind wir unserem Organismus wirklich so
hilflos ausgeliefert?«, fragte er sich in jener Zeit verzweifelt. Vier Kinder
hatte er mit seiner Gattin. Nun musste er alleine für sie sorgen. Die Kraft
dazu fand er in der Meditation. Er sei ein Autodidakt, sagt Wim Hof
über sich. Auf Reisen und über Bücher habe er sich intensiv mit dem
menschlichen Geist, Yoga und dem Wissen der Naturvölker beschäftigt
und eigene Erkenntnisse daraus abgeleitet. »Ich hatte nie einen Lehrer
und bin auch nie in irgendwelche Kurse gegangen – außer in die harte
Schule von Mutter Natur.«

Mittlerweile lebt der »Iceman« mit seiner zweiten Frau in Amsterdam
auf einem Hausboot. Von dort vermarktet er seine Wim-Hof-Methode.
Er sei überzeugt, dass man mit ihr viele Krankheiten bekämpfen oder
zumindest lindern könnte, betont der Andersdenker. Darunter auch Depressionen und vielleicht sogar Krebs. »Ich will die Liebe zurück in die
Welt bringen.« Dies sei sein größtes Ziel. Doch dafür müsse der Mensch
lernen, mit seinem Körper ins Reine zu kommen, ihn besser zu verstehen
und zu nutzen. »Wir können viel mehr, als wir glauben und denken!«

Sein Credo: Wer anders zu atmen beginnt, kann sich mit konsequentem
Training in eine Art Anderswelt begeben, in der manches Gesetz unserer
westlichen Naturwissenschaft nicht mehr zu gelten scheint. »Durch unsere

heutige Lebensweise sind wir weit von unserem natürlichen Körperzustand entfernt«, betont Wim Hof. »Wir atmen viel flacher, sodass unser Körper nicht optimal mit Sauerstoff versorgt wird.« Mit seiner Methode könnte dieser Mangelzustand behoben werden.

Im Internet liefert der Niederländer eine kurze Anleitung für die Atem- und Meditationsübungen, die ihm zu seinen Leistungen verhelfen. Zuerst müsse man sich entspannen und zur Ruhe kommen. Danach beginne man eine Art »kontrolliertes Hyperventilieren«. Ergänzen könne man derlei Anfängerexperimente durch Kältetraining, Entspannungsbäder sowie Yoga- und Gymnastikübungen während der Atemrituale.

Der Clou: Wim Hof wendet bei seinen Experimenten eine Meditationstechnik an, die er buddhistischen Mönchen abschaute. »Tummo« (»inneres Feuer«) nennt sich besagte Praktik. Nur Eingeweihte des Vajrayana-Buddhismus besitzen dieses Geheimwissen. Der Niederländer scheint einer der wenigen westlichen Menschen zu sein, die sich diese hohe körperliche Kunst aneignen konnten. Tummo-Praktizierende sind demnach in der Lage, allein mittels Gedankenkraft ihre Körpertemperatur zu erhöhen und sich – vermutlich im Trancezustand – gleichzeitig gegen äußere Temperatureinflüsse abzuschotten.

Auch die Wissenschaft weiß von diesem Phänomen. Im Jahr 2002 berichtete die *Harvard University Gazette* von Studien und Experimenten unter Federführung ihres Medizinprofessors Herbert Benson. Dabei wurde nachgewiesen, dass es drei »Tummo-Mönchen« gelang, durch Meditation die Hauttemperatur ihrer Finger und Zehen um über 8 Grad zu erhöhen. Bei einer Expedition im Jahre 1985 filmten Forscher um Benson zudem, »wie mehrere Mönche bei kühlen Außentemperaturen nasskalte Decken nur mittels ihrer Körpertemperaturen trockneten«. Sie dokumentierten »Mönche, die eine Winternacht auf einem Himalajafelsen in 5000 Meter Höhe verbrachten«. Meditierend und schlafend, lediglich in ihr traditionelles Leinengewand gekleidet. 5 Jahre zuvor sei das gleiche Team in Tibet Buddhisten begegnet, die im Tummo-Zustand die Temperatur ihrer Finger und Zehen um 17 Grad ansteigen lassen konnten.

2002 ließ der Mediziner Benson zwei Mönche nach langer Meditation erneut feuchtnasse Tücher trocknen, in einem Kühlraum. Die Stoffbahnen

62 »Inneres Feuer« als Lebenselixier: Wim Hof mit einigen Mitstreitern und Schülern in der winterlichen Bergwelt von Polen (2020).

lagen über den Schultern der Meditierenden. Der US-Mediziner wies so nach, dass die Probanden ihren Blutkreislauf und Stoffwechsel, also das vegetative Nervensystem, aktiv beeinflussen konnten. Und so erhofft sich auch der Harvardprofessor angesichts dieser Resultate bahnbrechende Erkenntnisse für die moderne Medizin und Gesundheitsvorsorge. Denn er ist seither ebenso davon überzeugt, dass jeder mit Meditationstechniken positiv auf sein Immunsystem einwirken kann.

Der deutsche Theravada-Buddhist Ludwig Schafft aus Bayern bestätigte mir persönlich, dass Tummo wahre Wunder wirken kann: »Richtig praktiziert schafft diese Meditation eine enorme Körperhitze«, erklärt er. »Der Tummo-Kanal entspringt auf dem Nasenrücken, läuft zwischen den Augen über die Schädelmitte/Fontanelle hinten runter, entlang der Wirbelsäule bis zum Steißbein. Mit bestimmten Techniken kann in ihm eine Art Feuer entzündet werden, das im ganzen Körper zur Wirkung kommt.«

Adolf Ogi und die magische Kraft seiner Bergkristalle

»Freude herrscht!«, jauchzte und funkte der spätere Schweizer Bundes-
präsident Adolf Ogi vor laufender Kamera spontan an die US-Raumfäh-
re Atlantis, als sich mit Claude Nicollier 1992 der erste eidgenössische
Astronaut aus dem Weltall meldete. Ogi ist, was Helmut Schmidt für
viele Deutsche war: einer der letzten glaubwürdigen Volkspolitiker –
weil der einstige Magistrat als politisches Urgestein selbst im hohen
Alter immer noch vielen aus der Seele spricht und sich bis heute mit
Herzblut für die internationale Völkerverständigung einsetzt.

Ogis jahrelang verschwiegenes Geheimnis: Seit jeher vertraut der
1942 geborene Naturfreund aus dem Berner Oberland auf die sagenumwobene Kraft uralter Bergkristalle und meisterte mit und dank
seiner »Glücksbringer« im Lauf der Jahre so manchen internationalen
Zwischenfall oder privaten Schicksalsschlag. »Ein Kristall verleiht seinem Besitzer besondere Kraft«, versichert er. »Man muss jedoch fest
daran glauben. Uralte Kristalle machen uns auch demütig, weil sie uns
stets daran erinnern, wie klein wir sind in dieser unendlich großen und
langen Geschichte dieses Planeten.«

Besonders intensiv pflegte der charismatische Politiker und spätere UNO-Sonderberater das spirituell-alpine Brauchtum als Mitglied
der Schweizer Regierung während seiner Amtszeit von 1987 bis 2000.
»Außerordentlich verdienten Menschen« überreichte er dabei jeweils
einen Bergkristall. Auf diese Weise beschenkte er beispielsweise Papst
Johannes Paul II., den deutschen Bundeskanzler Helmut Kohl oder Bill
Clinton. »Barack Obama hat während seiner US-Präsidentschaft keinen
bekommen. Und auch George Bush hat ganz bewusst keinen von mir
erhalten. Weil er seinerzeit den Krieg im Irak begonnen hat.«

63 Bergkristalle als völkerverbindendes Element. Adolf Ogi (links) und Kofi Annan bei ihrem Wiedersehen 2014 in Genf.

Bis heute trägt Adolf Ogi selbst einen entsprechenden Glücksbringer bei sich. Als Energiespender stets in seiner linken Hosentasche. »Auf der Seite des Herzens«, wie der Bergfreund aus Kandersteg betont. 2015 hat er seine Tradition öffentlich ein letztes Mal aufleben lassen. In der Schweizer TV-Sendung *Happy Day* überreichte Ogi einer 82-jährigen Großmutter als Anerkennung für ihr selbstloses Tun ebenfalls ein Stück Bergkristall. Und lieferte die Gebrauchsanweisung für das sagenumwobene Mineral gleich mit: »Zweimal in der Woche mit kaltem Leitungswasser abspülen, und der Stein wird Euch stets Kraft und Zuversicht geben!«

Begonnen hatte alles mit einem Zufall. Als UNO-Generalsekretär Kofi Annan 1995 die Alpenrepublik besuchte, besichtigte er auch das Berner Oberland. »Aus Regierungssicht ist es bei solchen Besuchen

üblich, ein Geschenk zu überreichen, doch wir hatten es – oh Schreck! –
vergessen«, erinnert sich Ogi. Also habe er spontan in seine Tasche
gegriffen »und dem UNO-Funktionär meinen persönlichen Bergkristall geschenkt«. Annans Augen leuchteten, »und wir konnten einen
diplomatischen Zwischenfall verhindern«. Eine Tradition war geboren.
Ebenso wie eine Freundschaft.

Weit über 100 Bergkristalle verschenkte der Ex-Magistrat während
seiner Amtszeit. Mehr als einmal notgedrungen. So erinnert er sich
in seiner Biografie auch an das politisch motivierte Gastspiel des chinesischen Staatspräsidenten Jiang Zemin 1999 in Bern. Der autoritäre
Herrscher war angesichts lokaler Demonstrationen gegen sein Re-
gime äußerst aufgebracht. »Ich gehe!«, habe der Chinese beleidigt aus-
gerufen und sei aufgesprungen, erzählt Adolf Ogi. Er habe ihn darauf
am Arm festgehalten. »Ich habe meinen persönlichen Kristall aus der
Hosentasche genommen und ihn Jiang Zemin überreicht.«

Als er ihm von der Kraft und der Geschichte des Minerals berichtete,
beruhigte sich der asiatische Regent. Ein weiterer politischer Eklat
wurde damit verhindert – dank eines uralten Quarzes. Und Ogis »völ-
kerverbindender Glücksbringer«? Sein Kristall funkelt heute in einer
Vitrine im Nationalmuseum von Peking am Platz des Himmlischen
Friedens. Umgeben von weitaus kostspieligeren Gastgeschenken aus
aller Welt.

Dinosaurier-Kontroverse: War alles anders?

» Der auf der Jagd brüllende Raubsaurier ist ziemlicher
Blödsinn, hätte er damit doch sämtliche Beutetiere verscheucht.
Die ernüchternde Wahrheit: Wir wissen fast gar nichts
darüber, wie Dinosaurier geklungen haben. Die engsten lebenden
Verwandten der Raubsaurier sind die Vögel. Vielleicht hat der
Tyrannosaurus Rex im Sonnenaufgang gekräht wie ein Gockel.
Das ist eine Vorstellung, die ich ziemlich amüsant finde. «

Eberhard Frey, Paläontologe

»Haben manche Dinosaurier das Ende der Kreidezeit überlebt?« Diese kühne Frage stammt nicht von mir. Sondern vom US-Geologen Jim Fassett, Autor einer am 29. April 2009 im Fachblatt *Palaeontologia Electronica* erschienenen Studie (»New Geochronologic and Stratigraphic Evidence Confirms the Paleocene Age of the Dinosaur-Bearing Ojo Alamo Sandstone ...«).

Dass gescheite Denker ihre Vorstellungen über unsere Vergangenheit ebenso oft revidieren wie gescheite Denker ihre Vorstellungen über unsere Zukunft, gibt zu denken. Umso mehr, als es »erst« vor rund 13 000 Jahren auf unserem Planeten einmal mehr katastrophal geknallt und gekracht haben dürfte. Selbst Mammuts froren damals von einem Tag auf den anderen bei lebendigem Leib ein – teils mit unverdautem Mageninhalt! Irgendetwas Apokalyptisches hatte quasi über Nacht eine neue Eiszeit ausgelöst, mit verheerenden Folgen, wie Erkenntnisse der Universitäten von Kansas und Chicago verdeutlichen. Deren Experten hatten Eisbohrkerne und Sedimentproben von 170 Orten rund um den Globus analysiert. Fazit: Die Erde muss zu jener Zeit ein wahrhaft höllisches klimatisches Inferno erlebt haben!

»Alles spricht dafür, dass seinerzeit rund 10 Millionen Quadratkilometer in Flammen standen – das entspricht in etwa 10 Prozent der gesamten Erdoberfläche«, so die Gruppe, die ihre Studie am 1. Februar 2018 im *Journal of Geology* vorstellte. Ein Umstand, der zu denken gibt. Denn der Rauch jenes Flammenmeeres vor 12 800 Jahren dürfte die Erdatmosphäre über Jahre verdunkelt haben. Dies könnte die folgende plötzliche Abkühlung erklären. Als Ursache kommt für die Forschergruppe um Geochemieprofessorin Wendy S. Wolbach nur ein kosmischer Einschlag infrage. Fragmente eines Himmelskörpers scheinen damals als gewaltige Feuerbälle die Erde entzündet und anschließend massiv abgekühlt zu haben.

Selbst in jüngerer Zeit verbreiteten derlei »Himmelsbomben« auf unserem Erdball Schrecken und Zerstörung. Nicht zuletzt im Nordwesten Afrikas, wie Geologieprofessor Abderrahmane Ibhi von der Ibn Zohr University in Agadir (Marokko) konstatierte. Im Dezember 2018 veröffentlichte sein Team in der Zeitschrift *Archaeoastronomy and Ancient Technologies* Fotos unbekannter Petroglyphen aus Marokko. Die »sehr alten« Ritzzeichnungen seien derart »außergewöhnlich« und »einzigartig«, wie sie noch nie in alter marokkanischer Steinkunst dokumentiert werden konnten. Die Geoforscher vermuten, dass die Darstellungen einen vorzeitlichen Meteoriteneinschlag dokumentieren: »Auf den Petroglyphen gravierte Linien zeigen lange, gewellte Schweife, die eine klare und sehr dynamische Ansicht eines Flugobjekts ergeben.«

Alle drei Petroglyphensteine seien »kürzlich in Ida Ou Kazzou in der Provinz Essaouira, in der Region von Tiwrar etwa 100 Kilometer nördlich von Agadir, gefunden worden«, wie mir Professor Ibhi 2019 auf Anfrage bestätigte. Über den lokalen Meteoritensammler Ali Lamghari sowie anonyme Kontaktleute seien er und sein Team zu den seltenen Objekten gekommen. Es handelt sich dabei um einen Sandstein sowie zwei Kiesel-

64, 65
»Stammen
definitiv nicht aus
moderner Zeit!«
Kürzlich entdeckte
Petroglyphensteine
aus Marokko.

steine mit Ritzzeichnungen, jeweils 18 bis 35 Zentimeter breit und zwischen 5 und 12 Zentimeter hoch. Zwei der Stücke konnten sie käuflich erwerben. Auf einigen befänden sich Tifinagh-Zeichen – Schriftsymbole der Tuareg, einem traditionsreichen, bis heute existierenden nordafrikanischen Nomadenvolk. »Diese schwer zu übersetzenden Zeichen sind ziemlich alt, es scheint derzeit aber unmöglich, sie exakt zu datieren«, konstatieren Ibhi und Kommilitonen.

Fragt man den britischen Historiker und Archäologen Michael McCormick nach der düstersten Periode aller Zeiten, benennt er das Jahr 536 n. Chr. »Damals begann die wohl schrecklichste Epoche der Menschheitsgeschichte«, gab der Harvardprofessor 2018 im Fachmagazin *Antiquity* zu bedenken. Zeitgenössische Quellen überlieferten für jene Zeit Fürchterliches: »Die Sonne, ohne Strahlkraft, leuchtete das ganze Jahr nur wie der Mond und machte den Eindruck, als ob sie fast ganz verfinstert sei«, hielt der spätantike Geschichtsschreiber Prokop von Caesarea fest. Von Missernten in Europa bis nach Asien war die Rede. Auf der nördlichen Halbkugel fielen die Felderträge zum Teil komplett aus. 1,5 Jahre lang soll die Düsterkeit angehalten haben. Die gewohnten Tagestemperaturen sanken um bis zu 2 Grad. Hungersnöte und Seuchen waren die Folge. Kriege brachen aus.

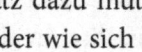

Bis heute wird über den Auslöser jener gravierenden Kälteperiode gemutmaßt, die sich selbst in Jahresringen von Bäumen nachweisen lässt. Mittlerweile glaubt das Forscherteam um McCormick anhand eines Bohrkerns aus einem Schweizer Gletscher den Grund besagter Klimakatastrophe eruiert zu haben: ein gigantischer Vulkanausbruch auf Island! Der entscheidende Nachweis dafür seien kleine vulkanische Glaspartikel, die man in den unteren, alten Schichten des Eisklotzes fand und die Vergleichsmaterial aus Island ähnelten. Laut den neuen Daten scheint es sich um eine enorme Eruption gehandelt zu haben. Asche, Rauch und Schwefelsäure hätten sich in Windeseile großflächig über die gesamte Nordhalbkugel verteilt. Zwei weitere Eruptionen in den Jahren 540 und 547 n. Chr. brachten Mensch und Tier – zumindest in der Alten Welt – endgültig an den Rand eines Kollapses. Im Gegensatz dazu mutet die aktuelle Corona-Hysterie wie ein laues Lüftchen an. Oder wie sich der Schriftsteller Friedrich Dürrenmatt vor seinem Ableben todernst amüsierte: »Der moderne Mensch ist ein vorsintflutliches Wesen in ständiger Erwartung der Sintflut!«

Was dies alles mit Dinosauriern zu tun hat? Mehr, als Studenten hinsichtlich einer erfolgreichen Universitätskarriere spekulieren sollten. Denn aller klimatischen Kapriolen und Katastrophen zum Trotz überlebte so mancher tyrannische und nimmersatte Fleischfresser auf unserem Erdball weitaus länger als gedacht – allen voran der Homo sapiens. Bereits 1955 spekulierte der belgisch-französische Zoologe Bernard Heuvelmans (1916–2001) angesichts neuzeitlicher Schilderungen und alter Felszeichnungen: »Existierten selbst Dinosaurier länger als gemeinhin vermutet? Tummelte sich im afrikanischen Kongo bis vor Kurzem noch die eine oder andere urzeitliche Riesenechse?«

Fragen, wie sie am 13. Dezember 1919 schon die *New York Times* aufgeworfen hatte. Ein Belgier, so telegrafierten deren Korrespondenten um die Welt, habe womöglich den letzten lebenden Hornsaurier zu Gesicht bekommen (»Hunter says he saw prehistoric Monster«). M. Gapelle, so der Name des Goldschürfers und Großwildjägers, sei soeben aus dem Kongo zurückgekehrt. Über 12 Meilen habe der Abenteurer dort eine seltsame Fährte verfolgt, ehe er plötzlich vor einem riesigen, schuppenübersäten Brontosaurus stand, wie man ihn seit Jahrmillionen ausgestorben glaubte. »Das Ungetüm«, so sagte er, »habe einen sehr dicken känguruartigen Schwanz, trage auf seiner Schnauze ein Horn und seinen Rücken ziere eine Art Höcker. Gapelle feuerte mehrere Schüsse ab, worauf das urzeitlich anmutende Biest sein Haupt hob und Hals über Kopf in den Sümpfen verschwand.«

Als Knallkopf gescholten, wer derlei Zeilen heute nicht misstraut. Ebenso für meschugge erklärt, wer seither spekulierte, dass sich in versteinerten Knochen urzeitlicher Riesenechsen intakte rote Blutkörperchen oder DNA-Reste befinden könnten. »Dinosaurier sind vor über 65 Millionen Jahren ausgestorben!«, schnaubten unsere Lehrmeister bereits 1993 bei der Kinopremiere von Steven Spielbergs *Jurassic Park* mit hochroten Köpfen und gezückten Rohrstöcken. »Organische Moleküle können niemals derart lange erhalten bleiben!« Gegenteilige Behauptungen seien samt und sonders »pseudowissenschaftliche Fantastereien«.

Entsprechend entsetzt der Aufschrei in akademischen Kreisen, als die US-Paläontologin Mary Schweitzer und ihre Kollegen von der North Carolina State University 2007 in der Fachzeitschrift *Science* die Entdeckung intakter Eiweißsequenzen im Oberschenkelknochen eines Tyrannosaurus Rex meldeten, die erfolgreich extrahiert werden konnten. Trotz eines geschätzten Knochenalters von 67 Millionen Jahren, so der verblüffende Befund, zeigte sich das freigelegte Weichgewebe ungewöhn-

66
Mary Schweitzer:
Ihre Entdeckungen
sorgen für hitzige
Diskussionen.

lich flexibel und transparent. Zum besseren Verständnis: In der Medizin bezeichnet man als Weichgewebe sämtliches Fett-, Muskel- und Bindegewebe, inklusive darin enthaltener Blutgefäße und Nerven.

Bereits 2 Jahre zuvor hatte Mary Schweitzer die Fachwelt erstmals über die Entdeckung von Dinoweichgewebe informiert. Mit Flüssigkeit behandelt war es zu ihrem Erstaunen derart elastisch geworden, dass nach Entfernung der Mineralien intakte Strukturen wie dehnbare Blutgefäße, Knochenmatrix und Knochenfasern zum Vorschein kamen. »Es war ein absoluter Schock!«, beschreibt sie ihre 1992 begonnenen Experimente rückblickend. »Ich habe meinen Augen nicht getraut, glaubte selbstverständlich an einen Irrtum.« Kein Wunder, denn laut Lehrmeinung fällt Weichgewebe dem Versteinerungsprozess von Dinosaurierknochen restlos zum Opfer. Es dürfte also eigentlich gar nicht existieren.

Für ihre Veröffentlichung wurde die Forscherin anfänglich mit Hohn und Spott übergossen. Kritiker spekulierten über verunreinigte Proben und schlugen die Hände über dem Kopf zusammen. Manche bezichtigten sie sogar der Datenklitterung. »Laboruntersuchungen zufolge sollten Proteine bestenfalls vielleicht 1 Million Jahre lang überdauern können und DNA noch kürzer«, erinnert sich die Forscherin. »Allgemein anerkannt waren in Fachkreisen nur Studien, die organische Moleküle mit einem

Alter von ein paar 10 000 Jahren nachwiesen.« Zu einer Zeit also, als der moderne Mensch gerade erst begann die Erde zu erkunden. »Als ich bei einer wissenschaftlichen Zeitschrift eine entsprechende Arbeit einreichte, kommentierte ein Gutachter, die lange Konservierung unserer Dinosaurierfossilien sei völlig unmöglich und ungeachtet unserer Daten würde ich ihn niemals vom Gegenteil überzeugen.«

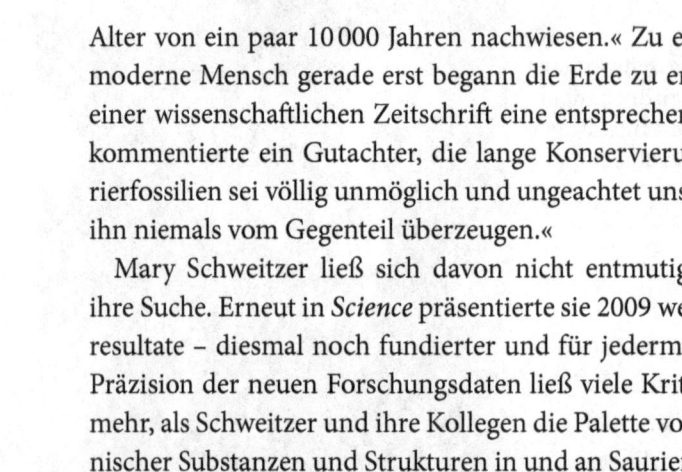

Mary Schweitzer ließ sich davon nicht entmutigen und intensivierte ihre Suche. Erneut in *Science* präsentierte sie 2009 weitere Untersuchungsresultate – diesmal noch fundierter und für jedermann überprüfbar. Die Präzision der neuen Forschungsdaten ließ viele Kritiker erblassen. Umso mehr, als Schweitzer und ihre Kollegen die Palette von Bruchstücken organischer Substanzen und Strukturen in und an Saurierfossilien mittlerweile erweitern konnten: »Sie umfasst inzwischen auch Blutgefäße, Knochenzellen, Material von Krallen und anscheinend selbst von Federn. In einem Fall offenbarte der innere Knochenbau sogar das Geschlecht des Tiers. Womöglich Ausnahmen – aber keineswegs Einzelfälle!«

Nachdem die US-Forscherin 2013 in der Fachzeitschrift *Bone* sogar »Hinweise auf DNA« dokumentieren konnte, hat der Wind in der Wissenschaft gedreht. Immer mehr Experten schauen nun genauer hin und fahnden erfolgreich nach entsprechenden Spuren, die ihnen zuvor entgangen waren – weil niemand je danach gesucht hatte. Nach ihr meldeten auch Vertreter des Imperial College und des University College London in *Nature* die Entdeckung von Aminosäuren in versteinerten Dinoknochen, ebenso wie »rundliche Strukturen mit einem dichteren Bereich im Inneren, die roten Blutkörperchen stark ähneln«.

Das Mysterium wird damit nicht kleiner. Denn niemand kann bis heute mit letzter Sicherheit sagen, weshalb und wie derlei organische Weichstrukturen über 65 Millionen Jahre lang konserviert wurden. »Dies steht im völligen Widerspruch zu allen Versteinerungstheorien«, wie auch Mary Schweitzer freimütig einräumt. Bleiben nur zwei Möglichkeiten: Entweder kann organisches Gewebe – wie auch immer – tatsächlich weitaus länger erhalten bleiben als bislang angenommen. Oder aber manche Dinosaurier sind deutlich später ausgestorben als vermutet. Vielleicht sogar erst zu einer Zeit, als schon Menschen auf der Erde ihr Unwesen trieben. Unter-

mauert wird diese These nicht zuletzt von neuzeitlicheren Drachenüber-
lieferungen und -darstellungen auf vielen Kontinenten unseres Erdballs.
Wie sollen unsere Vorfahren von derlei Ungetümen gewusst haben, wenn
Letztere bereits 65 Millionen Jahre vor ihnen das Zeitliche gesegnet hatten?

Insofern hat es Mary Schweitzers Entdeckung von organischem Dinoweichgewebe mittlerweile auch Freidenkern angetan. Im Gegensatz zu
versteinerten Knochen ließe sich dieses nämlich ziemlich treffsicher datieren – ebenfalls mit der C14-Methode, die allerdings nur rund 50 000 Jahre
zurückreicht. Aus diesem Grund war so gut wie keine vermeintlich Jahrmillionen alte organische Dinofaser je damit getestet worden. Zumindest
nicht von etablierten Wissenschaftlern, weil diese darin keinerlei Nutzen
sehen. Begründung: »Ebenso gut könnte man versuchen, den Urknall mit
einer Videokamera zu filmen!«

Was aber geschieht, wenn man es trotzdem tut? Diese Frage stellte sich
Mark Armitage von der California State University. 2013 veröffentlichte
der Biologe in *Acta Histochemica* einen Bericht über den Nachweis von
intaktem Weichgewebe im Horn eines Triceratops horridus (Hell Creek
Formation, Montana, USA). Entdeckt hatte er besagtes Relikt 2012. 2 Wochen später war der Forscher seinen Job los, wie *Nature* am 5. November
2014 meldete. Ob es daran lag, dass der Mann bekennender Christ ist und
als Kreationist an die biblische Schöpfungsgeschichte glaubt? Möglich –
allerdings waren Armitages Vorgesetzte über dessen Glauben unterrichtet. Ausgerechnet Mary Schweitzer hatte seine Arbeit vor Drucklegung
zudem begutachtet: »Aus fachlicher und methodischer Sicht hatte ich
nichts daran auszusetzen!«

Sauer aufgestoßen sein dürfte den Univerantwortlichen, dass Armitage
sein offiziell über 65 Millionen Jahre altes Fundstück an das kreationis-
tische Glendive Dinosaur and Fossil Museum in Montana ausgehändigt
hatte. Von besagter Institution erhielt der US-Chemiker Hugh Miller
Proben davon, die er zwecks C14-Analyse ohne weitere Erläuterung an
das Center for Applied Isotope Studies der University of Georgia weiter-
leitete. Dort datierte man diese nach intensiver Reinigung auf ein Alter
von 33 570 plus/minus 120 Jahre. Also in eine Epoche, als der moderne
Mensch längst auf der Erde wandelte!

67 Unheimliche Begegnung der monströsen Art. Muss unsere
Geschichte einmal mehr umgeschrieben werden?

Bereits 2005 hatte Hugh Millers kreationistisch orientierte Paleochrono-
logy Group im Glendive Museum Kollagenproben aus Dinosaurierknochen
entnommen und mittels C14 datieren lassen – mit ähnlich »jungen« Werten. Ihre Versuche, diese und weitere Altersdatierungen amerikanischer
Dinofossilien (allesamt um 24000 bis 38400 Jahre) in anerkannten Jour-
nalen unterzubringen, scheiterten – »obwohl wir uns sicher sind, neuzeitliche Verunreinigungen als Fehlerfaktor ausschließen zu können«. Ohne
großen Widerhall blieb auch Millers eindringlicher Kollegenappell, eigene,
womöglich noch professionellere C14-Datierungen an Dinoweichgewebe
vorzunehmen, »um unsere Resultate zu bestätigen oder zu widerlegen«.

Forscher, die Darwins Evolutionslehre infrage stellen, sind dem wissenschaftlichen Establishment ein Dorn im Auge. Und so weigern sich
namhafte amerikanische Labore mittlerweile sogar, weitere Proben in
Hugh Millers Auftrag zu datieren. Aus Angst vor der Kreationistenkeule.

Umgekehrt tun sich auch Kreationistenfreunde aus Millers Umfeld schwer damit, Journalisten Rede und Antwort zu stehen. So lehnte etwa der deutsche Forscher Thomas H. Seiler aus Freiburg im Breisgau ein Interview mit mir ab, weil er als Katholik nicht darüber hinwegsehen könne, dass ich als Journalist öffentlich für aktive Sterbehilfe plädiert hatte.

Bizarr und damit überprüfungswürdig bleiben besagte Dinobefunde allemal. Umso mehr, als schwedische Forscher – in diesem Fall keine Kreationisten! – 2011 ähnlich kuriose Datierungsergebnisse erhalten hatten. Wie sie in *PLOS ONE* darlegten, war es ihnen analog zu Mary Schweitzer gelungen, rund 5 Gramm organisches Material aus den Resten eines Mosasaurus zu isolieren. Weitere Untersuchungen ergaben keinerlei Hinweise auf eine nachträgliche Verunreinigung.

Im Gegensatz zu Schweitzer unterzogen die Schweden das Material auch einer C14-Analyse. Diese offenbarte ein erstaunlich junges Alter von rund 24 600 Jahren. Dem akademischen Frieden zuliebe spekulierten die Forscher, dass dieser Wert »mit großer Wahrscheinlichkeit« auf spätere bakterielle Aktivitäten zurückzuführen sei. Und das, obwohl ihre sorgfältigen Testreihen keinerlei konkrete Hinweise auf bakterielle Proteine oder Hopanoide (membranverstärkende Moleküle) ergeben hatten. Aufgespürt worden war lediglich ein winziger Rest bakterieller DNA an der Knochenoberfläche, der die Resultate »verfälscht haben könnte«, wie in der Studie gemutmaßt wird. Möglich, aber nicht bewiesen. Kommt dazu, dass sich Schweitzers DNA-Entdeckung zu konkretisieren scheint, wie eine weitere aktuelle Publikation verdeutlicht (»Evidence of proteins, chromosomes and chemical markers of DNA in exceptionally preserved dinosaur cartilage«, *National Science Review,* Vol. 7/4, April 2020).

Nicht nur gläubige Kreationisten, sondern auch ungläubige Mystery-Forscher fordern Mary Schweitzer zunehmend lauter dazu auf, ihre organischen Dinoproben ebenfalls C14-Tests zu unterziehen, um endlich Klarheit zu schaffen. Warum die US-Paläontologin diesbezüglich zögert, bleibt unklar. Schließlich könnte sie damit alle unliebsamen Spekulationen ein für alle Mal vom Tisch wischen. Zu verlieren hat die einst angefeindete und heute hochverehrte Wissenschaftlerin aus akademischer Sicht eigentlich nichts. Oder vielleicht doch?

Verstehen Sie Spaß?
Die Seeschlange vom Urnersee

»Spüren Sie doch mal dem Seemonster nach, das bei euch vor Jahrzehnten aufgetaucht und fotografiert worden sein soll«, schrieb mir vor einigen Jahren ein Leser aus Zentralamerika. »In meinem Archiv liegen immer noch Presseberichte zum Thema – sogar aus Guatemala!« Und tatsächlich: »Monstruo Emerge en un Lago Suizo« (»Monster taucht in Schweizer See auf«) hatte die dortige Zeitung *Prensa Libre* am 30. August 1976 vollmundig vermeldet. »Nessie in the Lake of Lucerne?« titelte parallel dazu *The Indonesia Times*. Nur zwei Beispiele von vielen.

Außer dem fleißigen Soziologen Ulrich Magin ist kein Mystery-Forscher besagtem Vorfall je auf den Grund gegangen. Schade, denn Magins mittlerweile 30 Jahre alte Schilderung wurde der Wahrheit damals nur bedingt gerecht. Richtig ist: Tagelang hielt die Sichtung einer vermeintlichen Seeschlange im Urnersee bei Brunnen die Öffentlichkeit seinerzeit in Atem. Am 28. August 1976 war das »Ungeheuer« für rund 40 Sekunden auf- und wieder abgetaucht. Augenzeugen und Touristen rauften sich am Seeufer verstört die Haare. Unscharfe Fotos gingen um die halbe Welt. Bis nach Japan, Korea – oder eben nach Guatemala.

Erst über eine Woche später stellte sich heraus: Mit versteckter Kamera in Szene gesetzt hatte die Monstergaudi niemand anderer als Spaßvogel Kurt Felix – damals noch für das Schweizer Fernsehen tätig (*Teleboy*). Was heute ulkig wirkt, trieb seinerzeit etliche TV-Bosse und Versicherungsagenten an den Rand der Verzweiflung. 2 Jahre Vorbereitungszeit voller Höhen und Tiefen und jede Menge Ressourcen hatte das geheime »Monsterprojekt« verschlungen, ehe sich die Öffentlichkeit daran ergötzen durfte. Drei lebensgroße Monstermodelle wurden zu diesem Zweck unter erheblichem Kostenaufwand heimlich konstruiert, wie Felix später einräumte. »Zunächst galt es, die enorm teure

Hülle in Auftrag zu geben, ohne dass Kollegen aus der TV-Finanzabteilung dahinterkamen, denn die durften wir unter keinen Umständen ins Vertrauen ziehen. Ich musste also die Kosten unter der Rubrik ›Kamera-Requisiten‹ auf mehrere Sendungen verteilen. Sämtliche Regierungen hätten bei mir in die Lehre gehen können.«

Doch oh weh: Das erste von zwei mittels Gasflaschen aufblasbaren PVC-Modellen ging infolge eines Großbrands bei Sisikon am 7. Februar 1975 in einer benachbarten Werft in Feuer und Rauch auf. Und das zweite »Urnie« explodierte nächtens im Wasser, noch ehe es zum Einsatz gekommen war! Beide Havarien wurden vertuscht. Kurt Felix: »Wieder musste intern gespart werden. Ich begann die Texte für den Showblock in unserer Samstagabendsendung deshalb selbst zu schreiben.«

Erst nachdem zwei Experten hinzugezogen worden waren – der 1934 geborene Tiefsee-Rekordtaucher Hannes Keller aus Winterthur und der mitt-

68

Dank gezielter Fake News schaffte es die »Seeschlange« 1976 bis in die Zeitungen von Guatemala, Japan oder Indonesien.

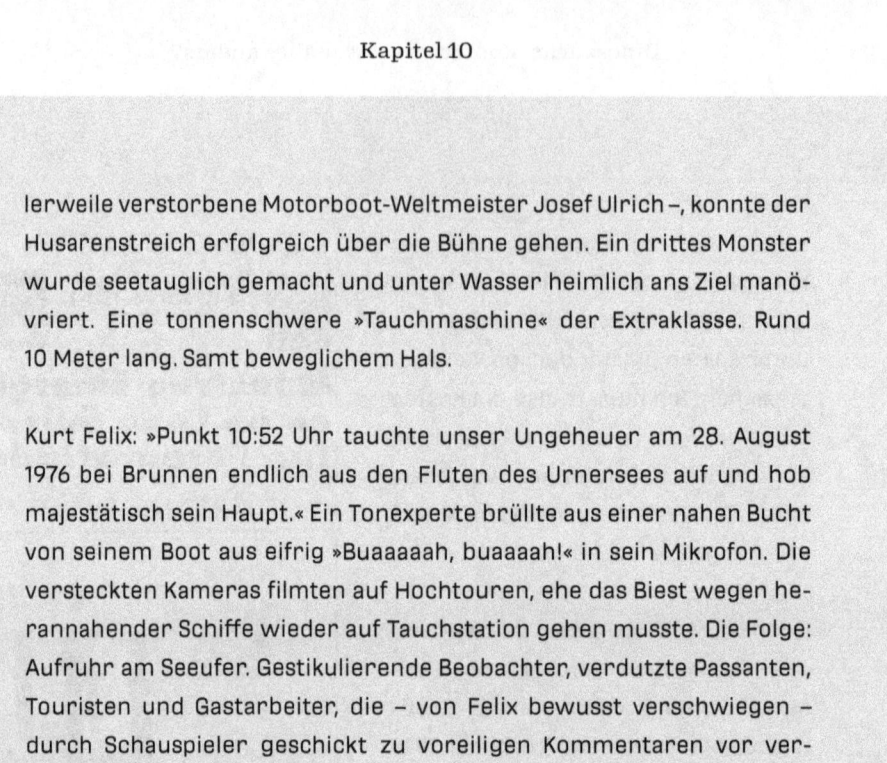

lerweile verstorbene Motorboot-Weltmeister Josef Ulrich –, konnte der Husarenstreich erfolgreich über die Bühne gehen. Ein drittes Monster wurde seetauglich gemacht und unter Wasser heimlich ans Ziel manövriert. Eine tonnenschwere »Tauchmaschine« der Extraklasse. Rund 10 Meter lang. Samt beweglichem Hals.

Kurt Felix: »Punkt 10:52 Uhr tauchte unser Ungeheuer am 28. August 1976 bei Brunnen endlich aus den Fluten des Urnersees auf und hob majestätisch sein Haupt.« Ein Tonexperte brüllte aus einer nahen Bucht von seinem Boot aus eifrig »Buaaaaah, buaaaah!« in sein Mikrofon. Die versteckten Kameras filmten auf Hochtouren, ehe das Biest wegen herannahender Schiffe wieder auf Tauchstation gehen musste. Die Folge: Aufruhr am Seeufer. Gestikulierende Beobachter, verdutzte Passanten, Touristen und Gastarbeiter, die – von Felix bewusst verschwiegen – durch Schauspieler geschickt zu voreiligen Kommentaren vor versteckter Kamera verleitet wurden und verstört drauflosplauderten. Mittels Schnitttechnik wuchs die spärliche Zeugenschar im TV-Bericht zur Menschenansammlung an, die ihre Beobachtungen zwar durchaus unterhaltsam, aber dennoch akkurat wiedergab. Durch gezielt verbreitete, unscharfe Monsterfotos, von Journalisten im Ausland ungeprüft übernommen, ging der Jux schließlich rund um die Welt.

Selbst Kryptoforscher Ulrich Magin wurde gefoppt: »Kaum war bekannt, dass es sich bei dem Seedrachen um einen Scherz gehandelt hatte, schienen mehrere Leute blamiert, die zwischen dem ersten Auftauchen ›Urnies‹ bis zu seiner Enttarnung berichtet hatten, sie seien dem Ungeheuer schon vor August begegnet. Darunter Motorboot-Weltmeister Josef Ulrich«, notierte er 1993. Was ihm entging: Josef Ulrich war in die Veräppelung von Anfang an eingeweiht! Ebenso wie Rekordtaucher Hannes Keller, der in der Boulevardpostille *Blick* die Aufregung mit Fake News zusätzlich schürte (»Rekordtaucher jagt Monster vom Urnersee!«).

69
Meister der
charmanten
Veräppelung.
Kurt Felix auf
dem Titelblatt
der *Schweizer
Illustrierten*
(1976).

Entgegen Magins Darstellung waren es somit keine geltungssüchtigen Fantasten, die seinerzeit mehr in ihre Beobachtungen hineininterpretierten, als sie gesehen hatten – sondern Felix und Co., welche den medialen Monsterrummel mit gezielten Zeitungsenten schlitzohrig anheizten. Ganz zu schweigen davon, dass das Ungeheuer nicht »mit einem Lautsprecher ausgestattet« war, wie in *Wikipedia* neben weiteren Fehlern seit Jahren fälschlich kolportiert wird.

Im September 1976 wurde der Jux im Schweizer Fernsehen zur besten Sendezeit offiziell aufgelöst. Doch selbst in diesem Fall wurde getrickst: Weil das »Urnie«-Modell nach seinem Untergang nur noch kopflos aus dem See geborgen werden konnte, mussten ihm Requisiteure über Nacht ein neues Haupt basteln, damit es dem Millionenpublikum quotengerecht präsentiert werden konnte. Details, die der leider viel zu früh verstorbene Kurt Felix als pfiffiger Profi selbstverständlich erst in letzter Minute preisgab.

Marsblitze: Was treibt Elon Musk ins Weltall?

»Es ist wahrscheinlich, dass es vor 4 Milliarden Jahren Leben auf dem Mars gab und vielleicht heute noch gibt. Ob es ausgeschlossen ist, dass heute auch größere Organismen auf dem Roten Planeten leben? Also ich würde nicht sagen, dass es unmöglich ist.«

Dirk Schulze-Makuch, Astrobiologe

Brodeln auf dem Mars aktive Vulkane? Offiziell gilt unser Nachbarplanet geologisch als tot. Beobachtungen von »grauen Riesenwolken« und Lichtphänomenen auf der Oberfläche jedoch lassen seit etlichen Jahrzehnten das Gegenteil vermuten. Gleichzeitig mehren sich Hinweise, dass es auf der dortigen Wüstenwelt einst Leben gab – Jahrmilliarden vor der Erde.

Stammen wir alle vom Mars? Gesichert scheint: Vor rund 4 Milliarden Jahren hatte der Rote Planet – im Gegensatz zu heute – eine sauerstoffreiche Atmosphäre, wie Professor Bernard Wood vom Department of Earth Sciences der University of Oxford 2013 im Fachjournal *Nature* verblüfft notierte. Lange vor uns könnte sich dort somit mehr oder minder intelligentes Leben entwickelt haben. In grauer Vorzeit überzogen sogar Bäche und Flüsse die Marsoberfläche. Salz- und Eislager sind ebenfalls vorhanden. Ebenso wie große Mengen an Methangas.

»Erde und Mars waren sich einst sehr viel ähnlicher als heute. Nach und nach verlor unser Nachbar seine Atmosphäre und damit auch sein Ober-

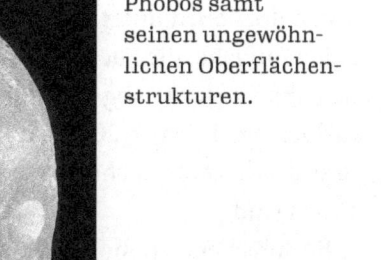

70
Der Marsmond
Phobos samt
seinen ungewöhn-
lichen Oberflächen-
strukturen.

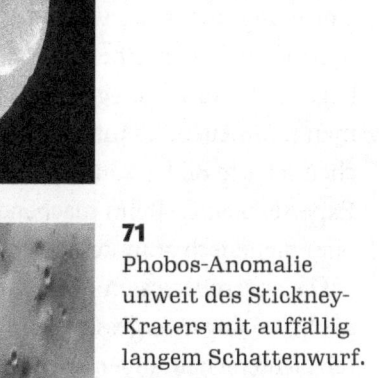

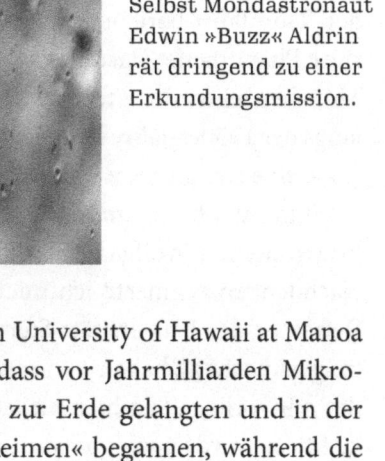

71
Phobos-Anomalie
unweit des Stickney-
Kraters mit auffällig
langem Schattenwurf.
Selbst Mondastronaut
Edwin »Buzz« Aldrin
rät dringend zu einer
Erkundungsmission.

flächenwasser«, bestätigt Lydia Hallis vom University of Hawaii at Manoa NASA Astrobiology Institute. Denkbar, dass vor Jahrmilliarden Mikroorganismen durch Meteoriten vom Mars zur Erde gelangten und in der Ursuppe unseres leblosen Planeten zu »keimen« begannen, während die auf dem Mars vorhandenen Organismen ob des dortigen Klimawandels zugrunde gingen. Verbergen sich die Antworten auf alle großen Fragen somit in unserer kosmischen Nachbarschaft?

Unsere Nachbarplaneten buhlen um Aufmerksamkeit – und so schielen nicht nur Utopisten immer eifriger zum Roten Planeten. Jahrelang kroch dort oben unter dem Namen Curiosity ein NASA-Roboter herum. Seine Aufgabe: die Suche nach Lebensspuren. Ende September 2012 wurde dank Curiosity sogar die Entdeckung eines ausgetrockneten Sees vermeldet. Im Februar 2013 wies das Gefährt zudem Sauerstoff, Phosphor und Kohlenstoff nach: Elemente, die essenziell für die Entstehung von Leben sind.

Entsprechend euphorisch verkündete der NASA-Forscher John P. Grotzinger angesichts des Fundes organischer Moleküle auf einer Pressekonferenz: »Wir haben eine einst bewohnbare Umgebung gefunden. Wir sind begeistert und aufgeregt!« Kein Wunder: Denn wo sich einst Mikroorganismen tummelten, könnten sich auch Makrowesen entwickelt haben. Gestochen scharfe Bilder von Curiosity zeigten überdies Dinge, auf die sich selbst Experten keinen Reim machen können: glitzernde, quadratische, künstlich oder metallisch anmutende Strukturen. Launen der Natur?

Die kontroversesten Erkenntnisse der Zukunft lauern oft in der Vergangenheit. Längst vergessen so manche mysteriöse Beobachtung spektakulärer Lichterscheinungen auf dem Roten Planeten. Bereits in der Pionierzeit der Raumfahrt berichteten Amateure und Profis immer wieder über kuriose Phänomene. Darunter Dr. Werner Sandner von der Volkssternwarte München, einer der eifrigsten Planetenbeobachter der Nachkriegszeit. Anfangs der 1950er-Jahre hatte er »rund 30 Kilometer nördlich der tropischen Zone eine riesige, weiße, pilzförmige Wolke« erspäht.

»Stimmt!«, bestätigte der Sternenfreund 1987 auf Nachfrage des Hobbyastronomen Wolfgang K. Schröder aus Hannover. »Erst nach einigem Nachdenken erinnerte ich mich daran, damals mit dem 20-Zentimeter-Refraktor der Universitäts-Sternwarte München eine derartige Beobachtung gemacht zu haben«, wie aus einem privaten Briefwechsel hervorgeht, der mir vorliegt. Sandner: »Als Ursache für die von mir beobachtete Wolke (diese wurde auch von anderen Marsbeobachtern bestätigt) nehme ich nach wie vor eine Staubaufwirbelung in der Marsatmosphäre an.«

Nicht minder spannend bleibt eine leider ebenfalls in Vergessenheit geratene Auflistung bizarrer Lichtphänomene auf dem Mars, die Holger

Heuseler von der Wilhelm-Foerster-Sternwarte Berlin 1969 in der Fachzeitschrift *Die Sterne* (Heft 7/8) vorlegte. Quintessenz: »Von 1937 bis 1967 wurden von verschiedenen Beobachtern 13 intensiv leuchtende Flecken, die als Flares bezeichnet wurden, gemeldet. Ihre Helligkeit überstieg die der Polkappen und der weißen Wolken, die Dauer der Erscheinungen betrug zwischen wenigen Sekunden und einigen Minuten.«

Erhellendstes Beispiel in Heuselers Anomalienkatalog bleibt die Beobachtung des Japaners T. Sayeki. Dieser hatte mit seinem 8″-Reflektor am 8. Dezember 1951 ein besonders erstaunliches Flare in den westlichen Marsarealen von Thitonius Lacus lokalisiert und skizziert. »Charakteristik: Heller als die Nordpolkappe, pulsierend für etwa 5 Minuten, anschließend Entwicklung einer großen grauen Wolke mit einem Durchmesser von etwa 300 Kilometern. Dauer der Erscheinung über 40 Minuten.« Ähnliches hatte sich Sayeki zufolge zuvor am 15. Januar 1950 abgespielt, als eine gigantische graue Wolke mit einem Durchmesser von 750 Kilometern über der Eridania-Region des Planeten auftauchte.

Weitere Beobachtungen seltsamer Wolkenkomplexe in der Marsatmosphäre sowie eine größere Anzahl kurzfristiger, eng begrenzter Lichterscheinungen ließen bei Heuseler den Verdacht aufkeimen, dass auf dem Mars aller Skepsis zum Trotz nach wie vor Vulkane aktiv sein könnten. Umso mehr, als sich etliche der von ihm untersuchten Phänomene nicht als Staubaufwirbelungen identifizieren ließen, wie er ausdrücklich betonte. 1970 schob der Planetenbeobachter in einem Bericht für die Zeitschrift *Die Sterne* nach weiteren Analysen von Oberflächenveränderungen nach: »Zusammenfassend lässt sich ausführen, dass sechs von neun Auftrittsgebieten von Flares einen signifikanten Zusammenfall mit Großkraterformationen (über 300 Kilometer im Durchmesser) zeigen. Im Zusammenhang mit den bereits gegebenen Informationen scheint die Hypothese über aktive Vulkane auf dem Mars äußerst realistisch zu sein und die Ansicht von einem ›toten‹ Mars auch in diesem Fall ad absurdum zu führen!«

10 Jahre später meldete sich Leonard Martin vom Lowell Observatory in Flagstaff (Arizona) zu Wort und bestätigte am 26. September 1980 in der *Frankfurter Rundschau*, dass auf Fotos vom Mars eine »seltsame Wolke« zu sehen sei, »die auf die Existenz eines Geysirs oder Dampfaus-

tritts aus dem Boden schließen lasse«. Damaliger Kommentar von Professor Harry O. Ruppe von der Technischen Universität München: »Etwas Geysirhaftes wurde auf einem der Viking-Mars-Orbiter-Bilder gefunden. Vielleicht gibt es auch Vulkanismus oder so etwas Ähnliches. Zwar widerspricht das unseren wissenschaftlichen Erwartungen – aber wir wissen eben nicht so sehr viel ...«

Aktive Vulkane auf dem Mars? Bis auf den heutigen Tag? Und dies, obwohl unsere Schulbücher seit Jahrzehnten das Gegenteil behaupten? Als Journalist konfrontierte ich etliche Experten mit der Frage, ob es dort oben heute nicht doch noch brodeln könnte. Ernüchterndes Resultat: So gut wie kein Spezialist mochte sich diesbezüglich aus dem Fenster lehnen. Etliche drucksten vielmehr herum und verwiesen stattdessen auf reichlich vage formulierte wissenschaftliche Artikel, um sich – aus Angst um ihre akademische Reputation? – vor einer konkreten Antwort zu drücken.

Nicht so der respektierte Berliner Planetenforscher Professor Ralf Jaumann. Zusammen mit Ulrich Köhler vom Deutschen Zentrum für Luft- und Raumfahrt hat er einen imposanten Wälzer über unseren Nachbarplaneten verfasst. Zwar ebenfalls bedacht, aber dennoch konkret, meinte Jaumann auf Anfrage: »Inzwischen wurden geologisch junge Lavaströme auf dem Mars entdeckt. Geologisch jung, das heißt mehrere Millionen Jahre alt. Bedenkt man aber, dass der Messfehler der Altersbestimmung über Häufigkeiten von Einschlagskratern auch im Bereich von Millionen Jahren liegt, könnten die Lavaströme auch nur wenige 1000 oder 100 Jahre alt – oder sogar von heute sein!«

Eines der größten Rätsel bildet für Professor Jaumann die Frage nach dem Wasser: »Wie viel war wie lange wo auf der Oberfläche? Und: Hat dieses Wasser ausgereicht, um den Mars oder Teile davon habitabel zu machen, also die Voraussetzung für die Entstehung und Entwicklung von Leben zu schaffen?« Damit verbunden blieben, so der Experte weiter, natürlich auch Fragen nach dem Klima: »Warum ist der Mars heute ein Wüstenplanet? Was ist mit dem Wasser passiert? Warum wurden die klimatischen Bedingungen auf dem Mars vor etwa 3,8 Milliarden Jahren so viel schlechter? Warum hat sich das Milieu von neutral zu sauer und schwefelreich verändert? Vielleicht finden wir die Antwort auf die Fragen nach der Besonderheit der Erde nur, wenn wir verstehen, was beim Mars anders – also schief – gelaufen ist.«

Ob es Leben auf unserem kosmischen Nachbarn gibt oder gab, sei nach wie vor der zentrale Kern der Marsforschung, so Professor Jaumann: »Ebenso wie die Frage, warum es heute verschwunden ist.« Wie sinnierte schon der 1996 verstorbene US-Astrophysiker Carl Sagan: »Der Mars ist eine Welt der Überraschungen und der Wunder. Was uns die Zukunft über ihn enthüllen wird, ist weit aufregender als alle unsere früheren Vorstellungen.«

Zeilen, die der 1971 geborene Milliardär und Raumfahrtfreak Elon Musk auswendig kennen dürfte. Seit seiner Kindheit beflügelt den exzentrischen Tesla-Boss der fanatische Wunsch, unseren Nachbarplaneten zu kolonialisieren. Sein ebenso unkonventionelles wie unheimlich erfolgreiches Streben kommt nicht von ungefähr. Bereits 1949 hatte der deutsche Raketenpionier Wernher von Braun Musks Wunschtraum prophetisch in einem englischsprachigen Roman vorweggenommen (*Project Mars: A Technical Tale*). Ab Kapitel 22 ließ von Braun seine Weltallpioniere auf eine zehnköpfige »Marsregierung« treffen. Angeführt wird die dortige Gesellschaft von einem genialen Visionär mit dem hebräischen Vornamen Elon. Die Matrix lässt grüßen ...

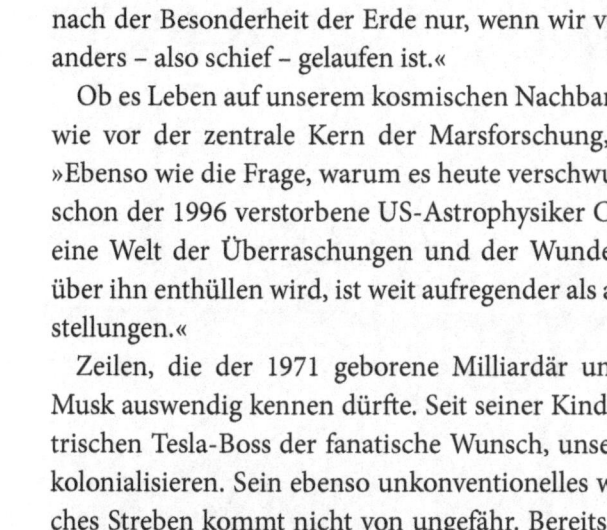
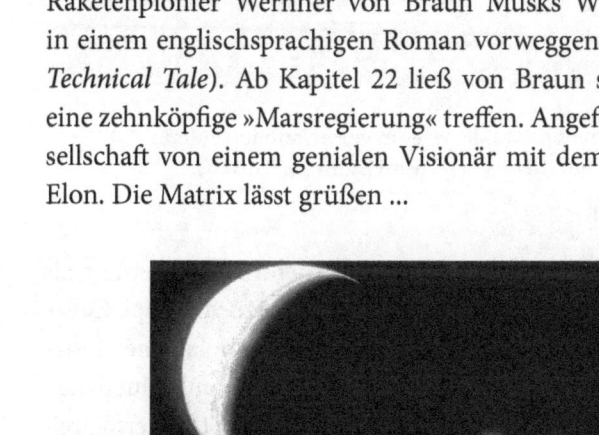

72 Kein Trick! Videobilder aus der Rakete dokumentierten, wie der Tesla-Flitzer samt Gummipuppe Richtung Mars düste.

73 Spektakulärer Durchbruch: Musks wiederverwendbare Falcon-Heavy-Trägerraketen bei ihrer vertikalen Landung (2018).

»Holy fucking shit!«, jubelte der 46-jährige Musk denn auch begeistert, als seine dreistufige Falcon-Heavy-Rakete am 6. Februar 2018 von Cape Canaveral in Richtung Mars abhob. An Bord ein knallrotes Exemplar eines Tesla-Elektroautos. Eifrig wurden Livebilder in Richtung Erde gefunkt, auf denen Enthusiasten später sogar ein UFO erkannt haben wollen. Trotz erfolgreicher Rückkehr und Landung zweier Trägerraketen auf der Erde scheiterte der Jungfernflug, weil die letzte Raketenstufe zu viel Schub entwickelte. Und so treibt Musks Luxuskarosse samt Puppe im Astronautenanzug nun Richtung Asteroidengürtel, wo sie aufgebrachte Aliens angesichts explosionsgefährdeter Akkus dereinst wohl als Sondermüll entsorgen müssen.

Elon Musk lässt sich davon nicht unterkriegen. Der größte Traum aller Träumer ist und bleibt es, irgendwann nicht mehr träumen zu müssen. Und so düsen, sausen und brausen inzwischen immer mehr seiner Raketen und Raumschiffe ins Weltall. Erfolgreich – und weniger erfolgreich. In Südtexas lässt der Multimilliardär im Auftrag seines Unternehmens SpaceX aktuell sogar eine monumentale Raketenstadt namens Starbase planen – einen futuristischen Weltraumbahnhof des 21. Jahrhunderts. »Es ist sehr gut möglich, dass der erste Mensch von hier in wenigen Jahren zum Mars aufbricht«, schwärmt er.

Hand darauf, dass Elon Musk bei seinen Unternehmungen nicht nur den Roten Planeten im Auge hat, sondern auch dessen Minimonde Phobos und Deimos? 1877 hatte der US-Astronom Asaph Hall vom United States Naval Observatory in Washington besagte Begleiter dank »geschliffener Gläser« erstmals beschrieben. In den 1960er-Jahren spekulierte der russische Astrophysiker Iossif Schklowski, ob wir es bei den mit bloßem Auge nicht sichtbaren Trabanten mit fremden Sonden zu tun hätten. Möglich schien Schklowski Phobos' anomale Bahn nur, falls der Marsmond hohl wäre. Derlei Himmelskörper aber kennt unsere Wissenschaft nicht. Also spekulierte der Astrophysiker über eine getarnte außerirdische Sonde und veröffentlichte dazu 1966 sogar ein Buch mit dem US-Astronomen Carl Sagan (*Intelligent Life in the Universe*). Inzwischen glauben Experten plausiblere Erklärungen für Phobos' merkwürdige Umlaufbahn gefunden zu haben und errechneten, dass der Minimond dereinst sogar auseinanderbrechen wird.

Unabhängig davon umranken Phobos und Deimos weitere Mysterien. Obwohl wie erwähnt erst 1877 entdeckt, schienen sie nämlich seltsamerweise schon den alten Griechen bekannt. »Erstaunlich ist, dass schon in Homers ›Ilias‹, in welcher er die Mythenwelt der alten Griechen verewigt hat, der Rote Planet mit zwei ständigen Begleitern existiert«, bestätigt die Europäische Weltraumagentur ESA. Ergänzend weist sie darauf hin, dass der Astronom Johannes Kepler (1571–1630) die seinerzeit nach wie vor unsichtbaren Marsmonde später zum zweiten Mal »entdeckt« hatte: »Kepler ging davon aus, dass sich die Schöpfung in harmonischen Zahlenverhältnissen im Planetensystem widerspiegeln würde. Beobachtungen zeigten jedoch, dass die Venus keinen Mond, die Erde einen und Jupiter vier Monde besitzt. Folglich müsste der dazwischenliegende Mars zwei Monde aufweisen.«

Aus heutiger Sicht ein Trugschluss! Zwar besitzt Mars tatsächlich nur zwei Monde, Jupiter dagegen über 69 Monde. Kurz: Kepler kam aufgrund falscher Schlussfolgerungen zum richtigen Resultat. Ein Lotto-Sechser – zumindest im Fall von Mars. Doch damit immer noch nicht genug: Der seltsame Glückstreffer wiederholte sich rund 150 Jahre später ein drittes Mal! Denn auch der irische Schriftsteller Jonathan Swift ließ in *Gullivers Reisen* (1726) mit präzisen Angaben bezüglich Größe und Umlauf der beiden Marsmonde aufhorchen.

Swift wörtlich: »Man hat außerdem auch zwei kleinere Sterne beziehungsweise Monde des Mars entdeckt, deren näherer von seinem Hauptplaneten dreifach so viel entfernt ist wie dessen Durchmesser und deren weiter weg liegender vom Planeten so weit entfernt ist, wie dessen Durchmesser mal fünf beträgt. Der erstere rotiert um den Mars in 10 Stunden, der äußere in 21,5 Stunden – sodass die Quadrate ihres periodischen Umlaufs den Kuben ihrer Entfernung vom Mittelpunkt des Mars sehr nahe kommen.« Laut Lexikon stimmen besagte Werte recht gut mit den aktuellen Daten der Monde Phobos (Umlaufzeit 7 Stunden und 39 Minuten, das heißt, die Umlaufbahn entspricht etwa dem 2,75-Fachen des Marsradius) und Deimos (Umlaufzeit 30 Stunden und 18 Minuten, das heißt, Umlaufbahn entspricht etwa dem 7-Fachen des Marsradius) überein.

»Die ›Vorhersagen‹ Swifts sind in der Tat erstaunlich nahe bei den heute bekannten Werten der beiden Marsmonde, aber aus wissenschaftlicher Sicht nicht nahe genug, um aus einer tatsächlichen Rechnung zu stammen«, präzisiert auf Anfrage der Weltraumexperte Professor Peter Wurz von der Universität Bern: »Ich würde mal sagen, Swift hat verdammt gut geraten und ebenfalls Glück gehabt. Vielleicht hatte er auch Wissen von Kepler, der, basierend auf seiner falschen Übersetzung eines Rätsels von Galileo Galilei, ebenfalls zwei Marsmonde vermutet hatte.«

Ein bisschen viel der Zufälle! Umso mehr, als sich auf Phobos in der Nähe des Stickney-Kraters ein bis heute unverstandenes Relikt erhebt, wie uns der mittlerweile steinalte US-Apollo-Astronaut Edwin »Buzz« Aldrin schon 2009 in Erinnerung rief. »Lasst uns endlich Phobos untersuchen!«, posaunte der zweite Mann auf dem Mond damals in alle Welt. »Auf diesem kleinen, kartoffelförmigen Objekt gibt es einen Monolithen – eine äußerst

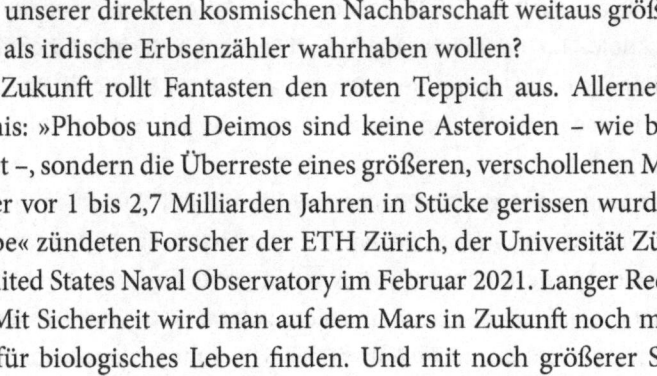

74
Weiß er
mehr als wir?
Elon Musk
im Gespräch
mit NASA-
Astronauten.

ungewöhnliche Struktur. Wenn die Leute das sehen, werden sie sich fragen: Wer hat das dort aufgestellt?« Geäußert hatte der Mondveteran dies wörtlich auf C-SPAN, einem US-Fernsehsender.

Ein Blick auf die NASA-Fotos der Sonde Mars Global Surveyor von 1998 (SPS252603 und SPS255103) gibt Aldrin recht. Deutlich zeichnet sich auf der zumeist glatten Oberfläche des unförmigen Minimondes ein merkwürdig spitzes Objekt ab, für das bislang niemand eine Erklärung finden konnte. Ebenso wie für so manche andere tektonische Struktur auf dem Mars. Anomalien, von denen auch Tesla-Boss Elon Musk Kenntnis haben dürfte. Ob der Visionär, der sich in TV-Interviews mitunter als »Außerirdischer« bezeichnet, mehr weiß, als er uns verrät? Verbergen sich in unserer direkten kosmischen Nachbarschaft weitaus größere Mysterien, als irdische Erbsenzähler wahrhaben wollen?

Die Zukunft rollt Fantasten den roten Teppich aus. Allerneueste Erkenntnis: »Phobos und Deimos sind keine Asteroiden – wie bisher behauptet –, sondern die Überreste eines größeren, verschollenen Marsmondes, der vor 1 bis 2,7 Milliarden Jahren in Stücke gerissen wurde!« Diese »Bombe« zündeten Forscher der ETH Zürich, der Universität Zürich und des United States Naval Observatory im Februar 2021. Langer Rede kurzer Sinn: Mit Sicherheit wird man auf dem Mars in Zukunft noch mehr Hinweise für biologisches Leben finden. Und mit noch größerer Sicherheit garantiert nicht weniger. Wetten, dass wir im Fall des Roten Planeten erst die zweite Sprosse einer Erkenntnisleiter erklommen haben, die lediglich so hoch reicht, wie sie unser Geist ersinnen kann?

Versteckte Botschaft im längsten jüdischen Namen

»Wolfeschlegelsteinhausenbergerdorffwelchevoralternwareenge-
wissenhaftschaferswessenschafewarenwohlgepflegeundsorgfaltig-
keitbeschutzenvorangreifendurchihrraubgierigfeindewelchevoral-
ternzwolfhunderttausendjahresvorandieerscheinenvondererersteer-
demenschderraumschiffgenachtmittungsteinundsiebeniridiume-
lektrischmotorsgebrauchlichtalsseinursprungvonkraftgestartsein-
langefahrthinzwischensternartigraumaufdersuchennachbarschaft-
dersternwelchegehabtbewohnbarplanetenkreisedrehensichundwo-
hinderneuerassevonverstandigmenschlichkeitkonntefortpflanzen-
undsicherfreuenanlebenslanglichfreudeundruhemitnichteinfurcht-
vorangreifenvorandererintelligentgeschopfsvonhinzwischensternar-
tigraum, Senior.«

Nein, das ist keine Druckfehlerorgie. Auch kein Blindtext, wie ihn Gra-
fiker zur Vorbereitung ihrer Layouts verwenden. Und auch keine Zei-
tungsente, wie Zweifler unken. Sondern der amtlich bestätigte längste
Nachname der Welt. Den 1997 verstorbenen Zeitgenossen mit den Vornamen Adolph Blaine Charles David Earl Frederick Gerald Hubert Irvin
John Kenneth Lloyd Martin Nero Oliver Paul Quincy Randolph Sherman
Thomas Uncas Victor William Xerxes Yancy Zeus gab es tatsächlich!

Geboren wurde der Mann in Bergedorf (Hamburg). Später emigrierte
er nach Philadelphia in die USA, wo sein Nachname ab 1938 erstmals in
Telefonbüchern auftauchte. Sein bevorzugter Vorname? Hubert Blaine.
Belegt ist der ellenlange Nachname nicht zuletzt 1965 in der Publikation
Language on Vacation, deren Autor Dmitri Borgmann der Kuriosität als
erster Autor mehrere Seiten widmete. Ab den 1970er- bis in die 1980er-
Jahre hatte Hubert Blaine zudem einen Auftritt im *Guinness Book of*

75

Sinnreicher Buchstabensalat? Die korrektere Namensfassung, wie sie die Nachrichtenagentur Associated Press nach intensiver Verifizierung am 25. Juni 1964 um die Welt kabelte – im Gegensatz zum unvollständigeren Eintrag im *Guinness Book* von 1978.

World Records, das ihn samt Foto als »Mann mit dem längsten Nachnamen der Welt« würdigte – nachzulesen in der US-Ausgabe von 1978.

Ein längst vergessenes Kuriosum der Geschichte – wäre da nicht der Schweizer Schriftsteller und Götterforscher Erich von Däniken gewesen, der beim Studium des verwirrenden Buchstabensalats

Adolph Blaine Charles David Earl Frederick Gerald Hubert Irvin John Kenneth Lloyd Martin Nero Oliver Paul Quincy Randolph Sherman Thomas Uncas Victor William Xerxes Yancy Zeus Wolfeschlegelsteinhausenbergerdorffwelchevoralternwareengewissenhaftschaferswessenschafewarenwohlgepflegeundsorgfaltigkeitbeschutzenvorangreifendurchihraubgierigfeindewelchevoralternzwolfhunderttausendjahresvorandieerschweinenvonderersteerdemenschderraumschiffgenachtmittungsteinundsiebeniridiumelktrischmotorsgebrauchlichtalsseinursprungvonkraftgtstartseinlangefahrthinzwischensternartigraumaufdersuchennachbarschaftdersternwelchchegehabtbewohnbarplantetenkreisedrehensichundwohinderneuerassevonverstandigmenschlichkeitkonntefortpflanzenundsicherfreuenanlebenslanglichfreudeundruhemitnichteinfurthtvorangreifenvorandererintelligentgeschapfsvonhinzwischensternartigraum, Senior.

dank einer Leserzuschrift ebenfalls stutzte, wie er 1979 in seinem Bestseller *Prophet der Vergangenheit* notierte. Während der kuriose Name für Amerikaner nämlich wie sinnloses Kauderwelsch klingt, liest er sich in unseren Gefilden trotz Schreibfehlern wie eine altdeutsch anmutende, verschlüsselte Erzählung, die – man höre und staune – von hochintelligenten Wesen berichtet, welche in grauer Vorzeit Raumfahrt betrieben haben sollen.

Weil die Macher des Guinnessbuchs 1978 im Vergleich zur korrekten und 1964 von der Nachrichtenagentur Associated Press verifizierten Schreibweise pfuschten und gewisse Buchstaben beim Setzen unterschlugen, entgingen Däniken notgedrungen wichtige Details. In diesem Sinn sei anbei der Versuch einer ergänzten und sprachlich vereinfachten deutschen Fassung präsentiert, die den Inhalt des eingangs korrekt abgedruckten Originalnamens so verständlich wie möglich zu machen versucht:

»Wolfeschlegelsteinhausenbergerdorff – die in alten Zeiten gewissenhafte Schäfer waren, deren Schafe wohlgepflegt und sorgfältig vor Angreifern und raubgierigen Feinden beschützt wurden. In grauer Vorzeit vor unzähligen Jahrtausenden. Da war ein Raumschiff, mit sieben elektrischen Iridium-Motoren und der Kraft von Licht, das auf seiner langen Fahrt zwischen den Sternen nach Nachbarn suchte. Da war zudem ein Stern, mit bewohnbaren Planeten, die um ihn kreisten, wo sich die verständigen Menschen fortpflanzen und an lebenslanger Freude ergötzen konnten. Ebenso ohne Furcht vor Angriffen anderer intelligenter Geschöpfe aus dem Sternenraum.«

Ab wann aber lässt sich der kuriose Nachname korrekt nachweisen? Schriftlich erwähnt wurde er unter anderem Ende August 1950 in der *Cumberland Times*, wo die Vermählung von Hubert Blaine mit seiner Braut Constance Abigail Weber im Bundesstaat Maryland vermeldet wurde – zur Verwirrung der dortigen Standesbeamten, die sich darüber fluchend die Zunge zerbrachen. Laut *Gettysburg Times* vom 23. Juli 1955 soll der Mann zudem einen Sohn namens Hubert Blaine Jr. gezeugt haben, der 1952 geboren wurde. Später soll ein zweiter Sohn namens Timothy Wayne das Licht der Welt erblickt haben. 1955 sowie am 18. Juni 1958 trat Hubert Blaine außerdem zweimal persönlich in der TV-Show *I've Got a Secret* des US-Senders CBS auf, wo er mit seinem Namen für nationales Aufsehen sorgte.

76
Foto mit Selten-
heitswert. Hubert
Blaine bei seinem
zweiten Auftritt
in der CBS-TV-Show
I've Got a Secret vom
18. Juni 1958.

Gemäß der *Gettysburg Times* vom 12. September 1973 soll der Großvater von Hubert Blaine sich besagten Nachnamen im 19. Jahrhundert selbst verliehen haben, da viele Juden in Europa damals keine Familiennamen hatten und sich solche auf Geheiß der Behörden zulegen mussten. Laut der *Tuscaloosa News* vom 25. Juni 1964 wiederum hatte sich bereits die US-Armee 1942 mit dem unaussprechlichen Buchstabensalat herumge-schlagen und dem Immigranten entnervt eine Abkürzung empfohlen. Und um alles noch komplizierter – aber für ihn einfacher – zu machen, benutzte Hubert Blaine laut der *Northwest Arkansas Times* vom 12. September 1973 später bevorzugt das Alias »Hubert B. Wolfstern«. Dank offiziellem Eintrag im US-Sterberegister lässt sich sein Geburtsdatum somit auf den 4. August 1914 und sein Ableben im Alter von 83 Jahren auf den 24. Oktober 1997 beziffern.

Bleibt die Gretchenfrage: Ab wann sind Fachbegriffe wie »Raumschiff« oder »Iridium« in der deutschen Sprache offiziell verbürgt? Im Fall des chemischen Elements Iridium scheint der Fall klar: 1804, direkt nach dessen Entdeckung. Kniffliger gestaltet sich die Suche nach dem Begriff »Raumschiff«. In deutschen Büchern findet er sich spätestens ab dem Ende des 19. Jahrhunderts.

Obituaries:

Hubert B Wolfstern

The deceased was born Tuesday, August 04, 1914 and was living in the state of Texas when they applied for Social Security benefits.

Hubert B Wolfstern died October 24, 1997 at the age of 83 years, 2 months and 20 days.

Obituary Details:

Name: Hubert B Wolfstern

Age at Death: 83 years, 2 months, 20 days

Birth Date: August 04, 1914

Registration Place: Texas

Death Date: October 24, 1997

Death Place: ---

Record Date: ---

People Listed in This Obituary:

Hubert B Wolfstern

77 Amtlich beglaubigt. Die Geburts- und Sterbedaten von Hubert Blaine, wie sie sich heute in den US-Archiven finden.

Durchaus möglich, dass der jüdische Auswanderer – von Beruf übrigens Typograf – mit den Ämtern lebenslang Schabernack trieb, um sich buchstäblich länger und damit wichtiger zu machen. Ebenso möglich aber, dass seine Story der Wahrheit entspricht. Immerhin wurde sie nicht zuletzt von den US-Einwanderungsbehörden mehrfach auf Herz und Nieren geprüft. Wer also war Hubert Blaine wirklich? Ein unterschätzter Schlingel aus unserer Welt? Oder ein unterschätzter Schlingel aus einer anderen Welt?

Die Methusalem-Formel der Hundertjährigen

> »Es gibt nur eine Methode, mit der Sie sicher älter werden
> als andere: Sie müssen sich alte Eltern aussuchen – was natürlich
> schwierig ist. Wenn beide Eltern erst mit 100 gestorben sind,
> können Sie ziemlich wüst leben und werden trotzdem alt. Wenn aber beide
> schon mit 40 an Herz-Kreislauf-Problemen gestorben sind, wird
> Ihnen gesundheitsbewusstes Körneressen leider auch nicht viel helfen.«

Manfred Lütz, Mediziner

Gibt es eine Methusalemformel, die niemand kennt? Die Statistik bleibt gnadenlos: Weltweit werden Männer durchschnittlich 69,1 Jahre und Frauen 73,8 Jahre alt. In europäischen Gefilden liegt die Lebenserwartung mit 75 respektive 81 Jahren glücklicherweise etwas höher. So rechneten es uns – vor Corona! – zumindest fleißige Zahlenjongleure vor. Wie üblich ohne Gewähr.

Dennoch scheint in wenigen Nischenregionen unserer Erde ein wahrer Jungbrunnen zu sprudeln. Unabhängig von Bildung, Lebensstandard oder medizinischer Versorgung. Kein Fachmann kann bis heute plausibel erklären, weshalb. Altersforscher sprechen diesbezüglich von »Blue Zones«, einem 2005 von *National Geographic* geprägten Begriff. Gemeint sind damit begrenzte, zumeist ländliche Regionen, in denen überdurchschnittlich viele Menschen leben, die über 100 Jahre alt werden. So etwa im japanischen Okinawa. Oder auf der griechischen Insel Ikaria. Eine weitere Blue Zone befindet sich im gebirgigen Hinterland Sardiniens. In der Provinz Ogliastra sowie der Hochebene von Barbagia (Nuoro). Nicht nur Frauen leben dort länger, sondern auch auffällig viele Männer.

Die deutsche Autorin Ulla Rahn-Huber hat sich intensiv mit diesem Phänomen beschäftigt und dazu 2016 ein Buch veröffentlicht: *Das Geheimnis der Hundertjährigen von Sardinien.* Bei ihren Recherchen in den dortigen Hirten- und Bauerndörfern wandelte sie auf den Spuren des italienischen Arztes und Ernährungswissenschaftlers Gianni Pes. Ende der 1990er-Jahre hatte der Mediziner der Universität Sassari in jener Region Geburten- und Sterberegister von rund 1000 Hundertjährigen durchforstet, von denen er 200 persönlich besuchte.

Was Pes herausfand, lässt aufhorchen. Laut seinen Analysen leben in Ogliastra und Nuoro nach Auswertung aller Daten der Geburtsjahrgänge 1880 bis 1900 durchschnittlich mehr als doppelt so viele Hochbetagte wie im restlichen Sardinien. Darunter knapp mehr männliche als weibliche Hundertjährige. Dieses annähernde 1:1-Verhältnis ist nirgendwo sonst auf der Welt anzutreffen, tummeln sich auf unserem Globus doch drei- bis viermal mehr Frauen als Männer, die das 100. Lebensjahr erreicht haben.

Als Ärzte wie Joseph Lister (Desinfektionspionier) oder Ignaz Semmelweis (Entdecker der Ursache des Kindbettfiebers) im 19. Jahrhundert ihre revolutionären medizinischen Erkenntnisse der Fachwelt vortrugen, wurden sie mit Hohn und Spott überschüttet. Heute hat man ihnen tonnenschwere Denkmäler errichtet. Auch Pes' kontroverse statistische Entdeckungen wurden von Fachkollegen anfänglich zynisch kommentiert. »Ja, ja – und wenn meine Oma Räder hätte, wäre sie ein Omnibus«, feixte mancher Professor 1999 anlässlich einer Präsentation des italienischen Mediziners im französischen Montpellier. Einer der wenigen im Saal, der belgische Demograf Michel Poulain, blieb zwar ebenfalls skeptisch – aber umso neugieriger. Spontan bot er Gianni Pes an, dessen Resultate einer gemeinsamen Überprüfung zu unterziehen.

Für ihre Untersuchungen erkoren die beiden Forscher die Gemeinde Villagrande Strisaili in Nuoro (700 Meter über dem Meer). Dem Ort mit der höchsten Quote an Langlebigen auf Sardinien (»über 10 Hundertjäh-

78
Rüstig bis ins
höchste Alter.
Weshalb werden
manche Menschen
in Italien, Japan
oder Ecuador
weitaus älter als
anderswo?

rige auf 1000 Neugeborene«). Akribisch werteten Pes und Poulain 2010 vor Ort die offiziellen Geburts- und Sterberegister aller Einwohner aus, die zwischen 1876 und 1912 geboren wurden, und glichen deren Daten mit Militärarchiven oder mündlichen Auskünften von Verwandten ab. Insgesamt 1957 »Lebensakten« wurden akribisch erfasst. Resultat ihrer 2011 im *Journal of Aging Research* publizierten Studie: Auch in der Gemeinde Villagrande Strisaili halten sich die überdurchschnittlich zahlreichen 100-jährigen Männer und Frauen statistisch verblüffenderweise die Waage!

Doch worin liegt das Geheimnis ihrer Langlebigkeit? Mit ein Grund dürften die Gene der betagten Sarden sein. In ihren Adern fließe »das weitgehend unverfälschte Blut der ersten Einwohner, der Protosarden«, so Autorin Ulla Rahn-Huber. Eine Vermischung mit Zugezogenen fände kaum statt. Genanalysen hätten zwar interessante Hinweise geliefert, aber keine abschließende Erklärung. Ein Thema, das auch Professor Stefan Schreiber fasziniert. Seit Jahren ist der Molekularbiologe der Universität Kiel in unserem Erbgut Genen wie EXO1 oder ApoE auf der Spur, die unser Leben verlängern oder verkürzen.

Nach intensiven Forschungen an Hochbetagten scheint das Ei des Kolumbus gefunden, wie Schreiber 2009 in den *Proceedings of the National Academy of Sciences* zu Protokoll gab: »Eine bestimmte Variation im Gen FOXO3A übt einen positiven Einfluss auf die Lebenserwartung des Menschen aus und findet sich auffällig häufig bei Hundertjährigen – und zwar vermutlich weltweit.« Untersucht worden waren dafür DNA-Proben von 388 100-jährigen Deutschen. Deren Daten hatte man mit dem Genmaterial von 731 jüngeren Personen verglichen. Resultat: Bei Hundertjährigen ist die spezielle Variation des FOXO3-Gens besonders häufig vorhanden.

Auftrieb erhielten Schreibers Erkenntnisse 2012 durch Forscher der Christian-Albrechts-Universität zu Kiel (CAU). Und dies ausgerechnet beim wenige Zentimeter kleinen Süßwasserpolypen (Hydra). Das winzige Nesseltierchen zeigt erstaunlicherweise »keine Alterungsprozesse und ist potenziell unsterblich!«, so die Experten der Uni. »Auf der Suche

79 Gianni Pes. Seit Jahren erforscht der italienische Mediziner die auffällige Langlebigkeit seiner Verwandten auf Sardinien.

nach dem Gen, das für die Unsterblichkeit der Hydra verantwortlich ist, sind wir unerwartet ausgerechnet auf das FOXO-Gen gestoßen«, freut sich Doktorandin Anna-Marei Böhm. Oder in den Worten ihres Mentors, Professor Thomas Bosch vom Zoologischen Institut der CAU: »Unsere Forschungsgruppe konnte erstmals zeigen, dass zwischen dem FOXO-Gen und der Alterung ein unmittelbarer Zusammenhang besteht. Da besonders aktives FOXO bereits bei Über-Hundertjährigen festgestellt wurde, ist es mit großer Wahrscheinlichkeit ein entscheidender Faktor beim Altern – auch beim Menschen.«

»Gute Gene« gleich langes Leben? Zumindest auf Sardinien scheint dies nicht des Rätsels ultimative Lösung zu sein, wie Gerontologe Gianni Pes betont. Selbst aus der dortigen Region stammend, wundert er sich seit jeher über das extrem hohe Alter seiner Verwandten: »Alles deutet darauf hin, dass neben biologischen und genetischen Faktoren weitere Einflüsse eine wichtige Rolle spielen müssen.« Ergänzend trage wohl auch eine gesunde Ernährung zur Lebensverlängerung bei. Nicht zuletzt der Frischkäse aus örtlicher Schafs- und Ziegenmilch, der in den dortigen Dörfern konsumiert wird, scheint es Pes besonders angetan zu haben.

Kalzium, Phosphor, Zink und weitere chemische Elemente als Lebenselixier? Davon ist auch Ulla Rahn-Huber nach intensiven Gesprächen mit den Einheimischen überzeugt. Und so schwärmt sie ebenfalls vom »besonderen Käse«, vom örtlichen Obst und Gemüse aus eigenem Anbau oder dem selbst gebackenen Sauerteigbrot der Einheimischen. Was den Fleischkonsum betrifft, verzichte man in Sardiniens Dörfern weitgehend auf industrielle Supermarktprodukte. Auf Hochleistung gezüchtete Tiere, mit Antibiotika und Mastfutter vollgepumpt, werden von den Hochbetagten größtenteils abgelehnt. Vielmehr behandeln sie ihre Nutztiere respektvoll und lassen deren Herden seit jeher auf den örtlichen Wiesen weiden.

Klingt appetitlich, dem modernen Ernährungstrend entsprechend. Und dennoch reicht auch gesunde Nahrung bei Weitem nicht aus, um die Grenze von 100 Jahren beschwerdefrei zu überschreiten. Schließlich wird in anderen ländlichen Gebieten weltweit ebenso gesund oder pestizidfrei produziert und gegessen – ohne dass die dortige Bevölkerung auffällig viele Methusalixe hervorbrächte.

Wie Ulla Rahn-Huber von den oft quietschfidelen Hochbetagten auf Sardinien erfuhr, scheint es deshalb zusätzlich auf eine positive Lebenseinstellung anzukommen. Der 101-jährige Luigino Nieddu etwa erzählte ihr, das Wichtigste für ein langes und gesundes Leben sei *serenità:* die innere Ruhe. Man solle sich selbst und die eigene Meinung nicht zu ernst nehmen und bescheiden bleiben, rieten auch andere rüstige Greise gelassen. Viel Körperbewegung scheint ebenfalls wichtig und gehört in den dortigen Bergdörfern zum Alltag. Obwohl der tägliche Spaziergang durch ihre gebirgigen Heimatorte die Senioren aufgrund der holprigen Gassen und vielen Treppen anstrengt, nehmen sie diese Strapazen in Kauf und bleiben auf diese Weise leistungsfähiger und rüstiger. Auch Gianni Pes gibt zu bedenken: »Je steiler das Gelände, desto länger vermutlich das Leben.«

Ist das Geheimnis damit entschlüsselt? Mitnichten! Denn auch im Süden Ecuadors existiert eine Blue Zone: Vilcabamba, das »Heilige Tal«. Auf 1565 Metern über Meer leben in der dortigen Provinz Loja »derart viele Steinalte, dass man es das Tal der Hundertjährigen nennt«, wie der ARD-Reporter Peter Sonnenberg 2015 staunte. Etliche Forscher wollten jener Gegend bereits ihr Geheimnis entlocken. Doch niemand fand eine schlüssige Antwort. Von »negativer Ionenladung der Luft« ist die Rede. Ebenso wie von geheimnisvollen Heilkräutern. Mythos oder Wahrheit?

Zu denken gab und gibt Vilcabamba nicht zuletzt dem argentinischen Arzt und Autor Ricardo Coler (*Das Tal der Hundertjährigen*), der sich angesichts seines sterbenden Vaters dorthin aufmachte, um mehr über das Geheimnis der Langlebigkeit in Erfahrung zu bringen – in ein Dorf, wo mehr als zehnmal so viele Hundertjährige wie sonst irgendwo auf der Welt zu finden sein sollen. Und dies trotz zumeist katastrophaler hygienischer Verhältnisse. »Etwas ist anders in Vilcabamba«, fiel auch Coler bald auf. »Überall begegnet man alten Menschen. Während Betagte in unseren Breitengraden oft gebrechlich wirken, das Haus nicht mehr verlassen oder auf den Arzt warten, wandeln die hochbetagten Herrschaften in Vilcabamba munter und leichtfüßig durch die Straßen oder reiten auf Eseln die Bergpfade entlang.«

Mit gesunder Ernährung scheint dies indes reichlich wenig zu tun zu haben. Ernüchtert musste Ricardo Coler vor Ort vielmehr feststellen, dass

80 Der Methusalemformel auf der Spur. Gianni Pes (rechts im Bild)
während seiner Recherchen in Italien.

die Dorfbewohner höflich formuliert »eine gewisse Neigung zum Exzess
zeigen. Es wird geraucht und gezecht, was das Zeug hält! Sich selbst kas-
teien oder auf etwas verzichten für ein längeres Leben? Nicht in diesen
Breiten!« Derber formuliert: In Vilcabamba wird gepafft, gevöllert, geliebt
und gesoffen. Samt Salz, Fett und Alkohol in üppigen Mengen – und allerlei weiteren Genussmitteln, die westlichen Gesundheitsaposteln den
Schweiß auf die Stirn treiben. Dennoch werden die Menschen dort älter
als bei uns und sterben zudem schneller und schmerzloser.

Liegt es tatsächlich »an der guten Luft«, wie Ricardo Coler von Einheimischen immer wieder versichert wurde? Am äußerst mineralienrei-
chen örtlichen Gletscherwasser? Oder am El Mandango, dem Inka-Berg
des ruhenden Gottes, von dem magische Kräfte ausgehen sollen? Oder
schlummert das geheimnisvolle Lebenselixier eher im Chamico, den ge-
trockneten Stechapfelblättern, die im gesamten Dorf seit jeher von Jung
und Alt geraucht werden? Hält eine uralte Schamanendroge mit berau-
schendem, aphrodisierendem Effekt die Dorfältesten länger am Leben
sowie bei Lust und Laune?

Tatsache ist: Kein einziger Hundertjähriger läuft in Vilcabamba mit einer Glatze herum, wie auch Ricardo Coler vor Ort verblüfft feststellte. Alle Betagten besitzen verhältnismäßig fülliges und kaum ergrautes Haar, frönen bis ins hohe Alter dem Leben, der Liebe und dem Laster. »Osteoporose kennt man hier nicht, ebenso wenig wie Patienten mit Krebs«, versicherte ihm der einheimische Arzt Wilson Correa. Und ergänzte: »Außerdem wächst in dieser Gegend der Wilcobaum (*Anadenanthera colubrina*), welcher die Atmosphäre mit Sauerstoff anreichert.« Hand aufs Herz: Auch sauerstoffreiche Luft wirkt keine Wunder. Oder wie der Botaniker Volker Wissemann von der Universität Gießen in Sachen Wilcobaum und dessen Samen augenzwinkernd anmerkt: »Wahrscheinlich ist es viel eher die Wirkung seiner halluzinogenen Droge, welche die dortigen Leute so entspannt altern lässt.«

Während die grassierende Corona-Plage seit 2020 weltweit leider alle diesbezüglichen Statistiken durcheinanderwirbelt und auf den Kopf stellt, spürt so mancher Forscher weiterhin den Geheimnissen lebensverlängernder Faktoren nach. Nicht zuletzt am Leibniz-Institut für Alternsforschung in Jena. Dazu dessen Sprecherin Evelyn Kästner: »Bislang konnten nur wenige einzelne Gene identifiziert werden, welche die Lebenserwartung beeinflussen.« Eines davon sei tatsächlich das mehrfach erwähnte FOXO3A. »DNA-Untersuchungen von mehreren Hundert hochbetagten Menschen haben gezeigt, dass auffällig viele von ihnen eine bestimmte Variation dieses Gens aufwiesen.«

Wie aktiv dieses Gen ist, hänge vom sogenannten IGF-1-Stoffwechsel ab, der die Zellteilung anregt. Auch Insulin beeinflusst also offensichtlich die Alterung! Kästner: »Am Tiermodell gab es bereits mehrfach Versuche, mittels genetischer Manipulation und künstlich erzeugter Diabetes die Wechselwirkung zwischen FOXO3A und Insulin zu steuern. Im Ergebnis lebten Würmer und Fliegen deutlich länger. Der Effekt zeigte sich bei Säugetieren allerdings nicht. Warum der veränderte Insulinstoffwechsel bei ihnen geringere Effekte zeigte, ist unklar. Die Forschung steht hier leider immer noch ziemlich am Anfang.«

120 Jahre als ultimatives Limit: Hatte die Bibel doch recht?

»Lebe lang und in Frieden!« So verabschieden sich Vulkanier in *Star Trek* (*Raumschiff Enterprise*) mit V-förmig gespreizten Fingern. Eingeführt wurde die nur mit viel Geschick nachahmbare Geste 1967 in der TV-Folge *Amok Time* (*Weltraumfieber*). Doch wer hatte den legendären Gruß erfunden? Spock-Darsteller Leonard Nimoy wusste es am besten: »In besagter Episode begegneten Kirk, McCoy und ich auf dem Planeten Vulkan der Hohepriesterin T'Pau. Sie wurde in einer Sänfte getragen, und wir sollten einige Worte mit ihr wechseln. Da kam mir die Idee, dass hier etwas Besonderes passieren müsste. Dass wir eine rituelle Begrüßung erfinden sollten.«

Der damalige Regisseur schloss sich Nimoys Vorschlag an. Den speziellen Vulkaniergruß mit den ungewöhnlich gespreizten Fingern musste der Spock-Darsteller aber nicht neu erfinden. Vielmehr erinnerte er sich an ein Erlebnis aus seiner Kindheit: »Wir waren orthodoxe Juden

81
So grüßen und verabschieden sich Vulkanier. Spock-Darsteller Leonard Nimoy (1931–2015).

und gingen regelmäßig in die Synagoge. Ich saß zwischen meinem Vater und meinem Bruder, und an einer bestimmten Stelle des Gottesdienstes segneten uns die Kohanim, die Priestervertreter. Dabei musste die Gemeinde sich umdrehen und durfte nicht hinsehen. Als etwa 9-jähriger Knabe schielte ich trotzdem zurück – und sah, wie die Kohanim zur Segnung ihre Finger entsprechend spreizten.« Der junge Leonard war beeindruckt. »Ich übte diese Geste von da an jeden Tag.«

Tatsächlich richten jüdische Priestervertreter ihre Finger bis heute V-förmig aus, wenn sie ihrer Gemeinde Göttliches wünschen. Der sogenannte »Aaronitische Segen« ist der älteste in der Bibel überlieferte Segen, den Gott Moses offenbarte. »Er wird an bestimmten Feiertagen gesprochen«, bestätigt Yves Kugelmann, Herausgeber der jüdischen Zeitschrift *Tachles* und in jungen Jahren ebenfalls *Enterprise*-Fan. »Auch bei uns werden die Finger derart gespreizt, und auch bei uns wendet sich die Gemeinde dabei von den Kohanim ab.« Das Zeichen, das die Priestervertreter dabei mit ihrer Hand andeuten, so Kugelmann, symbolisiere *Shin*, den Anfangsbuchstaben von *Shaddai*, dem Allmächtigen.

82
Wird nur an bestimmten jüdischen Feiertagen zelebriert: Mosaik des Aaronitischen Segens in der Synagoge von Enschede (Niederlande).

Spitzohrigen Vulkaniern wird im Filmuniversum ein Alter von bis zu 200 Jahren zugebilligt. Wie alt aber können wir Menschen werden? Unsere maximale Lebenserwartung, so sind sich heutige Mediziner und Biologen ausnahmsweise einig, liegt von Natur aus bei ziemlich genau 120 Jahren. Kurioserweise wird ausgerechnet diese begrenzte Lebensspanne bereits zu Beginn des Alten Testaments – also auch in der für Juden verbindlichen Thora – wörtlich beziffert und benannt. Als wir immer zahlreicher wurden und uns auf der Erde ausbreiteten, sprach der biblische Gott, seiner Schöpfung überdrüssig: »Mein Geist soll nicht für immer im Menschen bleiben, weil er auch Fleisch ist; daher soll seine Lebenszeit 120 Jahre betragen.« (1. Mose 6,3)

Lediglich eine einzige Person scheint seither einen Hauch älter geworden zu sein als prophezeit: Jeanne Louise Calment. Laut Jury des Guinnessbuchs ist die Französin 1997 im stolzen Alter von 122 Jahren gestorben. Bis heute hält sie den Rekord für das »höchste erreichte Lebensalter eines Menschen«, das amtlich beglaubigt ist. Auf Platz 2 rangiert die 1999 im Alter von 119 Jahren und 97 Tagen verstorbene Sarah Knauss aus den USA. Dahinter folgen ausnahmslos (!) weibliche Betagte mit 117 bis 118 Jahren Lebenszeit. Kurz: Eine einzige Madame scheint den Allmächtigen ausgetrickst zu haben. Und dies lediglich »dank regelmäßigem Genuss von Olivenöl, Knoblauch, Zigaretten und Portwein«.

Doch, ist dem tatsächlich so? Der Mathematiker Nikolai Sak und der Gerontologe Waleri Nowoselow zweifeln daran. Nach intensiven Recherchen hegen sie den Verdacht, dass manches bei Jeanne Louise Calments Altersrekord nicht mit rechten Dingen zugegangen ist. Vielmehr glauben die beiden Forscher, dass die 1875 in Arles geborene Madame Calment 1934 nach einer Rippenfellentzündung das Zeitliche segnete und ihre Tochter Yvonne im selben Jahr heimlich deren Namen und Identität annahm – zwecks Umgehung der Erbschaftssteuer. Offiziell war Yvonne in jenem Jahr an Tuberkulose gestorben.

83   Jeanne Louise Calment.
Die älteste Madame aller Zeiten?

Die zwei Russen haben ihre Zweifel im Dezember 2018 mit Unterstützung des Wissenschaftsportals Research Gate publiziert und begründen diese mit Ungereimtheiten in der Biografie der beiden Französinnen. Zudem verweisen sie auf Abweichungen hinsichtlich Augenfarbe und Körpergröße in offiziellen Dokumenten. Selbst der Zustand von Calments Muskeln habe nicht mit demjenigen von gleichaltrigen Altersgenossen übereingestimmt. »Sie konnte selbst in späten Jahren noch ohne Hilfe aufrecht sitzen und zeigte keinerlei Anzeichen von Demenz.« Auffällig sei auch, dass die vermeintlich älteste Frau der Welt trotz ihres hohen Alters kaum kleiner geworden sei, was ebenfalls ungewöhnlich scheint.

Sollten Sak und Nowoselow recht behalten – und manches deutet darauf hin – bleibt alles, wie vom Allmächtigen prophezeit und von heutigen Altersforschern bestätigt: Mehr als rund 120 Jahre sind bei niemandem von uns genetisch drin. Zumindest solange Forscher nicht in unserem Erbgut herumpfuschen und selbst Gott spielen, um künftige Supergreise zu erschaffen.

1 Seesperre Nas am idyllischen Vierwaldstättersee.
Oben die kaschierte Geschützstellung,
unten derselbe Felsabschnitt mit geöffneter Klappe.

2 Trügerische Fenster und Türen. Getarnter Eingang des Artilleriewerks Pré-Giroud der Schweizer Armee bei Vallorbe im Waadtländer Jura.

3 Joralemon Street in Brooklyn (New York). Hinter der mittleren Fassade befindet sich kein Haus, sondern ein Notausgang der U-Bahn.

4 Etikettenschwindel in den Tempelresten von Tarxien (Malta).
Touristen wird dieses Duplikat (links) als echt verkauft.
Rechts: das Original im Archäologischen Museum von Valletta.

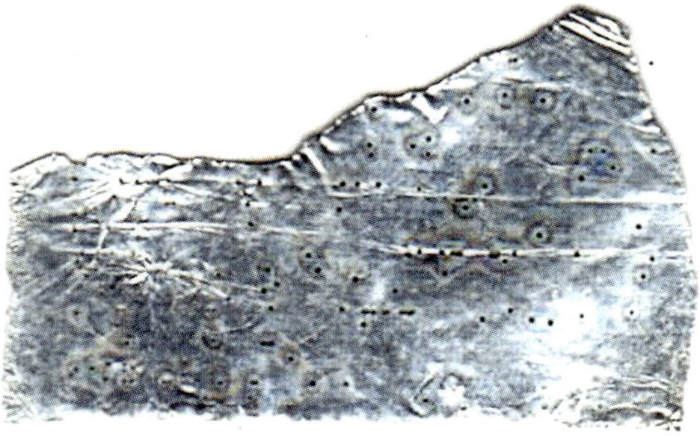

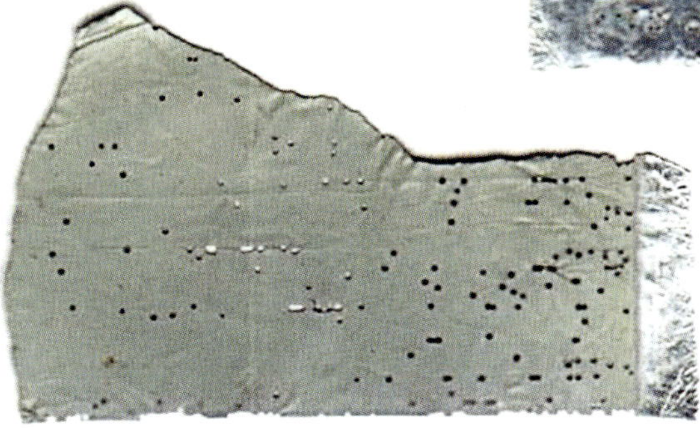

5
Historische Kostbarkeit.
Vorder- und Rückseite
des Apollo-11-Folienstücks
aus der Kollektion des
Autografensammlers
Rolf Ramseier.

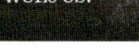 Unterirdischer Erdstall in der Schweiz.
Wer derlei enge Irrgärten wann und zu welchem
Zweck einst anlegte? Niemand weiß es.

7 **Weitere unverstandene Untergrundwelt.**
Skizze der 30 Meter langen und 1 Meter breiten künstlichen Grotte du Talent bei Assens (Kanton Waadt).

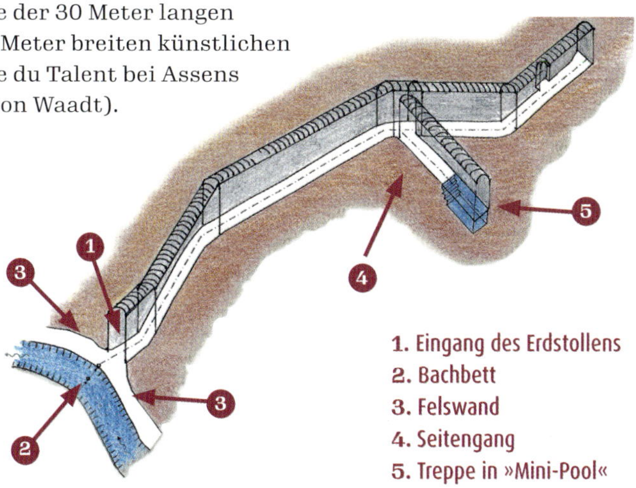

1. Eingang des Erdstollens
2. Bachbett
3. Felswand
4. Seitengang
5. Treppe in »Mini-Pool«

8 **Eine der beiden »Rosetten« (»Blumen des Lebens«),**
die Erdstallforscherin Helen Wider in den Stollen neben weiteren Insignien dokumentieren konnte.

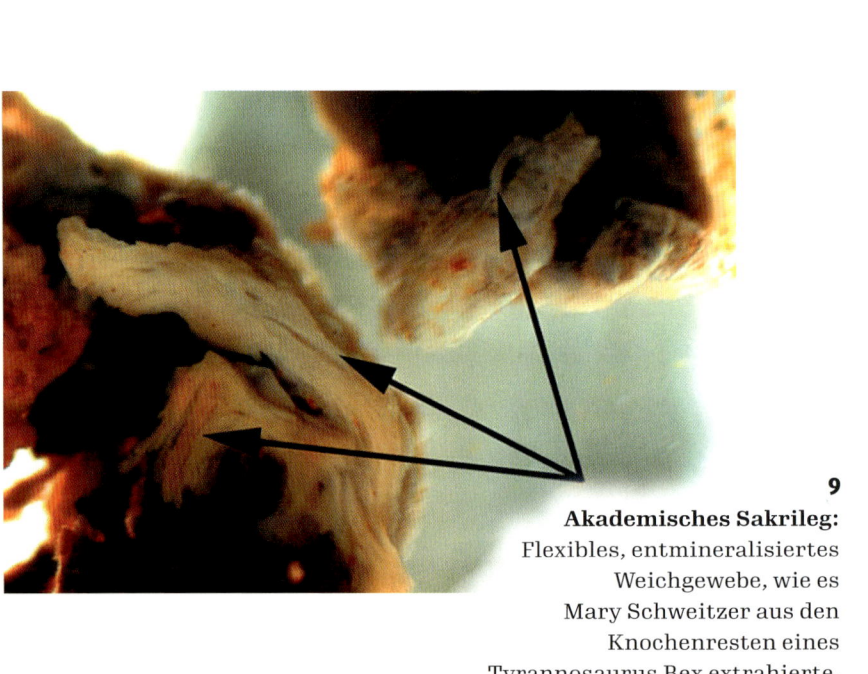

9
Akademisches Sakrileg:
Flexibles, entmineralisiertes
Weichgewebe, wie es
Mary Schweitzer aus den
Knochenresten eines
Tyrannosaurus Rex extrahierte.

10 **Waren eng mit LSD-Entdecker Albert Hofmann befreundet:**
der Parapsychologe Lucius Werthmüller (rechts) und seine Frau Sabin.

11

Verstehen Sie Spaß? Showmaster Kurt Felix und seine monströse Seeschlangenattrappe bei der Enthüllung im *Teleboy*-TV-Studio (1976).

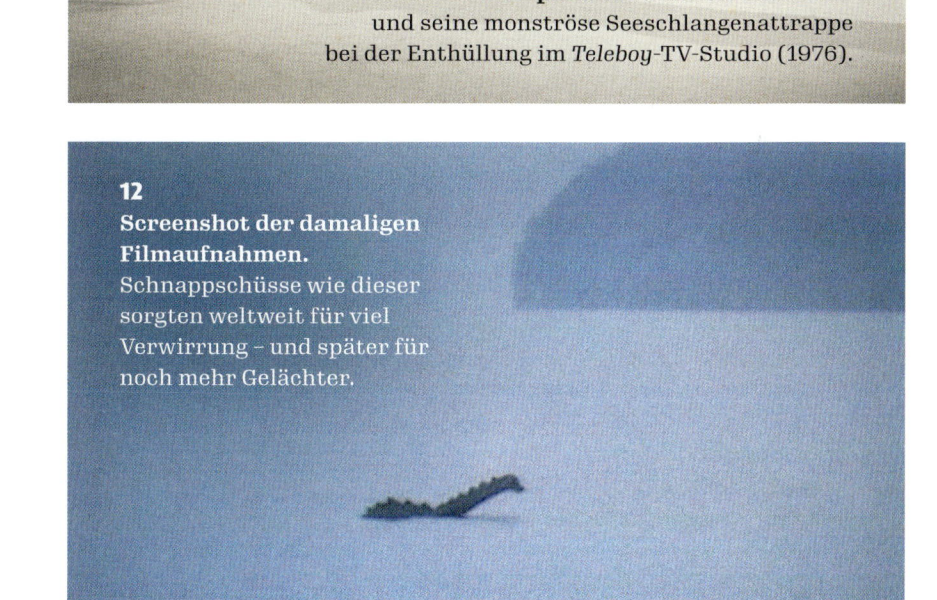

12

Screenshot der damaligen Filmaufnahmen. Schnappschüsse wie dieser sorgten weltweit für viel Verwirrung – und später für noch mehr Gelächter.

13 **DNA-Beweis für Friedrich Schillers Ermordung?**
Der bis vor Kurzem verschollen geglaubte zweite Teil
seiner Haarlocke in Chur – samt Originalschatulle.

14 **Marc van Roosmalen mit seinen Fundstücken (2003).**
Unten das kurz danach beschlagnahmte Pantherfell samt Schädel.
Leider wurden viele seiner Raritäten von den Behörden vernichtet.

15 »**Verändertes Innenleben**«. Walter Dänzers Mikroskopbild eines Bioapfels. Darunter die Aufnahme eines nichtbiologischen Pendants. (*www.soyana.ch*)

16 Verschollene Reliquie. Seltene Aufnahme des Schwertes
oder Kreuzes aus der Roza-Bal-Grabstätte, von dem seit
etlichen Jahrzehnten jede Spur fehlt.

17
Blick ins Innere.
So präsentierte
sich der Jesus-
Schrein Mitte
der 1970er-Jahre,
als ihn Erich von
Däniken im
indischen Kasch-
mir besichtigen
konnte.

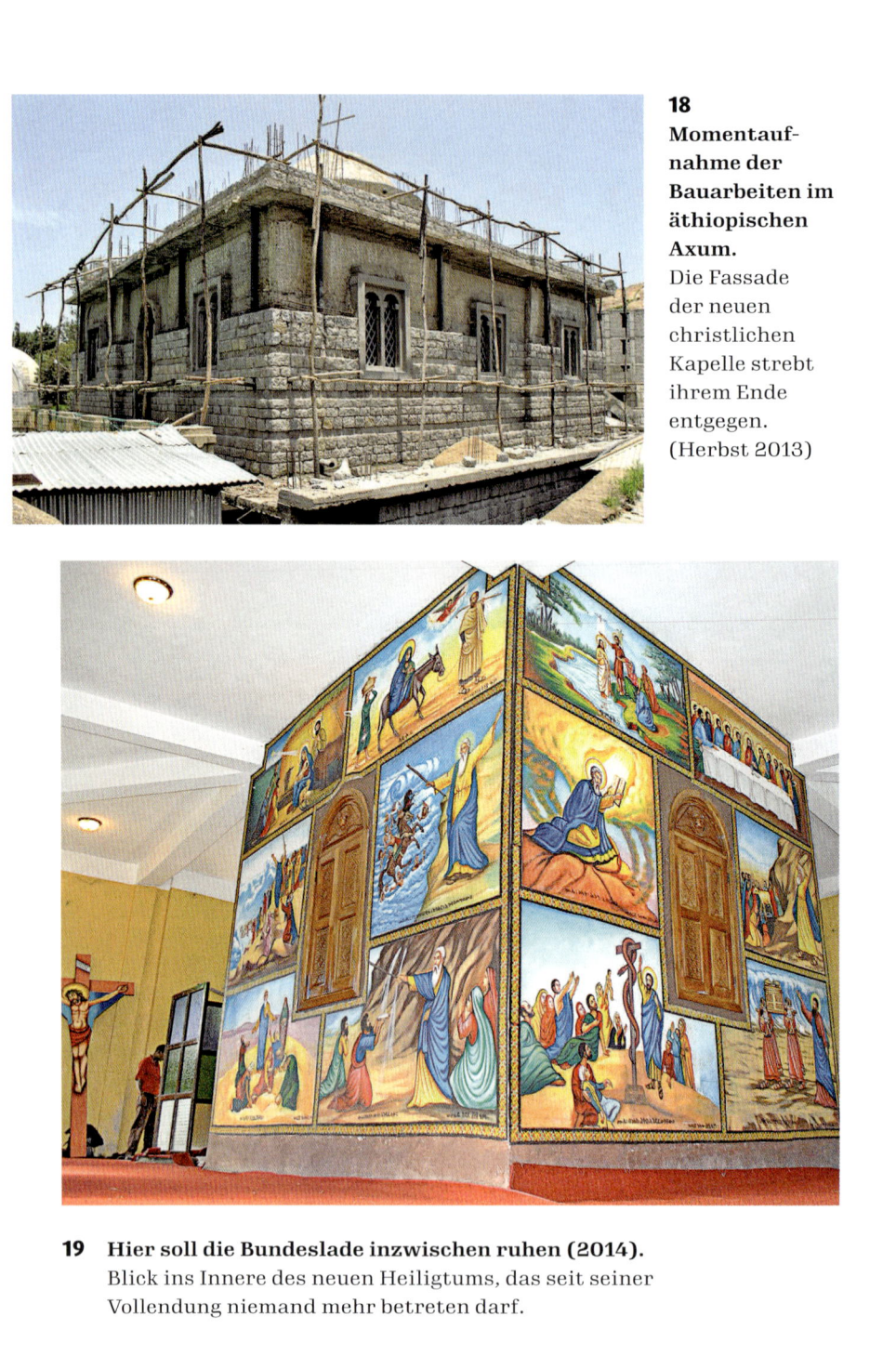

18
Momentauf-nahme der Bauarbeiten im äthiopischen Axum.
Die Fassade der neuen christlichen Kapelle strebt ihrem Ende entgegen. (Herbst 2013)

19   **Hier soll die Bundeslade inzwischen ruhen (2014).**
Blick ins Innere des neuen Heiligtums, das seit seiner Vollendung niemand mehr betreten darf.

X.

Von einer wunderbarlichen
gsicht am himel den letsten Aprilis.

Es ist den letsten tag Aprellens, list 1 5 8 3 Jars
zu Dornbyren im land Rheten land so Graff Hani-
bals von der hohen Embs züghörig, vor dem vffgang
der Sonnen ein vrechige fhürige kuglen sampt etlicher
anderen so da blab gsin, am himel gsehen worden, welche auch zusamen gfaren sind, vnd hatt man sy gsehen
ettwas lengor als ein vierhteil einer stund. Simlichs
sind zügen xen Haus Haer gfaren zu Bernang: Rudolff Schmid genannt Junz Rudolff sampt seinem
hestvolch die am morgen fru niet getragen hand,
auch zu Bernang, vnd Balthassar Moser in der
hald sampt seinem volch, mitt sampt anderen in obge-
seytem dorff.

20 **Flugblatt aus dem 16. Jahrhundert.** Dem Text zufolge
wurden Beobachter in Berneck am 30. April 1583 vor
Sonnenaufgang Zeugen »einer feurigen und mehrerer
blauer Kugeln« über dem österreichischen Dornbirn.

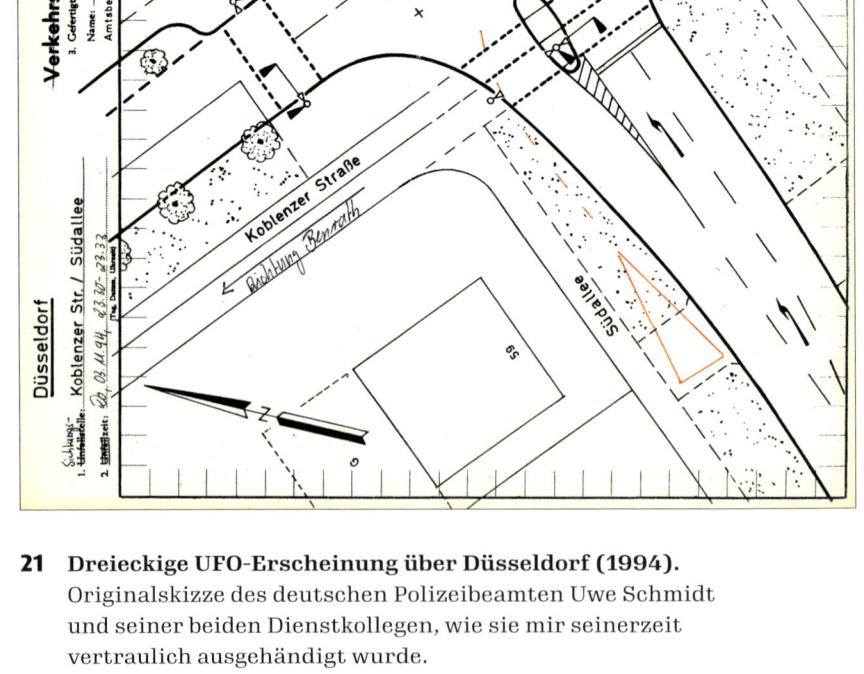

21 **Dreieckige UFO-Erscheinung über Düsseldorf (1994).**
Originalskizze des deutschen Polizeibeamten Uwe Schmidt
und seiner beiden Dienstkollegen, wie sie mir seinerzeit
vertraulich ausgehändigt wurde.

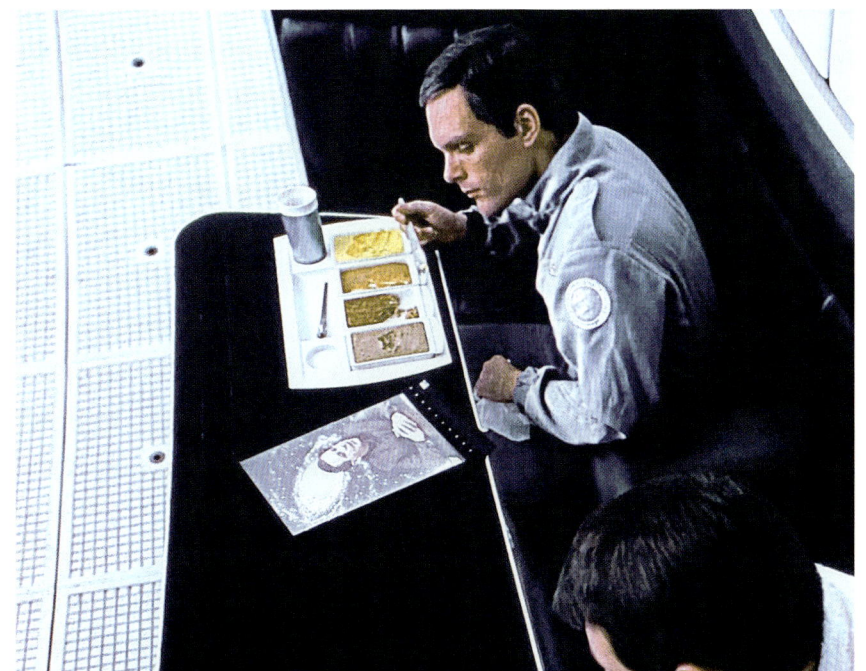

22 Visionäre Szene aus dem Kinofilm *2001: Odyssee im Weltraum von 1968.* Während des Essens studieren die beiden Astronauten im Weltall auf ihren Tabletcomputern (!) die stündlich aktualisierten Nachrichten von der Erde.

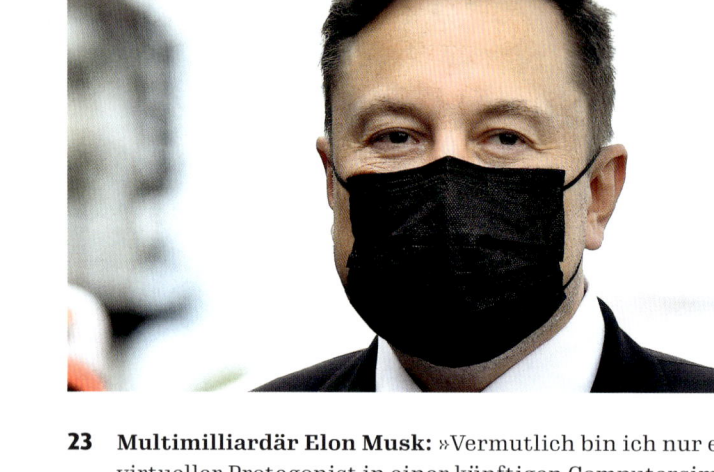

23 **Multimilliardär Elon Musk:** »Vermutlich bin ich nur ein virtueller Protagonist in einer künftigen Computersimulation! Wer beweist mir das Gegenteil?«

24 **Zwei »Zufälle« auf einmal?!** Mein seltener Vorname und derjenige meines Bruders als blau gefärbter »Nullgewinn«. Bizarre Synchronizität während eines Onlinespiels der Lottogesellschaft Swisslos. (Bildschirmfoto vom 9. Mai 2020)

Können uns Stubentiger gesund schnurren?

» Ich kann die Gedanken von Katzen lesen.
Ich weiß nicht, wie. Ich kann es einfach. Ich kann auch die Tiersprache.
Dazu muss man als kleines Mädchen die *Dolittle*-Bände von
Hugh Lofting gelesen haben. Dann weiß man, dass die Tiere eine eigene
Sprache haben, und dann lernt man sie. Das kann man nur als Kind lernen.
Aber wenn man es da lernt, kann man es das ganze Leben.«

Elke Heidenreich, Schriftstellerin

Dezember 2017: Im Sitzungszimmer der Schweizerischen Vereinigung für Raumenergie haben sich ein paar Dutzend Personen versammelt. Präsident Adolf Schneider kommt zum Höhepunkt des Nachmittags. Auf der Tagesordnung steht das Thema »Katzenschnurrgerät – samt praktischer Demo«. Kernfragen: Besitzen unsere Samtpfoten die Fähigkeit, sich selbst zu heilen? Fühlen oder riechen sie, wenn wir krank sind? Helfen ihre Schnurrlaute sogar, menschliche Gebrechen zu lindern?

Ein Proband liegt auf einer Matratze am Boden, zwei viereckige Kissen auf den Knien, von denen Kabel zu einer Apparatur führen, kaum größer als ein handelsüblicher Internetrouter. Er habe Kniebeschwerden, hatte der Mann zuvor erzählt, und würde das Gerät deshalb gerne ausprobieren. Entspannt gibt er sich der Behandlung hin. Das mechanische Schnurren und Vibrieren wirkt für die Beobachter beruhigend, fast schon

84

Adolf Schneider bei der Demonstration
des KST-2010-Gerätes.

einschläfernd. Auf die Frage, wie er sich
fühle, meint der Proband: »Gut.« Dass
seine Kniebeschwerden sofort verschwinden würden, hatte er nicht erwartet. Dazu
bräuchte es selbstverständlich eine länge-
re Behandlung, wie Schneider gegenüber
den Anwesenden ausführt. »Der Therapiemethode liegt unter anderem die
Feststellung zugrunde, dass Katzen die
Selbstheilung durch ihre Schnurrlaute verstärken und daher von Krankheiten, ja sogar von Knochenbrüchen, schneller genesen als andere Tiere.
Warum sollte dies nicht auch bei uns Menschen funktionieren?«

Entwickelt hat das Katzenschnurrtherapiegerät (KST-2010) Fritz Florian, ein Facharzt für Radiologie aus Graz. Gemeinsam mit dem Wiener
Ingenieur Joachim Galler, der es vertreibt. Gallers PowerPoint-Präsenta-
tion verspricht Verblüffendes. Da ist die Rede von Heilung bei Arthrose
(»Knorpel wird wieder ausreichend mit Gelenkschmierstoff versorgt«), bei
Kniegelenksteife und Schmerzen in der Lendenwirbelsäule (»Patient nach
mehreren Sitzungen fast schmerzfrei«), bei Wadenmuskelrissen (»Sportler konnte nach 15 Sitzungen den Marathon laufen«) oder bei Lungen-
erkrankungen (»nach der Behandlung weniger Kurzatmigkeit und freieres
Atmen«). »Studien sind publiziert worden«, heißt es vielversprechend –
leider ohne konkretere medizinische Referenzen.

Wer im Internet das Stichwort »Katzenschnurren« googelt, stößt auf unzählige Links, zumeist ebenfalls ohne Quellenangaben. So liest man dort
beispielsweise, dass Schnurren für Katzen »weniger ein Wohlfühllaut als
eine Art Musiktherapie« sei, »mit der sie ihren Knochen und Gelenken
beim Heilen helfen«. Oder: »Jeder Veterinär und jeder Orthopäde weiß
aus eigener Erfahrung, dass Knochenbrüche bei Katzen mit Leichtigkeit
heilen, während es bei Hunden oft Probleme gibt.« Nur: Stimmt das alles
wirklich? Was ist Wunschdenken – und was lässt sich konkret nachweisen?

Gründliche Forschung zum Thema betreibt nicht zuletzt das Fauna Communications Research Institute in North Carolina (USA) unter der Bioakustikerin Elizabeth von Muggenthaler. Ihren Erkenntnissen zufolge schnurren Katzen nicht nur, um ihre Zufriedenheit zu zeigen, sondern nutzen besagte Gabe als Überlebensvorteil, den sie sich im Laufe ihrer Entwicklung angeeignet haben. »Manche Katzen schnurren sogar, wenn sie Angst haben, verletzt sind, gebären oder sterben, wie etliche Halter bestätigen können«, gibt die Forscherin zu bedenken. Solcher »akustischer Luxus« sei von der Natur kaum erdacht worden, wenn er keinen praktischen Vorteil im Überlebenskampf bringen würde, betont Muggenthaler. »Vielmehr scheinen Katzen im Laufe der Evolution eine Methode für die fortlaufende Regeneration und Aktivierung ihrer Körperzellen entwickelt zu haben.«

Seit Jahren führt ihre Non-Profit-Organisation empirische Forschungen zu den Kommunikationsarten verschiedener Tiere durch. »Ist es möglich, dass die Evolution die Katzen mit einem natürlichen Heilungsmechanismus für Knochen und andere Organe ausgestattet hat?«, fragte sie sich bereits 2006. Antwort: »Wie es scheint, können die durch Schnurren generierten Schallwellen bei Hauskatzen tatsächlich Heilungsprozesse im Knochengewebe unterstützen.« Die Tierstimmenspezialistin hatte zu diesem Zweck die Schnurrlaute von 44 Katzen aufgezeichnet und ausgewertet. Neben Hauskatzen wurden ergänzend Raubkatzen wie Geparde, Pumas oder Ozelote berücksichtigt. Die erstaunlichen Ergebnisse ihrer Untersuchungen wurden im Kongressbericht der 12. Internationalen Konferenz zu Niederfrequenzlärm und Vibration und deren Kontrolle in Bristol veröffentlicht (»The Felid Purr: A bio-mechanical healing mechanism«).

Elizabeth von Muggenthaler ist nicht die Einzige, die einen Zusammenhang zwischen der Schnurrfrequenz und der Heilung von Knochenbrüchen vermutet. Auch der deutsche Professor Leo Brunnberg, bis 2016 Leiter der Tierklinik der Freien Universität Berlin, zeigt sich davon überzeugt, dass die durch Schnurrlaute erzeugte Vibration die Muskeln minimal bewegt und dadurch das Knochenwachstum beschleunigt wird. »Wir glauben ebenfalls, dass diese Mikrobewegung für die Frakturheilung von Bedeutung ist«, bestätigt der mit dem Bundesverdienstkreuz ausgezeichnete Veterinärmediziner auf Anfrage. »Bis jetzt können wir das aber nicht endgültig belegen.« Jedenfalls sei es auch für ihn mehr als erstaunlich, dass Knochenbrüche bei Katzen schneller heilen als bei Hunden. Ein Mysterium, das Tierärzte bis heute beschäftigt.

Elizabeth von Muggenthaler kann die heilende Kraft des Schnurrens ebenfalls nicht hundertprozentig beweisen. Für sie spricht dennoch alles dafür: »Die natürliche Selektion der Evolution hat das Schnurren bei verschiedenen Katzenarten in unterschiedlichen Regionen sehr lange erhalten. Das spricht für eine lebenswichtige Bedeutung. Vor allem, wenn man bedenkt, dass Schnurren zusätzliche Energie benötigt und eine kranke Katze diese Energie nicht ohne guten Grund aufbringen würde.«

Die Vorstellung, dass Schnurren lediglich eine Ausdrucksform ist, verwirft sie, »weil es ja in verschiedenen Gefühlsmomenten und Situationen angewendet wird«. Katzen würden das Schnurren zwar etwa als »Friedensangebot« benutzen, um dem Gegenüber zu zeigen, dass sie keine feindlichen Absichten haben. »Aber sie schnurren – wie bereits erwähnt – eben oftmals auch, wenn sie verletzt in einem Käfig beim Tierarzt liegen.«

Die nachweisbaren Selbstheilungskräfte unserer Samtpfoten erstaunten weitere Forscher. So enthüllte eine US-Studie 1996, dass nach einer Kastration durchschnittlich lediglich 1,2 Prozent aller Katzen Komplikationen hatten. Bei Hunden lag der Durchschnitt bei 9,8 Prozent. Und bereits 1987 hielten US-Tierärzte im *Journal of the American Veterinary Medical Association* fest, dass in 132 untersuchten Fällen, in denen Katzen aus dem oberen Stockwerk eines Hochhauses fielen, 90 Prozent der Tiere überlebten. Die meisten stürzten aus einer Höhe von mindestens sieben Stockwerken in die Tiefe. Der Rekord lag in einem Fall bei der 45. Etage. Doch selbst besagter Stubentiger überlebte – trotz schwerer Verletzungen.

Für Muggenthaler ist diese hohe Überlebensquote nicht verwunderlich: »Die dominanten Frequenzen bei drei von uns untersuchten Katzenarten lagen exakt bei 25 oder 50 Hertz. Das ist die beste Vibrationsfrequenz für Knochenwachstum und das Heilen von Frakturen.« Die breiteste Palette an Schnurrfrequenzen scheinen ihr zufolge übrigens Hauskatzen zu haben. Stubentiger würden das Schnurren prophylaktisch einsetzen – zur Vorbeugung von Muskelschwund. Denn diese Katzen schliefen viel. Während

85
Vermutlich setzen Stubentiger
ihr Schnurren auch prophylaktisch ein –
zur Vorbeugung von Muskelschwund.

ihrer Ruhephasen würden die Muskeln nicht aktiv trainiert. »Wenn sie sich nur sporadisch bewegen, ist es für sie von Vorteil, Knochen und Muskeln selbst in der Ruhephase zu stimulieren.«

Die Natur bleibt unser geduldigster Lehrmeister. Auf die Idee, Katzenschnurren als Therapiemethode anzuwenden, kam vor Jahren deshalb auch der Allgemeinmediziner Kurt Pinter aus Graz. »Es war die Studie von Muggenthaler mit ihren Frequenzmessungen, die mich dazu brachte, mit Bezug auf die Menschen weiterzuforschen«, bestätigt der österreichische Arzt. Sein Kollege Fritz Florian, der eingangs erwähnte Radiologe aus Graz, konstruierte zu diesem Zweck sein erwähntes KST-2010, das in der Praxis seither eifrig Anwendung findet. »Die Apparatur besteht aus einem Verstärker, der mit Software bestückt ist – dem Katzenschnurren, das mittels eines hochempfindlichen Mikrofons authentisch aufgenommen wurde – und der den Körperschall, also nicht das Schnurrgeräusch, sondern die Vibration, über eine spezielle Art Lautsprecher auf kleine Polster überträgt«, erklärt der Arzt. Diese Kissen werden vom Therapeuten dann auf den Ausgangspunkt des Schmerzes oder die Schmerzregion gelegt, »wobei auch Akupunkturpunkte Verwendung finden«.

Angefangen hatte Kurt Pinter mit der Behandlung von Schmerzpatienten. »Trotz anfänglicher Skepsis der Betroffenen habe ich mit dieser Methode überraschend gute Ergebnisse erzielt, die oft weit über das Erwartete hinausgingen.« Bereits fixierte OP-Termine für chronisch erkrankte, schmerzhafte Gelenke konnten nach der Therapie von einigen Patienten

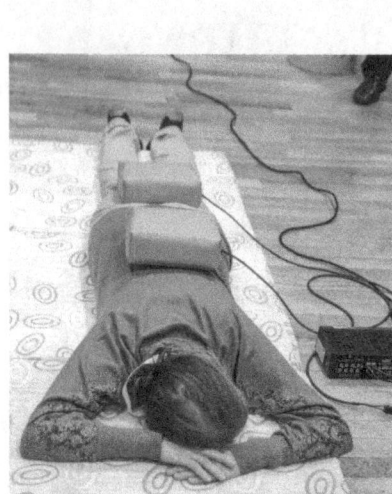

86
Probanden während der Demonstration.

abgesagt werden. Außerdem entdeckte der Österreicher, dass sogar Lungenkranke auffällig gut auf die Therapie ansprechen, »zum Beispiel bei Asthma oder bei chronisch obstruktiver Lungenerkrankung (COPD). Es konnten dabei sogar Medikamentverabreichungen eingespart werden.«

Mit pauschalen Heilsversprechen bleibt der Mediziner vorsichtig: »Diabetes kann natürlich auch eine Katze nicht heilen!«, warnt er vor übertriebenen Hoffnungen. Ebenso sei bei anderen Krankheiten Vorsicht geboten und auf jeden Fall eine Abklärung durch Spezialisten notwendig. Pinter rät deshalb davon ab, das Gerät ausschließlich in Eigenregie anzuwenden. Fakt aber sei: Es nütze dem Bewegungsapparat und der Lunge, bei Osteoporose, Durchblutungsstörungen sowie Ödemen und bringe nicht zuletzt psychische Erleichterung und Ruhemomente in Stresssituationen. »Wer je eine schnurrende Katze neben oder auf sich gespürt hat, weiß um die entspannende Wirkung des Schnurrens.«

Bei den Anwesenden am eingangs erwähnten Meeting der Schweizerischen Vereinigung für Raumenergie war die Begeisterung jedenfalls groß. Skepsis war an jenem Nachmittag kaum zu spüren. Wie murmelte ein Katzenfreund versöhnlich ins Journalistenmikrofon: »Ich kann und will die positive therapeutische Wirkung des Gerätes nicht in Zweifel ziehen. Umso mehr, als Hilfesuchenden mit Katzenallergie damit vielleicht geholfen werden kann, wenngleich die Apparatur nicht eben kostengünstig ist. Allen anderen Tierfreunden rate ich besseren Gewissens zur Selbsthilfe. Warum sich nicht einfach einen älteren Stubentiger aus dem Tierheim in die eigene Wohnung holen, um ihm in seinen letzten Lebensjahren ohne Erwartung etwas Liebe und Zuneigung zu schenken? Wetten, dass er sich trotz höherer Tierarztkosten auf die eine oder andere Weise revanchieren wird?«

Der uralte Kraftbaum im Himmelstempel von Peking

Nicht nur Haustieren werden mitunter geheimnisvolle Heilkräfte zugesprochen. Unter dem Namen Nine Dragon Juniper zieht ein uralter Baumriese in der Parklandschaft des Himmelstempels von Peking Besucher aus aller Welt fast schon magisch in seinen Bann. Was die mehr als 500 Jahre alte chinesische Zypresse (*Juniperus chinensis*) so besonders macht? Nicht zuletzt ihr zauberhafter Stamm, mit einer spiralförmig gewachsenen Rinde bedeckt, deren Struktur sich von unten nach oben windet. Chinesen wollen darin neun zusammengerollte Drachen erkennen, die in den Himmel hinaufklettern. Ein Glückssymbol der ganz besonderen Art.

Doch: Einheimische wie Touristen sind nicht nur vom grotesk-mythischen Anblick des Wacholderbaumes fasziniert, sondern auch von der seltsamen Wärme elektrisiert, welche das Riesengewächs im

87 Faszinierendes Phänomen: Täglich »tanken« Einheimische und Touristen beim Pekinger Baumriesen Energie.

88
Magische
Ausstrahlung.
Kaum ein Tempel-
besucher, den die
faszinierende
Zypresse nicht in
ihren Bann zieht.

Himmelstempel von Peking auszustrahlen scheint. Mit ausgestreck-
ten Handflächen scharen sich Tag für Tag Menschentrauben um den
Naturriesen, um dessen »Lebenskraft« aufzunehmen, wie der deutsche Publizist und Studiendirektor Peter Fiebag vor Ort fasziniert zur
Kenntnis nahm: »Weit beugen sich Besucher, ob alt, ob jung, jeweils
über die Absperrung, um dem offensichtlich energetisch aufgeladenen Wunderbaum möglichst nahezukommen. Dann macht sich Verwunderung bemerkbar, Fröhlichkeit bis zu ungläubigem Erstaunen.
Sie spüren plötzlich, wie von der Zypresse Wärme in ihre Hände fließt.«

Mit jüngeren Reisegefährten, die keinerlei Affinität zu spirituellen Themen besaßen, führte Fiebag am 15. Oktober 2015 bei 24 Grad und son-

nigem Wetter – genauso wie mit einer zweiten Gruppe am 9. Oktober 2017 bei 14 Grad und starkem Regen – folgendes Experiment durch: Ohne Hintergrundinfos ließ er mehrere Teilnehmer gemäß der dortigen Tradition jeweils beide Handflächen in Richtung des Nine Dragon Juniper ausstrecken. Fast alle nahmen dabei nach eigenen Aussagen erstaunlicherweise ebenfalls eine Art Wärmeausstrahlung wahr, die vom uralten Baumstamm herzurühren schien. »Natürlich waren dies keine wissenschaftlichen Experimente«, betont Fiebag. »Umso interessanter wäre es, eine seriöse Studie anzustreben, um Zufall, Imagination oder anderweitige Beeinflussungen auszuschließen.«

China hat über Jahrtausende eine intensive Verbindung von Natur, Mensch und sakralen wie profanen Gebäuden kultiviert. Diese ebenso ästhetisch wie ökologisch orientierte Bewegung geht von einem Naturverständnis aus, in dem Gebirge, Flüsse, Bäume, Steine, Himmel und Erde lebendige Kraftquellen sind. Garten- und Parkanlagen sind nach der Lehre des Feng Shui Abbild der großen Natur im Kleinen und sollen die Harmonie zwischen dem Menschen und seiner Umgebung, Gesundheit, Wohlbefinden und spirituelles Wachstum herstellen.

Der Himmelstempel von Peking spielte in der alten chinesischen Kosmogonie eine entscheidende Rolle. Begleitet von 2000 Würdenträgern begaben sich die Kaiser der Ming- und Qing-Dynastie zur Wintersonnenwende jeweils zum Himmelsaltar. Hier brachten sie dem Gott des Himmels und ihren Ahnen Opfer dar. In der Halle der Erntegebete, einem der schönsten Gebäude Chinas, baten sie im Frühling um eine gute Ernte. Die heilige Anlage spiegelt bis heute die Zahlenmystik der chinesischen Antike und des Feng Shui wider. In dem uralten Baumriesen Nine Dragon Juniper scheint das verborgene Wissen der asiatischen Feng-Shui-Meister nach wie vor lebendig zu sein. Wie mahnt uns ein asiatisches Sprichwort: »Fälle keinen Baum, der dir Schatten spendet.«

Verborgene Codes auf unseren Geldscheinen

> »Bereits der amerikanische Automobilpionier Henry Ford
> mahnte sinngemäß: Es ist vielleicht ganz gut, dass die Menschen
> des Landes unser Banken- und Geldsystem nicht kennen
> oder verstehen, denn wenn sie es täten, glaube ich, dass es noch
> vor morgen früh zu einer Revolution kommen würde!«

Charles Gustav Binderup, US-Kongressabgeordneter

Und da soll noch einer behaupten, die Bundesrepublik Deutschland sei nach dem Zweiten Weltkrieg nicht offenherzig gewesen. Die wohl einzige barbusige Schönheit, die weltweit je staatliches Papiergeld zierte, räkelte sich ab 1948 auf dem allerersten 5-Mark-Schein der Nachkriegszeit: Die von Zeus entführte Europa! Derlei Raritäten werden heute unter Sammlern zu Preisen von bis zu 200 Euro gehandelt. Ein Bettelknabe dagegen blieb, wer 1923 in Zeiten der Inflation einen deutschen Geldschein über 100 Billionen Mark sein Eigen nannte. Er konnte sich damit bestenfalls den Allerwertesten polieren. Ein Prinz wiederum, wer derlei Ramschpapiere seinen Enkeln vermachte: Heute bezahlen Liebhaber dafür Abertausende von Euros – pro Wisch!

Schein und Sein kokettieren auch in der Schweizer Finanzwelt. Und so handelt man in der Eidgenossenschaft neuerdings mit dreischichtigen Wertscheinen aus einem »neuartigen Substrat samt Polymerkern« mit so

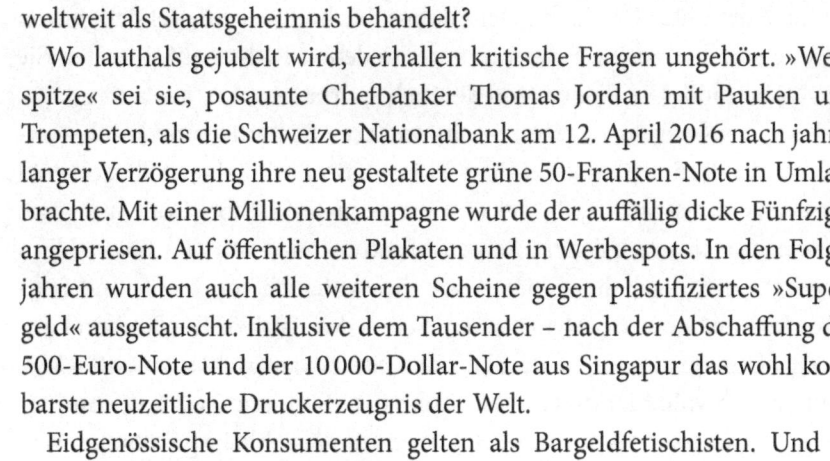

89 In Sammlerkreisen begehrt: 5-Mark-Schein aus Deutschland (1948) – Zeus als Stier entführt die entblößte Europa.

vielen Sicherheitsmerkmalen wie noch nie. Frei nach dem Motto: Lieber dreilagiges Klopapier als gar kein Wertpapier. Doch aufgepasst: Neben einer funkelnden »Minipyramide« finden sich auf den neuen Schweizer Banknoten auch jede Menge kleinste Kringel. Was hat es mit den Kreismustern auf sich, die längst auch alle Euroscheine zieren? Weshalb wird deren Sinn und Zweck im Gegensatz zu anderen Sicherheitsmerkmalen weltweit als Staatsgeheimnis behandelt?

Wo lauthals gejubelt wird, verhallen kritische Fragen ungehört. »Weltspitze« sei sie, posaunte Chefbanker Thomas Jordan mit Pauken und Trompeten, als die Schweizer Nationalbank am 12. April 2016 nach jahrelanger Verzögerung ihre neu gestaltete grüne 50-Franken-Note in Umlauf brachte. Mit einer Millionenkampagne wurde der auffällig dicke Fünfziger angepriesen. Auf öffentlichen Plakaten und in Werbespots. In den Folgejahren wurden auch alle weiteren Scheine gegen plastifiziertes »Supergeld« ausgetauscht. Inklusive dem Tausender – nach der Abschaffung der 500-Euro-Note und der 10 000-Dollar-Note aus Singapur das wohl kostbarste neuzeitliche Druckerzeugnis der Welt.

Eidgenössische Konsumenten gelten als Bargeldfetischisten. Und so wurden auf der Internetseite der Nationalbank stolz alle innovativen Sicherheitsmerkmale der neuen Frankenscheine aufgeführt und ausführ-

90
Entdeckte den geheimen
Code auf unseren Geld-
scheinen. Der Informatiker
Markus Kuhn aus Bayern,
der heute in Cambridge
arbeitet.

lich beleuchtet. Die Rede war vom »Globustest«, dem »Dreieckstest«, dem »Streifen-, Hand- und Kreuztest«, dem »Microperf«, dem »Tastzeichen für Sehbehinderte« sowie von Wasserzeichen, Kippeffekt, Durchsichtsregister, Mikrotext und Ultraviolett-Melierfasern.

Oder im Originalton: »Kippen Sie die Note langsam nach hinten: Die Umrisse und die Alpen der Schweiz erscheinen in Regenbogenfarben. Zudem leuchten in der Zahl 50 kleine Schweizerkreuze auf. Halten Sie das Schweizerkreuz gegen das Licht: Es wird zur Schweizer Flagge. Betrachten Sie die Note unter UV-Licht: Der Globus leuchtet hell auf, auf der ganzen Note leuchten einzelne Fasern in verschiedenen Farben auf. Ertasten Sie den Notenrand: Die Balken sind deutlich spürbar.«

Besagte »Kringel« dagegen – ein weiteres Sicherheitsmerkmal – erwähnte die Nationalbank bei ihrer Präsentation mit keiner Silbe, obwohl der ebenso umstrittene wie weltweit verwendete EURion-Code nun auch Schweizer Geldscheine ziert. Seine Bedeutung wird von den Entwicklern bewusst geheim gehalten, ebenso wie diesbezüglich von Hard- und Softwareriesen eingesetzte Algorithmen. Selbst der Bank of England und anderen Finanzinstituten ist darüber kein Sterbenswörtchen zu entlocken. Und dies, obwohl Markus Günther Kuhn dem Sinn und Zweck der ominösen Strukturen bereits vor rund 20 Jahren auf die Schliche gekommen war. Zufällig und »aus reiner Neugier«, wie der preisgekrönte Informatiker aus Bayern auf Anfrage bestätigt.

Ein Kollege habe ihm seinerzeit erzählt, dass an der Universität im englischen Cambridge ein nagelneuer Xerox-Kopierer angeliefert worden sei. In der Mittagspause startete Kuhn deshalb ein Spontanexperiment. Er fischte aus seiner Brieftasche eine britische 20-Pfund-Note, legte sie mit der Seite, die das Konterfei der Queen zeigt, auf die Glasfläche des Vervielfältigungsapparats, drückte auf die Kopiertaste und wartete darauf, dass sich Elisabeth II. verdoppelte. Der Apparat surrte und brummte, und dann kam Kuhn aus dem Staunen nicht mehr heraus. Statt die 20-Pfund-Kopie zu duplizieren, leuchtete auf dem Display des Xerox-Geräts die Warnung auf, dass das Kopieren von Banknoten illegal sei!

Kuhn wiederholte sein Experiment mit einem 50-Mark-Schein sowie einem damals nagelneuen Euroschein. Jedes Mal blinkte die Warnung erneut auf. In verschiedenen Sprachen. Verstört fragte er sich: »Woher weiß das Gerät, was ich kopieren will?« Neugierig nahm er den 10-Euro-Schein genauer unter die Lupe und entdeckte darauf ein Muster von winzig kleinen, unscheinbaren Kreisen. Dann nahm er sich den Schein mit der Queen vor. Nach einiger Zeit fand Kuhn auch auf der Pfundnote die ominösen Minikreise. In diesem Fall getarnt als Musiknoten mit Notenhals: »Beim Euro waren sie weitaus deutlicher und zahlreicher erkennbar.«

Knapp eine Stunde dauerte sein Experiment, erinnert sich der Deutsche, der heute an der University of Cambridge im dortigen Computer Laboratory lehrt. Er überlegte, welche Muster auf den von ihm getesteten Banknoten auftauchten »und mit Bildverarbeitungsalgorithmen automatisch zu erkennen sind«. In der Folge malte er diese Ringe mit einem Grafikprogramm nach. Dann druckte er seine Zeichnung auf einem Farblaserprinter aus »und versuchte diese zu kopieren, was das Xerox-Gerät erneut als ›Banknote‹ abwies. Damit war mir klar, welches Merkmal es sucht. Denn schwarze Kreise wurden nicht abgewiesen, lediglich farbige.«

Kuhns Entdeckung, über die er damals auch in der wöchentlichen Besprechung seiner Forschungsgruppe berichtete, wird bis heute mit keinem offiziellen Wort gewürdigt. Im Gegenteil: Weder Banker noch Gerätehersteller wollen über das als EURion-Konstellation bezeichnete Muster auf Banknoten Auskunft geben. Doch wie kam es überhaupt zur kuriosen Namensgebung? »Mich erinnerten die entdeckten Ringe entfernt an das

Sternbild des Orion«, erzählt der Informatiker. Später sei ihm berichtet worden, dass das Muster unter Experten als Omron-Ringe bekannt ist – der Name der japanischen Firma, welche die Kreise erfunden habe.

Obwohl sie größer erscheinen, besitzen die winzigen Kringel gerade einmal einen Durchmesser von wenigen Millimetern. Auf Geldscheinen tauchen sie vor allem in gelber Farbe auf, oft aber auch in grünlichem oder orangefarbenem Ton. Fast schon amüsant mutet in diesem Zusammenhang an, dass Copyshop-Mitarbeiter von entnervten Kunden zu berichten wissen, die erfolglos herkömmliche Landkarten kopieren wollten. Nicht zuletzt im Ruhrgebiet kann sich nämlich eine dem EURion ähnelnde Konstellation ergeben, wenn Städte mit einer bestimmten Einwohnerzahl als kleiner Kreis eingezeichnet sind. Ähnliches geschieht mitunter, wenn man das Foto eines Euroscheins mit einem professionellen Bild-

91 EURion-Kreise auf einem 10-Euro-Schein. Die Grafik verdeutlicht deren alles andere als zufällige Position.

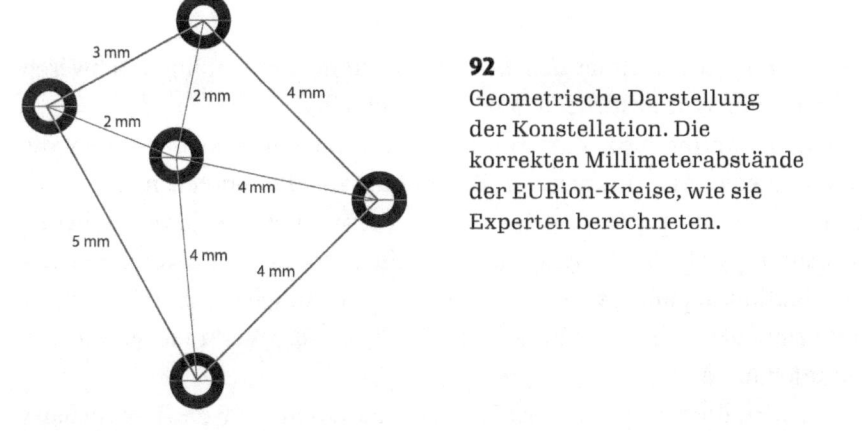

92
Geometrische Darstellung
der Konstellation. Die
korrekten Millimeterabstände
der EURion-Kreise, wie sie
Experten berechneten.

bearbeitungsprogramm auf dem PC zu öffnen versucht. Der Befehl wird schlicht verweigert. Bei der Adobe-Software Photoshop beispielsweise erscheint je nach Version mitunter folgendes Warnfeld: »Diese Anwendung unterstützt die unbefugte Verarbeitung von Banknotenbildern nicht!«

Etliche Staaten haben ihre Geldscheine offensichtlich mit solchen geheimen Sicherheitsmerkmalen versehen lassen. Wer versucht, Banknoten zu kopieren, zu scannen oder auszudrucken, erhält in vielen Fällen entweder eine Fehlermeldung oder schlicht nur eine schwarze Kopie. Je nach Hersteller oder Gerätetyp folgen beim Ausdruck auch halbierte Scans, gar nichts, alles oder eine weiße Seite samt Warnhinweis (*www.rulesforuse. org*). Zusätzlich erschweren oder verhindern offensichtlich auch digitale Wasserzeichen so manchen grafischen Schabernack.

»Die Wahrheit ist zu schlau, um gefangen zu werden«, feixte einst Wilhelm Busch. Und so wurden derlei Verfahren inzwischen als vertraulicher Auftrag der Europäischen Zentralbank an die auf digitale Wasserzeichen spezialisierte Firma Digimarc identifiziert. Bereits vor Jahren benannte das US-Computermagazin *Wired* diesbezüglich das dazu verwendete Counterfeit Deterrence System (CDS). Entwickelt wurde es von der Central Bank Counterfeit Deterrence Group. Die CBCDG ist eine Arbeitsgruppe, der mehrere Dutzend Zentralbanken und Banknotendruckbehörden angehören. Besagtes System verhindert, »dass mittels PCs oder Geräten zur digitalen Bildbearbeitung das Bild einer geschützten Banknote erfasst oder reproduziert wird«. Deren Vorsitzender ist niemand anderer als Thomas Jordan, Chef der Schweizer Nationalbank, dessen

Institution ausgerechnet den EURion-Code in ihrer millionenschweren Werbekampagne ausdrücklich verschweigt. Oha!

Um zu verhindern, dass Gauner den Schutz umgehen, werden die verwendeten Algorithmen zur Erkennung von Banknoten nicht veröffentlicht. Weitergegeben werden sie in Form einer streng vertraulichen Erkennungssoftware lediglich an namhafte Entwickler elektronischer Reproduktionsapparate, welche diese ebenso vertraulich in ihre Hightechgeräte einbauen. Ohne uns als Käufer, Benutzer oder Verbraucher darüber zu informieren.

Nach EURion-Entdecker Markus Kuhn bestätigte 2005 die Reserve Bank of India als einziger weltweit agierender Finanzjongleur, dass das Muster der Omron-Ringe als Kopierschutz auf jeder Banknote aufgedruckt würde. Dies sei seit 1996 der Fall, wie der pensionierte indische Regierungsbeamte N. R. Jayaraman ergänzte, ehe er von mächtigeren Regenten einen Maulkorb verpasst bekam. Wortkarger gibt man sich bei der Xerox Corporation. Das milliardenschwere Technologie- und Dienstleistungsunternehmen, auf dessen Geräten Markus Kuhn sein Experiment 2002 durchführte, beantwortet Anfragen zur Entwicklung des Kopierschutzes bis heute mit dem gleichen Satz: »Xerox äußert sich nicht zum Umfang des Einsatzes.«

Vor den Mächtigsten kniet auch unsere Mainstreampresse. Wer sich durch Genios, eine der größten kostenpflichtigen Pressedatenbanken Deutschlands wühlte, fand bis 2020 mit den Suchbegriffen »EURion« oder »Omron« gerade mal drei deutschsprachige Zeitungsartikel. Einer davon mit Verweis auf ein Kreuzworträtsel. Selbst die *Welt* (»So raffiniert ist die Physik der Geldscheine«) erwähnte den Code am 26. September 2014 in ihrer Darstellung sämtlicher Sicherheitsmerkmale auf den neuen Euroscheinen mit keinem Wort. Auf Wunsch von oben?

Einmal mehr wandte ich mich deshalb Ende 2017 – nach der Lancierung des brandneuen 20-Franken-Geldscheines – an die Schweizer Nationalbank und bat um Auskunft über die obskure EURion-Konstellation. Wörtliche Antwort von Vizedirektor Walter Meier: »Die 15 kommunizierten Sicherheitsmerkmale des neuen 20-Franken-Geldscheins dienen der Öffentlichkeit dazu, die Echtheit der Noten zu verifizieren. Wir sind überzeugt, damit genügend Sicherheitsmerkmale zur Verifizierung zur Verfügung zu stellen. Weitere Merkmale sind für die Echtheitsprüfung der Note durch die Öffentlichkeit NICHT relevant und werden von uns NICHT kommuniziert und auch NICHT kommentiert.«

Wetten, dass noch mehr Sicherheitsmerkmale existieren, die uns vorenthalten werden? Zumindest Steve Casey, bis 2017 Marketingdirektor der australischen Firma Innovia Security, bestätigt in diesem Zusammenhang »weitere versteckte Botschaften«. Unter technologisch Eingeweihten seien derlei Geheimcodes als Level-3- und Level-4-Funktionen bekannt.

Sie würden weitaus vertraulicher gehandelt als EURion. »Nirgendwo werden sie diskutiert, und niemand kennt sie, außer der jeweiligen Zentralbank«, betont Casey. Level-5- und Level-6-Funktionen scheinen damit bloß noch eine Frage der Zeit. Ebenso wie Geldscheine mit hauchdünn eingedruckten Mikrochips.

Wussten Sie übrigens, dass sich jeder 20-Dollar-Schein, auf dem das Antlitz von US-Präsident Andrew Jackson (1767–1845) prangt, mit wenigen Handgriffen derart falten lässt, dass man auf der einen Seite mit viel (!) Fantasie das brennende Pentagon und auf der Rückseite umso klarer und deutlicher die qualmenden Twin Towers des World Trade Centers erkennt? Mein Tipp: Nehmen Sie Ihr Bargeld bei Gelegenheit ruhig mal genauer unter die Lupe, ehe es Ihnen der Staat wieder aus der Tasche zieht. Fallen Ihnen darauf weitere Ungereimtheiten auf, die anderen bislang entgingen?

93 Brennende Twin Towers. Erhaschte einen Blick in die Zukunft, wer den klassischen 20-Dollar-Schein der USA vor 2001 geschickt faltete?

Mystische Symbolik:
Was bedeutet dieses Zeichen?

Wer ersann in den 1970er-Jahren das symbolträchtige Zeichen der satanistisch anmutenden Teufelshörnchen beziehungsweise der Pommesgabel, wie sie Hardrockfans bei Konzerten bis heute millionenfach zelebrieren? Die legendäre Heavy-Metal-Röhre Ronnie James Dio? Die Rocklegenden von AC/DC? Oder Kiss-Bassist Gene Simmons, der die umstrittene Fingergeste als Geschäftsmann sogar patentieren lassen wollte – und in sozialen Medien dafür kräftig aufs Dach bekam?

Je eindeutiger uralte Geheimsymbole, desto vieldeutiger ihre heutige Bedeutung. Und so nahm zumindest der Dalai Lama den Sturm im Wasserglas mit Humor. Im Juni 2017 posierte er zum Erstaunen seiner buddhistischen Gefolgsleute bei einem spontanen Treffen mit Simmons kichernd für einen Twitter-Schnappschuss. Samt entsprechend gespreizten Fingern. Was das gewitzte tibetische Oberhaupt damit symbo-

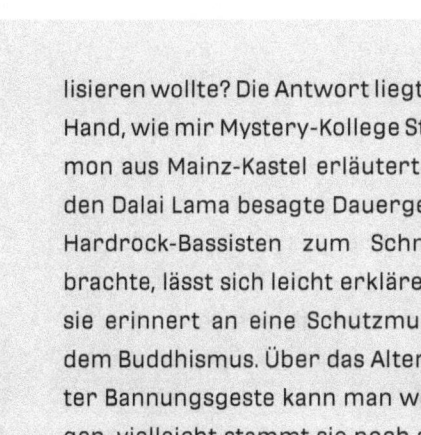

lisieren wollte? Die Antwort liegt auf der Hand, wie mir Mystery-Kollege Stefan Simon aus Mainz-Kastel erläuterte: »Dass den Dalai Lama besagte Dauergeste des Hardrock-Bassisten zum Schmunzeln brachte, lässt sich leicht erklären. Denn sie erinnert an eine Schutzmudra aus dem Buddhismus. Über das Alter besagter Bannungsgeste kann man wenig sagen, vielleicht stammt sie noch aus vorbuddhistischer Zeit.«

95 Schutzmudra oder Liebesbezeugung? Kiss-Bassist Gene Simmons bei seiner Begegnung mit dem Dalai Lama.

Verdeutlicht wird besagter Fingerzeig von Statuen des Buddha Padmasambhava (Guru Rinpoche), der als Gründer des tibetischen Buddhismus aus dem 8. Jahrhundert angesehen wird. Monumente zeigen dessen Mudra oft mit dem Vajra-Zepter, das als Symbol des Mitgefühls gilt. Dazu Stefan Simon: »Eine Patentierung der Geste erscheint mir, höflich formuliert, eher schwierig, weil Guru Rinpoche wohl ›etwas‹ früher da war als der Kiss-Bassist und nach Auffassung der Tibeter zudem niemals gestorben ist ...«

Dennoch irritiert ein kleiner, aber feiner Unterschied: Im Gegensatz zur buddhistischen Mudra spreizen Simmons und Co. den Daumen an ihrer Hand zusätzlich ab. Dies aber ebenfalls nicht als Erste, denn schon in den 1960er-Jahren ließ sich Beatles-Ikone und UFO-Augenzeuge John Lennon entsprechend ablichten – für eine Singleversion von *Yellow Submarine*. Ein Umstand, der dem Beatles-Fan Simmons eigentlich bekannt sein müsste. Ebenso wie der Cartoonfreund wissen sollte, dass selbst fiktive Superhelden wie Spiderman ihre Finger in frühen Zeichnungen ihres Mitschöpfers Steve Ditko ab 1962 derart formierten.

← **94** Nahaufnahme der Statue von Guru Rinpoche, Schutzpatron von Sikkim im Guru-Rinpoche-Tempel bei Namchi (Indien).

Bloß: Zu welchem Zweck? Die Hintergründe notierte mir der deutsche Comickenner Lars Kegler: »Während der im Film von Schauspieler Tobey Maguire verkörperte Spiderman auch Netzdrüsen entwickelt, mit denen er körpereigene Spinnennetze verschießen konnte, war dies bei der ursprünglichen Comicfigur nicht der Fall. So entwickelte Spiderman anfänglich eine chemische Flüssigkeit, die sich an der Luft zu Spinnenfäden verfestigte. Diese befand sich in kleinen Boxen an Armbändern unter seinem Kostüm (in früheren Verfilmungen auch deutlich sichtbar oberhalb seines Kostüms). Den Netzstrahl löste er mithilfe eines Hebels unter seinen Handschuhen aus. Wenn Spiderman also seine beiden mittleren Finger in seine Handflächen legt und die äußeren Finger abspreizt, vollführt er damit keine wie auch immer gemeinte symbolische Geste. Er löst auf diese Weise lediglich seinen Netzstrahl aus.«

96 Spiderman. Auch der Marvel-Held weiß mit ähnlichen Gesten zu verwirren.

Keine Erkenntnis ist je vollkommen, und jede weitere Erklärung bleibt stets willkommen. Insofern bleibt auch das vieldeutige Lächeln des Dalai Lama verständlich. Denn in der Gebärdensprache American Sign Language und auch von vielen Gehörlosen in Europa praktiziert, bedeutet besagte Fingergeste mit abgespreiztem Daumen schlicht: »I love you!«, »In Ordnung!« oder »Passt!« – in Anlehnung an die drei Gebärdenbuchstaben I, L und Y. In den USA eingeführt worden sein soll die nonverbale Positivbekundung bereits 1905. Nachweislich dokumentiert ist sie seit den 1970er-Jahren. Besagte Teufelshörnchen mögen somit alles Mögliche symbolisieren, mit Sicherheit aber nichts Diabolisches. Mittlerweile weiß dies übrigens auch »Rockdämon« Gene Simmons.

Die »Weiße Frau« von Schloss Wildenstein

» Mir passieren ab und zu Dinge, die ich beim besten Willen
nicht erklären kann. Ich bin ziemlich sicher, dass da draußen noch
irgendeine andere Dimension existiert. Ich denke da eher
an Engel und Dämonen als an Geister. Aber bis jetzt haben
sie mir nichts Schlimmes angetan. Ich kenne niemanden,
der je von einem Geist verletzt wurde. «

Alice Cooper, Rocksänger

Geht im Umkreis der Schweizer Burg Wildenstein manches nicht mit rechten Dingen zu? Treibt beim Örtchen Bubendorf bis heute der Geist einer
noblen Dame sein Unwesen, die sich dort im Mittelalter elend das Leben
genommen haben soll – und Autofahrer bis heute als »Weiße Frau« erschreckt? Und: Wieso werden journalistische Nachfragen von den zuständigen Behörden und staatlichen Schlossverwaltern konsequent abgeblockt?

Kein intelligenter Mensch, der in seinem Leben noch nie etwas Unerklärliches erlebt hat. Unheimliche Fragen warf am 1. Juni 2018 insofern eine Reportage von Nik Hartmann auf. Für das öffentlich-rechtliche
Schweizer Fernsehen (SRF) hatte der populäre TV-Moderator den Schauspieler Hansjörg Surer sowie Dieter Leutwyler interviewt – die staatlichen Verwalter und Bewohner von Schloss Wildenstein im Baselbiet. Die
beiden Schlossherren wussten bei dieser Gelegenheit von merkwürdi-

gen Begebenheiten zu berichten, die sich in dem von ihnen bewohnten Gemäuer aus dem frühen 13. Jahrhundert abgespielt haben sollen.

Von einer »eitlen Kunigunde« war die Rede, die sich laut lokalen Sagenforschern aus Gram über den Verlust ihres Spiegels vor Jahrhunderten vom Schlossturm in den Tod gestürzt hatte und seither als »Weiße Frau« umherirre. Ebenso davon, dass ihr Geist beim nahen Belchentunnel noch heute Autofahrer erschrecken soll, wie im Fernsehbeitrag flüchtig angedeutet wurde. Namentlich Schlossverwalter Hansjörg Surer setzte sich dabei in Szene und sprach begeistert von einem »Kraftort«, an dem er selbst Sonderbares erlebt habe, während sich sein Partner Dieter Leutwyler vor laufender Kamera sichtlich zurückhielt.

Bereits bei anderer Gelegenheit hatte Surer 2017 öffentlich versichert, dass sich Stühle in der Burg über Nacht hin und wieder wie von Geisterhand zu bewegen schienen. »Ich bin der, welcher hier täglich arbeitet und das ›Zeug‹ sieht!«, bekräftigte er nun auch gegenüber TV-Reporter Nik Hartmann. »Im Turm hat es ab und an auf dem alten Tisch am Morgen ein bisschen Getreide. Und ich frage mich, wie dieses auf den Tisch kommt. Die Schlossführer sagen, dass es durch die Decke rieselt. Aber dass es stets genau an jenem ... mhhh ...« Surer stockte leicht verlegen und insistierte dann nachdrücklich: »Aber das ist doch spannend ...« Schnitt!

Mehr dazu erfuhr man nicht. War der Mann zu weit gegangen? Hatte er zu viel ausgeplaudert, was nicht publik werden sollte? Und was hat es mit dem vermeintlichen »Getreidespuk« auf sich? Schriftlich bat ich bei der staatlichen Bau- und Umweltschutzdirektion, die das Gemäuer als Eigentümerin verwaltet, um nähere Details sowie ein klärendes Gespräch. Für die Behördenantwort zuständig: ausgerechnet Kommunikationsleiter Dieter Leutwyler, der seit Ende 2016 selbst im Schloss wohnt!

Leutwylers Antwort vom 22. Juni 2018 nach Absprache mit seinen Vorgesetzten: »Wie Sie richtig feststellen, hat Herr Surer in der SRF-Sendung *Wunderland* etwas Ungewöhnliches zu Schloss Wildenstein preisgegeben. Damit hat er als ausgebildeter Schauspieler gekonnt dem Wunsch des Fernsehteams entsprochen. Herr Surer hat aber auch gleich die Erklärung mitgeliefert: Im Turm wurde offenbar früher Getreide gelagert, und einzelne Körner rieseln noch heute durch die Ritze in der Decke. Der

97 Schlossverwalter Hansjörg Surer (links) und Dieter Leutwyler
im Gespräch mit TV-Reporter Nik Hartmann (rechts).

Kanton Basel-Landschaft ist bestrebt, das Schloss als historisches Kultur-
gut zu erhalten und öffentlich zugänglich zu machen. Er ist aber nicht
daran interessiert, dass über das Schloss in großem Umfang Berichte über
geheimnisvolle, paranormale Phänomene verbreitet werden. In diesem
Sinne müssen wir Ihr Gesuch, vor Ort in dieser Angelegenheit weiter zu
›recherchieren‹, ablehnen.«

Als »Schauspieler gekonnt dem Wunsch des Fernsehteams entspro-
chen«?! Wollte Leutwyler damit andeuten, dass die gesamte Spukstory auf
Wunsch des Fernsehteams von seinem Partner inszeniert worden war, um
Aufmerksamkeit oder höhere Einschaltquoten zu erzielen? Oder wollte er
bloß seine Ruhe haben, um seinen Arbeitgeber nicht zu brüskieren und
weiterhin Schlossherr bleiben zu dürfen? Ironie des Schicksals: Wenige
Tage später quittierte der Mann den staatlichen Dienst und zog sich in den
Ruhestand auf Schloss Wildenstein zurück. Hoppla!

Erneute Nachfrage, diesmal beim Schweizer Fernsehen SRF: »Hat Ihr
TV-Team Herrn Surer in der besagten Sendung dazu angehalten, etwas
Mysteriöses zu berichten und so zu tun, als ob er Zweifel an rationalen
Erklärungen dieses Phänomens hat?« Die Antwort von SRF-Bereichsleiter

Tom Schmidlin ließ nicht lange auf sich warten. Klipp und klar distanzierte man sich im Juli 2018 von Leutwylers behördlichen Aussagen: »Gerne versichere ich Ihnen, dass es zwischen den Protagonisten und unserem Team vor Ort keinerlei Absprachen gab bezüglich der diskutierten Themen. Weder wurde Hansjörg Surer von uns angehalten, etwas Mysteriöses zu berichten, noch gab SRF vor, in welcher Weise über die Sage der Kunigunde auf dem Schloss zu berichten sei.«

Leutwylers »Recherabsage« mutet umso absurder an, als der Verein Freunde Schloss Wildenstein regelmäßig Führungen im Schloss veranstaltet und die Räumlichkeiten auch für öffentliche Anlässe gemietet werden können. Zudem wirbt in unmittelbarer Nähe seit einigen Jahren ein neuer, staatlich subventionierter Informationspfad um Touristen: »Am Felsen unterhalb der Burg können Kinder sich an einer Audiostation die Sage der Kunigunde anhören.« Keine Rede davon, dass der Staat als Besitzer der Burg »kein Interesse daran hat, dass Berichte über geheimnisvolle, paranormale Phänomene verbreitet werden«. Weshalb wurde die Öffentlichkeit falsch informiert? Und wieso will oder darf Augenzeuge und Schlossbewohner Hansjörg Surer Interessierten nicht näher ausführen, was ihm in den historischen Gemäuern von Schloss Wildenstein gespenstisch vorkommt?

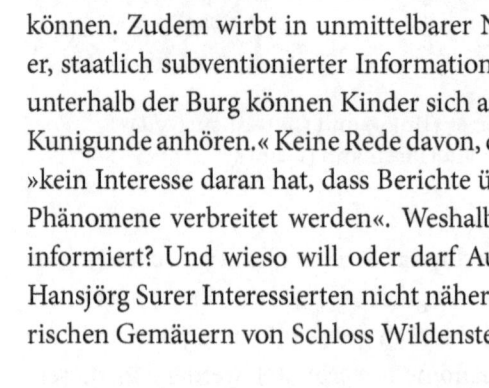

98
Sagenhafter Kraft- und Spukort zugleich. Das Schloss Wildenstein im schweizerischen Baselbiet.

»Wer's glaubt, wird selig!«, haute der Lokaljournalist Bojan Stula am 4. Dezember 2018 angesichts meiner Nachfragen reichlich zynisch in die Tasten, weil er zu besagter Story nichts Gescheiteres beizusteuern wusste. Was ihm durch die Lappen ging: Der oft als »moderne Sage« bezeichnete Spuk der »Weißen Frau« in jener Gegend gründet auf einer realen Begebenheit. Geschehen und polizeilich protokolliert am 26. September 1983.

An jenem Tag befanden sich zwei junge Rechtsstudentinnen auf der Autobahn A2 in Richtung Solothurn. Bei Eptingen, kurz vor dem Belchentunnel, sahen sie eine Anhalterin auf dem Pannenstreifen. Spontan nahmen die beiden die »seltsam zerbrechlich wirkende« Gestalt in ihrem Honda mit und fuhren mit ihr durch den Tunnel. Es gehe ihr gar nicht gut, murmelte die bleiche Frau plötzlich auf dem Rücksitz: »Es wird etwas Schreckliches passieren, etwas ganz Furchtbares.« Als eine der beiden Studentinnen deswegen fragend nach hinten guckte, war die Beifahrerin verschwunden – spurlos!

Völlig aufgelöst kehrten die jungen Frauen später im Härkinger Restaurant »Zur Spanischen« ein. Das dort bis ins Jahr 2016 tätige Wirtspaar Marie-Therese und Paul Burkhardt erinnerte sich noch gut an die Ereignisse: »Die beiden jungen Frauen waren derart verwirrt und verstört, dass man sofort merkte: Irgendetwas war hier wirklich sehr seltsam! Die logen uns garantiert nicht an. Beide haben geweint und sich hysterisch benommen. Das waren normale, intelligente, junge Frauen, um die 20 Jahre alt, mitten im Studium. Wir riefen darauf die Polizei an, welche die Sache aber nicht ernst nahm. Dennoch lässt uns die Geschichte bis heute keine Ruhe.«

Ebenso bemerkenswert: Laut Recherchen der ortskundigen Journalisten Michael Rockenbach und Philipp Loser handelt es sich bei einer der Zeuginnen um eine mittlerweile stadtbekannte Juristin aus dem Großraum Basel. Leider möchte diese anonym bleiben. Nach längerem Überlegen lehnte sie ein Outing ab: »Ich will das alles nicht nochmals hervorkramen.« Ob sie sich nach diesen Zeilen doch noch zu einem öffentlichen Bekenntnis durchringt?

Knapp 50 Jahre lang hielt auch Hans Rudolf Tschopp aus Lupsingen, heutiger Ehrenpräsident des Vereins Freunde von Schloss Wildenstein, wohlweislich seinen Mund. Im Sommer 1969 war er mit seiner damali-

99 »Auch ich bin der ›Weißen Frau‹ begegnet!« Schwieg fast 50 Jahre lang: Augenzeuge Hans Rudolf Tschopp aus Lupsingen.

gen Freundin und heutigen Ehefrau nachts durch den örtlichen Wald spaziert. Eisern schwiegen die beiden über ihr gespenstisches Erlebnis, um von Freunden und Bekannten nicht als Fantasten oder Spinner abgestempelt zu werden. Dank der Vermittlung von Sagenforscherin Barbara Saladin enthüllte der rüstige Schlossführer 2018 meinem damaligen journalistischen Mitarbeiter Tomas Hrico zum allerersten Mal, welch verwirrendes Schauspiel er seinerzeit unweit der Baselbieter Burg zu Gesicht bekommen – und bis dahin für sich behalten hatte.

Tschopp wörtlich: »Es war an einem sommerlichen Samstagabend im Jahr 1969. Meine Frau und mich hatte es damals in den Raum Wildenstein verschlagen. Wir waren frisch verliebt und genossen in einer Cafeteria einen Eisbecher. Es war bereits Mitternacht, und es herrschte mildes Wetter, als wir uns entschlossen, noch im örtlichen Wald spazieren zu gehen. Als ›Jungspunde‹ waren wir gut gelaunt und voller Energie und Tatendrang. Also nahmen wir den Waldweg in Richtung Schloss Wildenstein unter die Füße.

Im Wald war es totenstill, sodass man jedes Knacken und Rauschen hören konnte. Auf einmal kam diese ›Weiße Frau‹ schätzungsweise 40 bis 50 Meter von uns entfernt den Hang herunter und überquerte den Waldweg, auf dem wir uns gerade befanden. Wir wunderten uns sehr darüber, denn eine junge Dame ganz alleine im dunklen Wald, und dies noch dazu um Mitternacht, hätten wir dort wahrlich nicht erwartet! Trotz der Dunkelheit konnten wir die Frau sehr gut erkennen, denn ihr schneeweißer bis zu den Fußknöcheln reichender Rock schien regelrecht zu leuchten! Sie sah nicht aus wie ein Geist, sondern wie ein ganz normaler Mensch im Alter zwischen 20 und 30 Jahren, schlank, etwa 1,70 Meter groß, mit langen dunklen Haaren. Ihr Aussehen war nicht außergewöhnlich, doch der Umstand, zu besagter Zeit vollkommen alleine unterwegs zu sein, umso mehr. So weit, so seltsam.«

2 bis 3 Minuten lang konnten Tschopp und seine Liebste die Gestalt in der Folge beobachten, »als das Unglaubliche geschah: Vor unseren Augen verschwand sie urplötzlich im Nebel. Nicht, dass wir sie einfach aus den Augen verloren hätten. Nein, sie löste sich regelrecht im Nebel auf! Wir verstanden die Welt nicht mehr. Also wollte ich unbedingt in Erfahrung bringen, wer diese junge Dame war, und folgte ihr durchs feuchte Gras, wo wir sie zuletzt gesehen hatten. Doch vergebens: Von der ›Weißen Lady‹ fehlte jede Spur. Sie blieb verschwunden. Erst viele Jahre später habe ich von der Schlosssage über die eitle Kunigunde erfahren. Das hat mich dann natürlich schon sehr erstaunt. Sowohl meine Frau als auch mich beschäftigt dieses seltsame Erlebnis bis heute.«

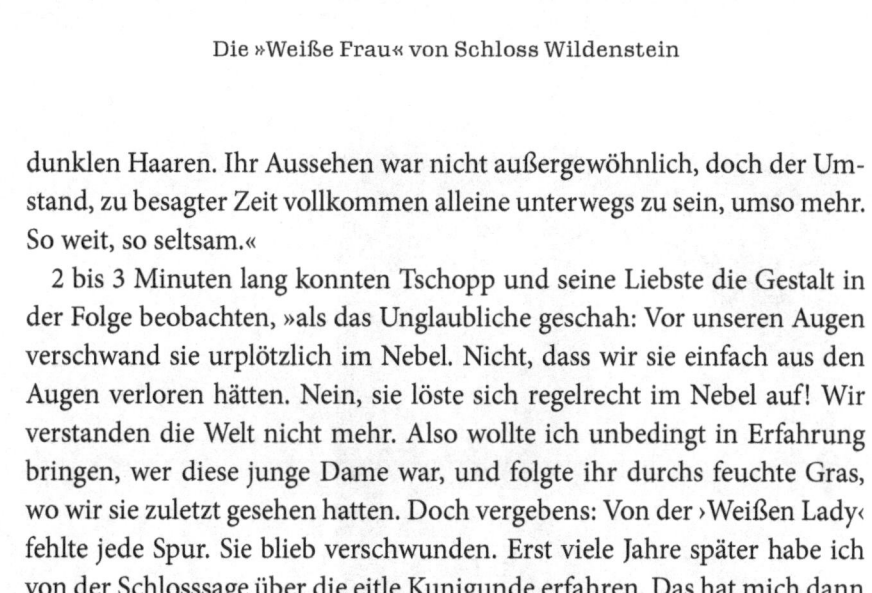

Vampire: Liegt auf Berlins neuem Flughafen ein alter Fluch?

Ein Ende mit Schrecken? Ein Schrecken ohne Ende? Nach katastrophaler Bauplanung und schier endlosen Mängeln wurde der Berliner Pannenflughafen »Willy Brandt« am 4. November 2020 feierlich eröffnet. Ausgerechnet während der weltweiten Corona-Pandemie. 9 Jahre später als geplant und etliche Milliarden Euro teurer als politisch versprochen. Die Krux: Ohne weitere Milliardenzuschüsse in den kommenden Jahren, so die Verantwortlichen, werde der »Hauptstadtflughafen BER« bis ins Jahr 2034 (!) dunkelrote Zahlen schreiben.

So viel Unglück kommt nicht von ungefähr und lässt für die Zukunft weiteres Unheil erahnen. Umso mehr, als am Standort des neuen Verkehrs-

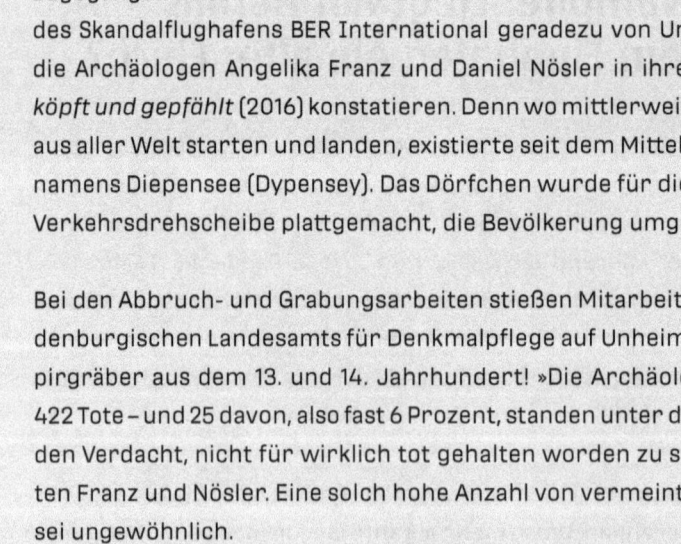

100
Skelett mit Felsbrocken
auf dem Schädel. Einer
von etlichen makabren
Funden unter dem neu-
en Berliner Flughafen.

knotenpunktes schon im Mittelalter vieles nicht mit rechten Dingen
zugegangen zu sein scheint. »Tatsächlich wimmelt es auf dem Gelände
des Skandalflughafens BER International geradezu von Untoten!«, wie
die Archäologen Angelika Franz und Daniel Nösler in ihrem Buch *Ge-
köpft und gepfählt* (2016) konstatieren. Denn wo mittlerweile Flugzeuge
aus aller Welt starten und landen, existierte seit dem Mittelalter ein Ort
namens Diepensee (Dypensey). Das Dörfchen wurde für die brandneue
Verkehrsdrehscheibe plattgemacht, die Bevölkerung umgesiedelt.

Bei den Abbruch- und Grabungsarbeiten stießen Mitarbeiter des Bran-
denburgischen Landesamts für Denkmalpflege auf Unheimliches: Vam-
pirgräber aus dem 13. und 14. Jahrhundert! »Die Archäologen fanden
422 Tote – und 25 davon, also fast 6 Prozent, standen unter dem dringen-
den Verdacht, nicht für wirklich tot gehalten worden zu sein«, berichten Franz und Nösler. Eine solch hohe Anzahl von vermeintlich Untoten
sei ungewöhnlich.

Bereits die Entdeckung des Gräberfeldes war eine Überraschung, denn bis dahin war nicht einmal bekannt gewesen, dass in Diepensee einst eine Kirche mit Friedhof gestanden hatte. Es gibt keine Chroniken oder andere Quellen, die ein Gotteshaus erwähnen, und auch der moderne Ort Diepensee besaß keine Kirche. Insgesamt seien »418 Gräber mit 422 Individuen« erfasst worden, so die Anthropologin Bettina Jungklaus, welche die Forschungsarbeiten von 2004 bis 2006 begleitet und dokumentiert hat. 29 Gräber wichen dabei »bezüglich der Lage der Toten oder bestimmter Maßnahmen und Handlungen, die am Leichnam durchgeführt wurden, von der üblichen Bestattungspraxis ab«.

Die damaligen Einwohner schienen bei einigen der Leichen absolut sichergehen zu wollen, dass die Verstorbenen nicht aus ihren Gräbern zurückkehrten. »Die Dorfbewohner hatten sich große Mühe gegeben, diese Toten auf ewig ans Grab zu binden: Sie hatten sie mit großen Steinen beschwert oder auf den Bauch gedreht, ihnen die Beine abgeschlagen und zusätzlich noch mit einem verkohlten Holzbrett bedeckt, in einem Fall wurde sogar nachträglich der Kopf abgehackt«, berichten Franz und Nösler. »Derartige Verstümmelungen und auch das Beschweren der Verstorbenen mit Steinen resultieren aus dem Aberglauben an Wiedergänger und Vampire«, erklärt das Brandenburgische Landesamt für Denkmalpflege, welches die Ausgrabungen am neuen Berliner Flughafen ge-

101 Mit schweren Steinen fixiert. Auch diesen Verstorbenen von Diepensee hielten seine Mitmenschen offenbar für einen Untoten.

leitet hat. Die Grabbeigaben sollten eine Rückkehr der Gefürchteten in die Welt der Lebenden verhindern.

Der mittelalterliche Glaube an Wiedergänger habe stets zwei Wurzeln gehabt, erläutern die Geschichtsforscher. Einerseits die Angst vor plötzlich oder unheilvoll Verstorbenen, andererseits »den Schrecken, den jeder unnatürliche Tod hervorruft«. Bei einigen der Untoten in Diepensee konnten die Ausgräber zudem nachweisen, dass jene Menschen zeitlebens durch Behinderungen oder Verstümmelungen beeinträchtigt gewesen sein müssen. Einer der Verstorbenen hatte ein steifes Bein, eine Frau einen »Stummelarm«, ein weiteres weibliches Skelett auffällige Deformationen am Kopf. Vermutlich waren sie schon zu Lebzeiten Ausgestoßene und wurden als solche auch unter die Erde gebracht.

Dreien der Toten unter dem neuen Flughafengelände waren vor der Beerdigung zudem Steine in den Mund gestopft worden. Dies deute auf die Abwehr einer ganz »speziellen Klasse von Wiedergängern hin, den sogenannten Nachzehrern«, weiß Archäologin Jungklaus. In Volksüberlieferungen gelte ein solcher »in seiner Gier nach Leben als besonders bösartig«. »Er verzehrt seine Kleider und Glieder, weshalb bei der Bestattung nichts an den Mund des Verstorbenen geraten darf. Denn sind diese aufgezehrt, saugt er auf geheimnisvolle Weise per Fernzauber den Lebenden die Lebenskraft aus und holt sie ins Grab nach.« Um dies zu verhindern, »verbarrikadierten« die mittelalterlichen Menschen gefürchteten Toten den Mund mit Steinen oder Metallteilen.

Warum ausgerechnet im alten Diepensee auffallend viele »Untote« begraben wurden, wissen die Forscher nicht. Die Spuren zeugten aber von einem »ausgeprägten Aberglauben« im damaligen Dorf. Vermutlich hatte jener Ort schon immer ungewöhnlich viel Unbill zu ertragen. Verflucht – bis in alle Ewigkeit?

DNA-Rätsel: Haarlocken von Schiller entdeckt!

» Wenn Friedrich Schiller ermordet wurde, dann war es
kein Meuchelmord oder Raubmord, sondern eine andere Art von Mord:
ein Logenmord! Spätestens seit Dan Browns Romanen ist bekannt,
dass die Einweihungsrituale in diesen Kreisen mit makabren Morddrohungen
verbunden sind. Sie mögen nur bildlich gemeint sein, aber die
Geschichte zeigt, dass sie auch umgesetzt wurden. Mit diesen Themen
betreten wir eine obskure Parallelwelt, die für die meisten
Menschen unglaublich und unvorstellbar ist. «

Armin Risi, Schriftsteller

Friedrich Schillers frühzeitiger Tod bleibt ein Mysterium. Wo ist sein Schädel geblieben, der sich ab 1826 im Besitz dessen Verehrers Johann Wolfang
von Goethe befand und heute als verschollen gilt? Wieso offenbarte die
Untersuchung der sterblichen Reste in der Weimarer Fürstengruft auf dem
Historischen Friedhof 2008 wider Erwarten keinerlei Spur von Schillers
Überresten? War der deutsche Ausnahmedichter (1759–1805) als »Ver-
räter« vergiftet worden, weil er der Illuminatenloge von Weimar einen
Korb gab und diese auffliegen lassen wollte? Wusste Logenbruder Goethe von der Ermordung seines Freundes, und verbarg er kurz vor seinem
eigenen Tod in seinem *Faust II* eine codierte Botschaft, wie der Autor
Armin Risi 2011 in mehreren Publikationen darlegte?

Tatsache ist: Bereits 1783 war Goethe als 33-Jähriger zusammen mit Herzog Carl August von Sachsen-Weimar-Eisenach und Adolph Freiherr von Knigge der deutschen Gesellschaft der Illuminaten beigetreten – einem radikal-aufklärerischen und später verbotenen Geheimbund um Adam Weishaupt aus Bayern, der die Veränderung politischer Verhältnisse anstrebte. Dies beweist unter anderem Goethes handschriftlich vorliegende Erklärung sowie ein Mitgliederverzeichnis aus dem Nachlass des 1793 in Weimar verstorbenen Johann Joachim Christoph Bode, das Reporter von Focus TV 2005 in einem Moskauer Archiv dokumentieren konnten. Bode war Leiter der Illuminatenloge von Weimar, in die Goethe als Abaris – dem Namen eines skythischen Zauberers – aufgenommen wurde.

Laut »politisch korrekten« Quellen wollte Goethe den Orden mit seiner Teilnahme lediglich »aushorchen«. Die wahren Verhältnisse scheinen komplexer. So versuchte Bode damals, auch den Freimaurer-Sympathisanten Friedrich Schiller für seine Zwecke zu gewinnen. Um ihm den Illuminatenorden schmackhaft zu machen – eine aufstrebende, machtdurstige Geheimbewegung, die mit der Freimaurerei seinerzeit auf Konfrontationskurs ging. Schiller aber lehnte ab, weil ihn enge Freimaurerfreunde brieflich davor warnten. Plante der Dichter in der Folge gar, die politischen Machenschaften und Geheimnisse der Illuminaten aufzudecken? Wusste Goethe davon? Erstattete dieser heimlich Bericht an den Geheimbund, ohne mit der fatalen Reaktion seiner Logenbrüder zu rechnen? Und was hat es mit Gerüchten auf sich, wonach Schiller gegen Ende seines Lebens – entgegen offizieller Darstellung – doch noch den Freimaurern beigetreten sein soll?

Etliche Schriften wurden zu diesen kontroversen Fragen verfasst. Darunter Henning Fikentschers vergriffene, aber nicht minder interessante Broschüre *Zur Ermordung Friedrich Schillers* (1990). Was bleibt Dichtung? Was bleibt Wahrheit? Nur »die Analyse seiner sterblichen Überreste – Haare, Knochen – könnte heute einen definitiven Anhaltspunkt liefern, ob Friedrich Schiller tatsächlich mit Schwermetallen vergiftet wurde«, gibt der Chemiker und Professor Thomas Prohaska von der Universität für Bodenkultur in Wien zu bedenken. Dies, nachdem ein ambitioniertes Forschungsprojekt des MDR und der Klassik Stiftung

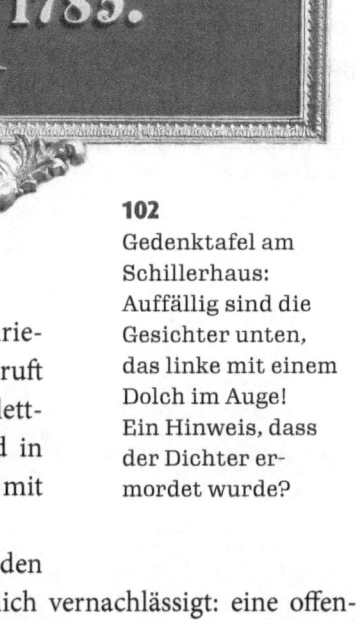

Hier wohnte
SCHILLER
und schrieb das
Lied an die Freude
im Jahre 1785.

Weimar 2008 beide dem Dichter zugeschriebenen Schädel in der Weimarer Fürstengruft analysiert hatte, ebenso die dortigen Skelettteile, Schillers DNA-Code ermittelte und in der Folge keinerlei Übereinstimmungen mit besagten Relikten fand.

Ein wichtiges Beweisstück wurde bei den damaligen DNA-Vergleichen leider sträflich vernachlässigt: eine offensichtlich authentische Haarlocke des Dichters in der Schweiz, von der selbst renommierte Experten in Deutschland bis vor Kurzem keinen blassen Schimmer hatten. Besagte Strähne im Depot des Rätischen Museums in Chur mit der Inventarnummer H1969.749 wird seit Jahrzehnten kaum noch ausgestellt, wie mir Museumsdirektorin Andrea Kauer 2017 ausrichten ließ: »Sie passt schlicht nicht mehr in die heutige Konzeption unseres Hauses.«

Die Locke des Dichters gelangte noch in der Anfangszeit des Museums in dessen Besitz. Gründer Peter Conradin von Planta (1815–1902) habe damals immer wieder um Geld- und Sachspenden gebeten, erklärte Kauer. Seinerzeit hätte man noch einen »generellen Bildungsanspruch« gehabt, weshalb neben Mumien oder altgriechischen Vasen auch Haare eines Poeten für das Ausstellungshaus relevant gewesen seien. Die Herkunft des Stückes wurde im Museum seinerzeit akribisch notiert. Die Schwägerin Schillers soll die Locke nach dessen Tod 1805 höchstpersönlich abgeschnitten haben. Über sie sei das Haarbüschel in den Besitz der Gattin des Museumsgründers Peter Conradin von Planta gelangt, seinerseits ein einflussreicher Politiker und Jurist. Von Planta hatte die »kostbare Reliquie« 1889 schließlich dem Rätischen Museum als Schenkung übergeben, um mit gutem Beispiel voranzugehen. Heutzutage würde man ein solches Objekt »wohl nicht mehr annehmen«, erklärt die Museumschefin. Die historische Authentizität jener Schillerlocke könne sie trotz der durchaus glaubwürdi-

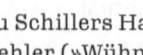

103 Historische Inventarkarte zu Schillers Haarlocke im Museum von Chur, inklusive Schreibfehler (»Wühn« statt »Kühn«).

gen Herkunftsgeschichte »nicht garantieren«. »Die Haare wurden auch nie wissenschaftlich untersucht.«

Dass eine gesunde Portion Skepsis durchaus angebracht ist, bestätigte in der Folge auch Alexa Hennemann vom Deutschen Literaturarchiv in Marbach, das von der Deutschen Schillergesellschaft getragen wird. »Es existiert eine Vielzahl angeblicher Schillerlocken.« Je nachdem, wie man zähle, komme man »insgesamt auf gut 20 Haarlocken beziehungsweise -objekte«, die mit Schiller in Verbindung zu bringen sind, ergänzte ihre Kollegin Sabine Fischer. In Sachen Echtheit sei man unter anderem auf »Familienüberlieferungen angewiesen«. Inwieweit derlei Quellen zu trauen sei, müsse »für jeden Einzelfall geprüft werden«. Die Locken im Marbacher Archiv und auch im Schillerhaus in Weimar seien »teils in Medaillons oder Rähmchen gefasst, teils nur von einem Umschlag geschützt«.

Auf keine konkrete »Reliquienzahl« festlegen will sich denn auch Ulrike Müller-Harang vom Goethe- und Schiller-Archiv in Weimar. »Schauen Sie sich nur mal das schüttere Haar des Dichters auf dem Totenbett an, da ist mengenmäßig nicht viel zu erwarten. Das ist so wie mit einem Holzsplitter vom Kreuz Christi. Ich möchte nicht wissen, wie viele ›echte‹ davon weltweit existieren und wie groß das Kreuz gewesen sein müsste, wenn man all diese ›echten‹ Holzstückchen zusammensetzen würde.«

Zumindest die beiden in Weimar ausgestellten Schillerlocken aber würden als »vermutlich echt« eingestuft. Sie wurden dem Dichter laut schriftlicher Quellen »erst nach seinem Tod abgeschnitten, um sie seiner Frau Charlotte als Reliquie der Erinnerung zu überbringen«. Jene Haarsträhnen besitzen somit Herkunftsnachweise, »die nach Kenntnis der Umstände, unter denen Schillers Nachkommen beziehungsweise die Aufbewahrer sie gesichert haben, glaubhaft erscheinen«, so Ulrike Müller-Harang. »Dennoch müssen wir von ›vermeintlichen‹ Schillerhaaren sprechen, da wir nichts vollständig beweisen, sondern nur von einer hohen Wahrscheinlichkeit ausgehen können.« Die eingangs erwähnte DNA-Untersuchung etwa sei um 2008 aufgrund des hohen Alters und schlechten Zustands der Proben gescheitert.

Plötzlich aber glühten die Kommunikationsdrähte. Dass im Museumsdepot von Chur ebenfalls eine mutmaßliche Haarsträhne des Dichters liegt, war für die deutschen Schillerfachleute nämlich ein Novum! Erst 2017 erfuhren sie auf meine Initiative hin davon. »Das war mir bislang nicht bekannt, ist aber schön zu wissen!«, kommentierte Ulrike Müller-Harang überrascht. Sie und ihre Kollegen würden sich gerne mit dem vergessenen Objekt befassen, betonte sie. Man könnte zum Beispiel die Angaben zur Provenienz untersuchen. »Es wäre zu prüfen, ob sie glaubhaft sind, was sie stützt oder was sie entkräftet. Vielleicht können wir dabei helfen?«, so das kollegiale Angebot Richtung Eidgenossenschaft.

Doch es sollte noch besser kommen. Denn bei der Inventarisierung ihres Sammlerstücks unterlief den Museumsmachern in Chur ein grober Schnitzer, wie Müller-Harang dankenswerterweise anmerkte: »Die ursprüngliche Besitzerin der Schillerlocke heißt nicht Luise Wühn, wie auf der mir von Ihnen weitergeleiteten Archivnotiz vermerkt, sondern Luise Kühn«, korrigierte sie nach persönlicher Überprüfung. Ein Wink des Schicksals! Denn Recherchen zu Luise Kühn führten zu zwei bislang ebenso vergessenen Fachartikeln aus den 1960er-Jahren. In Berichten für das *Bündner Schulblatt* (1968/1969, Heft Nr. 5) sowie im *Bündner Jahrbuch* von 1967 hatte sich der Lehrer und Lokalhistoriker Martin Schmid aus Chur unter dem Titel »Die Schillerlocke im Rätischen Museum« mit der Reliquie beschäftigt. Ihm zufolge hatte die Spende an das Schweizer Ausstellungshaus 1889 in der Presse für Aufsehen gesorgt, die seinerzeit ausdrücklich auf das »eigentümliche Geschenk« hinwies und berichtete, dass die »Haare rötlich-blond seien«.

Anhand alter Quellen und Akten hatte Martin Schmid den Weg der Strähne nach Graubünden verfolgt. Luise Kühn begegne man »nirgends in der Schillerliteratur«, erklärte er. Aber ihre vermutlich halbadlige Herkunft sowie die Hochzeit ihrer Mutter Charlotte, welche die Familie aus Eisenach in die Schweiz führte, ließ sich bestens rekonstruieren. Tochter Luise heiratete demnach in Chur einen gewissen Oberst Ulrich Bauer, mit dem sie zwei Kinder hatte. Anlässlich ihrer Vermählung hatte Luise von Thüringer Freunden aus Schillers Verwandtschaft – namentlich von

104 →
Schillers Haarlocke (oben angeheftet) samt handschriftlicher Beglaubigung. Warum der Museumsgründer die andere Hälfte verschwieg, bleibt unklar.

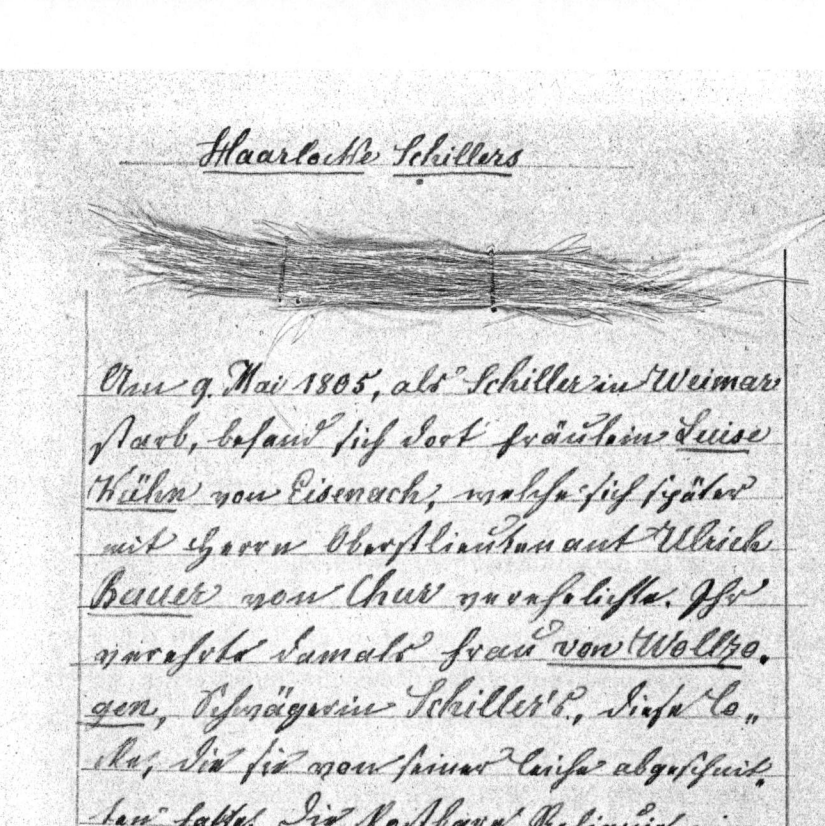

Am 9. Mai 1805, als Schiller in Weimar starb, befand sich dort Fräulein Luise Kühn von Eisenach, welche sich später mit Herrn Oberstlieutenant Ulrich Bauer von Chur verehelichte. Sie war sogar damals Frau von Wollzogen, Schwägerin Schiller's, diese locke, die sie von seiner Leiche abgeschnitten hatte. Die kostbare Reliquie ging in der Folge auf meine Frau, Elise, Tochter der genannten Frau Luise Bauer, geb. Kühn, über. Nachdem nun auch meine liebe Gattin gestorben ist, haben meine Kinder mich beauftragt, diese ehrwürdige Reliquie zum Andenken an ihre Mutter dem rätischen Museum zu schenken.

Chur, 1. Juli 1889   Dr. P. C. v. Planta

dessen Schwägerin – die besagte Locke geschenkt bekommen. Das Haarbüschel sei dem Dichterfürsten 1805 nach dessen Tod abgeschnitten worden.

Das Ehepaar Bauer-Kühn geriet später durch spekulative Geschäfte in Finanznot, sodass »am Ende das Familienvermögen zusammengeschmolzen war«, notierte der Lokalhistoriker. Der Schwiegersohn und spätere Museumsgründer Peter Conradin von Planta wollte die Erbschaft deshalb »erst nach amtlicher Inventarisation« antreten: »Ich weiß nicht, was noch vorhanden war. Eines aber war jedoch in Treuen aufbewahrt worden und als Kostbarkeit versorgt gewesen: Schillers Locke.«

Und so gelangte die kostbare Strähne schließlich in den Churer Museumsfundus. Allerdings nur eine Hälfte davon! Denn gegen Ende seines Textes ließ Lokalchronist Martin Schmid fast schon nebenbei eine weitere Bombe platzen: »Ich will noch anfügen, dass die ›andere Hälfte‹ der Locke im Besitz von Herrn Pfarrer Marius von Planta, Corgémont, ist. Wohlverwahrt in elfenbeinerner Schatulle.« Ein Umstand, den Peter Conradin von Planta seinerzeit offenbar geflissentlich verschwiegen hatte.

»Davon höre ich heute zum ersten Mal!«, staunte selbst die Churer Museumsleiterin Andrea Kauer 2018, als sie davon Kenntnis erhielt. Kernfrage: Existiert diese zweite Schillersträhne heute ebenfalls noch? Oder wurde sie längst entsorgt? Und falls doch noch vorhanden: Könnte deren Analyse – je nach Erhaltungsgrad der DNA – weitere Aufschlüsse über das kontroverse Ableben des Dichterfürsten liefern? Entsprechende Nachfragen führten anfänglich ins Nichts: Kopfschütteln im Museum. Auch im Staatsarchiv von Chur, wo der Nachlass von Pfarrer Marius von Planta liegt, fanden sich keinerlei weitere Hinweise.

Gut Ding will Weile haben. Und so erreichte mich nach etlichen An- und Nachfragen 2018 vom heutigen Familienforscher Conradin von Planta – nicht zu verwechseln mit dem längst verstorbenen Museumsgründer – überraschend die frohe Botschaft: »Ja, auch diese Locke von Friedrich Schiller existiert noch!« Aktuell befindet sich die geschichtsträchtige zweite Dichtersträhne im Privatbesitz des Churer Allgemeinmediziners Andreas von Planta, samt der historisch erwähnten »elfenbeinernen Schatulle«, in der sie nach wie vor aufbewahrt wird, wie ein Foto dokumentiert, das mir exklusiv zur Veröffentlichung übermittelt wurde (siehe Farbbildteil).

Wer die Locke im 19. Jahrhundert vor der Übergabe ans Museum geteilt hat, wissen die heutigen Nachkommen nicht mehr. Jedenfalls wurde sie innerhalb der Familie stets weitervererbt, wie Rudolf von Planta bestätigt, ein angesehener Weinbauer aus dem bündnerischen Paspels. Umso stolzer hält dessen Sohn und gegenwärtiger Besitzer Andreas von Planta Schillers »zweite Schweizer Haarsträhne« in Ehren. Das kostbare Stück verwahre er sicher in einem Tresor, wie er betont: »Es ist ein Kuriosum und ein Teil unserer Familiengeschichte!«

Mysterien der Freimaurer – gestern und heute

Ockershausen, 1796. Verwundert mustert Johann Heinrich Jung alias Jung-Stilling den grün gekleideten Unbekannten, der sich vor seiner Haustüre in Mittelhessen artig verneigt. Längst hatte sich der von Goethe geförderte Augenarzt und Professor einen Namen als Schriftsteller gemacht. Als er erfährt, dass er es mit dem »merkwürdigen XY« zu tun hatte, bittet er ihn herein. Der Besucher bricht in Tränen aus und küsst die Hand des Schriftstellers: »Herr Hofrat, nicht wahr – Sie haben *Das Heimweh* geschrieben?« Jung-Stilling nickt. »Dann sind Sie einer meiner geheimen Oberen!«, entfährt es dem Mann.

»Nein, lieber Herr«, entgegnet der Dichter höflich. »Ich bin weder Ihr noch irgendeines Menschen geheimer Oberer, ich bin durchaus in keiner geheimen Verbindung.« Der Besucher starrt den Schriftsteller ungläubig an: »Liebster Herr Hofrat! Hören Sie auf sich zu verbergen, ich bin lang genug und hart genug geprüft worden. Ich dachte doch, Sie kennen mich schon ...«

Tatsächlich finden sich in Jung-Stillings zwischen 1794 und 1796 erschienenem christlich-mystischen Roman *Das Heimweh* Anklänge an die Riten der Freimaurer. Allerdings schien sich der Gelehrte als Logenbruder um 1787 vom Geheimbund distanziert zu haben – zumindest öffentlich. Jahre bevor er sein Epos zu Papier brachte, das in der Einweihung eines Jünglings durch die »Gesellschaft der geheimen Weisen« in den ägyptischen Pyramiden gipfelt. »Ich bezeuge Ihnen bei dem lebendigen Gott, dass ich in keiner geheimen Verbindung stehe«, beteuert Jung-Stilling deshalb erneut, »und dass ich nichts von dem begreife, was Sie von mir erwarten!«

105
Schriftsteller Johann
Heinrich Jung.
1796 erzählte ihm
ein geheimnisvoller
Besucher »außer-
gewöhnliche Dinge«.

Verwirrt rauft sich der Besucher die Haare. »Woher wissen Sie dann von der großen, ehrwürdigen Verbindung im Orient, die Sie in ihrem *Heimweh* umständlich beschreiben, und sogar ihre Versammlungsorte in Ägypten, auf dem Sinai, im Kloster Canobin und unter dem Tempel zu Jerusalem genau bestimmt haben?« Jung-Stilling: »Von alledem weiß ich nichts, sondern diese Ideen und Vorstellungen kamen mir sehr lebhaft in die Imagination. Es ist alles bloße Fiktion, pure Erdichtung.«

»Unbegreiflich, erstaunlich ...«, murmelt der Besucher. »Die Sache verhält sich nämlich in der Tat exakt so, wie von Ihnen in Ihrem Buch beschrieben.« Nun, so schreibt Jung-Stilling im fünften Teil seiner Lebenserinnerungen (*Lehrjahre*, 1804), »erzählte mir dieser Herr die wahren Umstände von der geheimen Verbindung im Orient.« Und plötzlich sind es die Sätze des Dichters, die aufhorchen lassen: »Ich staunte und wunderte mich, denn ich erfuhr merkwürdige und außerordentliche Dinge, die aber nicht von der Art sind, dass sie öffentlich bekannt gemacht werden dürfen ...«

Was Jung-Stilling seinerzeit durch den Kopf ging, lässt sich nur vermuten. Ob er dem grün gekleideten, jüdisch-christlichen »Messias« Jakob Joseph Frank (Baron von Offenbach) aus Polen-Litauen gegenüberstand, wie manche vermuten? Jener rebellischen Figur in der Geschichte des Judentums, die sich von Israel lossagte und mit zahlreichen getreuen »Frankisten« bis zu seinem Tod im Jahr 1791 im Isenburger Schloss am Main residierte? Bloß: Weshalb das Datumswirrwarr? Verwechselte Stilling das von ihm benannte Jahr der Begegnung (1796) absichtlich? Hatte ihn der damals längst verstorbene »Baron« weitaus früher beeinflusst? Zu einer Zeit, als sein *Heimweh* noch bloßes Kopfkino war, wie der Dichter verklausuliert andeuten wollte? Oder stand ihm seinerzeit ein junger Nachkömmling der »Frankisten« gegenüber? Hochgradige Freimaurer wissen es. Und hochgradiges Wissen bleibt geheim. So diktieren es deren Regeln.

Szenenwechsel, über 200 Jahre später. Gespannt pocht der bekannte Schweizer Schauspieler Gilles Tschudi samt einem regionalen TV-Team 2014 an die Pforte beim Byfangweg 13 in Basel. Sieben Freimaurerlogen halten im dortigen Logenhaus ihre rituellen Treffen ab. Zum ersten und bis heute einzigen Mal erlauben sie Filmaufnahmen in ihrem großräumigen Tempelheiligtum. Empfangen wird Tschudi von Urs Gujer, dem früheren Meister vom Stuhl der Loge »Zum Fels am Rhein«.

Schnell wird klar: Die liberale, karitative Freimaurerei von heute scheint nur noch wenig mit der restriktiven Freimaurerei von einst gemeinsam zu haben. Zumindest in den dortigen Tempelräumen. Überraschend offen führt Urs Gujer seinen Gast durch das ehrwürdige Gebäude, erklärt die traditionellen Inschriften (»Brüder liebet euch untereinander«), während er im »Allerheiligsten« Rede und Antwort steht. Ebenso schnell wird klar: Gilles Tschudi weiß mehr über Logen als andere. Zu präzise seine Fragen, die Gujer mehr als einmal nur bestätigend abnickt oder zu ergänzen weiß. »Ja, der Freimaurer lernt auch zu bezweifeln, eventuell auch den Zweifel zu bezweifeln. Und er lernt selbstbestimmt zu sein. Wenn er das kann, muss er nur noch seinem Gewissen folgen.«

106 Blick in den Freimaurertempel am Byfangweg. In der Mitte drei Säulen und ein symbolischer Stein, den es zu formen gilt.

Gesellschaftlich akzeptierte Dogmen seien Freimaurern als »freien Denkern fremd«, so der ehemalige Meister vom Stuhl. Klingt liberal und bleibt dennoch diskutabel – weil sich Freimaurer allen Freiheitsbekenntnissen zum Trotz uralten Geheimzeremonien unterwerfen und nach wie vor bizarr anmutenden Ritualen frönen, die auf Salomon und dessen biblischen Tempelbau gründen. Das »angenehme und aufschlussreiche« TV-Gespräch beendet Tschudi insofern höflich dankend, »ohne es allerdings zu werten«, wie er mit einem freundlich-kessen Lächeln nachschiebt.

Wenn Freidenker andere Freidenker interviewen, gilt es aufmerksam hinzuhören. Umso auffälliger, dass der sonst so auskunftsfreudige Gujer lediglich an einer einzigen Stelle verstummte. Ausgerechnet dann, als Tschudi ihn nach nonverbalen Geheimzeichen fragte, mit denen sich die Brüder begegnen, um sich zu erkennen. »Es gibt solche Zeichen«, so der Freimaurer höflich, »aber diese werde ich Ihnen hier nicht verraten.«

Insider glauben sie längst zu kennen. Bereits am 6. Oktober 2005 enthüllten die *Salzburger Nachrichten* zwei Logengeheimnisse. So würden noch heute »drei aufeinanderfolgende Schläge« Signal- und

107 Insider unter sich. Freimaurer Urs Gujer im Gespräch mit dem Schauspieler Gilles Tschudi (rechts).

Erkennungszeichen der verschwiegenen Bruderschaft bilden. »Die Zeichen variieren in den Graden. Die bekannteste dieser ›Landmarken‹, wie sie im Maurerjargon heißen, ist der Händedruck. Er erfolgt mit einer Art ›Klopfzeichen‹ mit dem Daumen auf dem Handrücken des Gegenübers.«

Und am 7. März 1988 hatte schon der *Spiegel* konstatiert:»Die Freimaurer unterwerfen sich befremdlichen Riten – mit verbundenen Augen, Strick um den Hals, Kultkerzen, Bibeln und Totenschädeln – wenn sie vom ›Lehrling‹ zum ›Gesellen‹ und schließlich zum ›Meister‹ aufsteigen. Ein altes Gelöbnis droht Geheimnisverrätern außerdem an, ›dass meine Gurgel durchgeschnitten, meine Zunge aus dem Gaumen meines Mundes genommen, mein Herz unter meiner linken Brust herausgerissen wird‹.« Bei ihren Geheimtreffen würden sich die Brüder zudem mit Zylinder, Schurz und weißen Handschuhen kostümieren. »In der Öffentlichkeit erkennen sich Mitglieder des ›Handwerks‹ am Händedruck: Der Daumen tastet über die Knöchel des Partners.«

Geisterstimmen: Karl Mays letztes Geheimnis

» Ich finde es bis heute ganz erstaunlich, wie Karl May
über den amerikanischen Westen oder den Orient geschrieben hat,
ohne jemals da gewesen zu sein. Woher wusste er dies alles?
Ich finde das völlig verrückt! «

Michael Fassbender, Schauspieler

Winnetou oder Kara Ben Nemsi kennen viele. Karl Mays Lebensgeschichte
dagegen nur wenige. Wer weiß schon, dass der wohl meistgelesene deutsche Schriftsteller an Engel und Schutzgeister glaubte, wie er in seinem
Roman *Old Surehand III* verdeutlichte? »Lieber Zweifler«, schreibt May
dort autobiografisch gefärbt, »ich schmeichle mir ganz und gar nicht, dich
zu meiner Ansicht, zu meinem Glauben zu bekehren, aber du magst sagen,
was du willst: Den Schutzengel disputierst du mir doch nicht hinweg. Ich
bin sogar felsenfest überzeugt, dass ich nicht nur einen, sondern mehrere
habe, ja dass es Menschen gibt, welche sich im Schutze sehr vieler solcher
himmlischer Hüter befinden.«

Der begnadete Fantast war am 30. März 1912 in seiner »Villa Shatterhand« in Radebeul 70-jährig verstorben. Von Kritikern bedrängt, von etlichen, meist gewonnenen Prozessen erschöpft. Zu lange hatte er die Mär
aufrechterhalten, er selbst sei als Old Shatterhand durch den Wilden Westen und als Kara Ben Nemsi durch den Orient gereist. Persönlich habe er

108 Karl May. Oben als Old Shatterhand, rechts als Kara Ben Nemsi. Jahrelang ließ er uns im Glauben, dass seine Geschichten der Wahrheit entsprechen.

an Winnetous Seite gekämpft, versicherte May während Vorträgen immer wieder. Nur zu gern hatte seine Leserschar dem Icherzähler seine Abenteuergeschichten abgenommen. Gegen Ende seines Lebens fanden Neider jedoch heraus, dass vieles davon nur erfunden war.

Erstmals mit der Justiz in Konflikt gekommen war der aus ärmlichen Verhältnissen stammende Karl als 19-Jähriger. Als Lehramtskandidat arbeitet er in einer Fabrikschule in Chemnitz. Dort muss er sein Zimmer mit dem Buchhalter teilen. May darf sich für die Unterrichtszeit jeweils die Taschenuhr seines Kollegen ausleihen. An Heiligabend 1861 fährt er direkt nach Schulschluss zu seiner Familie. Fatalerweise ohne vorher in sein Zimmer zu gehen und die Uhr wie üblich dort zu deponieren. Der Buchhalter meldet diese als gestohlen und zeigt Karl an. In seinem Elternhaus wird er verhaftet. An Weihnachten. Die Uhr hat er bei sich. Obwohl der Jungpauker nicht die Absicht hatte, das Schmuckstück zu entwenden, muss er für 6 Wochen ins Gefängnis. Er ist nicht nur seine Stelle los, sondern darf fortan auch nicht mehr als Lehrer arbeiten.

Gekränkt und enttäuscht, dass Recht und Gerechtigkeit nicht dasselbe sind, verlässt May den »rechtschaffenen« Weg und flüchtet in seine Fantasie. Er gibt sich unter dem Namen Dr. med. Heilig als Arzt aus. Als »Seminarlehrer Lohse« schwatzt er einem Kürschnerlehrling Pelze ab. Als er diese verkaufen will, wird er verhaftet und 1865 verurteilt. Wieder auf freiem Fuß gibt er sich dem späteren »Hauptmann von Köpenick« gleich als »Polizeileutnant von Wolframsdorf« aus oder als »Mitglied der geheimen Polizei«, sackt vermeintliches Falschgeld ein, entwendet in einer Kneipe fünf Billardkugeln und später ein Pferd. Als »Schriftsteller Heichel aus Dresden,

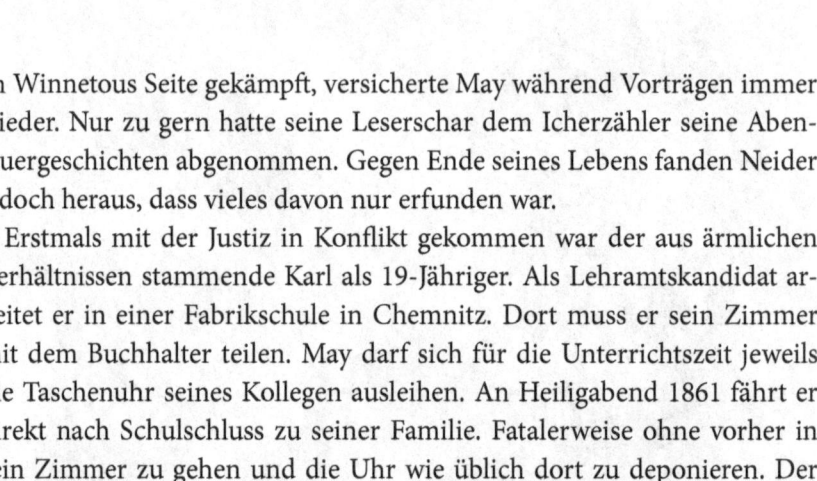

109 »Villa Shatterhand« in Radebeul. Heute beherbergt sie das Karl-May-Museum.

natürlicher Sohn des Prinzen von Waldenburg« vagabundiert er weiter durch die Lande, bis die Gendarmerie ihn erneut aufgreift. Weitere 4 Jahre Knast folgen.

Hinter Gittern ermuntert man ihn zum Schreiben. »1872 erscheinen Mays erste nachweisbare Publikationen«, wie Thomas Kramer in *Karl May – Ein biografisches Porträt* festhält. »Es sind vermutlich anlässlich eines Preisausschreibens verfasste Gedichte.« Nach seiner Entlassung trifft der Jungautor auf den Verleger Heinrich Gotthold Münchmeyer, Herausgeber von Zeitschriften und Groschenromanen. Er stellt May ein, dichtet ihm einen Doktortitel an und verschweigt der Öffentlichkeit die Vergangenheit des Autors. Es entstehen die ersten Abenteuergeschichten. Und erstmals tritt auch ein Indianerhäuptling auf. »Er heißt noch Inn-nu-woh, ist Sioux und nicht Apache«, weiß Kramer. Aber die Handlung erinnert bereits an das erste Kapitel von Mays späterem Sensationserfolg *Der Schatz im Silbersee*.

1876 kündigt May, arbeitet und schreibt fortan für andere Verlage und Zeitschriften. Teilweise unter etlichen Pseudonymen, um gleichzeitig für verschiedene Auftraggeber tätig sein zu können. So entstehen über hundert Fortsetzungsgeschichten in unterschiedlichsten Publikationen. 1880 beginnt er für die Zeitschrift *Deutscher Hausschatz in Wort und Bild* seinen Orientzyklus mit Kara Ben Nemsi, den er bis 1888 fortsetzt. Unzählige weitere Publikationen und Romane folgen. Zunehmend fesselnder. Zunehmend begehrter. Zunehmend genialer. Auf dem Zenit seines Erfolgs unternimmt der Bestsellerautor Vortragsreisen und erzählt von seinen Abenteuern im Ausland, posiert für Fotografen mit seinem »Bärentöter« oder dem »Henrystutzen«.

Die Welt ist groß. Und nicht immer sehr freundlich. Erst 1899 reist Karl May als Tourist tatsächlich in den Orient. Schockiert findet er sich in einer völlig anderen Realität als seiner eigenen wieder. Zu jener Zeit sind ihm seine Kritiker längst auf den Fersen. Mit Postkarten aus dem Ausland versucht er, die Fassade von Old Shatterhand und Kara Ben Nemsi aufrechtzuerhalten. Ohne Erfolg. In der Heimat wird May fortan als Hochstapler geächtet. Die schriftstellerische Genialität seiner zahllosen Romane wird durch die Enttäuschung seiner Leserschaft geschmälert.

In seiner Autobiografie (*Mein Leben und Streben*), 2 Jahre vor seinem Tod verfasst, versucht er 1910 zu erklären, wie es dazu kam. Zu seiner Verteidigung erklärte der Sachse, dass er sich öffentlich nicht mit böser Absicht als Kara Ben Nemsi und Old Shatterhand ausgegeben habe. Vielmehr sei dies Ausdruck einer gespaltenen Persönlichkeit gewesen, also einer psychischen Störung. So habe er schon in jungen Jahren gelegentlich Stimmen gehört, die sich auch bei seinen »Jugendsünden« bemerkbar gemacht hätten: »Wenn ich nicht tat, was diese lauten Stimmen in mir verlangten, wurde ich von ihnen mit Hohngelächter, mit Flüchen und Verwünschungen überschüttet.«

2010 untersuchte das ZDF für eine *Terra X*-Dokumentation (*Karl May – Das letzte Rätsel*), ob der Bestsellerautor tatsächlich an einer multiplen Persönlichkeitsstörung gelitten hatte. Ein literarisches Ausnahmegenie notabene, das mitunter bis zu 3000 Manuskriptseiten pro Jahr so gut wie druckreif zu Papier brachte! Dazu erarbeitete der Psychoanalytiker Professor Hinderk Meiners Emrich (1943–2018) von der Medizinischen Hochschule Hannover ein Psychogramm und analysierte Mays Handschriften: »Er war ein Protokollant seiner geistigen Welt und schrieb fast schon buchhalterisch präzise. Er hatte innere Bilder von einem Text, den er quasi schon kannte, und den er dann in einer klaren, kontinuierlichen Geschwindigkeit förmlich abgeschrieben hat.«

Insofern habe der Erfolgsautor ganz sicher nicht an einer dissoziativen Identitätsstörung gelitten, zeigte sich Emrich überzeugt. »Der Schriftsteller war keineswegs psychisch krank, sonst wäre er zu seiner gewaltigen literarischen Lebensleistung niemals imstande gewesen. Wäre seine Persönlichkeit gespalten gewesen, hätte er als Karl May, als Old Shatterhand, als Kara Ben Nemsi unterschiedlich geschrieben. Jede Rolle hätte ihre eigene Handschrift gehabt.«

Umso mehr faszinierte den Psychiater eine weitere rätselhafte Merkwürdigkeit im May'schen Kosmos. Denn, ob in jungen oder alten Jahren: Der begnadete Geschichtenerzähler notierte so gut wie alle seine Manuskripte nicht nur in exakt denselben Lettern, in Rekordtempo und in einem Zug. Sondern dies noch dazu nahezu ohne jegliche Schreibfehler oder nachträgliche Korrektur, wie sich nach Begutachtung der heute im Tresor

110
May posiert als
Old Shatterhand.
Schnappschuss
aus dem Jahr 1896.

lagernden Originale wie *Winnetou IV* in Bamberg oder weiterer Manuskripte bestätigen ließ. Als hätte ihm eine Stimme aus dem Anderswo ihre
Worte ins Ohr geflüstert und nahezu druckreif diktiert. Ein Mysterium,
das auch andere Fachleute einigermaßen ratlos zurücklässt.

Ebenfalls kaum bekannt: Karl May hatte ein Flair für Okkultes und
Séancen. So hatte der Bestsellerautor eine Zeit lang regelmäßig Geister-
beschwörungen beigewohnt. »Ab 1880 nahm er nachweislich an spiritis-

tischen Sitzungen teil«, heißt es im *Karl-May-Wiki* des Freundeskreis Karl May Leipzig. »Spiritismus zählte für ihn während Jahrzehnten zum selbstverständlichen Bestandteil seines Alltags, und die Frage, was an den Phänomenen, die sich in den Séancen beobachten ließen, wirklich dran sei, hat ihn zweifellos sehr beschäftigt«, hielt der Kulturwissenschaftler Diethard Sawicki 2006 im *Jahrbuch der Karl-May-Gesellschaft* ergänzend fest. Dennoch sei Mays Verhältnis dazu äußerst zwiespältig gewesen: »Einerseits bestritt er, Spiritist zu sein, andererseits übten die in den Séancen beobachteten Phänomene eine solche Faszination auf ihn aus, dass er sich nach und nach eine gut sortierte Bibliothek der damals kursierenden Schriften darüber anschaffte.«

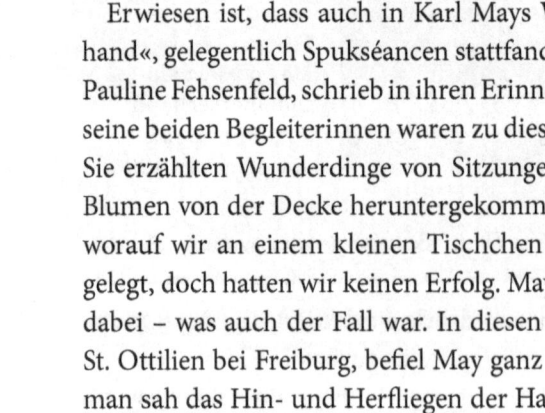

111
Der 2018 verstorbene Psychoanalytiker und Philosoph Hinderk Emrich: »Karl May war psychisch kerngesund!«

Erwiesen ist, dass auch in Karl Mays Wohnhaus, seiner »Villa Shatterhand«, gelegentlich Spukséancen stattfanden. Die Ehefrau seines Verlegers, Pauline Fehsenfeld, schrieb in ihren Erinnerungen über jene Zeit: »May und seine beiden Begleiterinnen waren zu dieser Zeit dem Spiritismus verfallen. Sie erzählten Wunderdinge von Sitzungen in ihrem Hause, wobei frische Blumen von der Decke heruntergekommen seien, auch vom Tischrücken, worauf wir an einem kleinen Tischchen uns vereinigten, die Hände aufgelegt, doch hatten wir keinen Erfolg. May behauptete, es seien Ungläubige dabei – was auch der Fall war. In diesen Tagen, es war im Wirtshaus von St. Ottilien bei Freiburg, befiel May ganz unvermittelt ein heftiges Zittern, man sah das Hin- und Herfliegen der Hand. ›Schnell, schnell Bleistift und Papier‹, rief er und schrieb ein Gedicht hin, was ihm von ›drüben‹ eingegeben worden sei. ›Ihr Schwiegervater war da‹, flüsterte May mir dann zu ...«

Andere May-Forscher ziehen die Richtigkeit von Fehsenfelds Schilderung in Zweifel: Der Schriftsteller sei bei solchen Anlässen nie das Medium gewesen, wie oft behauptet, sondern lediglich Teilnehmer. Fälschlicherweise werde er in Presseartikeln als »Schreibmedium« bezeichnet, beklagte sich auch der Autor noch zu Lebzeiten. Dieses »angebliche Schreibmedium« sei vielmehr seine »jetzige Frau« gewesen. Merkwürdig bleibt die Sache allemal. Umso mehr, als May persönlich über »Stimmen« in seinem Kopf klagte und zudem keinerlei Reinschriften anfertigte. Stattdessen notierte er seine handschriftlichen Romantexte, wie erwähnt, meist wie in Trance nieder. Bis zu zehn Manuskriptseiten pro Tag.

Hatte der Mann womöglich doch einen Draht zur Anderswelt, die ihn wie mit Geisterhand schreiben ließ? Darauf hingewiesen hat May-Experte Hans-Dieter Steinmetz in einem Sonderdruck von 2009 (*Jenseits von Spiritismus und Spiritualismus?*): »Wie aus einem wichtigen Selbstzeugnis des Schriftstellers hervorgeht, verkehrte er vor allem mit dem Geist Friedrich Schillers. In einem undatierten Brieffragment an seine Frau Emma berichtet er von dem Versuch zu einem Gedicht über Engel, das nicht gelingen wollte.«

»Da gestand ich meinen Lieben«, so May in besagter Nachricht, »dass ich ohne ihre Hülfe nicht dichten könne, und siehe da, mein Friedrich kam und antwortete: ›Setz Dich, und schreib!‹ Ich nahm das erste beste Stückchen Papier und den Bleistift und schrieb. Er führte mir nicht etwa die Hand wie beim Schreiben eines Mediums, sondern ich schrieb wie ganz gewöhnlich; er aber stand bei mir und diktierte mir jedes einzelne Wort mit deutlich vernehmbarer Stimme. Womit habe ich solche Engelnähe, solche Führung der Hohen, Himmlischen, solche Liebe, Güte und Bereitwilligkeit der Seligen verdient? Ich habe den Zettel sofort auf besseres Papier gezogen und sende ihn Dir, meine Emma, damit er nicht den Zufälligkeiten der Reise unterworfen ist.«

Öffentlich erklärte der Schriftsteller immer wieder, dass die Initiative zu okkulten Sitzungen von seiner ersten Gattin ausgegangen sei. In *Frau Pollmer, eine psychologische Studie* schildert er diverse esoterische Rituale und Séancen, an denen er teilgenommen hatte – und lässt kein gutes Haar daran. Allerdings ist besagte »Studie« mit Vorsicht zu genie-

112 Meister der Fantasie. Der sächsische Schriftsteller im Jahr 1904.

ßen. Sie entstand zur Zeit des Scheidungskrieges mit Emma, die ihm derlei Phänomene nähergebracht hatte, und gleicht häufig eher einer wütenden und anklagenden Abrechnung als einer seriösen Auseinandersetzung mit der Thematik. Selbst Kulturwissenschaftler Diethard Sawicki resümiert: »Auch wenn seine autobiografischen Äußerungen über die spiritistischen Sitzungen negativ ausfallen, dokumentiert die in seinen Schriften geschilderte, ganz eigentümliche Verschränkung von Diesseits und Jenseits und die bis ins eigene Leben hineinreichende Bedeutung, die er Geisterwirkungen zumaß, die – trotz aller Distanzierungsversuche – vorhandene Nähe seines Weltbildes zu dem des Spiritismus.«

Nutznießer bleiben bis heute Karl Mays Leser, denen seine flinke Feder – von wo oder von wem auch immer wie von Geisterhand geführt – vor über 100 Jahren faszinierend fremde Welten eröffnete. Dank seinem Draht zur Anderswelt machte er unzählige Wissbegierige zu Teilhabern seiner Imagination, die mancher zeitlosen Wirklichkeit mitunter näher kam als der damaligen Vorstellungswelt. Oder wie der Schriftsteller das Paradoxe in seinen *Himmelsgedanken* (1900) umschrieb: »Ist es denn so schwer zu erkennen, dass vor, hinter und rund um uns die Ewigkeit liegt, von der unsere Zeit nicht einmal ein ganzes kleines Tröpflein ist? Wir leben mitten in der Ewigkeit, und nur der Sprachgebrauch versetzt uns in die willkürlich festgelegte Dauer, der wir den Verlegenheitsnamen Zeit gegeben haben.«

Mattmark-Katastrophe:
Die schauderhafte Vision

Es geschah am helllichten Tag, beim Bau des Schweizer Mattmark-Stau-damms. Hoch oben in der alpinen Bergwelt ereignete sich eine der furchtbarsten Katastrophen der Neuzeit: Bei einem Abbruch des Walliser Allalingletschers wurden am 30. August 1965 mindestens 88 Bauarbeiter unter 2000000 Kubikmetern Eis und Geröll begraben. In über 2000 Metern Höhe erinnert bis heute ein Kreuz an sie. »Niemand konnte die Katastrophe vorausahnen«, so Fachleute.

113
Mattmark-Stausee. 1965 schlug die Natur hier mit eiserner Faust zurück.

Jahre später wurden alle Verantwortlichen freigesprochen. Denn wie der zuständige Professor Gerold Schnitter von der ETH Zürich kurz nach der grauenvollen Katastrophe betonte: »Trotz jahrelanger Messungen konnte man auf keine Art und Weise auf ein plötzliches Abbrechen des Gletschers schließen. Weder Geologen noch Glaziologen, noch Ingenieure oder einheimische Bergführer: Niemand hat je auch nur die geringste Andeutung gemacht, es könnte dort oben etwas Schlimmes geschehen!«

Einer spürte das Unheil dennoch im Voraus: Jean Broccard, Philosoph, Schriftsteller und Flugpionier aus der Gemeinde Ardon. In einer Vision hatte der 1979 verstorbene Walliser Gelehrte und Schriftsteller die Gletscherkatastrophe geahnt und prophezeit. 20 Monate ehe sie eintrat! Eine innere Stimme hatte ihm das Drama diktiert, worauf er es wie in Trance niederschrieb. Im Gegensatz zu Karl May ist sein Name leider in Vergessenheit geraten.

»Broccard hatte die Gabe der Vorhersehung, er war eine Art Prophet«, bestätigte mir 2014 der damals 86-jährige Lokaljournalist Pascal Thurre. »Als ich seinerzeit vom Unglücksort in der Walliser Bergwelt zurückkam, war Broccard außer sich. Er war meilenweit vom Ort der Katastrophe entfernt gewesen, und doch hatte sie ihn tief getroffen. ›Ich glaube es nicht‹, schrie er. ›Schau!‹ Aufgewühlt hielt er mir ein dickes Bündel mit handbeschriebenem Papier unter die Nase, insgesamt 285 Seiten!« Jedes Mal, wenn er beim Allalingletscher vorbeigewandert sei, habe ihn ein unheimliches Angstgefühl beschlichen, teilte ihm Broccard mit: »Ich hatte eine Vision dessen, was hier passieren könnte.« Also hatte er mit nervöser Hand Zeile um Zeile auf Papier verewigt. 30 Kapitel umfasste sein Roman *Le Barrage* (»Die Staumauer«) schließlich. Etliche Monate später krachte es. Und aus der Fiktion wurde über Nacht tragische Wirklichkeit.

Im Gegensatz zu anderen Werken Broccards fand das Manuskript nie einen Verleger. »Ebenso wie Thurre hatte ich das Privileg, Broccards Skript lesen zu dürfen«, bestätigte der Bieler Journalist Gilbert Bourquin 1968. »Es entstand rund 20 Monate vor der Katastrophe. Broccards exakte Beschreibung war erschütternd. Thurre und ich sind später selbst vor Ort gewesen.« Die Vision des Schriftstellers machte die beiden Reporter fassungslos: »... dumpfes, wütendes Grollen, und dann der Berg, der sich bis jetzt unbeweglich und drohend zum Himmel erhoben hatte, fiel in sich zusammen, fürchterliche, riesige Fels- und Eisbrocken rasten auf die Baustelle hinab, Geschrei, Flüchtende, ein furchtbares Durcheinander, und in der Mitte des Chaos der brüllende Ingenieur

114
Mahnmal in den Alpen.
Dieses Kreuz erinnert
bis heute an die Opfer der
Gletscherkatastrophe.

Grammont: unzählige Arbeiter zerquetscht, begraben, die millionen-
teuren Maschinen ...«

Er wisse nicht warum, aber seit seiner Kindheit spüre er bestimmte
Dinge und fühle, dass sie passieren werden, gab Jean Broccard damals
zu Protokoll. »Eines Tages zum Beispiel, im Jahre 1956, saß ich mit einigen Freunden in einem Bistro und fühlte plötzlich, wie sich der Boden
unter meinen Füßen bewegte. Meine Freunde hatten nichts gespürt. Ich
sagte: Ein Erdbeben! Aber Jean, du träumst, war die Antwort. Ein paar
Tage später erlebte das Wallis eines seiner schlimmsten Erdbeben ...«

Ein Prophet blieb Jean Broccard bis zu seinem Ableben. Wenige Tage
vor seinem Tod habe ihn der Visionär aus Lausanne noch angerufen,
»damit wir uns verabschieden konnten«, erinnerte sich Pascal Thurre.
Und Broccards unveröffentlichter Roman? »Das Manuskript müsste
sich bis heute in seinem Nachlass befinden.« Ob sich im Hinblick auf den
60. Jahrestag der Katastrophe im Jahr 2025 doch noch ein Verleger
dafür findet?

Urzeitpanther im Amazonas-Regenwald?

» Der Mensch ist wahrlich die dümmste Spezies!
Er verehrt einen unsichtbaren Gott und tötet eine sichtbare
Natur, ohne zu wissen, dass die Natur, die er vernichtet,
dieser unsichtbare Gott ist, den er verehrt. «

Hubert Reeves, Astrophysiker

Streicht in den endlosen Weiten des brasilianischen Dschungels bis heute ein bislang unbekannter, rabenschwarzer Jaguar mit weißem Kehlfleck und buschigem Schwanz durch das Dickicht? Möglich scheint es. Doch die Chancen dafür schwinden mit jedem Tag, wie ein holländischer Artensucher bedauert. Als Einziger besaß er faszinierende Beweise für die Existenz jener rätselhaften Großkatze, ehe die dortigen Behörden seine fantastische Sammlung beschlagnahmten und vernichteten.

2003 war die Welt für Marc van Roosmalen noch halbwegs in Ordnung. Endlich hatte er alles, was zur Beweisführung nötig war: einen Schädel mit auffällig großen Eckzähnen, ein einzigartiges Raubtierfell sowie DNA-Proben. Doch dann kamen die Beamten. Mit Feuerwaffen und in Schutzanzügen stürmten Polizisten im Auftrag des brasilianischen Bundesumweltamtes IBAMA sein Domizil und nahmen alles mit: seine Felle, seltene Affenarten, exotische Vögel, Blätter unbekannter Pflanzen und vieles mehr.

Noch perfider: Die Polizisten beschlagnahmten auch den Pelz und den Schädel eines Weißkehl-Jaguars. Einer pechschwarzen, bislang unbekannten

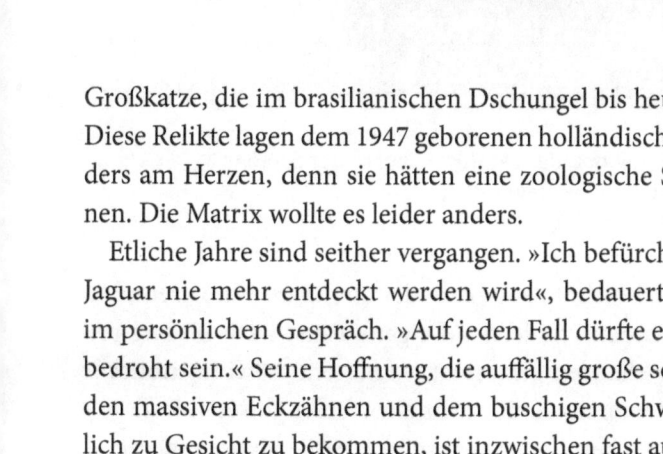

Großkatze, die im brasilianischen Dschungel bis heute überlebt haben soll. Diese Relikte lagen dem 1947 geborenen holländischen Artensucher besonders am Herzen, denn sie hätten eine zoologische Sensation werden können. Die Matrix wollte es leider anders.

Etliche Jahre sind seither vergangen. »Ich befürchte, dass der Weißkehl-Jaguar nie mehr entdeckt werden wird«, bedauert Marc van Roosmalen im persönlichen Gespräch. »Auf jeden Fall dürfte er akut vom Aussterben bedroht sein.« Seine Hoffnung, die auffällig große schwarze Raubkatze mit den massiven Eckzähnen und dem buschigen Schwanz je wieder persönlich zu Gesicht zu bekommen, ist inzwischen fast auf null gesunken.

Van Roosmalen, der sich auf Primaten spezialisiert hat, ist ein Biologe alter Schule. Ein unverbesserlicher Querkopf, der die freie Wildnis dem geschlossenen Labor vorzieht und den Beschreibungen von Eingeborenen mehr Glauben schenkt als den herrschenden Lehrmeinungen. »Im heutigen Wissenschaftsbetrieb geht es oft zu wie zu Darwins Zeiten«, kritisiert er. »Wer zu Hause im geschützten Trockenen sitzt, hat die Meinungshoheit.«

Ende 2016 war der niederländische Forscher nach vielen bewegten Expeditionen in Rente gegangen. Erschöpft von der strapaziösen Suche nach unentdeckten Tierarten. Entnervt von bestechlichen Behörden und

116 Van Roosmalens Hausboot. Jahrelang tuckerte der Biologe damit durch den Amazonas-Regenwald.

dubiosen Richtlinien. Jahrzehntelang hatte der streitbare Naturfreund in Brasilien und angrenzenden Ländern auf eigene Faust nach bislang unbekannten Tieren und Pflanzen gefahndet – und sich dabei in exotische Gefilde vorgewagt, in denen noch nie zuvor ein Weißer gewesen war.

In seinem Hausboot tuckerte er ab den späten 1990er-Jahren jahrelang die Kanäle des Rio Aripuanã, einem Seitenarm des Amazonas, rauf und runter. An Land sprach er mit den Eingeborenen. Sie beschrieben ihm faszinierende Kreaturen, von denen er noch nie gehört hatte. Danach wanderte er jeweils barfuß ins Dickicht und baute Plattformen aus Bambus auf. Oft harrte er dort tagelang aus. In der Hoffnung, ein unbekanntes Tier zu erspähen, das der Fachwelt bislang entgangen war.

Seine Geduld zahlte sich aus: Bis heute konnte van Roosmalen in Brasilien etliche unbekannte Tierarten dokumentieren, von denen manche mittlerweile sogar nach ihm benannt wurden. Entdeckungen, von denen viele

Zoologen nur träumen können. Prinz Bernhard der Niederlande zeichnete ihn mit dem Orden der Goldenen Arche aus. Mit den brasilianischen Behörden aber stand der Holländer schon bald auf Kriegsfuß: »Der Schutz des Regenwaldes in einem derart korrupten Land ist leider kein Kindergeburtstag. Im Gegenteil.«

Entsprechend schlecht ist er auf das IBAMA, das »Umweltamt von Amazonien« zu sprechen, das er als rein politische Organisation versteht. In Wahrheit sei das Institut dafür zuständig, die Umwelt »zu verwerten« und die Indianerstämme, die dabei im Wege sein könnten, in Schach zu halten. Zuvor hatte bereits der verstorbene Umweltaktivist José Lutzenberger das IBAMA der Korruption bezichtigt und als »Zweigstelle des örtlichen Holzhandels« kritisiert.

Wer derart schweres Geschütz gegen die herrschende Regierung auffährt, muss in Brasilien mit Widerstand rechnen. Und so wurde Marc van Roosmalen nach der erwähnten Razzia am 19. Februar 2003 von den Behörden »Biopiraterie« vorgeworfen. Also die widerrechtliche Aneignung von Tieren und Pflanzen. Oder wie das ZDF später leicht verkürzt wiedergab: »Der Holländer, bis dahin Wissenschaftler am Amazonas-Institut INPA, hatte Affenkot zur Analyse nach New York geschickt. Die Behörden haben das als ›verbotenen Export von Biomaterial‹ ausgelegt.«

Kurz zuvor hatte der Biologe Besuch von einem Filmteam des NDR bekommen, das in Kooperation mit *National Geographic* einige seiner Raritäten glücklicherweise visuell dokumentieren konnte, ehe sie verschwanden (*Der Artenjäger vom Amazonas*). »Danach wurde alles konfisziert, und alle exotischen Tiere starben in ihren Transportkäfigen bald darauf einen scheußlichen Tod«, wie Marc van Roosmalen präzisiert. »Darunter auch vermutliche Holotypen von Spinnen, Affen und weiteren seltenen Kreaturen, die sich danach nicht mehr wissenschaftlich dokumentieren ließen.« Die Razzien brachten den Artenjäger um die Früchte seines Lebenswerkes und die Zoologie um grandiose Entdeckungen wie der Beschreibung eines bizarren »Zwergtapirs«.

Ab 2007 saß Marc van Roosmalen in einer brasilianischen Gefängniszelle in Manaus. Verurteilt zu 14 Jahren Knast. Dies, nachdem er in den *Bonner zoologischen Beiträgen* (Band 55, Nr. 2/2006) kurz zuvor noch die Entdeckung eines bislang unbekannten »Riesenpekaris« publizieren konnte – eines knapp 1,30 Meter langen Nabelschweins mit Beinen wie ein Hund, das er dank Hinweisen von Caboclo-Indianern im Regenwald aufgespürt und mittels Genanalysen dokumentiert hatte.

Im August 2008 kam der streitbare Naturforscher nach internationalen Protesten unter Auflagen wieder frei. Warum die ursprüngliche Strafe derart drakonisch ausfiel? »Weil Artenschutz in Brasilien gerade Wahlkampfthema war und sich die Politiker mit einer harten Linie behaupten und ein Exempel statuieren wollten«, wie er ausführt. Das Exempel sei jedoch am Falschen statuiert worden, sind sich manche Experten und noch mehr seiner Mitstreiter einig. Das *Time Magazine* hatte ihn wegen seiner Bemühungen zum Schutz des Regenwaldes denn auch bereits im Jahr 2000 zum »Helden des Planeten« gekürt.

Und sein Weißkehl-Jaguar? »Definitiv eine bislang unbekannte Großkatze!«, ist van Roosmalen überzeugt. Bis heute kennt die Wissenschaft nur deren fünf Arten: Löwe, Tiger, Schneeleopard, Leopard und Jaguar (schwarzgefärbte Mutationen letzterer zwei Arten werden in Europa als Panther bezeichnet). Seither ist keine neue Art mehr aufgetaucht. Van Roosmalens Großkatze wäre somit der spektakulärste zoologische Fund der letzten Jahrhunderte.

Der Niederländer erinnert sich noch genau, wie er zum ersten Mal von dieser Katze, die lokal als Onça-canguçú bekannt ist, erfuhr: »Entlang des Rio Uirá-Curupá sprach ich Ende der 1990er-Jahre mit den Eltern eines Mädchens, das bei der Ernte von einem dieser Raubtiere leider getötet wurde«, erzählt er. »Laut ihrer Beschreibung war es kein normaler Jaguar, sondern eine noch größere schwarze Katze mit einem weißen Fleck im Kehlbereich und einem langen buschigen Schwanz.«

Einige Monate danach verpasste er den ultimativen Beweis – ein lebendiges Jungtier – »nur um Haaresbreite«: »Bekannte in Nova Olinda überreichten mir die Stücke eines kleinen Schädels, der offenbar von einem jungen Weißkehl-Jaguar stammte. Sie waren bei der Jagd im Wald auf zwei erwachsene Tiere gestoßen, die einen Fluss durchquerten. Ein paar Meter hinter ihnen schwammen mehrere Jungtiere. Die Männer fingen eines der Kätzchen ein, als es zögerte, ins Wasser zu gehen. Leider verstarb es kurz darauf.«

117 Etliche unbekannte Tiere hatte der Niederländer dokumentiert –
und wurde von Brasiliens Behörden dennoch ins Gefängnis gesteckt.

Wenige Wochen später kam van Roosmalen in den Besitz eines Fells
und eines weiteren Schädels, die von einem ausgewachsenen Tier stammten. 2003 besuchte ihn das erwähnte NDR-Fernsehteam und schoss Bilder seiner »Trophäen«: bis heute der einzige Beweis für die Existenz des
Weißkehl-Jaguars. Beschlagnahmt, weggeschlossen und womöglich längst
vernichtet? »Die brasilianischen Behörden haben alles verbrannt, auch das
Fell und den Schädel, da bin ich mir sicher«, ärgert sich der Biologe.

Bis heute kann über die Identität von Onça-canguçú deshalb nur noch
spekuliert werden. Handelte es sich womöglich um eine Säbelzahnkatze,
die offiziell längst ausgestorben ist? Oder vielleicht doch eher »nur« um
einen mutierten oder kranken Jaguar, wie Skeptiker zu bedenken geben?
Letzteres mit Sicherheit nicht, betont van Roosmalen: »Bei schwarzen Ja-
guaren sieht man bei bestimmtem Lichteinfall die Rosettenmuster im Fell.

Dies war bei meinem Tier nicht der Fall.« Zudem passten der buschige Schwanz sowie die großen Eckzähne nicht. Auch das Sozialverhalten sei anders: Gemäß den Eingeborenen soll Onça-Canguçú stets paarweise oder im Familienverband unterwegs gewesen sein. Der Jaguar hingegen gilt in der Zoologie als Einzelgänger.

Unterstützung erhält der Mann nicht zuletzt von Darren Naish, einem Paläontologen der University of Southampton in England, der sich ebenfalls mit kryptozoologischen Themen befasst.»Die Eckzähne sind außergewöhnlich lang. Ich glaube den Beschreibungen von Marc und denke, dass es sich durchaus um die bislang unbekannte Spezies einer Großkatze handeln könnte.« Urs Breitenmoser dagegen, ein Schweizer Raubtierforscher, zeigt sich skeptischer. In seinen Augen könnte es sich um einen mutierten Jaguar handeln:»Es ist absolut unmöglich, heute noch auf eine unbekannte Großkatzenart zu stoßen. Spätestens seit Alexander von Humboldt sind die Großkatzen des südamerikanischen Dschungels so gut bekannt, dass keine unbekannten Arten mehr entdeckt werden. Weder dort noch anderswo.«

Wer die Vergangenheit zu kennen glaubt, unterschätzt die Zukunft. Erst 2016 wurde in Äthiopien eine neue Unterart des Löwen entdeckt. Im Regenwald des Amazonas wiederum wurden laut WWF alleine von 2014 bis 2015 knapp 400 neue Pflanzen- und Tierarten entdeckt. Darunter etliche Säugetiere wie etwa ein rosafarbener Flussdelfin (*Inia araguaiaensis*). Etliche bislang unbekannte Kreaturen gesellten sich seither dazu. Manche davon weitaus exotischer, als wir uns außerirdische Lebewesen vorstellen. »Wir haben noch jede Menge zu lernen«, gibt der Leiter des WWF-Teams in Brasilien, Ricardo Mello, folgerichtig zu bedenken.

Dem kann auch der 1947 geborene Marc van Roosmalen nur zustimmen. Kein westlicher Biologe kennt sich mit den Geheimnissen der verborgenen brasilianischen Tierwelt so gut aus wie er. Mit jedem Menschen, der unsere Welt verlässt, erlischt auch dessen lebenslang angehäuftes Wissen. Manche seiner Erfahrungen hat der Artensammler deshalb in Buchform niedergeschrieben. In der bescheidenen Hoffnung, korrupten brasilianischen Politikern damit ein letztes Mal ein Bein zu stellen und junge Biologen dazu zu animieren, in seine Fußstapfen zu treten.

Fantastische Tierwesen,
die es nicht mehr geben dürfte

Hinterlassen ausgestorbene Kreaturen bis heute ihre Spuren in unserer Realität? Dort, wo sie laut Fachleuten nichts mehr zu suchen haben? Tony Holgate ist kein Mann der großen Worte. Also nahm er seinen ganzen Mut zusammen und gab der australischen Presse dennoch ein paar Interviews. Auch auf die Gefahr hin, als Spinner verlacht zu werden. Denn er ist sich sicher, etwas Unmögliches gesehen zu haben: einen Tasmanischen Tiger!

1930 war das letzte frei lebende Tier abgeschossen worden. Das allerletzte Exemplar verstarb 1936 im Zoo von Hobart auf der nahe Australien gelegenen Insel Tasmanien. Seither gilt der auch als Beutelwolf bezeichnete Fleischfresser weltweit als ausgestorben. Exakt 21 Sekunden Filmmaterial von ihm sind erhalten geblieben, wie das National Film and Sound Archive of Australia 2021 verlauten ließ. Dennoch huscht die Kreatur als Phantom alle Jahre wieder durch unsere Realität. In tasmanischen Gefilden, aber auch auf dem australischen Festland.

Die Sonne ging gerade auf, als Tony Holgate Ende 2015 sein Ferienresort an der Küste von South Gippsland (Victoria) inspizierte. Plötzlich fiel ihm

118
Eine der allerletzten Aufnahmen eines in Gefangenschaft lebenden Beutelwolfs (1930er-Jahre).

119
Klaus Emmerichs und Birgit
Jansen. Ihre Schnappschüsse
befinden sich in meinem Archiv,
dürfen aber leider nicht mehr
veröffentlicht werden.

20 Meter entfernt ein sonderbares Tier auf: »Es saß da und sah mich an. Ich wusste sofort, was das war: ein Tasmanischer Tiger! Die Kreatur bewegte sich innerhalb einer Gruppe von etwa einem halben Dutzend Kängurus und flüchtete dann ins angrenzende Dickicht. Es sah nicht aus wie ein Hund, es sah nicht aus wie eine Katze, und es sah auch nicht aus wie ein Fuchs. Es sah einfach aus wie ein Tasmanischer Tiger.«

Wochen zuvor hatten Gäste aus Übersee in seiner Anlage eine ähnliche Beobachtung gemacht, ebenso wie Holgates Reinigungskraft Kylie Anderson: »Ich sah die Kreatur bei einem Zelt herumlungern.« Ist der Beutelwolf also doch nicht ausgestorben? Naturhistoriker Cameron R. Campbell gibt sich optimistisch. Nach langjähriger Auswertung etlicher neuzeitlicher Sichtungen glaubt der Betreiber der Internetplattform The Thylacine Museum zu wissen, »dass die Art sehr wahrscheinlich doch überlebt hat«.

Für die Mehrheit unserer Wahrheitsflicker bleibt dies undenkbar. Dennoch will ein deutscher Tourist den Beutelwolf in Tasmanien bereits vor Jahren fotografiert haben. »Manchmal wünsche ich mir, ich hätte ihn nie zu Gesicht bekommen – immerhin wäre mir viel Ärger erspart geblieben!«, berichtete mir Klaus Emmerichs aus Kamp-Lintfort am Niederrhein seinerzeit aufgewühlt.

Ereignet hatte sich die Begegnung am 3. Februar 2005. Mit seiner Partnerin Birgit Jansen hielt sich der Deutsche im tasmanischen Cradle Mountain-Lake St Clair National Park auf. Beim Wasserholen huschte

dort um 19:28 Uhr in der Dämmerung ein seltsames Tier vor seine Ka-
meralinse. Die gestreifte Kreatur schnüffelte den Boden ab und hob
kurz den Kopf. Identische Geräusche in nächster Nähe ließen auf ein
weiteres Tier schließen. Aufgeregt schoss Emmerichs mit seiner Ri-
coh-Digitalkamera zwei unscharfe Fotos, ehe die Kreatur im Gebüsch
verschwand. Erst sein in Australien lebender Bruder machte dem Paar
nach dem Studium der Fotos klar, dass es sich beim Tier auf den beiden
Fotos nur um einen *Thylacinus cynocephalus*, also um einen Beutelwolf,
handeln konnte. Eine handfeste zoologische Sensation!

»Dass ich der Erste bin, dem entsprechende Farbbilder gelangen, machte mich schon etwas euphorisch«, räumte Emmerichs im persönlichen
Gespräch ein. »Allerdings mussten wir wenige Tage später zurück nach
Deutschland. Also gab ich meinem Bruder die Erlaubnis, mit den dortigen Medien über eine Publikation zu verhandeln.« Dieser vermittelte
die Fotos an die Melbourner Zeitung *The Age*, welche sich verpflichtete,
die Bilder gegen ein angemessenes Honorar zu veröffentlichen, falls
ihre Analyse positiv ausfallen würde. Doch die Publikation unterblieb.
Stattdessen meldeten Experten Zweifel an. In der Tat sei auf den Aufnahmen ein Beutelwolf zu sehen, räumte man ein. Allerdings schienen
diese aufgrund ihrer Unschärfe »nicht zwingend authentisch«. Foto-
chef Mike Bowers vom *Sydney Morning Herald* ging sogar so weit, eigene Bilder zu fälschen, um Emmerichs' Fotos zu diskreditieren. Resultat:
Andere griffen seine Montage auf und gaben sie als Emmerichs' Original
aus. Das Schlamassel war perfekt.

Um die Echtheit ihrer Fotos zu beweisen, reisten die Deutschen 2006
erneut nach Tasmanien. In der Hoffnung, das Tier abermals zu erspähen und zu filmen. Leider vergeblich. Dafür stellten sie ihre Aufnahmen
gegen Honorar nun exklusiv der Zeitung *Mercury/Sunday Tasmanian*
zur Verfügung. Einer neutralen Berichterstattung hätte erneut nichts
im Weg gestanden – wäre der Artikel nicht kurz vor Druckbeginn vom
zuständigen Chef umgeschrieben und mit teils falschen Informationen

versehen worden. Als Advocatus Diaboli musste in der »überarbeite-
ten« Fassung Leigh Winburn herhalten, Cheffotograf der Zeitung. Auch
ihn machte laut Zeitungsbericht vom 16. April 2006 vor allem die Unschärfe der Bilder misstrauisch. Immerhin seien diese mit einer digitalen Autofokuskamera geknipst worden.

Emmerichs verstand die Welt nicht mehr. Mit Recht hielt er dagegen,
seine Fotos im unscharfen Nachtaufnahmemodus ohne Blitz geschossen zu haben. Vergleiche mit Aufnahmen aus den 1930er-Jahren offenbarten zudem deutliche Unterschiede: »Meine Bilder können also gar
nicht abfotografiert worden sein!« Und zu guter Letzt wies der Deutsche zu seiner Verteidigung auch noch darauf hin, dass die Fotos nach
wie vor auf dem internen Chip seines Fotoapparats gespeichert waren. Also nicht auf der mobilen Speicherkarte, was eine nachträgliche
Manipulation ausschloss.

Bereits am 6. Februar 2006 hatte sich Emmerichs deshalb mit Col Bailey getroffen, einem lokalen Beutelwolfspezialisten und Buchautor
(*Tiger Tales*). »Klaus war frustriert und aufgebracht, dass ihm niemand
seine Story glauben wollte«, erinnerte sich Bailey, nachdem ihn dieser
an die Stelle führte, wo er das Tier fotografiert hatte. Dann zückte Emmerichs seine Kamera, klickte sich durch deren Speicher und zeigte
ihm die Fotos. Der Beutelwolfforscher war beeindruckt: »Ich traue ihm
hundertprozentig!«

Warum das massive Misstrauen seitens lokaler Behörden und Medien?
Weshalb diskreditierte man die Aufnahmen, teilweise ohne sie je im Original zu Gesicht bekommen zu haben? Ob es daran lag, dass die tasmani-
sche Regierung zuvor milliardenschwere Rodungsaufträge vergeben
hatte und diese aufgrund Emmerichs' Schilderung gefährdet sah, wie
der Deutsche vermutete?

Die wundersame Welt des Dalai Lama

» Buddha selbst hat gegenüber seinen Anhängern
klargemacht, dass man seinen Lehren nicht nur aufgrund
von Glauben anhängen sollte, sondern aufgrund der
eigenen Erforschung und aufgrund eigener Experimente.
Das ist ein sehr wissenschaftliches Vorgehen. «

Tenzin Gyatso, 14. Dalai Lama

Wird der Dalai Lama im nächsten Leben als Frau geboren? Oder als Fruchtfliege? Die künftige Reinkarnation des geistigen Oberhaupts von Tibet und dessen Prophezeiungen strapazieren unsere westliche Vorstellungskraft. Ebenso phänomenal scheint dessen körperliche Gesundheit: Im Juli 2021 feierte Tenzin Gyatso trotz Corona-Pandemie seinen 86. Geburtstag. Für ein geistliches Oberhaupt von Tibet ein Rekordalter. »Alle früheren Dalai Lama haben diese Welt vor ihrem 70. Lebensjahr verlassen. Insofern bin ich ein regelrechter Glückspilz!«, lächelte der buddhistische Mönch. »Laut den Ärzten, die meine Kondition geprüft haben, werde ich 100 Jahre alt. Laut meinen Träumen werde ich sogar 113 Jahre alt. Aber 100 Jahre, denke ich, sind durchaus drin ...«

Eine Ausnahmeerscheinung bleibt Seine Heiligkeit auch als Mensch, den die Grauzone zwischen Spiritualität und Wissenschaft seit jeher fasziniert, weil ihn das Schicksal und seine Reinkarnation eng damit verknüpft. Dazu die Religionswissenschaftlerin Karénina Kollmar-Paulenz in *Uniaktuell*, dem Onlinemagazin der Universität Bern: »Der Dalai Lama ist im tibetischen Buddhismus ein Erscheinungskörper eines Bodhisattvas –

120 Wie, wann und in welcher reinkarnierten Gestalt kehrt er dereinst zurück? Tibets 14. Dalai Lama, mittlerweile über 86 Jahre alt.

eines erleuchteten Wesens, das sein Eingehen ins Nirwana so lange zurückstellt, bis alle anderen Lebewesen erleuchtet sind.« Lediglich das Mitgefühl mit den Nichterleuchteten halte ihn in dieser Welt – als sogenannter Bodhisattva Avalokiteshvara (»Erleuchteter unendlichen Mitgefühls«).

Seit dem 22. Februar 1940 amtiert der gebürtige Lhamo Döndrub als 14. reinkarnierter Dalai Lama. 2 Jahre vor seiner Geburt am 6. Juli 1935 war sein Vorgänger verstorben. 1959 flüchtete Kundün – wie ihn Einheimische nennen – ins indische Exil, wo er bis heute weilt. Umso mehr beschäftigt sein Umfeld und seine chinesischen Opponenten heute die Frage, wer das geistliche Oberhaupt der Tibeter dereinst ablöst und beerbt. Oder nach dem Glauben der Buddhisten, wo und in wen seine Seele nach dem Tod inkarniert und wie man seinen Nachfolger aufspüren wird.

In weiser Vorausahnung machte sich der Dalai Lama bereits früh darüber Gedanken. »Schon 1969 habe ich Vorkehrungen getroffen und verkündet, dass es einzig vom tibetischen Volk abhängt, ob die Institution des Dalai Lama beibehalten wird oder nicht.« Sollte sein Volk zu seinem

Todespunkt keinen neuen Dalai Lama mehr benötigen, wäre es durchaus denkbar, dass er als Tier auf die Erde zurückkehre, so Kundün: »Ich könnte dann als Insekt wiedergeboren werden oder auch in einer anderen Existenzform, die der Mehrheit der fühlenden Wesen von Nutzen ist.«

Aus westlicher Sicht ist die traditionelle Auffindung eines neuen Dalai Lama eine verworrene, oft Jahre dauernde Angelegenheit. So stand die tibetische Regierung 1933 – als der 13. Dalai Lama, Vorgänger des gegenwärtigen Religionsführers, verstarb – vor der schwierigen Aufgabe, nach einem ganz speziellen Kind Ausschau zu halten: ein Junge, in welchem Seine Heiligkeit, der Buddha des Mitgefühls, wiedergeboren wurde. Kein leichtes Unterfangen.

Selbst der stets bescheiden und zurückhaltend auftretende Dalai Lama beschreibt seine eigene Auffindung in *Meine spirituelle Autobiographie* rückblickend als äußerst wundersam: »Noch heute frage ich mich manchmal, wie der Suchtrupp unser kleines Dorf entdecken konnte, das verloren im weitläufigen Grasland von Amdo (Osttibet) liegt – weit weg von den belebten Zentren.«

Es waren mehrere Zeichen, welche die tibetischen Späher auf die Spur des blutjungen Lhamo Döndrub brachten. Nicht zuletzt der balsamierte Leichnam des 13. Dalai Lama hatte dabei eine wichtige Rolle gespielt. Dessen Kopf habe sich über Nacht bewegt und sich von nach Süden blickend plötzlich gen Nordosten gedreht, berichtet der heutige Dalai Lama. »Diese durchaus ungewöhnliche Bewegung wurde als untrüglicher Hinweis auf die Region seiner neuen Inkarnation interpretiert.«

Kurz darauf beschloss der damalige Regent von Tibet, am See Lhamo Latso, knapp 150 Kilometer südöstlich der Hauptstadt Lhasa, Rat zu suchen. Seit Jahrhunderten spiegelten sich in diesem heiligen Wasser immer mal wieder vieldeutige Bildnisse. Und tatsächlich: Der Machthaber sah im See drei tibetische Silbenzeichen glitzern: »Ah«, »Ka« und »Ma«. Dann bildete sich die Struktur eines dreistöckigen Klosters heraus, dessen Dach türkis und golden geschmückt war. Darauf folgte das Bild eines kleinen Hauses »mit ungewöhnlichen Regenrinnen aus knotigem Holz«.

Bald darauf rückten mehrere Abordnungen hochrangiger Mönche aus, um jenen Ort zu finden, den ihr Herrscher erblickt zu haben glaubte.

Die Suchexpedition für den Osten des Landes stand unter der Leitung des Lama Kewtsang Rinpoche vom Kloster Sera. In einem Tal von Amdo entdeckten jene Männer nach jahrelanger Suche um 1937 »knorrige Wacholderzweige«. Und sie erfuhren, dass es im Nachbardorf ein Haus mit Regenrinnen aus jenem Holz gebe und dass dort ein knapp 2-jähriger, aufgeweckter Bauernjunge namens Lhamo Döndrub lebe.

Die Mönche wurden immer aufgeregter. Nach jahrelanger Suche schienen sie endlich auf der richtigen Spur zu sein. Denn auch die Silben, die der Regent in seiner Vision erblickt hatte, ergaben plötzlich Sinn: »Ah« stand ihrer Meinung nach für die Provinz Amdo. »Ka« sowie »Ma« für Kumbum, eines der größten Klöster in der Nähe, sowie für das Kloster Karma Rolpe Dorje auf den Hügeln über dem Dorf Taktser. Kumbum ähnelte zudem jenen Gebäuden, die der Regent in seiner Vision gesehen hatte, wie auch Heinrich Harrer in seinem Report *Sieben Jahre in Tibet* festhielt.

Der Österreicher, der von 1944 bis 1951 als junger Kriegsflüchtling beim Dalai Lama in Tibet lebte, hatte sich dort mit einem der Mönche, die beim damaligen Suchtrupp dabei waren, über die Auffindung des 14. Dalai Lama unterhalten. Dieser berichtete ihm detailliert, dass die Gruppe – um nicht erkannt zu werden – verkleidet zu dem kleinen Haus mit den auffälligen Regenrinnen ging und um Unterkunft für eine Nacht bat.

»Die eine Gruppe, zu der auch mein Gewährsmann gehörte, war bis in den Distrikt Amdo gekommen«, so Harrer. Dort traf sie auf jede Menge Kinder, aber keines entsprach den Anforderungen. »Sie zweifelten schon am Erfolg ihrer Sendung. Endlich stießen sie nach langer Wanderung auf ein dreistöckiges Kloster mit goldenen Dächern.« Hastig zogen die Männer die Kleider ihrer Diener über, wie es Brauch war, und betraten das beschriebene Haus. Dort rannte ein 2-jähriger Bub freudig auf sie zu und zupfte den Mönch, der den Rosenkranz des 13. Dalai Lama trug, am Gewand. Ohne Scheu habe das Kind »Sera Lama, Sera Lama!« gerufen.

Es sei schon erstaunlich gewesen, dass der Knabe in dem Diener einen Lama erkannte, »dass er aber gleich sagte, er käme aus dem Kloster Sera, das war selbst für die Mönche, die mystische Ereignisse gewohnt sind, verblüffend«, berichtete Harrer. »Dann griff der Kleine nach dem Rosenkranz und zerrte so lange daran, bis er ihn sich selbst um den Hals gehängt hatte.«

121 War mit Kundün lebenslang befreundet: der deutsche Bergsteiger
Heinrich Harrer in den 1940er-Jahren in Lhasa.

»Der Lama, der die Delegation damals anführte, gab sich als Diener aus
und trat in die Küche«, bestätigt der gegenwärtige Dalai Lama in seiner
Autobiografie. »Ich stürzte mich auf ihn, setzte mich auf seine Knie und
wollte die Gebetskette haben, die er bei sich trug.« Immer wieder habe er
behauptet, das Schmuckstück gehöre ihm. »Dies brachte mir eine Schelte
meiner Mutter ein.« Der ältere Mönch hingegen erklärte, er bekäme die
Kette nur, wenn er wisse, wer er sei. »Sera Aga«, habe der Bub darauf geantwortet, was übersetzt so viel heißt wie: »Du bist der Lama von Sera.«
Auch die anderen Mönche habe er damals beim Namen genannt, obwohl
er die Männer zum ersten Mal sah.

Gemäß Heinrich Harrer untersuchte die Delegation auch den Körper
des aufgeweckten Knaben – und fand alle Anzeichen, die eine Inkarnation
aufweisen musste: große abstehende Ohren sowie Male am Oberkörper,
die den Ansatz des zweiten Armpaares vom vierarmigen »Buddha des Mitgefühls« andeuten sollen. Der Suchtrupp war sich nun sicher, das richtige
Kind aufgespürt zu haben. Denn auch dessen Interesse an der Kette schien
kein Zufall: Der Gebetskranz hatte dem verstorbenen Dalai Lama gehört.

Trotzdem reiste die Gruppe am nächsten Morgen wortlos ab. 3 Wochen später aber traf eine weitere Delegation von Lamas und hochrangigen Würdenträgern ein, um zusätzliche Prüfungen durchzuführen. Eine bestand darin, dass der kleine Lhamo Döndrub unter einer Sammlung von Gegenständen diejenigen herauszusuchen hatte, die dem 13. Dalai Lama gehört hatten. »Als man mir zwei Stöcke zeigte, zögerte ich, den einen zu berühren, betrachtete ihn aber einen Augenblick, um dann nach dem anderen zu greifen, der dem 13. Dalai Lama gehört hatte«, erinnert er sich an jene Prozedur. »Dann schlug ich damit einem Lama leicht auf den Arm und behauptete, dieser Stock gehöre mir. Ich beschwerte mich bei ihm, dass er ihn mir weggenommen hatte.«

Ironie des Schicksals: Jahre später stellte sich heraus, »dass auch der vermeintlich falsche Stock früher dem 13. Dalai Lama gehört, er diesen allerdings verschenkt hatte«, wie Professorin Karénina Kollmar-Paulenz von der Universität Bern zu berichten weiß. Der Bub bestand auch die weiteren Tests und erkannte neben den Gebetsketten selbst die Trommel, die sein Vorgänger besessen hatte. Verblüffenderweise begann der Knirps das Instrument sogleich so zu schlagen, wie es im Ritual üblich war. »Reinkarnierte Kinder erinnern sich an Gegenstände und Personen aus ihrem früheren Leben und sind in der Lage, Schriften zu rezitieren, ohne sie je gelernt zu haben«, erklärt der Dalai Lama heute jenes Wunder.

Nun war die Delegation endgültig überzeugt, den Auserwählten gefunden zu haben. Nach langen Verhandlungen und hohen Geldzahlungen an die chinesische Provinzregierung konnten die Mönche Lhamo Döndrub 1940 schließlich nach Lhasa bringen, wo der 4-Jährige am 22. Februar als 14. Dalai Lama inthronisiert wurde. Verehrt unter dem neuen Namen: Jetsün Jampel Ngawang Lobsang Yeshe Tenzin Gyatso – »Heiliger Herr, gütiger Herr, mitfühlender Verteidiger des Glaubens, Ozean der Weisheit«.

Rückblickend räumt der Dalai Lama ein, dass er nur sehr wenig Erinnerung an die damaligen Feierlichkeiten habe. Außer dass »ich damals das starke Gefühl verspürte, wieder zu Hause zu sein«. In Lhasa zeigte der Kleine denn auch weitere verblüffende Eigenschaften. Schon kurz nach der Ankunft in seinem Palast habe er ständig von einer Schachtel gesprochen, die er finden müsse, weil dort seine Zähne drin seien. »Ich

122 Historische Momentaufnahme. Der Dalai Lama und sein Gefolge 1956 auf ihrer Flucht nach Indien.

ließ alle versiegelten Koffer meines Vorgängers öffnen, bis ich entdeckte, was ich gesucht hatte: ein in Brokat gehülltes Schmuckkästchen. Und als ich es sah, verkündete ich, dass darin meine Zähne lägen«, berichtet Seine Heiligkeit noch heute allen Interessierten. Und tatsächlich befand sich darin ein Gebiss, das vom 13. Dalai Lama stammte.

Von Anfang an erteilte der Bub seinen Segen, »als ob er noch nie etwas anderes getan hätte«, erfuhr auch Heinrich Harrer, den mit Kundün bis zum Ende seiner Tage eine enge Freundschaft verband. »Alle waren über die für sein Alter ungewöhnliche Würde erstaunt.« So erinnerte sich auch die Mutter des Dalai Lama in jener Zeit daran, dass es schon recht früh Anzeichen für die Besonderheit ihres Sprösslings gegeben habe. Nicht zuletzt spielte dieser bereits als 1-Jähriger immer wieder »Sachen packen« und rief: »Ich komme aus Zentraltibet. Ich muss wieder dorthin zurück! Ich werde euch alle mitnehmen!« Nur wenige Jahre später traf genau das ein.

Angesichts des fortgeschrittenen Alters des gegenwärtigen Dalai Lama wird auch dessen künftige Reinkarnation ein Thema. Es sei vollkommen unklar, wie, wo und als was er dereinst wiedergeboren würde, erklärt Seine Heiligkeit. Eine Inkarnation habe »den Sinn und Zweck, das unvollendete Werk des Vorgängers weiterzuführen«, so der Mönch. Falls er außerhalb von Tibet sterbe, könne sich seine Inkarnation »logischerweise auch außerhalb von Tibet manifestieren«. Allerdings gäbe es nur eine »geringe Anzahl von Orten«, die dafür in Frage kämen. »Die tibetischen Exilgemeinden in Indien, Nepal oder der Schweiz zum Beispiel.«

123
Erleuchtetes Trio. Der Dalai Lama (Mitte) mit seinen Lehrmeistern Ling Rinpoche (links) und Trijang Rinpoche in den 1950er-Jahren.

Theoretisch sei es »natürlich auch möglich«, dass er als weibliches Wesen auf diese Welt zurückkehre, gibt der Geistliche zu bedenken. In der buddhistischen Lehre besäßen beide Geschlechter grundsätzlich die gleichen Rechte, wenngleich sich eine »Vorherrschaft der Mönche« etabliert habe. »In der tibetischen Tradition existieren jedenfalls hohe weibliche Inkarnationslinien«, erklärt Tenzin Gyatso. »Wenn also ein weiblicher Dalai Lama unter gewissen Umständen den fühlenden Wesen und dem Dharma (Recht/Gesetz) des Buddha besser dienen kann, warum soll man diese Möglichkeit grundsätzlich nicht in Betracht ziehen?« Er könne sich jedenfalls gut vorstellen, in seinem nächsten Leben »eine schöne Frau zu sein«. Eine wiederholte Aussage, die selbst buddhistische Gelehrte als »ungewöhnlich« einstufen.

Überirdisch anmutende Ereignisse sind für den wissenschaftlich interessierten Kundün ebenso selbstverständlich wie für uns die Wirkung von Aspirin oder Antibiotika. In seinem Buch *Die Welt in einem einzigen Atom* berichtet er denn auch von einem weiteren Mysterium. »Ling Rinpoche (1903–1983), mein Lehrer, verweilte 13 Tage im klaren Licht des Todes. Obwohl er klinisch bereits tot war und aufgehört hatte zu atmen, ruhte er in der Meditationshaltung, und sein Körper zeigte keinerlei Anzeichen des Zerfalls.« Oder wie Kundün an anderer Stelle präzisierte: »Lings lebloser Körper zersetzte sich trotz des warmen Klimas erst 13 Tage, nachdem er für klinisch tot erklärt worden war.«

Selbstverständlich wäre es interessant gewesen, akademisch zu prüfen, »was in dieser Zeit auf der physiologischen Ebene geschieht und ob es noch zu nachweisbaren, biochemischen Prozessen kommt«. Der berühmte US-Psychologe und Psychiater Professor Richard J. Davidson von der University of Wisconsin-Madison führte dazu in Tibet sogar Studien durch, wie der Dalai Lama ergänzt. »Doch starb damals – ich weiß nicht, ob ich sagen soll, glücklicher- oder unglücklicherweise – kein Meditierender.«

Damit nicht genug. Lings Geist sei mittlerweile wieder in einem neuen Körper geboren worden. Besagter Junge und er begegneten sich dabei von Beginn an wie zwei alte Bekannte. Kundün: »Als ich ihn das erste Mal sah, hatte ich keinen Zweifel an seiner Identität. So wie er sich benahm, war es ganz offensichtlich, dass er mich kannte, obwohl er mir den größten Respekt entgegenbrachte. Als ich den kleinen Jungen dann zu Hause empfing und er an meine Tür gebracht wurde, verhielt er sich genauso, wie sich sein Vorgänger verhalten hatte. Als er in mein Arbeitszimmer kam, erkannte er meinen Diener Lobsang Gawa wieder, der sich gerade von einem Beinbruch erholte.« Für westliche Denker unverständlich. Für Buddhisten selbstverständlich. Kulturell diametrale Anschauungen in ein und derselben Welt, die letzten Endes lediglich ergänzende Teile eines gemeinsam Vollkommeneren bilden, das dennoch unvollkommen bleibt.

Prophetie in Ekstase:
Das tibetische Staatsorakel

Bis heute vertraut der Dalai Lama, ebenso wie seine Vorgänger, den Prophezeiungen einer archaischen Geheimzeremonie: dem tibetischen Staatsorakel. Nur wenige ausgewählte westliche Personen durften der bizarren Tranceprozedur beiwohnen. 1988 erlaubte Tibets Oberhaupt dem kanadischen Filmproduzenten und UFO-Interessierten David Cherniack, das Ritual zum allerersten Mal zu filmen. *The Oracle – Reflections On Self* (2010) ist auf DVD erhältlich und dokumentiert faszinierende Einblicke in ein obskures Prozedere, das die Anderswelt und unsere Realität für einen winzigen Augenblick miteinander verschmelzen lässt.

124 Prophezeiungen in Trance. Entrückt keucht das Medium seine Botschaft, während sich die Mönche eifrig Notizen machen.

Vor der Zeremonie wird das Medium in prunkvolle Gewänder gehüllt, die es der Anderswelt näher bringen sollen. Blashörner, Trommeln und rhythmische Gesänge erklingen. Zusätzlich wird dem Mann, auch Kuten genannt, Weihrauch gereicht. Ist die Trance tief genug, wird ihm ein gut 15 Kilo schwerer ritueller Helm auf den Kopf gesetzt. Früher habe dieser bis zu 40 Kilogramm gewogen, betont der Dalai Lama in seiner Autobiografie (*Das Buch der Freiheit*, 1990). Aber auch heute noch sei die gesamte Maskerade des Orakels derart schwer, dass »der Kuten, wenn er sich nicht in Trance befindet, kaum darin gehen kann«.

Was nun geschieht, setzt starke Nerven voraus: Zuckend und keuchend schreit oder murmelt der Orakelmann Eingebungen, taumelt in Ekstase umher. »Jetzt beginnt sich das Gesicht des Kuten zu verändern«, ergänzt der Dalai Lama. »Es nimmt einen wilden, sonderbaren Ausdruck an, mit hervorquellenden Augen und aufgeblähten Wangen. Sein Atem wird kurz und flach, und er beginnt laut zu zischen. Dann hält sein Atem kurz an. Genau in diesem Augenblick wird der Helm mit einem Knoten festgebunden, und zwar so fest, dass der Kuten erwürgt werden würde, ginge nicht etwas Außergewöhnliches vor sich. Er ist nun besessen, und die sterbliche Hülle des Mediums dehnt sich sichtbar aus.«

Der Helm des Kuten wird dabei nicht unter dem Kinn festgezurrt, sondern dessen Bänder werden vorne am Hals zugeschnürt. Ähnlich einem Zaumzeug. Nun springt das Medium auf und vollführt einen weiteren Tanz, trotz der schweren Kopfbedeckung. »Dann kommt er zu mir herüber«, so der Dalai Lama, »und macht eine Niederwerfung oder verbeugt sich aus der Hüfte, bis sein Helm den Boden berührt, bevor er dann wieder aufspringt, als würde seine ganze Aufmachung nichts wiegen.« Das Orakel überreicht dem Dalai Lama Opfergaben und beantwortet seine Fragen.

Abschließend stellt es sich den Mitgliedern der tibetischen Regierung. Weil die Antworten oft unverständlich sind, werden sie von einem Mönch fleißig notiert und später in schriftlicher Form übergeben. Nach einer letzten Opfergabe bricht das Medium zusammen. Dem »leblosen, starren Körper« wird der Helm abgezogen. Der Kuten wird aus dem Saal getragen. An das Erlebte oder Gesprochene kann er sich später nicht mehr erinnern.

Sitz des tibetischen Staatsorakels ist seit dem 17. Jahrhundert Nechung. Das ehemalige Kloster in Tibet wurde im indischen Exil in Dharamsala wiederaufgebaut. Für westliche Forscher sind die dortigen Trancephänomene ein Mysterium. Ergreift ein guter oder böser Dämon vom Medium Besitz? Immerhin geschehen solche »Besessenheiten« aus eigenem Antrieb, ohne Drogen. So auch beim aktuellen Staatsorakel – einem Mönch mit Namen Thubten Ngodup. Dass die Gottheit von ihm Besitz ergriff, erkannte man, als er im Rahmen einer Zeremonie unvermittelt in Trance fiel. 1987 wurde Thubten Ngodup im Beisein des Dalai Lama zum neuen Nechung-Orakel ernannt, nachdem dessen Sitz 3 Jahre lang vakant war. Ähnlich wie seine Vorgänger kann er sich an das Erlebte oder Gesprochene nach der Prozedur nicht mehr erinnern.

»Die Empfindung, die sich zu Beginn der Trance einstellt, gleicht der, die man hat, wenn man in einem Flugzeug in ein Luftloch fällt«, erklärt er. »Es ist eine Mischung aus Schwindelgefühl und körperlicher Schwere. Dann setzt ein Zittern ein.« Das Pulsrasen, der Anstieg seines Blutdrucks und das Anschwellen des Körpers hätte er anfänglich nur schwer ertragen. Zudem benötige er vier Helfer, um in seiner schweren Kluft vor der Trance überhaupt gehen zu können. »Der Kopfschmuck könnte seinem Träger ohne Weiteres das Genick brechen.« In Ekstase aber bewege er sich darin mühelos, obwohl er kein Muskelmann sei.

Ähnliches berichtete der deutsche Psychiater Günter Schüttler, der um 1970 Gespräche mit tibetischen Medien führte. Auch er versuchte, das Phänomen zu analysieren. Und auch er durfte Zeuge einer Zeremonie im Nechung-Kloster sein. Seine Befragung bestätigte, dass die Trance ein unangenehmer Zustand für den Betroffenen ist. »Man erlebt Schweißausbrüche, Fehlempfindungen und Schmerzen. Darauf tritt Bewusstlosigkeit ein.« Dass Gesänge, Weihrauch und das Zuschnüren der Atemwege einen begünstigenden Effekt auf den ekstatischen Zustand des Mediums haben, konnte Schüttler nachweisen. Aber auch er musste einräumen: »Auf der Suche nach psychophysischen Korrelationen wird stets ein ungeklärter Rest zurückbleiben.«

125
Konzentration vor der
Zeremonie. Das Staatsorakel
Thubten Ngodup.

Bis heute wird das Orakelritual traditionellerweise am tibetischen Neujahrstag im Frühling durchgeführt. Der Dalai Lama kann das Medium aber auch bei anderen Gelegenheiten bitten, die Schutzgottheiten sprechen zu lassen. Beispielsweise vor wichtigen, politischen Entscheidungen. Verlässt er sich tatsächlich auf die Aussagen eines in Trance gefallenen Mönchs? Der spirituelle Führer weiß um die Vorbehalte und erwidert: »Ich halte daran fest, weil ich im Rückblick auf zahlreiche Befragungen feststellen konnte, dass das Orakel immer wieder recht hatte. Das heißt aber nicht, dass ich mich allein auf den Rat des Orakels verlasse.«

Hilfreich war nicht zuletzt der Ratschlag des Orakels im Jahr 1959, als das Medium – nach dem Einmarsch der Chinesen in Tibet – dem Dalai Lama kurzerhand zur Flucht riet und sogar den genauen Fluchtweg nach Indien aufzeichnete. Das Orakel half auch immer wieder, wenn es darum ging, die Reinkarnation des Dalai Lama zu finden. So bestätigte es etwa die Richtigkeit der Entscheidung, nachdem dieser 1937 aufgefunden wurde. Und auch dessen Einsetzung als Oberhaupt wurde vom damaligen Kuten bestätigt. So soll er dem 14. Dalai Lama am Ende der Befragungszeremonie einen Schal auf die Knie gelegt haben. Darauf standen die Worte: »Deine Stunde ist gekommen.«

Gesunde Nahrung dank Energie aus dem All?

» Wenn man nachts melkt, ist der Melatoningehalt in der Milch höher.

Das ist das Hormon, das unseren Tag-Nacht-Rhythmus steuert.

Manche sagen, wenn man Nachtmilch vor dem Schlafengehen trinkt,

schlafe man besser. Rohmilch ist ein lebendes Produkt und

schmeckt selbst in der Flasche am dritten Tag anders als am ersten.

Die Milch aber, die wir im Supermarkt kaufen, ist tot. «

Bas de Groot, Milch-Sommelier

Christlich geweihtes Heilwasser aus Lourdes? Wer damit Geschäfte macht, darf mit viel Gewinn und wenig Kritik rechnen. Bioenergetisch gequirltes Heilwasser von Naturheilpraktikern? Wer damit Geschäfte macht, muss mit viel Kritik und saftigen Strafen rechnen. Und Bioprodukte? Diese werden trotz teils ebenso umstrittener Herstellungsphilosophie selbst von Verbraucherschützern immer öfter in den Himmel gelobt. Nicht zuletzt Erzeugnisse des Demeter-Anbauverbands boomen wie noch nie – längst auch in unseren lokalen Supermärkten.

»Strenger als alle anderen Biolabels!«, liest und hört man immer wieder in der Werbung. Umso mehr Verbraucher schätzen es denn auch, dass Demeter-Produkte ohne Kunstdünger, chemisch-synthetische Pflanzenschutzmittel oder Gentechnik daherkommen. Ebenso viele Konsumenten aber haben keinerlei Ahnung, dass das biologische Label gemäß strengen

126
Demeter-Bauer
mit Präparatebox.
Die biodynamischen
Kompost- und
Spritzpräparate
unterliegen strikten
Herstellungsregeln.

anthroposophischen Erzeugungsregeln produzieren lässt. Von manchen als Humbug verteufelt, von anderen als Nonplusultra vergöttert.

»Die biologisch-dynamische Landwirtschaft stärkt den Boden, die Tiere, die Pflanzen und die Menschen«, heißt es dazu beim anthroposophischen Bioverband. »Die Bauern gestalten alle diese Bereiche in einem gesunden Kreislauf zur Identität ihres Hofes. Sie greifen aktiv in die Naturprozesse ein, immer mit dem Ziel, die Lebenskräfte zu stärken.« Was besagte »Lebenskräfte« konkret ausmacht, lässt sich schulwissenschaftlich nicht definieren, bleibt persönliche Erfahrungssache, dürfte aber mit Sicherheit gesünder sein als so manches chemische Pestizid.

Die Idee der biodynamischen Landwirtschaft geht zurück auf den schillernden Begründer der Anthroposophie Rudolf Steiner (1861–1925). 1924 hatte der Impulsgeber der Biodynamik in Koberwitz bei Breslau Vorträge »zum Gedeih der Landwirtschaft« gehalten. »Eine Bauerngruppe, die sich von der Anthroposophie inspiriert fühlte, hatte den visionären Vordenker dazu gedrängt«, beschreibt Demeter die Entstehung der Verbandskultur. Die versammelten Landwirte hatten sich Hilfestellungen für eine zukunftsfähige Agrarwirtschaft erhofft. Sie waren besorgt, »weil die Qualität der Lebensmittel, die Fruchtbarkeit der Böden und die Gesundheit von Pflanzen und Tieren spürbar nachgelassen hatten«.

10 Tage lang hatte Steiner damals bis zur Erschöpfung referiert und mit den Anwesenden diskutiert. Seine Kernthese war, dass der bäuerliche

Betrieb als möglichst geschlossener Organismus zu betrachten sei. »Eine gesunde Landwirtschaft müsste dasjenige, was sie selbst braucht, in sich selbst eben auch hervorbringen können.« Der Einsatz von Chemie und Kunstdünger sei in einem derartigen Kreislauf absolut inakzeptabel, betonte er – und war seiner Zeit damit um Generationen voraus. Seine Thesen vor einem knappen Jahrhundert seien deshalb nicht nur die Geburtsstunde des eigenen Verbandes, sondern ganz allgemein »des modernen ökologischen Landbaus« gewesen, schwärmt Demeter.

Unverzichtbares Kernstück des alternativen Landbaus nach Steiner sind und bleiben obskur anmutende »biodynamische Hilfsmittel«. »Keine andere Maßnahme im Ökolandbau wirft so viele Fragen auf wie diese Präparate, die für unsere Agrarkultur charakteristisch sind«, räumt selbst der Verband ein. Deren Anwendung ist für jeden Betrieb oberste Pflicht! Nicht zuletzt der Herstellungsprozess wirkt reichlich esoterisch. So vergraben Demeter-Bauern hierzu Kuhhörner mit meist pflanzlichen Füllungen, um sie nach 6 Monaten wieder auszubuddeln und zu wundersam anmutenden Heilmitteln zu verarbeiten. »Ein halbes Jahr haben sie in der Erde Zeit, kosmische Kräfte und die Energie der tierischen Hülle zu sammeln«, erklärt der Verband das Prozedere. »Manche bezeichnen es als Magie, wenn Kuhdung im Kuhhorn vergraben wird, um über den Winter hinweg kosmische Kräfte zu sammeln und dann in Wasser dynamisiert als sogenanntes Hornmistpräparat auf Wiesen, Felder und Garten fein versprüht verteilt zu werden.«

Kosmische Kräfte? Kritiker werfen Demeter deswegen gerne »Voodoo in der Landwirtschaft« vor. Der Verband dagegen verweist auf eigene Studien und Langzeitversuche des Forschungsinstituts für biologischen Landbau FiBL in der Schweiz. Dortige Spezialisten vergleichen seit Jahren die Umweltauswirkungen von biologisch-dynamischem und konventionellem Anbau: »Es zeigt sich, dass das biodynamische Landbausystem die Ressourcen schont und die Umwelt wenig belastet. Die lebendigsten Böden mit der höchsten Artenvielfalt finden sich in den biologisch-dynamisch bewirtschafteten Parzellen.« Und: Bei unabhängigen Testreihen von bekannten Verbraucherschutzorganisationen belegen Demeter-Produkte nicht immer, aber immer mal wieder vordere Plätze. So etwa am 20. September 2017 im Schweizer *K-Tipp*, wo nicht homogenisierte Demeter-Milch trotz höheren Preises ganz vorne rangierte. Tenor: »Die meisten wertvollen Fettsäuren und Vitamine fanden unsere Experten in Demeter-Biomilch.«

Tatsächlich sind die Bestimmungen bei Demeter strenger als bei allen anderen Bioverbänden in der Schweiz und erst recht in der EU. Gleichermaßen ist die in der klassischen Landwirtschaft übliche Enthornung von Rindern bei Demeter ein Tabu. Vordringlich, weil das Stoßwerkzeug Anthroposophen als »wichtiges Verdauungsorgan« gilt! Nicht zuletzt könne das Vieh mit seinen Hörnern »als eine Art Antenne kosmische Kräfte aus dem All aufnehmen und in seinem komplizierten Verdauungsapparat umsetzen«, sind biodynamische Agrarunternehmer überzeugt. Nebenbei

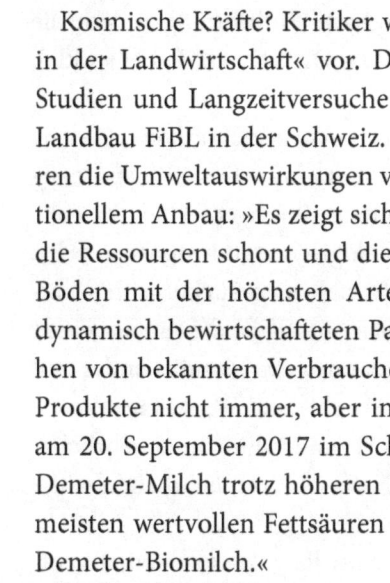

128
In Rinderhörnern vergraben Demeter-Bauern spezielle Mixturen, um diese später als »energetisch aufgeladenen« Naturdünger zu nutzen.

steige durch den Verzicht auf die schmerzhafte Enthornung zudem die Lebensqualität der Tiere »und damit auch die Qualität der Lebensmittel, die sie uns schenken«.

Die Tiere müssen des Weiteren ausschließlich mit Biofutter gefüttert werden, das überwiegend vom eigenen Hof stammt. Der Transportweg zum Schlachthof darf maximal 200 Kilometer betragen. Und im Falle von Krankheiten soll vorzugsweise auf biologische, anthroposophische, homöopathische oder alternative Naturheilverfahren zurückgegriffen werden. Zudem müssen sich alle Landwirte bei Aussaat und Ernte an einen besonderen Jahresplan halten: den biodynamischen Mondkalender mit Mondphasen, in welchem »Blatt-, Blüten-, Frucht- und Wurzeltage« sowie besonders geeignete Pflanzzeiten aufgeführt sind. »Ein unentbehrlicher Begleiter, wenn man mit den Kräften der Natur zusammenarbeiten will – und nicht gegen sie«, beteuert Demeter.

Klingt nachhaltig und naturverbunden. Nur: Passt zu solch einer »entschleunigten« Philosophie die wachsende Kooperation mit raffgierigen Handelsimperien wie Lidl oder Edeka? Ob Lebensmittelmultis den Ideen der Anthroposophie gerecht werden können? Wie hatte Steiner 1924, kurz vor seinem Tod, gepredigt: »Gerade bei der Landwirtschaft zeigt es sich, dass aus dem Geiste heraus Kräfte geholt werden müssen, die heute ganz unbekannt sind und die nicht nur die Bedeutung haben, dass etwa die Landwirtschaft ein bisschen verbessert wird, sondern die die Bedeutung haben, dass überhaupt das Leben der Menschen – der Mensch muss ja von dem leben, was die Erde trägt – eben weitergehen könne auf Erden auch im physischen Sinne.«

Unbestritten ist: Rudolf Steiner war zeitlebens auf Konfrontation mit der Schulwissenschaft. »Kann man etwas nicht verstehen, dann urteile man lieber gar nicht, als dass man verurteile!«, mahnte er. Schon in jungen Jahren soll der im heutigen Kroatien geborene und in der Schweiz verstorbene Freidenker hellsichtig gewesen sein und mehr als andere gespürt oder vorausgesehen haben. Später wurde er als Begründer der Anthroposophie bekannt. Er polarisierte nicht nur mit seinen Erziehungsansichten (Waldorfpädagogik), sondern auch mit Aussagen, wonach der »Mensch am gesündesten bleibt, wenn er lediglich 50 Gramm Eiweiß täglich in sich aufnimmt«.

129
»Empfänger kosmischer Energie«.
Verhelfen uns Kuhhörner
dank »kosmischer Kräfte« zu
gesünderer Nahrung?

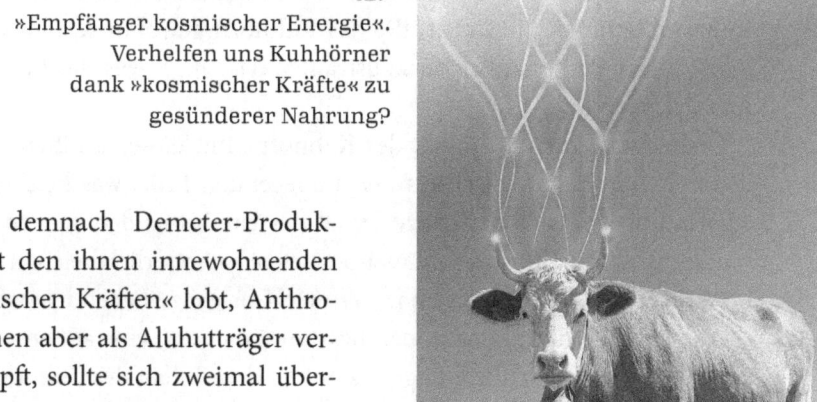

Wer demnach Demeter-Produkte samt den ihnen innewohnenden
»kosmischen Kräften« lobt, Anthroposophen aber als Aluhutträger ver-
unglimpft, sollte sich zweimal überlegen, ob er sich damit nicht selbst
Hörner aufsetzt. Umso mehr, als
auch renommierte Schriftsteller wie
Michael Ende oder Christian Mor-
genstern zeitlebens mit Steiners Ge-
dankengut sympathisierten.

Zum umstrittenen Thema der Kuhhörner äußerte sich Rudolf Steiner
am 12. Juni 1924 in seinem – anbei massiv gekürzt zitierten – Vortrag in
Koberwitz wie folgt: »Haben Sie schon einmal nachgedacht, warum Kühe
Hörner haben, oder gewisse Tiere Geweihe haben? Das ist eine außerordentlich wichtige Frage. Aber dasjenige, was die Wissenschaft darüber bietet, ist gewöhnlich etwas außerordentlich Einseitiges und Äußerliches. (...)
Die Kuh hat Hörner, um in sich hineinzusenden dasjenige, was astralisch-
ätherisch gestalten soll, was da vordringen soll beim Hineinstreben bis in
den Verdauungsorganismus, sodass viel Arbeit entsteht gerade durch die
Strahlung, die von Hörnern und Klauen ausgeht, im Verdauungsorganismus. Nun, sehen Sie, dadurch haben Sie im Horn etwas, was durch seine
besondere Natur und Wesenheit gut dazu geeignet ist, das Lebendige und
Astralische zurückzustrahlen in das innere Leben. (...)

Nehmen wir also Dünger, stopfen wir damit ein Kuhhorn aus und geben wir in einer gewissen Tiefe, ich will sagen etwa 0,75 bis 1,5 Meter tief,
wenn wir einen unten nicht zu tonigen oder zu sandigen Boden haben,
das Kuhhorn nun in die Erde. (...) Dadurch, dass wir nun das Kuhhorn

mit seinem Mistinhalt eingegraben haben, dadurch konservieren wir im Kuhhorn drinnen die Kräfte, die das Kuhhorn gewohnt war, in der Kuh selbst auszuüben, nämlich rückzustrahlen dasjenige, was Belebendes und Astralisches ist. (...)

Und es wird der Mistinhalt des Kuhhorns mit diesen Kräften, die nun dadurch alles heranziehen aus der umliegenden Erde, was belebend und ätherisch ist, es wird der ganze Inhalt des Kuhhorns den ganzen Winter hindurch, wo die Erde also am meisten belebt ist, innerlich belebt. Innerlich belebt ist die Erde am meisten im Winter. Das ganze Lebendige wird konserviert in diesem Mist, und man bekommt dadurch eine außerordentlich konzentrierte, belebende Düngungskraft in dem Inhalt des Kuhhorns. (…)

Man nimmt wiederum Kuhhörner, füllt sie aber jetzt nicht mit Mist, sondern füllt sie aus mit bis zu Mehl zerriebenem Quarz oder Kiesel, oder auch Orthoklas, Feldspat, und bildet aus diesem einen Brei, der etwa die Dicke eines ganz dünnen Teiges hat, und füllt damit das Kuhhorn aus. Jetzt, statt dass man das Kuhhorn überwintern lässt, lässt man es übersommern, nimmt es alsdann, nachdem es übersommert hat, im Spätherbst heraus, bewahrt nun den Inhalt bis zum nächsten Frühjahr, dann nimmt man heraus dasjenige, was da dem sommerlichen Leben in der Erde ausgesetzt war, und behandelt es in ähnlicher Weise, nur dass man jetzt viel geringere Quantitäten braucht. Sie können ein erbsengroßes Stückchen verteilen durch Rühren auf einen Eimer Wasser, auch nur ein stecknadelkopfgroßes Stückchen. Nur muss man das auch eine Stunde lang rühren. Wenn Sie dies verwenden zum äußeren Bespritzen der Pflanzen selbst (...) dann werden Sie sehen, wie nun das der Wirkung, die von der anderen Seite durch den Kuhhornmist aus der Erde kommt, unterstützend zur Seite steht.«

Schwer verdauliche Kost? Geistreicher Mist? Oder fruchtbare Gedankensaat? Die Wirklichkeit hat nicht nur zwei Seiten. Sondern unendlich viele. Demeter lässt grüßen. Bedenken Sie dies bitte beim nächsten Supermarktbesuch. Und fragen Sie sich erneut: Weshalb verteufeln und verbieten viele Gesundheitspolitiker öffentlich esoterisch anmutende Erzeugnisse, alternativmedizinische oder homöopathische Präparate? Und weshalb bevorzugen viele von ihnen beim privaten Einkauf dennoch Demeter-Eier oder Weleda-Erzeugnisse aus anthroposophischer Bioproduktion?

Phänomenale Mikroaufnahmen: Bioprodukte unter der Lupe

Es sind künstlerisch anmutende Einblicke in die Welt unserer Lebensmittel und gleichzeitig Fotografien, die nachdenklich stimmen. Mittels einer alternativen Analysetechnik hat ein Produzent veganer Lebensmittel jahrelang Bio- und Nichtbioerzeugnisse unter dem Mikroskop verglichen. Sein Fazit: Produkte aus ökologischem Anbau zeigen weitaus harmonischer wirkende Kristallisationsbilder als ihre chaotischer strukturierten Gegenstücke aus Landwirtschaft mit chemischer Keule und Gentechnik!

»Soyana-Methode« nennt der Unternehmer Walter Dänzer aus dem Kanton Zürich den von ihm entwickelten Untersuchungsprozess. »Wenn wir gemäß unserer Methode ein Lebensmittel destilliert und den trockenen Rückstand anschließend wieder mit dem Destillat zusammengeführt haben, lassen wir davon einige Tröpfchen austrocknen«, fasst er das Prozedere zusammen. Anschließend sehe »man eigentlich nur die Anordnung der trockenen Mineralstoffe«, die sich theoretisch in unendlich vielen Möglichkeiten anordnen können.

130
Dänzer in seinem Labor. Neben ihm die Biologin, mit deren Hilfe er seine Mikroskopaufnahmen durchführt.

Die eingetrockneten Proben werden unter einem Dunkelfeldmikroskop bis zu tausendfach vergrößert und fotografiert. So entstanden etwa Detailbilder eines Bioapfels, die wie gemalt aussehen. Mit etwas Fantasie kann man in den harmonisch geordneten und vital wirkenden Linienmustern kleine Apfelbäumchen erkennen. Identisch aufbereitete Aufnahmen eines Apfels aus konventionellem Anbau mit Spritzmitteln und Kunstdünger zeigen ein ganz anderes Bild: Dessen Strukturen wirken zerstört, chaotisch, spröde und brüchig. Eine beunruhigende Beobachtung, die sich durch alle von Dänzer fotografierten Proben zieht. Ob Gemüse, Getreide oder verarbeitete Naturprodukte.

131
Verblüffender
Unterschied.
Vergleichsbilder
einer Bio-Orange
(oben) und einer
Nichtbio-Orange.

»Wir haben über 10 000 Fotos gemacht, und bei den Nichtbioprodukten zeigen nur wenige einigermaßen intakte Kristallisationsbilder«, versichert er. Sein Fazit: »Biolebensmittel sind in ihrer Ordnungskraft voller Schönheit und Stärke und dadurch für unsere Ernährung wertvoller.« Nichtbionahrung dagegen sei »in ihrer Ordnungskraft sichtlich geschwächter und somit in ihrem Ernährungswert deutlich vermindert«.

Dänzers Soyana-Analysen orientieren sich sowohl an Ideen und Vorstellungen der Anthroposophie als auch der Alchemie, etwa der Spagyrik von Paracelsus. Anfangs habe er sie zur Qualitätssicherung seiner be-

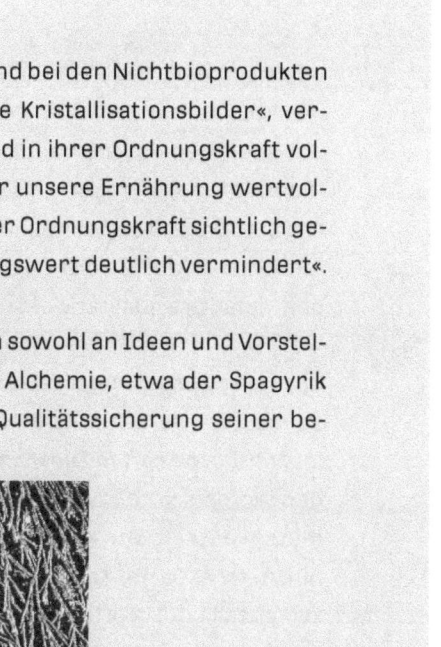

132
Bio-Zitrone und Nichtbio-Zitrone. Auch in diesem Fall offenbaren Soyana-Bildanalysen massive visuelle Unterschiede.

triebseigenen, veganen Biolebensmittel entwickelt. Doch schnell bemerkte er ein anderes Potenzial. Denn die Mikroskopaufnahmen unter-
schieden sich derart frappant, dass die Differenzen zwischen Bio und
Nichtbio für jedermann sofort und instinktiv erkennbar sind. Ohne jegliche Vorkenntnisse oder Schulung. Selbst Kinder deuteten in Versuchen
intuitiv stets auf die richtige Aufnahme, wenn sie gefragt wurden, welche Bilder das qualitativ bessere Obst oder Gemüse zeigten, so Dänzer.

Um seine Forschungsresultate einem breiteren Publikum zugänglich
zu machen, veröffentlichte er sie auf eigene Kosten in Buchform. *Die
unsichtbare Kraft in Lebensmitteln* heißt der großformatige Bildband,
der exemplarische Aufnahmen von 50 »auskristallisierten« Nahrungs-
mitteln enthält. Von Kartoffeln über Kopfsalat, Tomaten und Weizen bis
hin zu Reis, Pasta, Kakao oder Kokosöl. »Die Bilder erlauben uns, ganze Kristalllandschaften zu betrachten, die letztendlich nichts anderes
sind als die eingetrockneten Mineralstoffe des jeweils untersuchten
Lebensmittels.«

Dass kristallisierte Bioesswaren deutlich filigraner und harmonisch
strukturierter wirken, sei alles andere als ein Zufall, ist der Umwelt-
freund überzeugt. »Die Natur macht nichts einfach so – alles hat seinen
Sinn!« Würden ihre Ordnungskräfte geschwächt oder zerstört, ver-
schwänden mit ihr auch elementare Informationen und Steuerungs-
mechanismen »für Tausende von Prozessen, die jede Sekunde in jeder
Zelle unseres Körpers« stattfinden. »Solche Nichtbionahrungsmittel
sind informationsgeschädigt, und die Folgen können fehlerhaft ab-
laufende Prozesse in unseren Zellen sein, die so häufig auftreten, dass
unser Reparaturmechanismus überfordert ist«, befürchtet er.

Walter Dänzer und sein Team haben nicht nur Bio- und Nichtbioerzeugnisse verglichen. Sie haben mittels ihrer Soyana-Methode auch
visualisiert, was mit der mikroskopischen Struktur von Nahrung geschieht, die in der Mikrowelle erhitzt wird. Etwa bei wildem Rosmarin.

»Die Ordnungskraft im Rosmarin bildet ein solides Haus mit kräftiger Verteidigung nach außen und ganz feinen Fliederbüschen nach innen«, beschreibt der Forscher den mikroskopischen Anblick von kristallisierten Proben des unbehandelten Heilkrauts. Ganz anders präsentiere sich die Pflanze, nachdem sie elektromagnetisch erhitzt worden war. »Die Wirkung der Mikrowellen kommt einem regelrechten Brand gleich. Das ehemals fein gegliederte Innenleben ist völlig zerstört. Das tun wir unserem Essen an, wenn wir es in der Mikrowelle erwärmen!«

Inzwischen können sowohl Firmen als auch Privatpersonen Lebensmittel oder auch Gartenerde von Dänzers Labor untersuchen lassen. Die Analyse eines Apfels aus dem eigenen Garten oder von Bioerdbeeren des Lieblingsbauern kostet um die 450 Euro, erklärt er und betont: »Gewinn machen wir damit nicht. Das ist in der Schweiz leider der Selbstkostenpreis für zwei Arbeitstage einer Biologin mit Doktortitel.«

Doch obwohl 2019 selbst der bekannte TV-Biologe Andreas Moser im Schweizer Fernsehen ausführlich und auffällig wohlwollend über Dänzers Forschungsarbeit berichtet hat, reagieren Behörden und Wissenschaftsinstitutionen zurückhaltend bis ignorant auf seine Forschungsergebnisse. Das Schweizer Bundesamt für Gesundheit (BAG) etwa ließ sich von ihm seine Arbeit zwar präsentieren. Konkrete Schlussfolgerungen lehnten die Amtsvertreter aber ab. Seine Methode sei wissenschaftlich nicht anerkannt, hieß es als Begründung. Punkt. Aus. Ende?

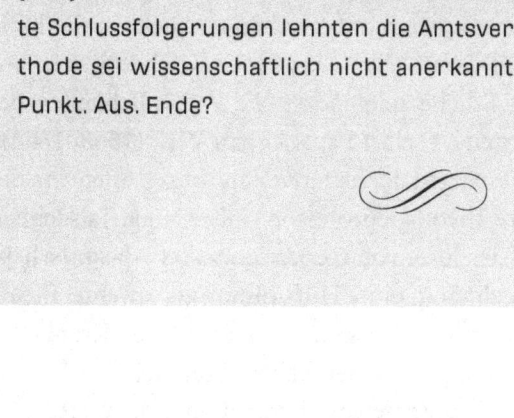

Entrückt und verzückt: Der fliegende Mönch

»Wunder geschehen plötzlich. Sie lassen sich
nicht herbeiwünschen, sondern kommen ungerufen, meist
in den unwahrscheinlichsten Augenblicken und
widerfahren denen, die am wenigsten damit gerechnet haben.«

Georg Christoph Lichtenberg, Naturforscher

Geboren in einem Stall, die Eltern arm. Der Vater ein Zimmermann. Als Kind ein Sonderling. Später ein verehrter Wundertäter und Heilsbringer. Nein, es geht nicht um Jesus Christus. Sondern um Josef von Copertino (1603–1663): ein Mönch, der sich laut Vatikan und unzähligen Glaubensbrüdern etliche Male wie von Geisterhand erhoben verzückt in die Lüfte geschwungen haben soll und damit selbst skeptische Kirchenfürsten ans Ende ihres Lateins brachte. Etliche zeitgenössische Persönlichkeiten bezeugten seine »Himmelsfahrten« – selbst Papst Urban VIII. (1568–1644).

Als den »merkwürdigsten Heiligen der neueren Zeit« bezeichnete ihn der 1988 verstorbene reformierte Theologieprofessor Walter Nigg. Tatsächlich steckt die Lebensgeschichte des Josef von Copertino voller Absonderlichkeiten. Nicht nur, dass er regelmäßig ohne Hilfsmittel entschwebte. Er soll auch hellsichtig gewesen sein, mittels Gebet und Handauflegen Kranke geheilt und mit Engeln und Tieren gesprochen haben. Viele seiner Wundertaten sind für die damalige Zeit außergewöhnlich gut dokumentiert.

133 Selbst Papst Urban VIII. war Augenzeuge von Josefs Ekstasen. Eine von zahlreichen historischen Darstellungen des Heiligen.

Nichtsdestotrotz startete das Leben des 1767 heiliggesprochenen Mönchs beschwerlich. Im apulischen Städtchen Copertino, ganz im Süden Italiens, als Giuseppe Maria Desa in ein armes Elternhaus geboren, zeigte der Kleine bereits früh Verhaltensauffälligkeiten, die ihn – verbunden mit Begriffsstutzigkeit und einem wenig attraktiven Äußeren – zum Gespött der Gleichaltrigen machten. Schon als Bub interessierte er sich mehr für religiöse Figuren und Geschichten als für Spielzeug. »In kindlicher Ergriffenheit schenkte er Jesus sein Herz«, umschreibt es Gottfried Egger 2016 in seiner Copertino-Biografie (*Hingerissen von der Liebe Gottes*). »Im Bewundern der heiligen Dinge, beim Duft des Weihrauchs und dem Klang der Orgel schmolz er einfach dahin.«

Hier liegen wohl auch die Wurzeln für seine späteren Ekstasen, die ihn Außergewöhnliches leisten und berühmt werden ließen, sind viele Religionswissenschaftler überzeugt. Seine Schulkameraden hingegen verpassten ihm bald den Spottnamen *bocca aperta* (»Offener Mund«), weil Josef in seinen entrückten Momenten oft verwirrt die Kinnlade nach unten klappte. Später wurde der Jugendliche zudem durch eine schwere Krankheit mit offenen Wunden und eitrigen Beulen entstellt.

Als junger Erwachsener tat sich Giuseppe Maria weiterhin schwer. Er scheiterte beim Erlernen diverser Berufe. Selbst aus Klöstern warf man ihn heraus. Weil er sich derart ungeschickt verhielt, dass er von den Ordensgemeinschaften als untragbar empfunden wurde. Nur dank familiärer Beziehungen erbarmten sich die Franziskaner seiner. Sie beherbergten Giuseppe in ihrem Kloster Santa Maria della Grottella in Copertino – wenn auch vorerst nur als Knecht. Voller Dankbarkeit und Hingabe nahm er diese neue, wohl letzte Chance wahr. Er arbeitete, so gut er konnte. Und er betete noch mehr. Seine Hingabe und sein Fleiß fielen der Klosterleitung auf, sodass er schließlich als Mönch in die Gemeinschaft aufgenommen wurde. Josef von Copertino war von nun an sein Rufname.

Kurz darauf, am 4. Oktober 1630, ereignete sich die erste Levitation Josefs: »Eben war die Festtagsprozession zu Ehren des Hl. Franz vorangeschritten, auf einmal schwebtest du in Ekstase über den Köpfen der Menge hin«, schildert Bruder Egger jenes von Augenzeugen vielfach bezeugte Wunder. »Wie man sich leicht vorstellen kann, gerieten die südländischen

Prozessionsteilnehmer völlig außer sich.« Auch Josef selbst war verdattert. Er zog sich nach der Levitation in seine Klosterzelle zurück. Der junge Mönch legte die Schuhe ab und lief fortan nur noch barfuß. Er warf fast alle Möbel aus seiner Zelle und schlief auf einem Tierfell am Boden. Auf Wein, Fleisch und Brot verzichtete er künftig ebenfalls, ernährte sich nur noch von Früchten oder Gemüse.

In seiner Zeit in Grottella überkam es den Franziskaner besonders häufig. Immer wieder wurde er vor Verzückung in eine andere Welt gerissen und begann vom Erdboden abzuheben. »Es ist eine Tatsache: Bruder Josef ist zeitlebens an die 70 Mal frei in der Luft geschwebt«, beteuert Gottfried Egger. Seinerseits ebenfalls Mönch, hat er bis heute führende Funktionen im Franziskanerorden inne. Andere Gelehrte merken an, dass Josef von Copertino vermutlich sogar weit über 100 Mal geflogen sei. »Seine Verzückungen ereigneten sich derart oft, dass fast sein ganzes Leben eine Kette von Ekstasen war«, bestätigt auch Theologe Nigg nach ausführlicher Aktenkunde. »Er hatte nicht die geringste Macht über das Kommen und Gehen seiner Entrückungen.« Man habe ihn meist nur ein schlichtes »Oh!« ausrufen hören, »und schon hatte ihn die Wonne ergriffen«. »Manchmal versuchte er noch, sich an einem Gegenstand festzuhalten, aber es nützte nichts – der Raptus riss ihn mit sich.«

Vereinzelt flog Josef sogar rücklings, wie Weggefährten überlieferten. Oft gänzlich unkontrolliert. »Was auch immer seine Bewegungen auslöste, die Kräfte schienen mit ihm zu machen, was sie wollten«, beschreibt der Kulturforscher Michael Grosso das Phänomen. Der US-Wissenschaftler widmete dem Heiligen 2015 ein weiteres umfangreiches Buch (*The Man Who Could Fly*), in dem er nicht zuletzt Parallelen zu Poltergeistphänomenen ausmachte. »Sie hoben ihn hoch, warfen ihn runter, schubsten ihn vorwärts und rissen ihn wieder zurück.«

Persönlich habe er keine Kontrolle über diese »Energie«, beteuerte der Mönch aus Copertino immer wieder. Und er sei auch nicht in der Lage, diese bewusst zu nutzen. Auslöser für seine spontanen Erhebungen konnten Heiligenbilder, Orgelmusik, Begegnungen oder kirchliche Rituale jeglicher Art sein. Am häufigsten überkam es den Italiener denn auch während Gottesdiensten. Teilweise geriet er derart außer Rand und Band,

134
Levitation
vor dem
Altar.
Namhafte
Zeitgenossen
bezeugten
Josefs
spontane
»Himmels-
fahrten«.

dass er nicht mehr in der Lage war, die Litanei zu vollziehen. Irgendwann verbot ihm die Klosterleitung deshalb sogar, öffentliche Messen zu halten.

Einer der spektakulärsten »Flüge« Josefs ereignete sich im Vorfeld einer Prozession, wie beglaubigte Kirchenakten dokumentieren. Im Kloster Grottella errichteten die Brüder damals »eine Nachbildung der Kreuzigungsgruppe«, schildert Professor Nigg. »Zwei Kreuze standen bereits an ihrem Platz; doch das dritte, das über fünfzig Handbreiten hoch und sehr schwer war, vermochten zehn Männer mit vereinten Kräften nicht aufzurichten. Als Josef das sah, flog er voller Eifer ungefähr achtzig Schritte vom Klostereingang zum Kreuz hinüber, hob es empor, als wäre es leicht wie Stroh, und stellte es in das dafür hergerichtete Loch.«

Längst droht der »fliegende Mönch« in Vergessenheit zu geraten. Kaum ein Ungläubiger, der dessen Levitationen heute noch ernst nimmt. Dennoch bringt Josef von Copertino selbst aufgeklärte Theologen in Erklärungsnot. Schuld daran sind etliche beglaubigte Augenzeugenberichte. 1836 bis 1842 wies Joseph Görres in seinem Werk *Die christliche Mystik* darauf hin: »Als Josef 1663 gestorben war, wurde sogleich nach der in solchen Fällen üblichen Weise, nachdem kaum 2 Jahre seit seinem Tode vergangen und alle Zeugen noch am Leben waren, der Prozess über sein Leben und seine Wunder in Nardo, Assisi und Osimo instruiert und die Ergebnisse desselben von der zu vergleichenden in Rom geordneten Congregation aufs Schärfste geprüft.«

Bereits im Todesjahr habe der Ordensgeneral der Minoriten P. Roberto Nuti von Assisi beauftragt, dessen Lebensbeschreibung zu verfassen: »Der Beauftragte tat, wie ihm befohlen worden, und 15 Jahre später erschien von ihm *Vita del servo di Dio P. F. Giuseppe da Copertino.* Der Verfasser legte dabei, wie er im Vorbericht sagt, zugrunde, was er selbst mit eigenen Augen gesehen hat. Dann, was ihm glaubwürdige Zeugen berichteten, sowohl solche, die dem Orden angehört, als andere, die mit dem Heiligen verkehrt hatten. Zudem was Martelli von Spoleto, Don Bernardino Benaducci und Don Arcangelo Rosimi, Abt von Assisi, die alle drei mit ihm im vertrautesten Umgange gelebt und viele Unterredungen mit ihm gehabt, tagtäglich aufgezeichnet über ihn und sein Tun und Wesen. Als darauf 1711 die von Urban VIII. gesetzte Frist verlaufen war, und man die Untersuchung neuerdings aufgenommen, schrieb D. Bernini, teils aus den früheren Akten, teils aus anderen Manuskripten, die man bei dieser Untersuchung zugelassen, eine zweite Lebensbeschreibung.«

Tatsächlich hatte der Franziskaner Domenico Bernini, ein Weggefährte Josefs, in besagter zweiter Biografie von 1722 allerlei wissensreiche Details und Augenzeugenberichte zusammengetragen und dokumentiert. Zusätzlich listet er auch Erinnerungen an Josefs Flugeskapaden auf, die er während seiner Zeit im Kloster Grottella erlebt hatte: »Josef wurde in der Kirche gesehen, er ging zum Altar und sprang von dort auf die letzte Stufe der Kanzel. Am Gründonnerstag erhebt er sich in die Luft und fliegt zu einer Skulptur des Grabes von Jesus Christus. Am Festtag des Heiligen Franziskus wird er durch die Luft zum heiligen Altar getragen. Am Fest der Madonna von Carmine steigt er in Ekstase von der Erde auf. Jetzt rezitiert er die Litaneien, intoniert ›Santa Maria‹, fliegt zum Hauptaltar und aus der Kirche hinaus ...«

Aufgrund seiner spektakulären »Ausflüge« – oft in aller Öffentlichkeit – wurde Josef von Copertino noch zu Lebzeiten immer berühmter. Menschenmassen drängten in seine Messen und suchten den Kontakt zu ihm.

Denn der Glaubensbruder sorgte nicht nur durch Levitationen für Aufsehen, wie Gottfried Egger betont. Während einer Dürre habe er erfolgreich Regen herbeigefleht. Immer wieder sei er um Hilfe gebeten worden. »Er tat vor allem Wunder bei einfachen Leuten. Er heilte Blinde und auch Kinder.«

Vielen konservativen Kirchenoberen wurde der Rummel um Josef von Copertino irgendwann zu bunt. »Kann es bei so vielen Wundern noch mit rechten Dingen zugehen?«, fragten sie sich zunehmend misstrauisch. Man schickte den »Popstar« ins Exil. Nach mehreren Zwischenstationen landete er in Assisi, beim Grab des Ordensgründers Franziskus. Dort sollte er zurückgezogen hinter Klostermauern leben. So der Plan des Vatikans. Doch die Menschen folgten dem Wundertäter weiterhin. 1653 griff die Inquisition erneut ein und sandte Josef von Copertino zuerst in Arrest in die Kapuzinerklöster von Pietrarubbia und Fossombrone sowie später still und heimlich in das Franziskanerkloster in Osimo, wo er Jahre später starb.

Der Jesuitengelehrte Herbert Thurston bezeichnete den Mönch »als das stärkste Fallbeispiel« für einen Heiligen mit Wunderkräften. »Wir haben etliche Zeugen«, betonte er, »Beobachtungen bei Tageslicht, Briefe, Tagebücher, Aufzeichnungen von der Inquisition, zahlreiche schriftliche Aussagen und seine 35 Jahre dauernde Karriere«. Ab der Ordination sei das Leben des heiligen Josef eine lange Folge von Ekstasen, Heilungswundern und übernatürlichen Ereignissen in einer Größenordnung gewesen, die mit keinem Leben und Wirken eines anderen belegten und authentifizierten Heiligen vergleichbar sei.

Neben Hunderten von Zeugen aus dem »einfachen Volk« bestätigten auch diverse Zeitgenossen von Rang und Namen die Phänomene, die sie persönlich gesehen hatten. Darunter führende Militärangehörige, Adlige wie die Prinzessin Maria Apollonia von Savoyen (1594–1656) oder Johann Friedrich, Herzog von Braunschweig-Lüneburg (1625–1679) und der spätere polnische König Johann II. Kasimir (1609–1672). Selbst Päpste sahen den Mönch schweben, wie aus der kirchlichen Bulle hervorgeht, die Papst Clemens XIII. anlässlich von Josefs Heiligsprechung 1767 verfasste:

»Dergleichen Verzückungen und Leibeserhebungen waren bei ihm so zahlreich und so wunderbar, dass seit den Zeiten unserer Väter und Vorfahren keiner gefunden wird, der mit ihm könnte in Vergleich gestellt werden. Unter den vorzüglichsten solcher Entzückungen ist jene, welche unser Vorgänger Urban VIII. seligen Andenkens selbst gesehen und bezeugt hat. Eine andere ereignete sich in unserer Patriarchalkirche zu Assisi, wo er, um das Bildnis der seligsten Jungfrau Maria zu verehren, 18 Spannen hoch von der Erde hinaufgehoben wurde. Nicht weniger war jene zu bewundern, die sich zeigte in der Kapelle des Noviziats. An dem hohen Festtage der unbefleckten Empfängnis Mariä nämlich, welchem Geheimnisse sein Herz in zärtlichster Andacht ergeben war, ergreift er den dabeistehenden Obern, führt ihn mit sich in die Höhe und, nachdem er ihn von sich entlassen, schwingt er sich weit höher und ruft mit öfterer Wiederholung: ›Schöne Maria!‹ Auf gleiche Weise wurde er beim Anblick der Loreto-Kirche in die Höhe gehoben.«

Oder wie in der vergilbten Originalschrift *Das tugend- und wundervolle Leben des heiligen Joseph von Copertino* eines anonymen Priesters aus dem Jahr 1843 nachzulesen ist: »Auch Papst Urban VIII. war Zeuge einer solchen Ekstase. Während seines Aufenthaltes zu Rom wurde Josef einst von seinem Ordensgeneral zum Papste geführt (...). Beim Anblicke des Statthalters Jesu Christi auf Erden stellte er sich selbst vor, und in dem Augenblicke, wo er sich zu den Füßen des heiligsten Vaters hinneigen wollte, kam er in Verzückung, sodass er sich zwar mit dem Haupte zu den Füßen desselben niederbeugte, aber auch gleich wieder in derselben Lage sich von der Erde erhebend zurückzog und so lange in liegender Stellung erhoben blieb, bis ihn der Papst mit dem Namen rief.« Zu den prominentesten Fürsprechern Copertinos zählte denn auch Papst Benedikt XIV. (1675–1758), der festhielt: »Augenzeugen von unanfechtbarer Integrität haben die berühmten Erhebungen über den Boden und die anderen ansehnlichen Flüge des genannten Dieners Gottes bestätigt.« Jene Feststellung soll der Kirchenobere im Rahmen einer Inquisition gegen den Mönch getätigt haben.

Kulturwissenschaftler Michael Grosso kommt in seinem kritischen 300-Seiten-Wälzer von 2015 ebenfalls zu dem Urteil, dass man die Berichte über Josef von Copertino nicht als Halluzinationen oder Massenhysterie ins Reich der Legenden verbannen kann. »Um die Masse von Berichten und Behauptungen als Schwindelgeschichten abzutun, müssten wir annehmen, dass eine große Anzahl von Menschen dieselbe Illusion hatte, die ungewöhnlichen Bewegungen eines Mönches über Jahre hinweg falsch interpretierte, und dass Menschen unterschiedlichsten Rangs und Herkunft eidesstattlich bezeugten, Dinge gesehen zu haben, die sie sich in Wahrheit nur vorstellten. Wir müssten davon ausgehen, dass zahlreiche kirchliche Autoritäten logen oder übertrieben und aus nicht nachvollziehbaren Gründen einen völlig unschuldigen, normalen Mönch abschotteten und vor der Öffentlichkeit versteckten.«

Gespenstische Erscheinungen in süddeutschem Pfarrhaus

Es klingt wie ein modernes Schauermärchen – und ist dennoch wahr: In einem Pfarrhaus der Diözese Rottenburg (Stuttgart) ereigneten sich 2013 unheimliche Dinge. Gespenstische Gestalten wandelten dort nächtens durch die Räume und trieben ihr Unwesen. Ebenso wie ein unheimlicher Kapuzenmönch. Zeuge der Ereignisse war der Pfarrer höchstpersönlich. Und er nahm sie ernst.

»Spuk?« Nein, so wollte Florian Stocker (Name geändert) die bizarren Vorkommnisse in seinem Pfarrhaus damals ungern betitelt sehen. »Spuk klingt immer so abwertend – nach Poltergeist und Märchen. Ich spreche lieber von unerklärlichen Phänomenen, denn ich habe diese Dinge wirklich erlebt!« Tatsächlich geschahen seinerzeit wahrhaft gespenstische Dinge im Umfeld des Theologen mittleren Alters, wie er persönlich zu berichten wusste.

Begonnen hatte alles 1,5 Jahre zuvor. »Es war kurz vor dem 1. November 2011, also dem Hochfest Allerheiligen«, erinnerte sich der Geistliche.

»Nachts um halb ein Uhr wachte ich durch Geräusche im Erdgeschoss des Pfarrhauses auf. Ich habe deutlich gehört, wie die Pfarrhaustür aufgeschlossen wurde und zwei Frauen hereinkamen, die sich laut miteinander unterhielten.«

Direkt unter dem Schlafzimmer befand sich das Arbeitszimmer. »Die Tür zum Pfarrbüro wurde ohne Rücksichtnahme geräuschvoll aufgeschlossen, und ich hörte, wie der Lichtschalter betätigt und dann umhergegangen wurde«, schilderte Pfarrer Stocker seine Erlebnisse. »Das laute Gespräch wurde ununterbrochen fortgesetzt – was mich nervte, schließlich war es mitten in der Nacht.« Er stand also auf und ging über eine Wendeltreppe hinunter. »Als ich die Verbindungstür von meiner Wohnung zum Büro aufschloss, staunte ich nicht schlecht: Kein Licht war an. Sowohl die Pfarrhaustür als auch die Tür zum Pfarrbüro waren abgeschlossen. Ich hatte doch klar und deutlich von meinem Schlafzimmer aus gehört, wie das Licht eingeschaltet worden war! Aber niemand war anwesend.«

Nachdenklich schloss der Geistliche die Tür ab und kroch wieder unter die Bettdecke. »Doch kaum hatte ich das Licht ausgeschaltet, hörte ich wieder klar und deutlich die beiden Frauenstimmen.« Eine der Stimmen erkannte der Pfarrer sogar, sie gehörte einer Dorfbewohnerin. Er eilte erneut ins Erdgeschoss. Doch einmal mehr war niemand zu sehen, das Licht war aus und die Türen verschlossen. Stocker: »Verwundert legte ich mich wieder schlafen. Doch 3 Stunden später, um 3:30 Uhr, erlebte ich den gleichen mysteriösen Ablauf. Wieder hörte ich, wie die Pfarrhaustür aufgeschlossen wurde, zwei Frauen sich miteinander unterhielten, die Tür zum Pfarrbüro aufgeschlossen, der Lichtschalter im Pfarrbüro betätigt und umhergegangen wurde.«

Erneut stand er auf. Und erneut war im Büro nichts zu sehen. »Daraufhin betete ich ein ›Vater unser‹, ein ›Gegrüßet seist du, Maria‹ und ›Herr, gib ihnen die ewige Ruhe‹ für die Verstorbenen und ging wieder ins Obergeschoss.« In der Folgezeit über Allerheiligen und Allerseelen

135
Manifestation aus
der Anderswelt?
Erscheinung eines
Kapuzenmönchs
in einem süddeut-
schen Pfarrhaus
(Symbolbild).

sei dann im Pfarrhaus endlich wieder Ruhe eingekehrt. Ein paar Tage
später sprach der Geistliche die Frau an, deren Stimme er zu hören
gemeint hatte. Doch sie beteuerte ihm glaubhaft, nicht im Pfarrhaus
gewesen zu sein. »Wieso sollte sie dies um diese Uhrzeit auch tun?«, so
Stocker im persönlichen Gespräch. »Dazu kommt, dass die Dame nicht
einmal einen Schlüssel für den Eingang besitzt.«

Es war nicht das erste Mal, dass Florian Stocker im Pfarrhaus unheimliche Begegnungen hatte. Bereits ein halbes Jahr zuvor hatte er kurz
nach Mitternacht Schritte im Flur vor seinem Schlafzimmer gehört.
»Als ob dort einer auf jemanden wartete und dabei auf und ab ging. Zum
Glück bin ich nicht ängstlich und deshalb aufgestanden, um zu schauen,
was los ist.« Doch der Pfarrer entdeckte nichts und niemanden. Aber allein war er auch nicht, wie er bald merkte: »Ich konnte deutlich spüren,
wie jemand an mir vorüberging, und hörte anschließend, wie jemand
die Wendeltreppe hinunterstieg.« Im Untergeschoss vernahm er noch
ein paar Schritte. Dann war Ruhe. Am frühen Morgen wiederholte sich
das unheimliche Phänomen erneut. »Nur diesmal klangen die Schritte
auf der Treppe etwas feiner, leichter.«

Phänomene wie diese seien im christlichen Glauben durchaus bekannt, betonte der Geistliche fast schon entschuldigend. So habe ihm während seines Studiums der Leiter des bischöflichen Seminars von einem »beklemmenden Gefühl« berichtet, das ihn meist kurz vor dem 8. Dezember, Mariä Empfängnis, heimsuche. Er spüre dann stets, dass »ein besonderer Ungeist unterwegs« sei. Ähnlich habe es sich mit einem mysteriösen Begleiter verhalten, der Stocker zeitweise in seinem Domizil aufsuchte. »In unregelmäßigen Abständen wachte ich auf, weil ich das Gefühl hatte, dass jemand an meinem Bett steht.« Tatsächlich habe er dann meist eine schwarze Gestalt entdeckt. »Eine Art dunkel gekleideter Kapuzenmönch, sein Gesicht war nie erkennbar.« Die Erscheinung habe »nie gesprochen« und hielt »die Arme stets verschränkt«.

»Es gibt viele Zeugen für Besuche und Begegnungen aus der Anderswelt, man kann dies also nicht einfach als Humbug abtun«, betonte der Pfarrer abschließend und gab nach persönlicher Durchsicht dieser Zeilen seinen Segen zur Publikation. Dass er und seine Gemeinde darin ausdrücklich beim Namen genannt wurden, störte ihn nicht. Im Gegenteil: Der Priester versprach sogar Porträtfotos von ihm vor dem Pfarrhaus nachzuliefern, um die Glaubwürdigkeit seiner Aussagen zu unterstreichen.

So weit, so schlecht. Denn völlig überraschend machte der Gottesmann aus Baden-Württemberg kurz danach einen Rückzieher. Aus heiterem Himmel und entgegen allen journalistischen Gepflogenheiten untersagte er unmittelbar vor Druck aus Angst vor negativen Folgen die komplette Publikation, obwohl sie inhaltlich korrekt sei! Gleichzeitig verbot er die Nennung seines Namens. Der ersten Forderung erteilte ich eine Absage, der zweiten kam ich zähneknirschend nach. Seither schlummern unsere Telefonprotokolle im Giftschrank meines Archivs. Kritiker der Zukunft werden sich davon überzeugen können, dass ich mir diese unheilige Geschichte nicht aus den Fingern gesaugt habe.

Der Schatzdetektor, der alles verändert hätte

» Mein verstorbener Vater sagte immer: Behalte die Fantasie, die du mit 6 Jahren hattest. Stelle auch vermeintlich dumme Fragen, wenn du etwas nicht weißt. Ich bewunderte, wie er vor den Mercedes-Vorständen – alle in ihren schwarzen Anzügen – Fragen stellen konnte im Sinne von: Was ist ein Ventil? Lustigerweise konnte dann auch niemand die Frage vernünftig beantworten. «

Nick Hayek, Swatch-Konzernchef

Wer zu oft hinter die Kulissen der Macht blickt, lebt gefährlich. Ein weit gereister Haudegen aus Bayern wusste dies nur zu gut – und machte dennoch das Beste daraus. Im Oktober 2003 klingelte sein Telefon: »Hier spricht Helmut Berner (Name geändert). Bin ich mit Reinhold Ostler verbunden, Deutschlands bekanntem Schatzsucher? Im Gegensatz zu Ihnen bin ich kein Profischürfer oder Erfolgsautor, sondern lediglich Bauunternehmer. Dennoch haben wir eine Apparatur entwickelt, mit der sich Gold finden lässt!«

Reinhold Ostler blieb misstrauisch. »Das können fast alle modernen Schatzdetektoren«, brummte er. »Schon«, entgegnete Berner. »Aber unser Gerät kann weitaus mehr. Darf ich Sie demnächst mal besuchen?« Ohne sich viel zu denken, antwortete der erfahrene Edelmetalljäger: »Klar. Jederzeit. Servus!«

136
Schatzsucher
Reinhold Ostler:
»Diese Story ist
von A bis Z wahr!«

Wenige Tage später hatte Ostler das Gespräch längst verdrängt. Etlichen
Kostbarkeiten hatte er in den vergangenen Jahrzehnten rund um den Erdball nachgespürt. Mehr oder minder erfolgreich. Nicht zuletzt auch manchem kontroversen Nazischatz. Selbst TV-Moderator Thomas Gottschalk
hatte ihm einst angeboten, auf dem Gelände seiner damaligen Villa in In-
ning am Ammersee eine Hitler-Bronzebüste aufzustöbern, in welcher deren Vorbesitzer einen Blutorden verborgen haben soll. Spontan war man
übereingekommen, danach zu suchen, wie mir der Schatzsucher erzählte:
»Am 26. Februar 1989 ließ mir Gottschalk ausrichten: ›... warte ich noch
einige Monate, bis ein kleiner Umbau im Haus getätigt ist. Falls ich jetzt
schon auf Schätze stoße, wird geteilt. Wenn nicht, gehen wir wahrscheinlich im Sommer gemeinsam auf die Suche.‹ Dann kehrte Funkstille ein.
Leider hatte der gute Thomas vergessen mitzuteilen, in welchem Jahr dies
sein würde, denn seither habe ich nichts mehr von ihm gehört.«
    Doch dann kam der entscheidende Tag, der Reinhold Ostlers Leben ra-
dikal verändern sollte. »Es war Mitte März 2004. Um 16:30 Uhr klingelte
mein Telefon erneut. Am Apparat war Helmut Berner: ›Erinnern Sie sich
noch an mich? Es geht um ein neues Gerät. Ich bin derzeit in München

und würde Sie gerne besuchen.‹« Kurz darauf saß ihm der Fremde in seiner Bibliothek gegenüber. »Samt zwei Begleitern, von denen einer, ungefähr 22 bis 24 Jahre alt, offenbar der Entwickler der Apparatur war und kein Wort Deutsch sprach, während der andere als Dolmetscher fungierte und das Gespräch in eine osteuropäische Sprache übersetzte.«

»Na, was haben Sie denn da für ein Zauberding?«, wandte sich Ostler an seinen Besucher, der etwa 40 Jahre alt und von bulliger Statur war. »Ehe Sie das Gerät zu sehen bekommen, unterschreiben Sie bitte diese Geheimhaltungserklärung«, entgegnete dieser geheimnisvoll und zog dabei ein Blatt Papier aus der Tasche. »Solche Spinner hatte ich schon öfters kennengelernt«, erinnerte sich Ostler. »Also dachte ich mir nichts dabei und unterzeichnete das Papier. Nun schilderte mir der Mann sämtliche Vorzüge der Neuentwicklung. Eigentlich war sie dies ja gar nicht, wie ich später feststellen sollte. Vielmehr hatte der junge Entwickler offenbar ein beim Militär existierendes Ortungsgerät weiterentwickelt. Wie auch immer: Mit diesem Ding, so Berner, sei es möglich, bis zu einer Entfernung von 100 Metern Gold und Silber punktgenau zu orten.«

Einmal mehr kamen Ostler all die Schwadronierer in den Sinn, die mit elektronischen Wünschelruten auf große Distanzen Edelmetalle aufspüren wollten. Die Spitzenpreise solcher Wunderapparaturen, wie sie auch in Deutschland angeboten wurden, lagen damals bei 8000 Euro! »Nur funktionierten sie leider nicht ...« Als er Berner seine Zweifel kundtat, winkte dieser ab. »Unser Gerät funktioniert einwandfrei, das werden wir Ihnen demonstrieren.«

Nun wollte der Abenteurer aus Bayern das angebliche Supergerät endlich in Aktion sehen. »Lassen Sie uns doch auf mein Testgelände fahren!«, schlug er spontan vor. »Dort ist alles vorhanden, um das Gerät vorzuführen.« Besagtes Versuchsgebiet – 4 Hektar groß – hatte Ostler im Sommer 2003 eigenhändig angelegt. Auf dem Feld befand sich jede Art von Metall in jeglicher Form und Tiefe vergraben. »Darunter auch einige Goldmünzen, ein Silberbarren und zwei Horte aus Bronze zu je 100 Münzen, die ich dort im Jahrhundertsommer verbuddelt hatte.«

Was Berner in der Folge vor Ort aus seiner Plastiktüte kramte, erstaunte den Schatzsucher: »Es handelte sich um eine grüne Kunststoffbox mit durchsichtigem Plastikdeckel, wie man sie als Angler- oder Schraubenbox verwendet, ungefähr 30 Zentimeter lang und 15 Zentimeter breit. Unter dem Deckel befanden sich mit Filzstift beschriftete Kipp- und Drehschalter. An der Stirnseite war zudem ein Laser angebracht, der nach dem Einschalten einen dünnen Strahl über das Gelände warf.« Der Laser hatte laut Berner lediglich die Funktion, die Richtung des Signals anzuzeigen und die exakte Position des Fundes.

Der Besucher stellte den Schalter auf »Gold« und begann das Kästchen auf und ab zu schwenken. Dabei drehte er sich langsam um die eigene Achse. Da Ostler wusste, wo seine Münzen verborgen waren, beobachtete er gespannt, wie sich der rote Strahl langsam dem Punkt näherte. »Und hoppla: Genau in dem Moment, als er darüber strich, ertönte ein akustisches Signal!« Langsam bewegte sich Berner vorwärts, während er die Box weiterhin auf und ab schwenkte. Als er vor dem Versteck stehen blieb, zeigte der rote Leuchtpunkt direkt auf die im Boden verbuddelten Münzen, die Ostler danach aus 40 Zentimetern Tiefe ausgrub.

Erstaunlich! Der Schatzsucher bat seinen Besucher deshalb, auch nach seinem verscharrten Silberbarren zu schürfen. Und nachdem dieser einen Schalter in der Box betätigt hatte, dauerte es kaum weitere 5 Minuten, ehe Ostler abermals zum Spaten greifen musste und selbst dieses Objekt zutage förderte: »Ich gebe es gerne zu: Mein Weltbild war erschüttert!«

Doch dies war erst der Anfang. Nun forderte ihn Berner nämlich auf, es selbst zu versuchen. »Ich drückte ihm also meine Goldmünzen in die Hand, drehte mich um und schloss die Augen. Ein paar Minuten später stand er neben mir: ›So, nun können Sie loslegen!‹ Wie ich es gesehen hatte, begann ich, das Kästchen zu schwenken und mich gleichzeitig um meine Achse zu drehen. Und siehe da: Nach ein paar Sekunden stand ich – vom Laserstrahl geleitet – vor meinen Münzen, die unmittelbar unter der Grasnarbe hervorlugten. Spätestens in diesem Moment wurde mir definitiv klar, welches Potenzial in dieser unscheinbaren Box steckte ...«

Später, als man sich im Gasthaus zum Essen traf, kam der Bauunternehmer zur Sache. Während Reinhold Ostler sich bereits eine Serienproduktion ausmalte, riss ihn sein Gegenüber jäh aus den Gedanken: »Also, dass eines klar ist: Dieses Gerät wird niemals irgendwo zum Verkauf angeboten!

137 Lokaltermin in Bayern. Die drei fremden Besucher samt
ihrem geheimnisumwitterten »Wundergerät«.

Der Grund, warum wir uns heute treffen, ist, dass dieser Apparat zusammen mit Ihrem Wissen unbezahlbar ist. Wenn Sie einverstanden sind, treffen wir eine Vereinbarung. Sie fahren mit uns zu Orten, die in Frage kommen, und im Erfolgsfall teilen wir uns den Gewinn.«

Ostler willigte ein – und schon am nächsten Tag ging es ins Gelände. »Als Erstes fuhren wir zum Steinriegel am Walchensee, wo immer noch Teile des Reichsbankschatzes verborgen liegen.« Nun offenbarte Berner weite-

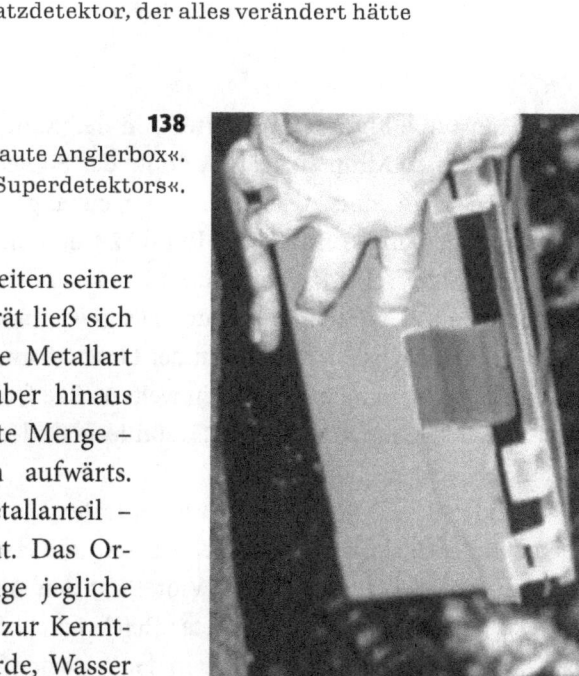

138
»Wie eine umgebaute Anglerbox«.
Nahaufnahme des »Superdetektors«.

re erstaunliche Fähigkeiten seiner »Zauberbox«. Am Gerät ließ sich nämlich nicht nur die Metallart wählen, sondern darüber hinaus auch noch die gesuchte Menge – von 100 Gramm an aufwärts. Zudem deren Edelmetallanteil – von 10 bis 90 Prozent. Das Ortungssignal durchdringe jegliche Materie, nahm Ostler zur Kenntnis – »egal ob Fels, Erde, Wasser oder Stahl«. Lediglich Blei bildete ein unüberwindbares Hindernis!

Doch so sehr der Mann aus Bayern auch insistierte: Allen Fragen zur Funktion und Arbeitsweise der geheimnisvollen Apparatur wich Berner geschickt aus, indem er vorgab, dies nicht zu wissen oder jenes nicht zu verstehen. Nur der junge Mann, der das Ding angeblich entwickelt hatte, sein Name war Viorel, würde diese Details kennen, versicherte er. Ostler: »Ich glaubte ihm kein Wort. Denn bei anderer Gelegenheit schwadronierte er, dass besagter Viorel kaum lesen und schreiben könne und außerdem aus einem Dorf komme, wo ›die Hunde mit dem Arsch bellen‹.«

Zurück in der Natur. »Wir wanderten die Waldwege entlang, und Berner schwenkte die Plastiktüte mit dem Gerät darin unaufhörlich, während wir miteinander plauderten. Auf eindrucksvolle Weise bewies das Ding erneut, was in ihm steckte: Urplötzlich ertönte das Signal, und sofort begannen wir, gezielt in die Richtung zu schwenken. An einem Punkt am Hang eines Hügels blieben Laserpunkt und Ton schließlich ›hängen‹. Als ich dort grub, förderte ich drei Glieder einer Goldkette zutage!«

Reinhold Ostler entschloss sich, Berner und seine Begleiter dorthin zu führen, wo seiner Vermutung nach ein Teil eines größeren Schatzes bis heute auf seine Entdeckung wartet – in der Nähe des Kraftwerkes Obernach. Kaum 10 Minuten später ertönte das Signal erneut, und der Lichtpunkt wies auf eine Stelle oben am Steilhang. »Berner veränderte die Einstellungen und konstatierte: ›Rund 12 Kilogramm Gold und etwa 8 Kilogramm Silber!‹ Leider war es unmöglich, sofort mit der Ausgrabung zu beginnen, da zu viele Wanderer unterwegs waren.« Also verschob man die Aktion. Am nächsten Tag fuhren der Geschäftsmann und seine Begleiter nach Hause. Vereinbart wurde ein weiteres Treffen in 2 Wochen. »In jener Zeit fand ich kaum noch Schlaf«, resümierte Ostler. »Das Erlebte ließ mich nicht mehr zur Ruhe kommen.«

Nachdem die 2 Wochen um waren, trafen die drei Besucher am Freitagabend endlich wieder ein. Beim Essen im Gasthof schockierte Berner mit einer neuen Information: »Viorel hat den Apparat nochmals modifiziert. Jetzt haben wir 1000 Meter Reichweite!« Dazu der Schatzsucher: »Wir legten fest, welche Ziele wir in den nächsten Tagen anfahren wollten. Darunter befanden sich die Leistmühle im Altmühltal, der Falkenstein im Allgäu – hier soll ebenfalls ein großer Teil des Reichsgoldes liegen – sowie ein paar weitere Orte. Um es kurz zu machen: Alle sechs von uns erkundeten Punkte entlockten dem Gerät keine Regung. Stattdessen machte mich stutzig, dass sich Berners Frau mehrmals am Tag per Handy bei ihm meldete und wissen wollte, ob wir fündig geworden seien. Irgendwie konnte ich mich des Eindrucks nicht erwehren, als wäre ein Schatzfund die letzte Rettung für seine Baufirma ...«

3 Wochen später kreuzte das Trio erneut bei ihm auf. Abermals war das Gerät modifiziert. »Und diesmal verging mir Hören und Sehen. Die Reichweite betrug nun insgesamt 3 Kilometer, und obendrein besaß die Apparatur neu eine ›Scanfunktion‹, die im Umkreis von 6 Kilometern blitzartig erfasste, ob sich in jenem Bereich die via Schalter eingestellte Menge Edelmetall befand. Obendrein konnte das Ding neben Gold und Silber plötzlich auch Kohlenstoff, also Diamanten, und Öl aufspüren! Weitere Tests bewiesen auch diese Funktionen absolut zuverlässig.«

Fasziniert plante Reinhold Ostler eine siebentägige Tour, die das Team nach Rennes-le-Château, in die österreichischen Alpen sowie in den Osten Deutschlands führen sollte. »Als Berner zum vereinbarten Zeitpunkt nicht erschien, dachte ich mir noch nichts dabei. Als dieser jedoch auch am nächsten Tag nicht kam, rief ich ihn an. ›Was ist denn los? Wo bleibst Du?‹ Die Antwort traf wie mich ein Blitz aus heiterem Himmel: ›Ich komme überhaupt nicht mehr!‹, antwortete er. ›Wieso?‹, wollte ich wissen. ›Ich habe das Gerät an die US-Weltbank verkauft – nun habe ich schon mehr gesagt, als ich eigentlich sagen darf ...‹ Mit diesen Worten legte er auf.«

Die Gedanken in Ostlers Kopf begannen einmal mehr zu kreisen. Wenn Berner seinen Detektor der amerikanischen Weltbank verhökert hatte, gab es nur einen einzigen Grund, weshalb diese Institution viel, vermutlich sehr viel Geld dafür springen ließ: »Man stelle sich nur einmal vor, was ein solches ›Wundergerät‹ in Serienproduktion international bewirken könnte! Jedes noch so arme Land der Erde wäre plötzlich in der Lage, seine Bodenschätze günstig und schnell zu finden und zu nutzen. Es würde keine teuren Kredite der Weltbank mehr benötigen und könnte sich binnen kürzester Zeit unabhängig machen.« Konsequenz: Keine noch so arme Nation dieser Erde müsste sich mehr Rohstoffpreise und Mengen diktieren lassen, sondern könnte nun unabhängig und unbehelligt im Weltgeschehen mitmischen. Für eine derart mächtige Institution wie die Weltbank ein Horrorszenario!

Niemals dürfte so etwas passieren. Wurde die »Wunderbox« tatsächlich »vom Markt aufgekauft«? Ostler: »Um mehr zu erfahren, sandte ich Berner eine weitere E-Mail. Die einzige Antwort, die ich erhielt, kam von seinen Anwälten. Unter Strafandrohung wurde mir untersagt, jemals wieder mit ihm Kontakt aufzunehmen. Seither habe ich keinen Metalldetektor mehr in die Hand genommen!«

»Was bewegt Deutschlands Schatzsucherpionier zu einer derart drastischen Aussage?«, wollte ich 2007 von ihm wissen, nachdem er mir diese verrückte Geschichte exklusiv enthüllt hatte. »Warum haben Sie Ihr ›liebstes‹ Hilfsmittel in den Schrank gestellt?«

Ostler: »Weil ich frustriert bin. Und zwar total! Ich rase seit über 30 Jahren mit herkömmlichen Detektoren durch die Gegend und habe dafür viel Zeit und Mühe investiert. Und dann erlebt man plötzlich so etwas. Da vergeht einem schlagartig die Lust. Erst kürzlich habe ich die Geschichte einem Bekannten erzählt. Und der fragte mich prompt: ›Aber Du bist schon

139 Halten die Erinnerungen und das Archiv ihres Vaters bis heute in Ehren: Ostlers Töchter Cornelia und Melissa.

sicher, dass Du nicht zu viel Weißbier getrunken hast?‹ Die Story klingt in der Tat abstrus. Aber sie stimmt von A bis Z!«

»Haben Sie als erfahrener Detektorspezialist irgendeine Ahnung, wie das Ding funktionieren könnte?«, fragte ich nach. Mein Gegenüber seufzte auf: »Eben nicht! Ich habe ehrlich gesagt nicht den blassesten Schimmer. Schließlich scheint das Wunderding allen physikalischen Grundsätzen zu widersprechen. Bezeichnenderweise hat man mir nie Gelegenheit gegeben, sein elektronisches Innenleben genauer unter die Lupe zu nehmen. Lediglich einmal, als die Batterie gewechselt werden musste, wurde der Deckel abgenommen. Dabei konnte ich einen flüchtigen Blick ins Innere werfen. Interessanterweise lief dieses Ding mit einer handelsüblichen 1,5-V-Batterie. Das muss man sich mal vorstellen! Da war eine relativ große Platine – und nur eine einzige Batterie! Allein schon das muss doch stutzig machen. Je größer die Leistung eines Gerätes ist, desto mehr Leistung muss man auch reinstecken. Ich kann mir beim besten Willen keinen Reim darauf machen.«

»Kannten die drei Besucher die exakten Koordinaten der Kostbarkeiten, die Sie auf Ihrem Gelände verbuddelt hatten? Hat man Sie schlicht ausgetrickst?«, hakte ich nach einer kurzen Pause nach. »Völlig ausgeschlossen!«, entgegnete Ostler. »Ich selbst hatte das Testgelände ja vorgeschlagen – und nicht meine Besucher. Wie hätten sie das anstellen sollen? Außerdem wurden wir ja auch an anderer Stelle fündig. Und wozu der ganze Rummel, wenn man mich am Ende plötzlich hängen lässt? Kommt dazu, dass man mich in Bezug auf den Deal wohl hintergangen hat. Am Walchensee oben – dort, wo wir den Schatz seinerzeit geortet haben – klafft mittlerweile eine große Grube, wie ich später feststellen musste ...«

Weshalb er Namen und Nationalität von Berner dennoch geheim hielt? »Weil ich keine schlafenden Hunde wecken will. Meiner Meinung nach haben wir es hier mit einer mächtigen Institution zu tun, die vor nichts zurückschreckt!« PS: Nur gerade 3 Jahre nach diesem Interview verstarb Reinhold Ostler am 7. August 2010 nach kurzer, aber schwerer Krankheit. In Ehren gehalten werden sein Andenken und sein Archiv bis heute von seiner Familie – nicht zuletzt von seiner Tochter Cornelia, einer ebenso fleißigen Schatzsucherin.

140
Gedenkkreuz.
Leider musste
der Mystery-Jäger
unsere Welt bereits
nach 58 Jahren
wieder verlassen.

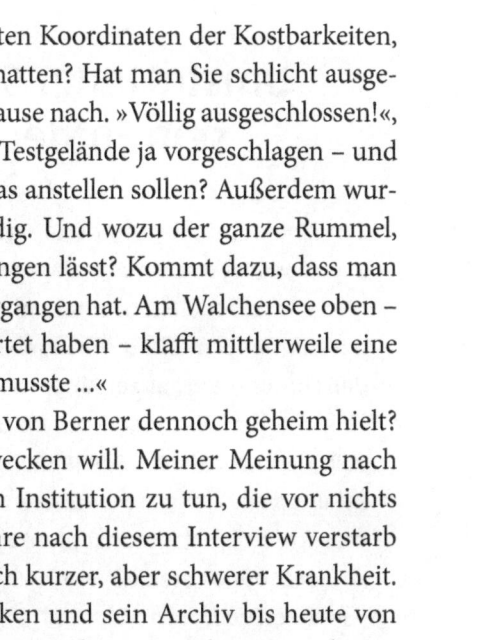

Umstrittener Supercode: Wurde sein Entdecker ermordet?

Jan Sloots Entdeckung hätte unsere Welt verändern sollen. Doch die Matrix wollte es einmal mehr anders. Mitte der 1990er-Jahre hatte der niederländische Fernsehtechniker ein Codierungssystem entwickelt, mit dem enorme Datenmengen auf kleinstem Platz gespeichert werden konnten. Ein ganzer Kinofilm, so behauptete er, könne auf diese Weise auf einem winzigen Kilobyte untergebracht werden. Zu seiner Zeit völlig unvorstellbar! Schließlich benötigt bereits eine einzelne Film- sekunde ein Vielfaches an Datenkapazität. Kam hinzu, dass VHS-Video- kassetten damals Hochkonjunktur feierten, das Internet noch in den Kinderschuhen steckte und TV-Streaming pure Utopie technologischer Fantasten war.

Hochauflösende Fotos oder Filme im Netz?! Kaum jemand mochte dem Visionär (1945–1999) Glauben schenken. Sloot jedoch gelang es, seine Codierungstechnik bei Vorführungen erfolgreich zu demonstrieren und auch Investoren davon zu überzeugen. Das Problem: Der Nieder- länder hatte panische Angst davor, jemand könnte ihm seine geniale Idee klauen. Aus diesem Grund erklärte er niemandem, wie sein Codie- rungssystem Sloot Digital Coding System im Detail funktionierte – nicht einmal seine Familie weihte er ein. Das Prinzip sei derart einfach, dass schon wenige Hinweise genügten, um es zu kopieren, war der Mann überzeugt. Mit klassischer Datenkomprimierung habe es nichts zu tun, betonte er. Vielmehr würden »alle Informationen – Daten, Bilder, Audio- formate – in einen Zahlencode umgewandelt«.

Wehe dem Erfinder, dessen Innovation andere Innovationen überflüs- sig macht! Und so wandte sich das Schicksal auch gegen Jan Sloot. Do- kumentiert hat dessen unglaubliche Story der holländische Journalist Eric Smit in seinem Buch *Der Supercode* (2006). 12 Jahre lang, so wird

141 Der niederländische Erfinder Jan Sloot (Zweiter von links).
Sein unerwarteter Tod wirft bis heute allerlei Fragen auf.

darin festgehalten, habe Sloot an seinem Speichersystem getüftelt und gefeilt. Unternehmer wie Roel Pieper, Vorstandsmitglied von Philips, Charles Wang, Chef des US-Computerriesen Computer Associates oder der Silicon-Valley-Großinvestor Thomas Perkins interessierten sich für die Erfindung und wollten sie vermarkten. Unter etlichen Namen wurde Sloots Firma immer wieder neu strukturiert und umbenannt. Zuletzt sollte Davoc alias Dipro alias The FifthForce an die Börse gehen. Privatinvestoren sowie die niederländische Bank ABN AMRO hatten Millionensummen in das Unternehmen gepumpt.

Aus dem Jahrhundertgeschäft wurde ein Jahrhundertflop. So hatte Jan Sloot Mühe, Patente für seinen Supercode zu erhalten. Dass er sich nicht in die Karten schauen lassen wollte, machte die Arbeit für die Manager ebenfalls nicht erfreulicher. Nach jahrelangem Hin und Her, unzähligen Vorführungen, endlosen Sitzungen mit immer neuen po-

tenziellen Investoren, machte den kommerziellen Erwartungen letztendlich die schwache Gesundheit des Erfinders einen Strich durch die
Rechnung: Sloot verschied am 11. Juli 1999 unerwartet im Garten seines
Hauses in Nieuwegein. Vermutlich an Herzversagen. Wenige Wochen
nachdem der erste *Matrix*-Film in Europa Premiere feierte.

Ironie des Schicksals: Nur wenige Tage nach Sloots Tod sollte der entscheidende Vertrag mit der Bank unterzeichnet werden, der den lang
ersehnten Startschuss für sein Sloot Digital Coding System abgefeuert
hätte. Bei dieser Gelegenheit wollte der niederländische Erfinder auch
endlich den allseits begehrten Quellcode – Grundlage für seine Erfindung – offenlegen.

Trotz der Todesnachricht waren Investoren und Firmenleiter noch
immer überzeugt von der Sache. Schließlich hatte Sloot stets davon
gesprochen, dass er alle notwendigen Daten und Unterlagen in einem
Banksafe deponiert hätte. Und da existierte ja auch noch sein Decodie-
rungsprototyp. Den gab es zwar tatsächlich. Doch nach dem Tod des
Entdeckers gelang es den Technikern nicht, sein Speichersystem zum
Laufen zu bringen. Es fehlte der besagte Quellcode. Seltsamerweise
schien auch der Prototyp nicht mehr funktionsfähig. Zeitgenossen, die
Sloot nahestanden, erinnerten sich zudem, dass dessen Büro nach seinem Ableben auffällig aufgeräumt war. Etwas, was man von ihm nicht
gewohnt war. Was war geschehen? Nach Auskunft von Sloots Frau habe
ihn kurz vor seinem Ableben plötzlich das Ordnungsfieber gepackt. Das
erscheint umso merkwürdiger, als der Mann offiziell ja »unerwartet«
aus dem Leben geschieden war.

Der Schock saß tief. Nicht zuletzt bei den Investoren. Am 2. November
1999 wurde das Unternehmen The FifthForce in den »Winterschlaf« versetzt. Sowohl Banken als auch Investoren schrieben Verluste in Millio-
nenhöhe ab. Die meisten wollten in der Folge nicht mehr über die Sache
sprechen. Einige blieben jedoch misstrauisch. So etwa der Investor und
heutige Milliardär Marcel Boekhoorn, der Sloots Unternehmen zeit-

weise leitete. »Er glaubt nicht an einen zufälligen Tod«, schreibt Eric Smit. »Vielmehr vermutet er, dass Jan Sloot von jemandem umgebracht worden ist. Jemandem, der kein Interesse an The FifthForce hatte.«

Dieser Meinung ist auch Leo Mierop, ehemaliger Investor und Vertrauter von Sloot. Er hatte schon früher Angst um die Unternehmenssicherheit. Nicht nur, dass die Erfindung gestohlen werden könnte. Es gab auch viele Konkurrenzunternehmen, die an der Vermarktung einer derartigen Speichertechnik keine Freude gehabt hätten. »Für Unternehmen, die ihre Milliarden in Glasfaserkabel investiert hatten, hätte die Codierungstechnik damals das Aus bedeutet. Im Grunde würde jedes Unternehmen, dessen Geschäft auf binären Codes basierte, gründlich umdenken müssen«, so Smit.

Einer, dem Kritiker Mierop nicht traute, war Roel Pieper – letzter CEO des Unternehmens. Dieser winkte bei Sloots Bedenken um die Sicherheit regelmäßig ab. Und als Pieper den Demonstrationsdecoder einmal ohne den Erfinder vorführte, fand dieser anschließend Werkzeugspuren am Gerät. Ganz offensichtlich hatte »jemand« versucht, den Kasten zu knacken. Für Investor Leo Mierop ist deshalb klar: »Es sind damals zu viele mysteriöse Dinge geschehen. Die Erfindung kann nicht einfach so spurlos verschwunden sein. Jan Sloot hatte seine Notizen stets in einem Safe aufbewahrt. Das hat er mir noch eine Woche vor seinem Tod persönlich bestätigt. Und er hat mich niemals angelogen.«

Bleibt es nicht merkwürdig, dass sich heute weltweit kaum ein druckfähiges Foto von Jan Sloot finden oder kommerziell erwerben lässt? Bleibt es nicht ebenso kurios, dass wir cineastische Meisterwerke oder hochauflösende Dateien dank modernster Streamingtechnologie mittlerweile längst sekundenschnell auf unsere Computer zaubern können? Und dies zudem in HD-Ultra-Qualität – ähnlich, wie dies der holländische Erfinder bis zu seinem vorzeitigen Tod im Jahr 1999 prophezeit hatte?!

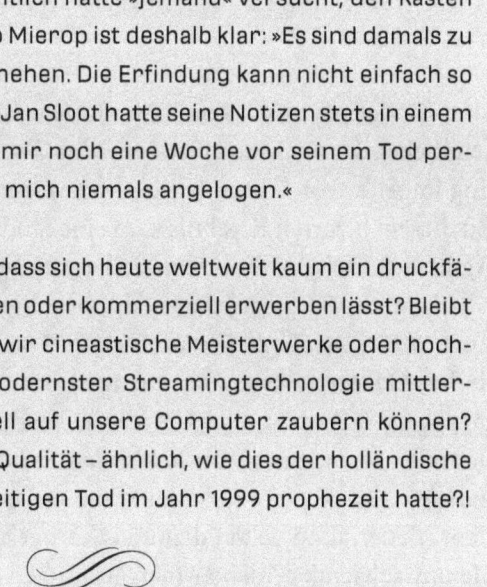

Erscheinungen: Sehen Blinde mehr als wir?

» Als mein Enkel Leo im Kindergarten aufzählen sollte,

wen er besonders gerne mag, setzte er noch

vor Mama oder Papa ›meinen Engel‹. Vielleicht gelingt es ja

unseren kleinen Mädchen und Jungen wirklich,

einen Blick hinter den imaginären Vorhang zu werfen,

der uns vor der wirklichen Welt verbirgt. «

Rainer Holbe, Journalist und TV-Moderator

Sind Kinder psychisch krank, wenn sie unsichtbaren Freunden die Hände schütteln oder mit ihnen plaudern? Im Gegenteil. Fast jeder zehnte Sprössling im Alter von 7 bis 8 Jahren hört vermeintlich »imaginäre« Stimmen! Zu diesem bizarren Ergebnis kam eine Studie der niederländischen Ärztin Agna A. Bartels-Velthuis vom University Medical Center Groningen.

Grund zur Sorge sei dies nicht, beruhigte die Medizinerin am 25. Januar 2010 gegenüber *Reuters Health*. Die wenigsten Kinder empfänden derlei »Geistergeflüster« als unangenehm. Umso mehr, als bis zur Pubertät sogar 16 Prozent aller Heranwachsenden von solcherlei Phänomenen betroffen seien, wie sie im *British Journal of Psychiatry* (Vol. 196/1, 2010) darlegte. Mit den Jahren verlören die meisten ihre kuriose »Fähigkeit« zudem wieder »und gelten damit als kerngesund«. Ebenso wie alle anderen Heranwachsenden, denen man in jungen Jahren emsig das Christkind,

142 Oliver Sacks. Halluzinationen faszinierten den britischen
Neurologen bis ins hohe Alter.

den Osterhasen oder den Klapperstorch einflüsterte – und Außerirdische
oder Fabelwesen in der Pubertät ebenso eifrig wieder ausredete.

Woher besagte Phantomstimmen in unseren Jugendjahren stammen?
Darauf blieb Agna A. Bartels-Velthuis als Medizinerin eine couragier-
te Antwort schuldig. Weil sie jede fantasievolle Spekulation über derlei
»Geistergewisper« vermutlich weiterer akademischer Forschungsgelder
beraubt hätte. Umso nachdenklicher macht, dass auch blinde oder taube
Zeitgenossen im höheren Alter – obwohl mental kerngesund! – mitunter
Erscheinungen erleben, deren realer oder irrealer Ursprung selbst erfah-

143 Wie wirklich ist die Wirklichkeit? Wie real ist unsere Fantasie? Träumen wir die Realität? Oder ist sie es, die uns träumen lässt?

renen Medizinern und Neurologen Kopfzerbrechen bereitet. Einmal mehr stehen die Fragezeichen Spalier: Hören, sehen und spüren wir just zu Beginn und gegen Ende unseres kurzen Daseins mehr als andere? Scheinen wir ausgerechnet in jenen Lebensabschnitten besonders hellhörig und feinfühlig?

Vertrackterweise präsentieren sich unsere neurologischen »Drähte« nach wie vor als komplexer Kabelsalat, der sich von Experten nur mühsam entwirren lässt. Kaum einer wusste dies besser als der britische Neurologe Oliver Sacks (1933–2015). »Längst nicht alle, die unter Sinnestäuschungen leiden, sind psychisch krank!«, wurde der Professor nicht müde zu betonen.

2006 nahm Sacks einen Anruf aus einem Pflegeheim entgegen, in dem er Patienten betreute. Rosalie, eine 90-jährige Bewohnerin, sehe Dinge, die gar nicht existierten, flüsterten ihm besorgte Pflegerinnen zu. Mit ihr stimme etwas nicht! »Ich sehe Menschen in morgenländischer Kleidung in wallenden Gewändern die Treppen hinauf- und hinabgehen«, erklärte Rosalie dem profilierten Neurologen. »Ein Mann, der sich mir zuwendet und lächelt, aber er hat riesige Zähne auf der einen Seite des Mundes. Und Tiere. Ich sehe dieses Pferd, kein hübsches Tier, ein Arbeitspferd mit einem Geschirr, es zieht Schnee weg, aber alles wechselt ständig, ich sehe viele Kinder, sie gehen Treppen hinauf und hinab.«

Der Professor bemerkte später, dass Rosalie während ihrer Visionen die Augen geöffnet hielt und sich ihre Pupillen hin und her bewegten, als betrachte sie tatsächlich eine reale Szene. Verblüffend war, dass Rosalie eigentlich gar nichts sehen konnte. Sie war nämlich schon seit Jahren blind! Die Menschen, welche die betagte Patientin in ihren Halluzinationen sah, traten nicht mit ihr in Kontakt. Es sei wie im Film, erklärte sie Sacks. Dennoch erschienen ihr die Figuren körperlich und real, und sie fürchtete, den Verstand zu verlieren. Nach einer eingehenden Untersuchung war klar: Rosalie hatte keinerlei psychische Probleme. Sie litt vielmehr unter dem kaum bekannten Charles-Bonnet-Syndrom.

Der gleichnamige Naturforscher entdeckte und diagnostizierte besagtes Phänomen im 18. Jahrhundert an seinem Großvater Charles Lullin. Großvater Lullin war im Alter von 77 Jahren an einer Linsentrübung erkrankt. Er unterzog sich zwar einer Operation, erblindete aber dennoch zunehmend. Ab 1758, 12 Jahre nach der Operation, nahm er dann plötzlich Dinge wahr, die nicht da waren und seine verbliebenen Sichtfelder störten. Anfänglich nur einzelne, alltägliche Gegenstände wie ein Taschentuch, das er vermeintlich ständig vor Augen hatte.

Bald wurden Lullins Halluzinationen komplexer. So konnte er beobachten, wie vor der Tür des Nachbarn eine Kutsche anhielt, die immer größer wurde. Und als ihn seine Enkeltöchter besuchten, war er überrascht und erfreut, dass sie von zwei adretten, jungen Herren begleitet wurden. Schnell wurde aber klar, dass er der Einzige war, welcher die beiden Männer sah. Nach kurzer Zeit lösten sie sich vor ihm in Luft auf, ebenso plötzlich wie sie zuvor erschienen waren. Charles Bonnet forderte den Großvater auf, Protokoll zu führen, und schrieb die Sinnestäuschungen einer fortgesetzten Aktivität jener körperlichen Regionen zu, die seiner Auffassung nach zum Sehsystem gehörten. Wobei diese Aktivität jetzt vom Erinnerungsvermögen zehrte, wie Sacks ausführte.

Charles Lullin empfand seine Halluzinationen demnach durchaus als angenehm und unterhaltsam. »Sein Gehirn ist ein Theater, in dem die Bühnenmaschinerie Vorstellungen inszeniert, die umso mehr Anlass zum Staunen bieten, als sie unerwartet sind«, notierte Enkel Bonnet. So war sich Lullin im Nachhinein stets bewusst, dass es sich beim Gesehenen um Trugbilder handelte. Ein typisches Merkmal des Charles-Bonnet-Syndroms. Und etwas, das es von krankhaften Wahnvorstellungen unterscheidet, weshalb Mediziner heute auch von Pseudohalluzinationen sprechen.

»Das Charles-Bonnet-Syndrom ist nach Abgrenzung der Trugwahrnehmungen gegen psychiatrische Erkrankungen wie den Alterswahn und die Depression und nach Differenzierung gegen neurologische Störungen der hinteren Sehbahn gut als eigenständiges Syndrom zu identifizieren«, erklärt dazu der Neurologe Alexander Strickler vom Klinikum Aschaffenburg. »Als Grundlage für das Syndrom interpretieren wir die fehlerhafte Verarbeitung der sozialen und sensorischen Deprivation (Mangel an Außenreizen) durch das alternde Gehirn.«

Das Universum beschert uns mitunter merkwürdige Zufälle. Und so erkrankte ausgerechnet Charles Bonnet in seinem späteren Leben ebenfalls an der von ihm entdeckten, extrem seltenen Krankheit. Tröstlich für ihn – wie später auch für Sacks' Patientin Rosalie: Ihre Erscheinungen waren nie von dauerhafter Natur. Nach wenigen Tagen waren die imaginären Eindrücke wieder verschwunden. Allerdings nicht für immer. So hatte auch Rosalie Monate später nach einem aufreibenden Tag einen »Rückfall«. Es seien »Gestalten hereingekommen«, erzählte sie dem Neurologen. Das Zimmer schien sich regelrecht zu füllen. »Die Wände verwandelten sich in große Tore; Hunderte von Menschen strömten herein. Die Frauen waren herausgeputzt, trugen elegante grüne Hüte und goldbesetzte Pelze, aber die Männer waren schrecklich, groß, bedrohlich, finster, wüst, die Lippen ständig in Bewegung.«

Rosalie ist nur eine von vielen Patienten, die bei Oliver Sacks Gehör fanden. Der Neurologe wurde durch die Publikation seiner Fallgeschichten weltberühmt. Sein wohl meistgelesenes Werk (*Zeit des Erwachens*) beschäftigt sich mit einem Komapatienten und wurde 1990 mit Robert de Niro verfilmt. Sein 2012 erschienenes Buch *Drachen, Doppelgänger und*

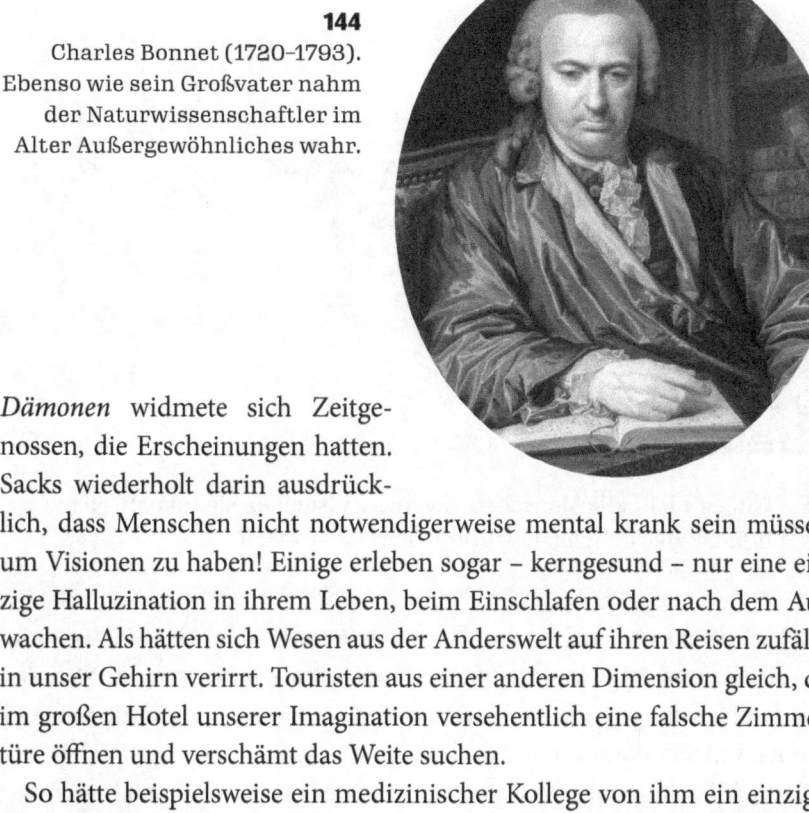

144
Charles Bonnet (1720–1793).
Ebenso wie sein Großvater nahm
der Naturwissenschaftler im
Alter Außergewöhnliches wahr.

Dämonen widmete sich Zeitgenossen, die Erscheinungen hatten.
Sacks wiederholt darin ausdrück-
lich, dass Menschen nicht notwendigerweise mental krank sein müssen,
um Visionen zu haben! Einige erleben sogar – kerngesund – nur eine einzige Halluzination in ihrem Leben, beim Einschlafen oder nach dem Auf-
wachen. Als hätten sich Wesen aus der Anderswelt auf ihren Reisen zufällig
in unser Gehirn verirrt. Touristen aus einer anderen Dimension gleich, die
im großen Hotel unserer Imagination versehentlich eine falsche Zimmer-
türe öffnen und verschämt das Weite suchen.

So hätte beispielsweise ein medizinischer Kollege von ihm ein einziges
Mal um 2 Uhr nachts einen imposanten Indianer neben seinem Bett stehen sehen, erinnerte sich Sacks. Bis dieser sich wieder in Luft auflöste,
dachte der Betroffene fieberhaft darüber nach, wie der Fremde in sein
Schlafzimmer gekommen war und was er beabsichtigt hatte. »Die detail-
getreue Echtheit der Vision und die klare Erinnerung daran, auch noch
nach Jahren«, seien das, was die Halluzination von einem klassischen
Traum unterscheide.

Das Charles-Bonnet-Syndrom, welches Sacks bei Rosalie diagnostiziert
hatte, ortete er mangels schlüssigerer Erklärungen bei vielen blinden und
halbblinden Patienten. Der Professor stellte fest, dass besagtes medizinisches Erscheinungsbild offenbar weitaus häufiger vorkommt als ursprünglich angenommen. »Bis 1990 gab es nur eine Handvoll Fallgeschichten«,
bedauerte er. Eine Studie in den Niederlanden bestätigte aber, dass von

145 Längst nicht alle Menschen, die unter visuellen oder akustischen
Sinnestäuschungen leiden, sind psychisch krank.

600 Patienten mit visuellen Problemen 15 Prozent komplexe Halluzinationen hatten und 80 Prozent einfache – mit Formen, Farben und Mustern.
Für den Neurologen schien deshalb klar, dass derlei Manifestationen auch
heute oft nicht erkannt oder falsch diagnostiziert werden.

Tatsächlich begegnete Oliver Sacks in seiner Praxis häufiger als vermutet
auch geistig kerngesunden, aber tauben Patienten, die an akustischen Sinnestäuschungen litten. Vornehmlich geplagt von musikalischen Phrasen.
Als sängen, flöteten oder trommelten plötzlich allerlei ungebetene Besucher in ihren Gehörgängen. »Musikalische Halluzinationen weisen hinsichtlich ihrer Qualität große Unterschiede auf. Manchmal sind sie leise,
manchmal störend laut; manchmal einfach, manchmal komplex.« Allen
gemeinsam sei aber, dass sie »Wahrnehmungscharakter haben, ebenso wie
eine scheinbar externe Quelle«.

Seine Patientin Diane G., die an zunehmendem Hörverlust litt, suchte beispielsweise intensiv nach einem Radio, das ihrer Meinung nach den
Song *White Christmas* in Endlosschleife spielte. »Ich dachte, es komme aus
einem Radio im Nebenzimmer, bis ich jede mögliche externe Quelle ausgeschlossen hatte. Tagelang ging es so, und ich entdeckte rasch, dass ich es

nicht abschalten oder leiser stellen konnte. Doch mit ein bisschen Übung konnte ich Text, Tempo und Harmonien verändern.«

Ein weiterer betagter Patient, Arthur S., »sah« seinerseits Musiknoten, nachdem er einen Teil seines Sehvermögens verloren hatte. Der frühere Chirurg, der äußerst gut Klavier spielte, überlegte sich, ob ein Teil seines Gehirns nun eigene Musik komponierte. »Doch als er genauer hinschaute, erkannte er, dass es sich um eine unlesbare und unspielbare Partitur handelte, ein Potpourri von Noten ohne die geringste Bedeutung.« Selbst Sacks' Patientin Marjorie nahm Musiknoten wahr. Die 77-Jährige litt unter grünem Star, der den größten Teil der unteren Hälfte ihres Blickfeldes verdeckte. »Plötzlich begann ich Partituren zu sehen: Linien, Zwischenräume, Noten und Notenschlüssel. Praktisch alles, was ich anblickte, war mit Musiknoten beschrieben, allerdings immer nur dort, wo ich erblindet war!«

Das Universum beschert uns mitunter noch mehr merkwürdige Zufälle. Und so erkrankte ausgerechnet Professor Sacks rund 10 Jahre vor seinem Tod ebenfalls an einem unheilbaren Augenkrebsleiden, das ihn auf einem Auge blind machte. Im »Realitätstunnel« seiner eigenen Wahrnehmung gefangen, untersagte es ihm seine begrenzte Lebenszeit leider, ähnlich facettenreich dokumentierte Grenzgebiete der Parapsychologie zu erkunden, um dort nach Querverbindungen oder weiteren Probanden für seine faszinierenden Untersuchungen zu fahnden. Und so blieb die Frage, weshalb psychisch kerngesunde, blinde oder taube Senioren, ebenso wie unsere Jüngsten, mitunter verwirrende Augenscheine in die Anderswelt erhaschen, selbst für den genialen Denker bestenfalls ein halbverstandenes Mysterium.

Wie widersprüchlich sich Illusion und Wirklichkeit zuweilen umgarnen, verdeutlicht nicht zuletzt folgendes Beispiel, das dem Patienten eines Kollegen von Sacks widerfuhr. Der gelegentlich von Visionen geplagte Mann erblickte eines Tages plötzlich einen schwebenden Fremden vor dem Fenster seiner Wohnung im 18. Stockwerk. Als ihm dieser zuwinkte, reagierte der Betroffene absichtlich nicht auf den Gruß und wandte sich ob der Erscheinung seufzend ab. Die vermeintliche Halluzination entpuppte sich später jedoch als realer Fensterputzer, der ziemlich verstimmt war, dass sein freundlicher Gruß nicht erwidert worden war.

Himmlisch oder höllisch?
Geistesblitze im Rausch

Gottes Garten offeriert jede Menge Heilkräuter, allerlei Unkraut, aber auch so manches bewusstseinserweiternde Gewächs, das unseren Geist in ebenso himmlische wie höllische Gefilde zu katapultieren vermag. Dorthin, wo Zeit eine Illusion und ultimative Erkenntnis bestenfalls ein flüchtiges Geschenk bleibt. Wohin entschweben Schamanen, wenn sie berauscht unsere Wirklichkeit verlassen? Woher stürzen sie ab, wenn sie ernüchtert auf dem Boden der Realität landen? Verdanken wir etliche kunst- und geistreiche Geniestreiche imaginären Reisen in exotische Sphären?

146 Bis ins hohe Alter lebensfroh: Albert Hofmann, hier mit *Alien*-Designer HR Giger (l.) und Psychiater Stanislav Grof (r.).

»Es war unglaublich!«, berichtete mir eine Freundin, als sie in jüngeren Jahren »zum ersten, aber auch letzten Mal« in vertrauter Umgebung psychoaktiv wirkende Pilze konsumiert hatte. »Jeder kleinste Tabakkrümel schenkte mir durch seine individuelle Struktur plötzlich erleuchtende Glücksmomente. Fasziniert, voller Liebe und Bewunderung, nahm ich selbst winzigste Strukturen wahr, für die ich mich zuvor in keinster Weise interessiert hatte. Leider entzog mir dieses berauschende Erlebnis gleichzeitig jedes Gefühl von Raum und Zeit – und damit auch jegliche Kontrolle über meinen Körper. Eine übermächtige Erfahrung, die ich nicht missen, aber auch niemals wiederholen möchte.«

Ließ die Natur psychoaktive Substanzen erst dann sprießen, als intelligente Wesen die Erde bevölkerten? Der Verdacht bleibt. Weil derlei Gewächse zuvor wenig Sinn ergeben hätten. Tatsache ist: Nicht nur Musiker wie die Beatles, Jimi Hendrix oder Pink Floyd schufen im psychedelischen Rausch zeitlos schwingende Meisterwerke. Auch der verstorbene Apple-Gründer Steve Jobs schwärmte, seine LSD-Trips gehörten zu den »wichtigsten Dingen, die ich in meinem Leben unternommen habe«. Die 1938 vom Schweizer Chemiker Albert Hofmann (1906–2008) entdeckte Substanz habe ihn massiv inspiriert. Nicht zuletzt bei der Entwicklung seiner revolutionären Macintosh-Computer.

Als Jobs der Öffentlichkeit seinen ersten Musik-Player vorstellte, sinnierte er denn auch schmunzelnd: »Das erinnert mich an meine Jugend!« Bereits die ersten Versionen seines ab 2001 als »Bildschirmschoner« getarnten iTunes Visualizer offenbarten frappierende Ähnlichkeiten mit farbenprächtigen Drogentrips. Oder wie der junge Hofmann seinen ersten LSD-Selbstversuch am 19. April 1943 wörtlich Revue passieren ließ: »Kaleidoskopartig sich verändernd drangen bunte fantastische Gebilde auf mich ein, in Kreisen und Spiralen sich öffnend und wieder schließend, in Farbfontänen zersprühend, sich neu ordnend und kreuzend, in ständigem Fluss.« Besonders merkwürdig, so der Chemiker, sei gewesen, »wie alle akustischen Wahrnehmungen, etwa das Geräusch einer Türklinke oder eines vorbeifahrenden Autos, sich in optische Empfindungen verwandelten. Jeder Laut erzeugte ein in Form und Farbe entsprechendes, lebendig wechselndes Bild.«

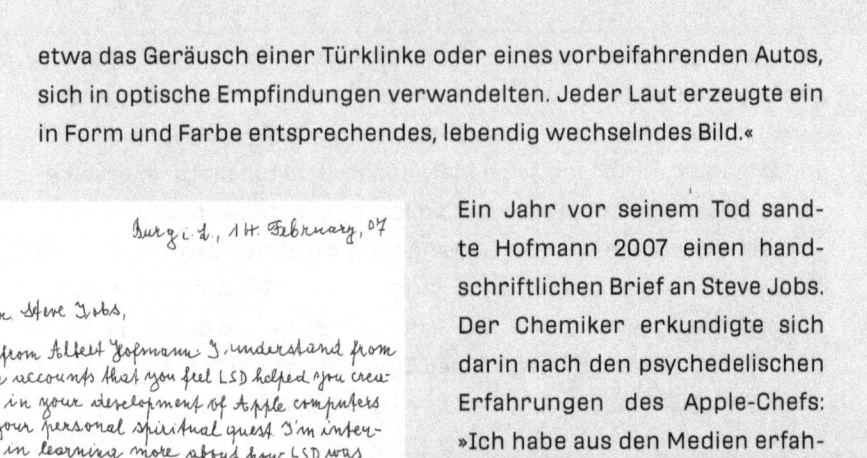

Ein Jahr vor seinem Tod sandte Hofmann 2007 einen handschriftlichen Brief an Steve Jobs. Der Chemiker erkundigte sich darin nach den psychedelischen Erfahrungen des Apple-Chefs: »Ich habe aus den Medien erfahren, dass Ihnen LSD bei der Entwicklung von Apple-Computern und bei Ihrer persönlichen spirituellen Suche kreativ geholfen hat. Ich bin interessiert, mehr darüber zu erfahren, wie LSD nützlich für Sie war. Ich hoffe, Sie helfen mir, mein Sorgenkind in ein Wunderkind zu verwandeln.«

147
»Ich habe gehört, dass Ihnen LSD sehr geholfen hat ...«
Brief von Albert Hofmann an Apple-Boss Steve Jobs (2007).

Noch zu Hofmanns Lebenszeit wagten auch andere Denker ihr Coming-out. Darunter der US-Nobelpreisträger und Biochemiker Kary Mullis, welcher dem Schweizer verriet, dass ihm LSD geholfen habe, seine Polymerase-Kettenreaktion zu entwickeln. Ausgeplaudert hatte Hofmann dies 2006 auf einer Pressekonferenz. Und da wäre auch noch der 1962 ebenfalls mit dem Nobelpreis ausgezeichnete britische Molekularbiologe Francis Crick (1916–2004) – Mitentdecker der Doppelhelixstruktur

148
Weltoffener, aber
auch kritischer
Freidenker: der
britische Bestseller-
autor und Forscher
Graham Hancock.

unserer DNA, die ihm zufolge nur von einer »höheren Intelligenz« geschaffen worden sein konnte. Ob Crick ebenso mit LSD experimentierte
und der räumlichen Anordnung unseres Erbguts nur deshalb auf die
Schliche kam? Die häufig kolportierte Story bleibt umstritten.

Bestsellerautor Graham Hancock schenkt ihr dennoch Glauben. »Wenn
wir mit Problemen in dieser physischen Welt umgehen wollen, dann
können wir die spirituelle Welt nicht ignorieren«, ist er überzeugt. In
seinem Werk *Supernatural* (2005) fragte sich der in Schottland geborene Freidenker, ob in unserem Erbgut, namentlich in der stillgelegt
scheinenden »Junk DNA«, versteckte Botschaften höherer Lebewesen
schlummern: »Vielleicht sind halluzinogene Substanzen der einzige
Weg, um Zugang zu diesen Daten zu erhalten? Ist es nicht bemerkenswert, dass Naturvölker auf unserem Globus vor rund 40 000 Jahren
allesamt unverhofft zu malen begannen, nachdem ihnen irgendwas in
ihrem Verstand plötzlich ein ›Licht anknipste‹? Das Gehirn war zwar
vorhanden, wurde aber bis dahin nicht benutzt. Irgendetwas geschah,
das dazu führte, dass es benutzt wurde, und ich glaube, dass die Beweise zwingend sind, dass unsere Vorfahren veränderte Bewusstseins-
zustände entdeckten. Sie mögen zufällig auf halluzinogene Pflanzen gestoßen sein. Sie mögen sie für Nahrung gehalten haben. Nach deren

Konsumation bewirkte dies eine radikale Veränderung in der Art, wie sie die Welt betrachteten. Es veränderte alles am Menschsein.«

Scheine es nicht ebenso auffällig, dass auf Höhlenmalereien rund um den Globus Hybridwesen verewigt wurden, die es in dieser Form nie gegeben haben kann – wie mir der weit gereiste Forscher erläuterte, nachdem er in der Amazonasregion persönlich mit psychedelischem Ayahuasca-Pflanzensud experimentiert hatte. »Warum begegnen dortige Schamanen im Rauschzustand allesamt Mensch-Tier-Kreaturen? Ebenso wie westliche Testpersonen, denen im Rahmen von wissenschaftlichen Experimenten LSD und andere Drogen eingeflößt wurden? Gibt es einen Zusammenhang mit Feen, Elfen, Gnomen, Göttern, Geistern oder Aliens, wie sie quer durch unsere Geschichte immer wieder beschrieben werden?«

Auf die Frage, ob psychotische oder schizophrene Menschen gleichermaßen über derlei »Zugänge« verfügten, nickte er. »Ich denke, dass sie ebenfalls in jene Welten vordringen, leider oft in einer sehr zufälligen, unkontrollierbaren, chaotischen Weise. Sie bilden damit so ziemlich das Gegenteil eines Schamanen.« Letztere seien mit Sicherheit keine mental Verrückten, wie das oft unterstellt würde. »Sie erreichen diese Zustände als routiniert Entrückte vielmehr in völliger Kontrolle darüber.«

Selbst Tiere und Insekten würden mitunter halluzinieren, gibt Hancock zu bedenken. »Wir wissen von Spinnen, die unter LSD die faszinierendsten, aber auch nutzlosesten Netze produzierten.« Was wiederum bedeute, dass besagtes Potenzial womöglich seit Jahrmillionen in unseren Genen schlummere. »Und das könnte meine kühne These untermauern, dass diese Fähigkeit in Bakterienerbgut aus dem All eingeschleust wurde. Als Botschaft oder Vermächtnis einer uns weit überlegenen Intelligenz?«

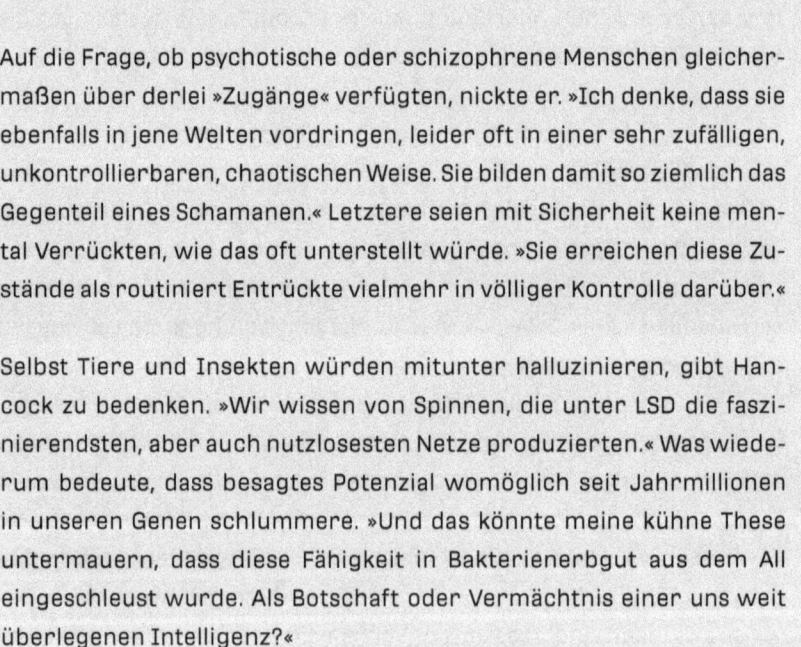

Sakrileg:
Starb Jesus Christus
im Himalaja?

» Ob im Islam oder im Christentum – verschiedene Sachen
gehen gar nicht auf Jesus oder Mohammed zurück. Jesus Christus
etwa würde ganz schön staunen, wenn man ihm sagen würde:
›Päpste sind deine Stellvertreter‹. Wenn man Mohammed wiederum
erzählen würde, er habe das Alkoholverbot erlassen, würde er
kopfschüttelnd antworten: ›Nein, das habe ich überhaupt nicht!‹«

Josef Hochstrasser, Theologe

»Am Anfang schuf der Mensch Gott«, sinnieren kecke Philosophen.
Bleibt die nicht minder kecke Gegenfrage, welches überirdische Wesen
uns zuvor ein Fünkchen Grips eingehaucht hatte, um zu dieser Erkenntnis zu gelangen. Ähnlich paradox und dennoch wahr: Nicht nur unsere
Zukunft verändern wir in jeder Sekunde, in der wir sie hinterfragen. Sondern auch unsere Vergangenheit. Wer weiß schon, dass dem biblischen
Moses noch vor wenigen Jahrhunderten besten Gewissens Hörner aufgesetzt wurden? Dies nicht zuletzt von Michelangelo (1475–1564) und
weiteren Künstlern, die den Propheten dergestalt modellierten, malten,
formten oder in Stein meißelten. Weshalb? Weil es seinerzeit so in der
Bibel stand! Namentlich in der Vulgata, der lateinischen Bibelübersetzung
von Hieronymus – ab dem 8. Jahrhundert im westlichen Christentum die
verbreitetste Übersetzung der Heiligen Schrift.

Dummerweise hatte deren Schöpfer das hebräische *qâran* darin mit »cornuta« (»gehörnt«) übersetzt – statt korrekterweise mit »coronata« (»strahlend«). Moses schritt, nachdem ihm Gott seine Gebote verkündet hatte, demnach lediglich »mit strahlendem Antlitz« vom Berg Sinai herunter. Von Hörnern keine Spur – auch wenn derlei Darstellungen selbst beim berühmten Mosesbrunnen im Schweizer Städtchen Solothurn seit dem 18. Jahrhundert immer wieder für Verwunderung sorgen.

Mit der Bibel bleibt es insofern ein Kreuz. Was hat es etwa mit den »Gottessöhnen« auf sich, die sich laut Altem Testament in grauer Vorzeit mit den Menschentöchtern paarten, um »das Geschlecht der Riesen« zu zeugen? (1. Mose 6,4) Weshalb müssen vergewaltigte Frauen gesteinigt werden, falls sie beim unfreiwilligen Akt nicht lauthals schreien? (5. Mose 22,24) Und warum soll Maria eine Jungfrau gewesen sein, wenn im hebräisch-aramäischen Originaltext lediglich von einer »jungen Frau« (*alma*) die Rede ist, die in der griechischen und später auch deutschen Fassung aufgrund eines Übersetzungsfehlers zur »Jungfrau« (*parthenos*) mutierte, wie uns jeder kluge Sprachwissenschaftler bestätigt und jeder ebenso kluge Papst seit Jahrhunderten verschweigt?

Selbst der wundertätige Jesus in unserer Vorstellung hat wohl wenig mit dem wundertätigen Christus in seiner Wirklichkeit zu tun. Laut neuzeitlichen Studien wurde »Gottes Sohn« vermutlich nicht gekreuzigt, sondern viel eher an einen Pfahl gehängt. Zu diesem kontroversen Schluss kam 2010/2011 der schwedische Christ und Pastor Gunnar Samuelsson. Der Theologe an der Universität Göteborg bezeichnet sich als tiefgläubig. Dennoch gebe es in der Bibel nirgendwo Hinweise, dass Jesus gekreuzigt worden sei, wie er nach jahrelangen Forschungen in seiner Doktorarbeit darlegte (*Crucifixion in Antiquity*).

So unglaublich es scheint: Quellen über Leben und Sterben des vermeintlichen Messias bleiben Mangelware. Das Neue Testament berichtet lediglich über Jesu Geburt, schildert eine kurze Kindheitsepisode und dessen Wirken ab dem 32. Lebensjahr. Über die Zeit dazwischen erfährt man nichts. Für ungläubiges Staunen sorgt denn auch Jesu Auferstehung. Im Gegensatz zu anderen phänomenalen Überlieferungen findet sich selbst in parapsychologischen Archiven so gut wie keine Schilderung, in welcher Verstorbene nach ihrem Tod in physischer Form wieder auftauchten und danach herzhaft die Hände ihrer Liebsten schüttelten. Ein Umstand, der Raum für Spekulationen lässt. Hatte »Gottes Sohn« seinen vermeintlichen Tod am nicht existenten Kreuz womöglich überlebt? Ist er danach mit Händlern und Pilgern über die Seidenstraße nach Osten gezogen?

Wahre Wunder spielen sich dort ab, wo sie am wenigsten erwünscht sind. Und so verwiesen Gelehrte wie der Geschichtsprofessor und Islamforscher Fida Muhammad Hassnain (1924–2016) aus Kaschmir Zeit ihres Lebens auf altindische Quellen, die auf ein Wirken Jesu in Fernost deuten. Dabei habe sich dieser intensiv mit dem Buddhismus beschäftigt. »Nachdem der junge Jesus nach Indien kam, fand er in Guru Jethanatha einen guten Lehrer. Dieser gab ihm den Namen Ishanatha«, so Hassnain. Dabei habe Jesus auch Yogatechniken kennengelernt. Diese seien ihm bei seiner späteren »Kreuzigung« zugutegekommen.

»Als Jesus gepfählt wurde, konnte er die Funktionen seines Körpers durch extreme Meditation kontrollieren«, war Hassnain überzeugt. Der christliche Prediger sei somit nur scheinbar tot gewesen – und von seinen Anhängern lebendig vom Pfahl genommen worden. Nach der Genesung sei er in die Heimat seiner Jugend nach Indien zurückgekehrt und habe dort unter anderem Namen als Wanderprediger und Heiler gewirkt. »Gottes Sohn« wäre demnach erst im hohen Alter in Kaschmir gestorben.

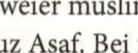

150
Roza-Bal-
Häuschen im
Stadtteil
Khanyar von
Srinagar
in Kaschmir.

Zu Hassnains »Lieblingsindizien« zählte die folgende Passage aus dem vermutlich um 155 n. Chr. verfassten Sanskrit-Werk Bhavishya Mahapurana. Überschrieben ist besagtes Kapitel mit »Ishamasiha«, was laut dem deutschen Theologen und Indologen Adam Hohenberger den altsyrischen und persischen Wortformen für Jesus Christus äußerst nahekommt. Anbei ein Auszug aus Hohenbergers 1967 posthum publizierter deutscher Übersetzung (*Das Bhavisyapurana*, Münchener Indologische Studien, hrsg. v. Helmut Hoffmann, Band 5, Wiesbaden 1967): »Einmal kam der Oberherr der Saka (Sakadhisa) auf das Schneegebirge. Mitten im Land der Huna sah der König auf dem Berge einen schönen Mann mit weißlichem Körper in weißem Gewande. Auf die Frage, wer er sei, erhielt er die Antwort: ›Erkenne mich als Sohn des Herrn (Isaputra), geboren aus dem Schoß einer Jungfrau, dessen höchstes Ziel das Gelübde der Wahrheit ist, als Verkünder der Rechtsordnung der Barbaren.‹ Der König fragte weiter nach seiner Rechtsordnung. Jener antwortete: ›Großer König! Nach dem Untergang der Wahrheit bin ich in das grenzenlose Land der Barbaren als Masiha (Messias) gekommen ...‹«

Selbst die Grabstätte Jesu scheint bekannt. So steht im indischen Srinagar, der Hauptstadt von Kaschmir, ein kleines, abgeriegeltes Häuschen. Auf rund 1730 Metern Höhe enthält es den Schrein Roza Bal, in dem bis heute die sterblichen Überreste zweier muslimischer Heiliger aufbewahrt werden. Einer von ihnen heißt Yuz Asaf. Bei ihm könnte es sich um Jesus von Nazareth handeln. Grund: Manche Überlieferungen unserer Bibel sind selbst Muslimen heilig, weil der Koran einige biblische Propheten oder Gesandte ebenfalls erwähnt und verehrt. Darunter neben Adam auch Jona, dessen vermeintliches Grab von IS-Extremisten nahe Mossul vor einigen Jahren leider dem Erdboden gleichgemacht wurde.

Professor Fida Hassnain hatte die mutmaßliche Grabesgruft Jesu in Srinagar bereits in den 1970er-Jahren untersucht: »Im Inneren des Grabes fand ich ein Kreuz, von dem in der deutschen Zeitschrift *Hörzu* im Dezember 1975 und im Januar 1976 Fotografien innerhalb einer Artikelserie erschienen waren, die von dem bekannten Autor Erich von Däniken veröffentlicht wurden.« Tatsächlich hatte Hassnain den Schweizer Götterforscher mit einem Brief vom 23. Oktober 1974 nach Indien gelotst und zu der umstrittenen Grabstätte geführt. Dem ehemaligen Director of Archives, Archaeology, Research and Museums von Kaschmir zufolge ist die Existenz des Heiligtums seit 112 n. Chr. historisch belegt. Hassnain bezeichnete die Ausgestaltung der Anlage als »ungewöhnlich«. Die eigentliche, heute nicht mehr zugängliche Grabesgruft befinde sich unter der Schreinanlage. Der dortige unterirdische Sarg von Yuz Asaf sei nach jüdischer Tradition von Ost nach West ausgerichtet.

Weiter hatte Hassnain im Grab neben allerlei christlichen Insignien eine Steintafel entdeckt, auf der eingearbeitete Fußabbildungen zu sehen sind. Das ist für Indien an sich nichts Besonderes. Aber angedeutete Kreise und

151 Bis ins hohe Alter quickfidel: Professor Fida Hassnain (1924–2016).

153 Skizze des Grabes:
1) Grabstein von
   Yuz Asaf (Jesus?)
2) kleinerer Stein
3) Basrelief der Fußsohlen
4) Hinweistafel
5) Öffnung zum früheren
   Eingang von außen in
   die Innenkammer
6) Galerie
7) Eingang
8) Hof
9) muslimischer Friedhof
10) Straße

152 Unter diesem Überbau
liegt Yuz Asaf begraben –
und damit womöglich
Jesus. Gelungen ist die
seltene Aufnahme in
den 1970er-Jahren dem
deutsch-spanischen
Journalisten Andreas
Faber-Kaiser.

Löcher auf jenen Füßen könnten als Verletzungen beziehungsweise Narben gedeutet werden, die Jesus bei seiner Pfählung davontrug. In der Tat wird Yuz Asaf in Indien von manchen als Heiliger verehrt, muslimische Splittergruppen sehen in ihm bis heute sogar die historische Person Jesus von Nazareth. »Arabische, persische und kaschmirische Geschichtswerke der dortigen Historiker berichten zum Teil ausführlich von Jesus, der unter dem Namen Yuz Asaf als Mitglied von Karawanen von Palästina nach Indien (erste Reise) sowie nach der Kreuzigung und seiner Rettung vom Kreuz nach Kaschmir reiste (zweite Reise)«, erzählt uns selbst so manches Lexikon.

In Europa bekannt gemacht hatte die besagten historischen Texte 1976 der deutsch-spanische Journalist Andreas Faber-Kaiser, unterstützt von Professor Hassnain, der Interessierten unermüdlich Rede und Antwort stand: »Aus dem Sanskrit erfahren wir, dass Jesus nach Kaschmir kam und mit dem König von Kaschmir sprach. Als der König ihn nach seinem Namen fragte, sagte er: ›Mein Name ist Ischaputram.‹ Und Ischaputram heißt: Gottes Sohn«, wie auch ZDF-Reporter von *Terra X* den Gelehrten 2006 zitierten.

Im Namen des Glaubens werden seit Jahrtausenden Kriege geführt. Entsprechend heftig wird bis heute über den Wahrheitsgehalt von Hassnains Äußerungen gestritten. 1983 publizierte der Religionspädagoge Holger Kersten sein Buch *Jesus lebte in Indien*. Darin vertritt er ebenfalls die Ansicht, der »Sohn Gottes« sei nach seinem Martyrium wieder genesen und in Richtung Indien gepilgert, auf der Suche nach den Nachfahren der »Verlorenen Stämme« Israels. Im Orient habe Jesus als Wanderprediger gewirkt und als Heiler Ansehen erworben.

Aufgrund des internationalen Aufsehens, das Kersten erregte, unterwarf 1985 der Münchner Indologe und Tibetologe Dr. Günter Grönbold dessen Theorien einer gründlichen Prüfung. Sein Buch *Jesus in Indien – Das Ende einer Legende* gipfelte in einem radikalen Verriss. Grönbold bemängelte, dass ein Großteil der Legende auf einer fragwürdigen Überlieferung basiere: einer Reiseerzählung aus dem Jahre 1894 von Nicolas Notovitch (*La vie inconnue de Jésus-Christ*). Der umtriebige russische Journalist hatte berichtet, dass ihm buddhistische Mönche im indischen Kloster Hemis (Ladakh) uralte Zeitzeugenaufzeichnungen über das Leben Jesu im Himalaja vorgelesen und vorgelegt hätten (*The Life of Saint Issa*). Laut Grönbold pure Imagination.

20 Jahre später warf sich ein weiterer Autor für Kersten und Notovitch in die Bresche. So kam Hans-Jürgen Trebst in seinem Werk *Jesu verborgene Jahre* 2004 zum Schluss, dass die Vorbehalte alles andere als unumstößlich seien – auch wenn die buddhistische Schrift, die Notovitch in Kaschmir gesehen haben will, mittlerweile als verschollen gilt. Interessanterweise zeigten sich 2006 auch die Reporter von *Terra X* (*Der Fall Jesus*) unsicher, ob die Zweifel an den alten Quellen berechtigt sind. Es gebe durchaus Hinweise auf deren Existenz. »In einem Brief von 1995 schreibt der damalige Leiter des Klosters: ›Viele Mönche haben von dieser Schrift gehört. Da man aber immer nur nach einem Buch wie der Bibel suchte und

nicht nach einem tibetischen Manuskript, ist es möglich, dass sich besagte Schrift noch immer in Hemis befindet.‹ Leider wollen die frommen Männer der Sache nicht weiter nachgehen. Das Klosterleben hat Vorrang ...«

Als Schutzpatron der dortigen Klostergemeinschaft fungiert ein Magier, der angeblich über Wasser gehen und durch die Luft fliegen konnte. »Zufälligkeiten«, welche auch die US-Autorin Suzanne Olsson (*Jesus in Kashmir – The Lost Tomb*) faszinieren. In einem Interview vom 21. April 2014 versicherte sie ebenfalls: »Jesus liegt in Kaschmir begraben!« Zu dessen letzter Ruhestätte in Srinagar sagt sie: »Über Jahrhunderte hinweg kamen Könige von weit her, um Yuz Asaf Ehre zu erweisen. Dann wird in den historischen Aufzeichnungen alles stumm um dieses Grab, bis zum 19. Jahrhundert.« Die Gruft sei vor ihrer Wiederentdeckung mehrere Male geöffnet worden. »Wir werden also nie wissen, welche Beweise auf diese Weise verloren gegangen sind.«

Ihren Aussagen nach habe sich im Grab Jesu von Roza Bal neben dem zumindest bis 1975 dokumentierten Kreuz oder »Zeremonialschwert im Stein« offenbar auch eine Schriftrolle namens Rishi Nama befunden, die »eine ausführliche Dokumentation des Stammbaums von Yuz Asaf« enthalte. »Dieses Pergament befindet sich nun in den Archiven der indischen Regierung.« Zudem soll im Schrein einst sogar der »Stab von Moses« aufbewahrt worden sein. Kein Wunder, dass Forscher um Suzanne Olsson darauf drängen, die Gruft endlich öffnen zu lassen.

Leider trennen Politik, Religion und Wahrheit Welten. Folge: Der Widerstand in Kaschmir gegen westliche Besucher wächst. Seit Roza Bal 2010 im Reiseführer von Lonely Planet aufgeführt wurde, strömen zunehmend mehr christliche Touristen nach Srinagar. Zum Ärger erzkonservativer Muslime, denen jeder ausländische Fotograf suspekt ist. Im Gegensatz zur Minderheit der islamischen Glaubensgemeinschaft Ahmadiyya war Yuz Asaf ihrer Meinung nach Moslem. Tenor: »Es kann sich bei ihm gar nicht um Jesus handeln, denn dieser wurde, ebenso wie später Mohammed, von Gott in den Himmel geholt!« Dies, nachdem an Jesu Stelle ein anderer gekreuzigt worden sei. So unterrichte es der Heilige Koran. Demnach sei Jesus zwar »jungfräulich« geboren, »Marias Kind«, aber nicht der Sohn Gottes, sondern nur dessen Gesandter. Der jüdische Talmud wiederum lehrt,

154
Reliquie oder »nur« eine altertümliche Halterung für religiöse Devotionalien?

Jesus sei zwar gekreuzigt worden, nicht aber auferstanden. O scheinheiliger Wirrwarr!

Wo der Glaube triumphiert, verblasst die Hoffnung auf neues Wissen. Und so ist Suzanne Olsson in Srinagar längst unerwünscht. Man drohte ihr bereits mit dem Tod. Bereits um 2001 hatte sich der langjährige, liberale Grabwächter von Roza Bal das Leben genommen. Uralte Dokumente und Schriftrollen verschwanden unter fragwürdigen Umständen aus seinem Büro. Das eiserne Zepter über das Grabmal schwang in der Folge Mohammed Amin Ringshawl. »Kein glaubenstreuer Moslem auf der Welt würde behaupten, dass Jesus hier begraben liegt!«, betonte er ab 2010 bei jeder sich bietenden Gelegenheit.

Den antiken Holzschrein in Roza Bal hat man mittlerweile entfernt, in Stücke gesägt und durch ein Glaskabäuschen in der grünen Farbe des Islams ersetzt. Fotografieren? Nicht mehr erlaubt! Laut aktuelleren Informationen wurde die Grabstätte zudem für Besucher geschlossen. Selbst die steinernen »Fußabdrücke« wurden mit einem Tuch bedeckt, damit sie für Außenstehende nicht mehr sichtbar sind, wie der US-Filmemacher Paul Davids während seiner Dokumentation *Jesus in India* ernüchtert feststellen musste: »Diese Region wird mittlerweile von militanten Moslems dominiert. Wir wurden bedroht, überall standen bewaffnete Soldaten. In Kaschmir ist die Hölle los. Es ist leider zu spät, um mehr über das Grab zu erfahren. Ich rate jedem davon ab!«

»Gottes Schatztruhe«:
Neues Versteck in Äthiopien

Sie gilt als heiligstes aller biblischen Relikte: die Bundeslade – »Gottes Schatztruhe«. Nicht nur heißblütige Juden würden für ihren Besitz kaltblütig morden. Denn dem jahrtausendealten heiligen Behältnis werden im Alten Testament überirdische Kräfte zugesprochen. Moses höchstpersönlich soll in ihrem Inneren nach dem Auszug aus Ägypten die von Gott empfangenen Steintafeln mit den zehn Geboten verstaut haben: »Der Herr sprach zu Mose: (...) Macht mir ein Heiligtum! (...) Macht eine Lade aus Akazienholz, zweieinhalb Ellen lang, anderthalb Ellen breit und anderthalb Ellen hoch! Überzieh sie innen und außen mit purem Gold! (...) Fertige Stangen aus Akazienholz an und überzieh sie mit Gold! (...) Dort werde ich mich dir zu erkennen geben und alles sagen, was ich dir für die Israeliten auftrage.« (2. Mose 25,1 ff.)

Wie durch einen vorzeitlichen Lautsprecher unterhielten sich der Allmächtige und sein Prophet dank der Lade auf dem Weg ins Heilige Land. Wer das mystische Behältnis versehentlich oder widerrechtlich berührte, wurde von Gott mit dem Tod bestraft. »Als sie zur Tenne Nachons kamen, streckte Usa seine Hand nach der Lade Gottes aus und fasste sie an (...) Da regte sich der Zorn des Herrn gegen Usa, und Gott schlug ihn dort wegen der Vermessenheit neben der Lade Gottes, und er starb dort.« (2. Samuel 6 ff.)

Wo befindet sich das Heiligtum heute? Weder in Ägypten noch in Israel, noch in einem Hangar der CIA, wie uns die *Indiana-Jones*-Filme glauben machen. Sondern allem Anschein nach im äthiopischen Axum! Spätestens seit Graham Hancocks akribischer Spurensuche (*Die Wächter des heiligen Siegels*) scheint dies nicht so abwegig, wie man meinen könnte. Im 7. Jahrhundert v. Chr., so zeigen seine Recherchen, wurde die Lade aus dem Allerheiligsten des Tempels von Jerusalem geschafft, um Jahr-

155
Die Kapellen
von Axum.
Links der 2013
noch unfertige
Neubau, in den
die Bundeslade
heimlich ver-
lagert worden
sein soll.

hunderte später auf der äthiopischen Insel Tana Qirqos zu landen. Unter Kaiser Ezana habe man sie nach Axum transportiert. Gemäß einer äthiopischen Schrift aus dem 13. Jahrhundert, dem Kebra Negest, soll die Riesenschatulle von Menelik, dem Sohn König Salomons und der Königin von Saba, persönlich ins Land geholt worden sein. Etliche Indizien untermauern ihren abenteuerlichen Weg. Manche habe ich 2009 in meinem *Lexikon der verbotenen Archäologie* dargelegt.

Bis 2013 soll die Bundeslade in der mit mannshohen Eisengittern umzäunten Chapel of the Tablet von Axum verborgen worden sein. Einem unscheinbaren Kuppelbau neben dem Gotteshaus der Heiligen Maria von Zion (Ri'ise Adbarat Qidist Maryam Debre Tsiyon). So betonen es zumindest die altchristliche äthiopisch-orthodoxe Tewahedo-Kirche sowie mir bekannte Globetrotter, die in den letzten Jahrzehnten vor Ort nach Antworten suchten. Bewacht wird die Lade ihnen zufolge seit jeher von einem bewaffneten Mönch. Bis ans Ende seiner Tage. Nur ihm allein ist der Blick auf die Truhe Gottes erlaubt. Ein »Häftling des Heiligen«, der das umzäunte Kapellengelände Zeit seines Lebens nie mehr verlassen und seinen Nachfolger erst auf dem Sterbebett benennen darf.

Eine reichlich fantastische Geschichte, wäre da nicht das am 16. August 2012 verstorbene Oberhaupt der äthiopisch-orthodoxen Christen, Abune Paulos, gewesen. Am 19. Juni 2009 ließ der Patriarch bei seinem offiziellen Besuch am G8-Treffen der Religionen in Rom aufhorchen.

Bezug nehmend auf eine von der italienischen Agentur Adnkronos verbreitete Meldung bestätigte der Kirchenfürst offiziell: »Ja, die Bundeslade befindet sich bei uns in Axum!« Er sei nicht in Rom, um Beweise
vorzulegen, betonte Abune Paulos. »Aber ich bin hier, um zu sagen, was
ich selbst gesehen habe, was ich weiß und bezeugen kann.« Das Heiligtum samt den Gesetzestafeln Mose, so fuhr der Patriarch fort, sei
»keinem Alterungsprozess unterworfen« und »nicht von Menschen-
hand gemacht«, wie er persönlich festgestellt habe. Die Bundeslade
entspreche »exakt den Angaben der Bibel«.

Aussagen, die Tim Makins hellhörig machten. Umso mehr, als dem britischen Reisefotografen in Axum um 2010 als Einzigem aufgefallen war,
dass das Dach der dortigen Kapelle mit Zelttüchern verstärkt werden
musste, weil das Bauwerk den Regengüssen kaum noch zu trotzen ver-
mochte. Neugierig fragte Makins ein paar Arbeiter, was sie da täten.
Nach einigem Zögern erklärte man ihm, dass man das Dach und die In-
nenräume der Kapelle renovieren müsse. Zu diesem Zweck würde in
den nächsten Monaten ein Ersatzbau für die Bundeslade errichtet, wo
das biblische Heiligtum »vorübergehend Unterschlupf« fände.

Seit die britische *Daily Mail* und mit ihr etliche Internet-Kolporteure
seinen Bericht 2011 abschrieben, kehrte weltweit Stille ein. Niemand
interessiere sich mehr dafür, was dort geschehe, wunderte sich der
Globetrotter, als wir 2013 mehrmals korrespondierten. Makins: »Kein
Journalist und kein Medienunternehmen waren bereit, für neue Informationen oder Fotos auch nur einen Cent zu bezahlen! Und dies, obwohl
ich etwaige Honorare direkt nach Äthiopien an meinen Gewährsmann
weiterleite, damit er seine Ausbildung finanzieren kann.«

Umso erfreuter versorgte mich der Reisende in der Folge gegen ein be-
scheidenes Entgelt mit exklusiven News und Fotos. Zwar sei er in den
letzten Jahren nicht mehr in Äthiopien gewesen, so Makins, der sich seinerzeit in Armenien aufhielt. Allerdings hätte sich in Axum mittlerweile
einiges getan, wie ihm seine Gewährsleute zutrugen. »Die Bauarbeiten

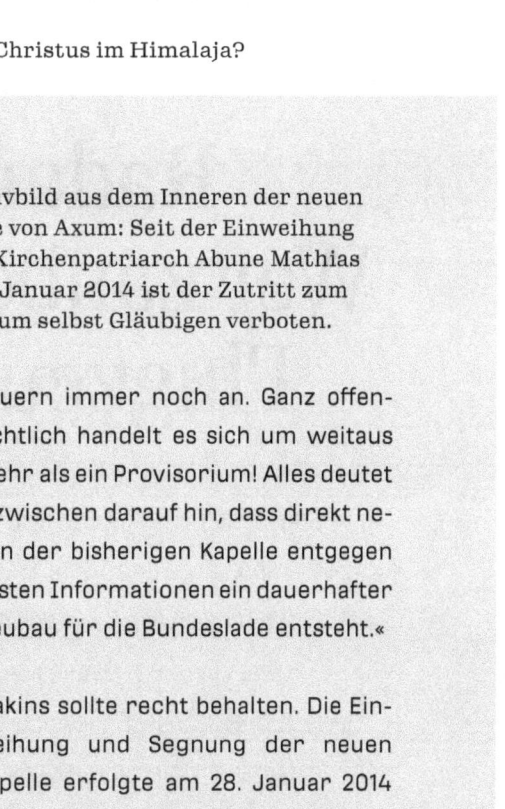

156
Exklusivbild aus dem Inneren der neuen Kapelle von Axum: Seit der Einweihung durch Kirchenpatriarch Abune Mathias am 28. Januar 2014 ist der Zutritt zum Heiligtum selbst Gläubigen verboten.

dauern immer noch an. Ganz offensichtlich handelt es sich um weitaus mehr als ein Provisorium! Alles deutet inzwischen darauf hin, dass direkt neben der bisherigen Kapelle entgegen ersten Informationen ein dauerhafter Neubau für die Bundeslade entsteht.«

Makins sollte recht behalten. Die Einweihung und Segnung der neuen Kapelle erfolgte am 28. Januar 2014 durch Abune Mathias, den heutigen Patriarchen der äthiopisch-orthodoxen Kirche und »Papst« von 35 Millionen Gläubigen. Exklusivbilder aus dem Inneren des neuen Heiligtums zeigen farbenfrohe biblische Szenen. Es dürften die letzten Fotos bleiben. Denn seit die Bundeslade dort lagert, bleibt die neue Kapelle für Touristen, aber auch Einheimische hermetisch verschlossen. Ein einziger Wächter wird sie einmal mehr bis an sein Lebensende bewachen, ohne das Areal je verlassen zu dürfen. So will es die lokale Tradition.

Und die traurige Nachricht? Wie in vielen weiteren afrikanischen Ländern wüteten seither leider auch in Äthiopien einmal mehr blutige Bürgerkriegsunruhen. 2020 soll es vor dem Gotteshaus der Heiligen Maria von Zion bei Auseinandersetzungen mit Militärs zu einem regelrechten Massaker gekommen sein, bei dem unbestätigten Berichten zufolge rund 750 Gläubige ihr Leben lassen mussten. Bleibt Dummheit eine menschliche Begabung?

Radarspuk: Wer zaubert unsere Flugzeuge weg?

»Stellen Sie sich ein Wesen vor, das sich lediglich ein Blatt Papier vorstellen kann, Länge und Breite. Wenn jemand nur diese zwei Dimensionen hat, wie soll er sich den Raum vorstellen? Das kann er nicht. Nun haben wir zwar eine dritte Dimension, aber vielleicht gibt es noch eine vierte, fünfte, sechste Dimension, die wir uns nicht vorstellen können. Darum fasziniert mich alles Mystische, alles nie ganz zu Ende Erklärte.«

Miroslav Nemec, Schauspieler

Da staunten selbst Australiens erfahrenste Wetterfrösche: Unerwartet baute sich auf ihren Computerschirmen eine gigantische Regenfront in perfekter S-Form auf! Registriert hatte die knapp 100 Kilometer von der dortigen Westküste entfernte meteorologische Anomalie am 12. Februar 2014 die Radarstation des Wetterbüros von Perth. Dass die Struktur keine Laune der Natur war, schien klar. Beunruhigt fragte der TV-Sender ABC News beim Verteidigungsministerium nach: Waren militärische Operationen durchgeführt worden? Handelte es sich um eine Düppelwolke? Also um Glasfaser-Aluminimum-Partikel, die Schiffe oder Kampfjets versprühten, um Radarschirme zu täuschen?

Antwort des Militärs: »Das ungewöhnliche Muster auf den Wetterradaren« sei tatsächlich Resultat einer Verteidigungsübung vor der Westküste. Es handle sich um ein »reguläres Training mit Schiffen und Flugzeugen,

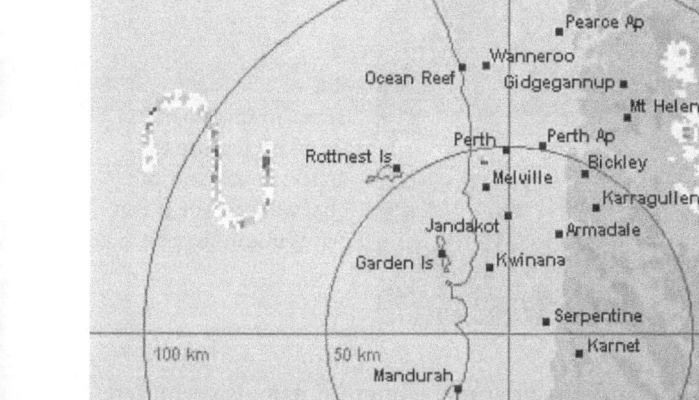

157 S-förmige Geisterwolke über Australien. Verlängert man eine Gerade zwischen Perth und dem Mittelpunkt der Struktur waagrecht nach links, landet man im einstigen Suchsektor von Flug MH370.

das dazu dient, ein Kriegsschiff für einen operativen Einsatz vorzubereiten«. Die Übung dauere noch an, hieß es weiter. Die herrschenden Wetterbedingungen, ergänzte ein Sprecher, hätten eine »einmalige Gelegenheit geboten, diese Routineübung auf dem Wetterradar zu sehen«.

Der pensionierte US-Marine-Flugoffizier Mark Wood blieb kritisch. Auch wenn ihm die Düppelerklärung grundsätzlich einleuchtete. Misstrauisch machte ihn die auffällig markante S-Struktur der Wolke, so Wood gegenüber dem alternativen US-Newsportal Earthfiles. Für eine Radartäuschung sei diese Buchstabenform als Tarnung denkbar ungeeignet, da sie als solche selbst für Laien erkennbar sei. Er könne folglich die »taktische Absicht« nicht verstehen.

Fluglotsen brauchten in jenen Wochen sowieso Nerven wie Drahtseile. Am 8. März 2014 – nur wenige Wochen nach dem Vorfall – verschwand Malaysia-Airlines-Flug MH370 samt 239 Menschen bis heute spurlos im Nirwana. Und dies just 1700 Kilometer von der damaligen S-Wolke entfernt westlich der australischen Stadt Perth. Verlängert man die Gerade zwischen Perth und dem Mittelpunkt der S-Struktur waagrecht durch den Ozean, landet man ausgerechnet im damals vermuteten Katastrophengebiet. Nur ein Zufall? Immerhin lagen zwischen den zwei Ereignissen lediglich 4 Wochen. Dennoch blieben beide Vorfälle bis heute rätselhaft. Noch dazu stürzte kurz darauf am 17. Juli auch Malaysia-Air-lines-Flug MH17 über der Ukraine ab. Samt 298 Insassen. Unter ebenso umstrittenen Umständen.

Just zwischen den beiden Flugzeugdramen fanden im Norden Deutsch-lands vom 12. bis 23. Mai 2014 die größten Luft- und Seemanöver von Bundeswehr und NATO seit der Wiedervereinigung statt. Und ausge-rechnet wenige Wochen später folgten zwei weitere »mysteriöse Stör-fälle«, die in der Zwischenzeit komplett in Vergessenheit gerieten. Nur knapp entgingen am 5. und am 10. Juni 2014 etliche Linienflugzeuge über Europa gleich mehrmals verheerenden Katastrophen. Buchstäblich über unseren Köpfen verschwanden damals unerwartet Aberdutzende von Linienmaschinen von den europäischen Radarschirmen! Und dies nicht nur für wenige Minuten, sondern teilweise bis zu 2 Stunden lang. Be-troffen waren die Lufträume von Österreich, Süddeutschland, Slowenien, Polen und Tschechien.

War die NATO für den »Radarspuk« verantwortlich? Und wenn nicht: Wer oder was steckte dann dahinter? Laut den Fluglotsen sei an jenen Tagen bei etlichen Linienflügen immer wieder das Sekundärsignal auf den Überwachungsmonitoren erloschen – also das elektronische Trans-pondersignal, welches jede Maschine zur Identifizierung aussendet. Dank Primärdaten waren die Flugzeuge auf den Radarschirmen zwar noch zu sehen, aber wesentliche Informationen fehlten: Kurs, Geschwindigkeit und Flughöhe. Nur mit viel Improvisation und noch mehr Glück gelang es Europas Flugkontrolleuren, die brenzlige Situation zu meistern. Samt massiven Verspätungen bei Starts und Landungen. Bis heute streiten sich Spezialisten über die bizarren Zwischenfälle, die sich seither kurioserweise nicht mehr wiederholten.

Waren die hohe Sonnenaktivität und mit ihr verstärkte elektromagnetische Turbulenzen am Schlamassel schuld, wie manche mutmaßten? Bezeichnenderweise schwieg das transatlantische Militärbündnis zu den Vorwürfen. Und auch die Deutsche Flugsicherung betonte auf Anfrage, man habe lediglich festgestellt, dass die Störungen »von außen« kamen. »Wir können aber keine konkreten Quellen nennen«, so Sprecherin Kristina Kelek. Der Eingriff sei zwar »komplett neu«, die »Luftsicherheit in Deutschland jedoch nie gefährdet« gewesen. Wirklich nicht?!

Österreichische Flugexperten waren anderer Meinung. Es sei »ein katastrophales Ereignis« gewesen, zitierte der *Kurier* aus einem militärischen Geheimbericht an die österreichische Regierung. Und die Schweizer Flugsicherung Skyguide erklärte am 14. Juni 2014: »Ein Vorfall dieser Größenordnung ist ungewöhnlich, bei uns würden die Alarmglocken schrillen.« Umso mehr, als nur Zivilmaschinen betroffen waren, nicht aber militärische Flugzeuge. Auch der Luftfahrtspezialist Sepp Moser zeigte sich in jenen Wochen irritiert. »Heutige Transponder senden auf einer allgemein bekannten Frequenz, die theoretisch von jedermann gestört werden kann«, wählte er seine Worte im journalistischen Gespräch bewusst vorsichtig. Will heißen: Mit einem starken illegalen Störsender wären allerlei gemeingefährliche Eingriffe denkbar. Und damit praktisch längst auch machbar. Womöglich sogar mit Satellitenhilfe aus dem All.

»Elektronische Kampfführung« nennt man dies. Entsprechend alarmiert äußerten sich deutsche Berufsflieger. »Solch ein Eingriff erhöht das Bedrohungspotenzial durchaus«, erklärte Markus Wahl von der deutschen Pilotenvereinigung Cockpit. Schließlich seien Radar-Sekundärsignale für eine »effektive Staffelung« der Flugzeuge nötig. »Außerdem dürfte von jener Störung auch unser Kollisionswarnsystem TCAS betroffen gewesen sein.« Dies wäre ein massiver Eingriff in die Luftsicherheit, denn das TCAS alarmiert Piloten über drohende Zusammenstöße und liefert gleichzeitig Ausweichempfehlungen, um Kollisionen zu verhindern.

Warum die öffentliche Verharmlosung der heiklen »Panne«? Vermutlich, weil es sich um einen höchst sensiblen und politisch brisanten Vorfall handelte, auf den man sich – ebenso wie damals auf so manches lokale UFO-Phänomen – intern keinen Reim machen konnte. So hatte etwa Sloweniens Verwaltung kurz nach den Zwischenfällen zwar gemeldet, dass eine NATO-Übung am Problem schuld gewesen sei. Dennoch verneinten diverse Offizielle anschließend tagelang, dass westliche Militärs die Störung verursacht oder bewusst herbeigeführt hatten. Wer also dann?

Die deutsche Bundesregierung äußerte sich erst Wochen nach dem Vorfall – auf Anfrage der Linken. Das Verkehrsministerium sprach in seiner Antwort vom 16. Juli 2014 (Drucksache 18/2131) von einer nicht näher bekannten »externen Störquelle« und beeilte sich zu betonen, dass »im betreffenden Zeitraum in Deutschland keine Übung mit potenzieller Störwirkung durch die Bundeswehr oder NATO-Streitkräfte durchgeführt« worden sei. Erst auf hartnäckige Nachfrage mussten die Behörden einräumen, dass in Ungarn und später auch in Italien sehr wohl NATO-Truppenübungen mit »Verfahren der elektronischen Kampfführung« stattgefunden hatten. Titel der in der zweiten Jahreshälfte über Europa durchgeführten Operation: NEWFIP 2014 (NATO Electronic Warfare Force Integration Period).

Informationen über ein »noch nicht identifiziertes Objekt in der Nähe der US-Air-Base Ramstein in Deutschland«, dem Hauptquartier der United States Air Forces in Europa, das für die Turbulenzen verantwortlich sein könnte – wie zuvor in der Presse geschildert –, habe man nicht, ergänzte die Regierung im Bundestag am 11. Dezember 2014. Den Begriff »UFO« (unidentifiziertes Flugobjekt) verschwiegen deren Sprecher bewusst. Um keine schlafenden Hunde zu wecken?

Für den langjährigen Bundestagsabgeordneten Andrej Hunko (Die Linke) schien klar: »Es liegt auf der Hand, dass das NATO-Manöver ursächlich für die Störung ist.« Was aber sollte mit der öffentlich verstörenden Aktion bezweckt werden? Merkwürdig bleibt zudem, dass sich die lebensgefährdende »Panne« innerhalb weniger Tage wiederholt hatte. Bezeichnend denn auch folgender Kommentar von Angela Merkels Führungsriege: »Nach Kenntnissen der Bundesregierung ist das NATO-Hauptquartier Allied Air Command in Ramstein mit der Untersuchung

159
Verblüffende
Parallelen zum
Verschwinden
von MH370.
Impressionen
aus Hergés
Comic-Klassiker
*Flug 714 nach
Sydney* (1968).

der Vorkommnisse befasst.« Also just die Stelle, der wir den Zwischenfall im Zweifelsfall zu verdanken hatten?

Laut einem 2015 geleakten Untersuchungsbericht der Europäischen Flugsicherheitsbehörde EASA soll den Schlamassel dennoch nicht die NATO verantwortet haben. Sondern »private« Unternehmen im Umkreis der tschechischen Stadt Pardubice, die einen militärisch genutzten Flughafen unterhält: »Es ist wahrscheinlich, dass von der dortigen Industrie durchgeführte Tests die tatsächliche Quelle für die Störungen gewesen sind.« Die meisten verdächtigten Überwachungs- und Radartechnikfirmen (ERA, T-CZ, ELDIS, RAMET und RETIA) wiesen in der Folge jede Schuld von sich. Obwohl sie teilweise eng mit Airbus oder der NATO kooperieren. Tenor: »Die EASA-Experten konnten bis heute nicht klären, was genau damals in Tschechien getestet wurde. Nur so viel ließe sich sagen: Offenbar sei die Quelle der Störsignale heute nicht mehr aktiv.« Ein Träumer, wer auf transparentere Informationen hoffte! Auch Schweigen kann laut sein.

Zumindest das Drama um den bis heute verschollenen MH370-Flug kam nicht gänzlich unerwartet. Vorweggenommen hatte es Georges Remi alias Hergé (1907–1983) – und dies vor einer gefühlten Ewigkeit. Kaum einer weiß, dass der belgische Illustrator ein leidenschaftlicher Mystery-Insider war. Wie ein roter Faden zieht sich die Faszination des Geheimnisvollen durch seine kongenialen Bildergeschichten. Ob mysteriöse Kristallkugeln, Yetis, Leopardenmenschen, Sonnentore, Kugelblitze, der Fluch von Tutanchamun, Eis auf dem Mond (1954!), magisch anmutende Artefakte oder verschollenene Kulturen – die Welt des Unerklärlichen war auch die Welt seiner Comicwerke über Tintin. Bei uns besser bekannt als *Tim und Struppi*.

Der wohl kontroverseste Band in der Tintin-Reihe bleibt *Flug 714 nach Sydney* von 1968, an dessen Ende die entführten und auf einer einsamen Insel festgehaltenen Passagiere von einem UFO geortet werden. Selbstverständlich habe er die Sachbuchbestseller von Robert Charroux gelesen, dem »französischen Däniken«, bekannte Hergé in Interviews. Zudem hatte der Zeichner die Werke des französisch-polnischen Grenzwissenschaftlers, Spions und Mystery-Kultautors Jacques Bergier studiert, den er in seinen Zeichnungen unter dem Namen Mik Ezdanitoff als kosmischen Vermittler auftreten lässt.

Umso eindrucksvoller offenbart sich in besagtem Comicklassiker Hergés visionär anmutendes Gespür für die Zukunft. So lässt er seine Protagonisten im *Flug 714 nach Sydney* ebenfalls in einem rotweißen Jet entführen, dessen Pilot die Maschine und ihre »heiße Fracht« mit voller Absicht über dem Meer verschwinden lässt. Ausgerechnet zwischen Jakarta und Australien, also in der gleichen Region wie 2014 Flug MH370, taucht das Flugzeug unter Radarhöhe und landet später heimlich auf einer kleinen Pazifikinsel (die US-Militärbasis auf Diego Garcia?) mit improvisierter Landepiste, die in der Folge eilig wieder eingerollt wird, um sie vor neugierigen Blicken zu schützen.

Schauplatzwechsel – zurück in der Gegenwart. Das Pendel rotiert wie wild zwischen seinen Fingern. Doch Georg Feichter bleibt ganz ruhig. Den emeritierten Professor der Universität Basel bringt so schnell nichts aus der Fassung. Dennoch glaubt der pensionierte Gynäkologe und Pathologe, eine wichtige Entdeckung gemacht zu haben. »Ich bin mir ziemlich sicher: Hier im Meer liegt die seit 8. März 2014 spurlos verschollene Maschine mit Zielort Peking der Malaysia Airlines MH370!«, sagt er und deutet auf den Bereich der Weltkarte, über dem sein Pendel in Schwingung gekommen ist: südlich der Seychellen, in der Nähe eines dortigen Atolls.

Mithilfe eines Fotos der verschwundenen Boeing hätten er und seine Frau Karin »mental mit der Energie der Maschine Kontakt aufgenommen«, erklärt Georg Feichter. Das Pendel habe ihm anschließend die Flugroute und den Absturzort offenbart. Demnach sei der Passagierjet von Kuala Lumpur »zuerst in nordöstlicher Richtung geflogen, hat dann über Vietnam nach Westen gedreht, flog über Thailand in südwestlicher Richtung, über die Andamanensee, den Golf von Bengalen, die Malediven weiter in südwestlicher Richtung über den Indischen Ozean und stürzte 22 Kilometer südlich der Seychellen ab«.

Der Pensionär lächelt, als er aufschaut und den ungläubigen Blick des Reporters sieht. Er ist Skepsis gewohnt. Ein emeritierter Universitätsprofessor, der sich seit Jahren mit Pendeln und Kraftorten beschäftigt? Mit Geomantie und Radiästhesie? Und darüber sogar Bücher schreibt? »Das alles ist für Außenstehende tatsächlich nicht leicht zu verstehen«, bestätigt er mit ruhiger, sympathischer Stimme. »Aber, wissen Sie, gerade als Wissenschaftler habe ich mein gesamtes Leben lang gelernt, dass man immer offen bleiben sollte für Neues.«

Letztendlich sei alles im Kosmos Energie, erläutert Feichter. Jeder von uns besitze ein Energiefeld, und über dieses sei letztlich alles auf unserer

Welt miteinander vernetzt. »Alles befindet sich in ständiger Schwingung und gegenseitiger Resonanz – Menschen, Tiere, aber auch Gegenstände.« Dies hinterlasse »Abdrücke«, und geübte Geomanten könnten derlei Spuren mittels Pendel und Rute orten, so der Mediziner. Mittels der einst auch von Geheimdiensten wie der CIA eingesetzten Technik des Remote Viewing tauche er zu diesem Zweck »mental in die Raum-Zeit-Energie« ein. Das bedruckte Papier vor ihm diene lediglich als Medium.

Außergewöhnliche Mysterien bedingen außergewöhnliche Vorgehensweisen. Wer das vermeintlich Unmögliche aus seinen Gedanken verbannt, verpasst das vermeintlich Mögliche. Ebenso wie Abertausende von wissenschaftlichen und technologischen Experten, die seit Jahren millionenschwer unterstützt und dennoch ergebnislos nach dem verschollenen Flugzeug fahndeten. Für Georg Feichter jedenfalls »bietet die von uns geortete Absturzstelle einige klassische radiästhetische Merkmale, die zu einem Wrack mit toten Menschen passen«. Was er hingegen nicht verstehe, sei das »jedem Geomanten bekannte deutliche Signal für Gold«, das er erhalte – ein Edelmetall, das in einem Linienflugzeug normalerweise nicht in großen Mengen vorhanden sein sollte.

Ein Hinweis, dass Flug MH370 tatsächlich circa eine halbe Milliarde Dollar Gold transportiert haben könnte, welches für Peking bestimmt gewesen sei, wie der Luftfahrtjournalist Andreas Spaeth am 20. März 2014 im ZDF bei *Markus Lanz* in die Runde geworfen hatte? Und was hat es mit der »unbekannten 89 Kilogramm schweren Ladung« auf sich, die laut *Focus* vom 12. Juli 2019 erst kurz nach dem Start auf die Flugliste gesetzt wurde? Ebenso beunruhigend: Die Maschine hatte zusätzlich nicht deklariertes elektronisches Gerät geladen: »Walkie-Talkies mit Lithium-Batterien, Ladegeräten und Zubehör« im Gesamtgewicht von 2,5 Tonnen, über welches nach dem Verschwinden niemand Auskunft geben wollte.

Seine Ortungsergebnisse versteht Professor Feichter insofern nicht als Beweis, aber als »hochgradigen Verdacht«, wie er betont. Das Rutengehen und Pendeln – die sogenannte Geomantie – seien uralte Kulturtechniken und Erfahrungswissen, welche schon die alten Römer und Griechen kannten, aber »keine hundertprozentig sichere Wissenschaft oder Technik, so ehrlich muss man sein«.

Dennoch bleibt »ihre« Absturzstelle für die Feichters auch in anderer Hinsicht plausibel: Nicht nur, dass an verschiedenen Küstenabschnitten in der dortigen Region vermeintliche Trümmerteile von MH370 aufgetaucht sind. Etwa 20 Kilometer westlich des Ortes, an dem ihr Pendel ausschlug, stießen die beiden zusätzlich auf eine winzige Insel namens Platte. »Wer dieses Eiland auf Google Maps heranzoomt, kann dort eine Kirche und eine 200 Meter lange Landebahn erkennen.« Fakt bleibt zudem, dass der Pilot der Unglücksmaschine kurz vor seinem Verschwinden am heimischen Rechner per Flugsimulator die Landung auf winzigen Inseln geübt hatte. Ein weiterer kurioser Zufall?

Ihr Mann und sie wollten lediglich helfen, ergänzt Karin Feichter. »Wenn wir nicht erfahren hätten, dass die Suche nach der Maschine eingestellt wurde, hätten wir uns nicht bei Ihnen gemeldet. Wir denken vor allem an die Angehörigen der Opfer, die bis heute unter der Ungewissheit über das Schicksal ihrer Liebsten leiden.«

UFOs über dem Flughafen: Das verschwundene Dossier

»Nachdem ich Ihnen nun unsere Abteilung gezeigt habe, gibt es da noch etwas, das Sie brennend interessieren dürfte!« Zielstrebig dirigiert mich Hans-Ueli Frey am 7. Januar 1999 durch sein Büro im EuroAirport Basel Mulhouse Freiburg. Aus einem Archivregal zaubert der damalige Leiter der Fachstelle Umwelt (Flugweg- und Fluglärmüberwachung) einen prallen Aktenordner hervor.

»Voilà!«, schmunzelt Frey und breitet sein UFO-Dossier vor mir aus. Fasziniert schweift mein Blick über Notizen, Briefe und großformatige Schwarzweiß-Fotoabzüge analoger Radaraufzeichnungen. Ich traue

161 Hans-Ueli Frey. Mehrfach konnten er und sein Team UFO-
Phänomene über dem trinationalen Flughafen dokumentieren.

meinen Augen nicht: Alle Dokumente betreffen merkwürdige Vorkommnisse im Luftraum rund um den trinationalen Flughafen – manche davon bis heute ungeklärt. Einer der seltsamsten Vorfälle ereignete
sich im Mai 1981: »An jenem Tag registrierten wir im nördlichen Anflug-
sektor völlig rätselhafte UFO-Erscheinungen – um 10:38 Uhr morgens,
wie Sie hier sehen. In einem anderen Fall konnten wir eine Sechser-
oder Siebenerflotte von unbekannten Objekten dokumentieren und
fotografieren, die von einem Piloten gemeldet worden war.«

»Fotografieren?«, hake ich nach. »Richtig!«, nickt Frey. »Da die Bänder
mit den Radaraufzeichnungen regelmäßig wieder gelöscht und neu
bespielt wurden, kreierten wir in den frühen 1980er-Jahren als einer
der ersten Flughäfen in Zusammenarbeit mit der französischen Flugsicherung Möglichkeiten, um umstrittene Radarsituationen in unserem
Luftraum bei Bedarf fotografieren, archivieren und damit nachträglich
analysieren zu können.«

Man habe damals noch mit analogen Radarsystemen gearbeitet, auf
denen so ziemlich alles auftauchte, was am Himmel rund um den Euro-
Airport irgendwie reflektierte. Im Gegensatz zu den heutigen digitalen

Systemen. »Die damaligen Radarsysteme zeichneten alles ungefiltert auf. Auch Gewitterstörungen. Selbst Vogelschwärme konnten wir mit unseren Systemen verfolgen.«

Dabei sei man quasi nebenbei auch mit UFOs konfrontiert worden. »Anlässlich dieser Reihenuntersuchungen Anfang der 1980er-Jahre tauchten eines Tages merkwürdige Flugobjekte auf, die wir einer genaueren Untersuchung unterzogen. Dabei stellten wir zu unserem Erstaunen fest, dass es sich tatsächlich um unidentifizierbare Phänomene handelte. Eine spannende Sache! Wir begutachteten die entsprechenden Radarbänder in einem abgedunkelten Raum, analysierten die Flugspuren und diskutierten intensiv, was das gewesen sein könnte. Nach Rücksprache mit den französischen Behörden stellte sich dann heraus, dass zum gegebenen Zeitpunkt keinerlei militärischer Flugverkehr herrschte.«

»Sie konnten also alle denkbaren Verwechslungsmöglichkeiten eliminieren?« Frey nickt erneut. »Per Ausschlussverfahren konnten wir sämtliche konventionellen Erklärungsmöglichkeiten ausschließen, von Störsignalen bis hin zu Wetterphänomenen. Übrig blieb, was wir heute gemeinhin als UFOs bezeichnen – unidentifizierte Flugobjekte. Interessanterweise handelte es sich zudem nicht um einen Einzelfall. Wir verzeichneten verschiedentlich solche Phänomene, zu verschiedenen Tages- und Nachtzeiten. So kann ich mich persönlich noch gut an einen Vorfall erinnern, bei dem wir gleichzeitig fünf Radarziele beziehungsweise Flugkörper auf den Analogaufzeichnungen ausmachen konnten. Die Ziele zeigten Geschwindigkeiten und Richtungswechsel, die jenseits aller irdischen Möglichkeiten lagen.«

Liebend gerne hätte ich an jenem Tag meinen Fotoapparat gezückt, um Freys Radarbeweise auf dem Tisch vor mir für die Nachwelt abzulichten. Da ich damals als Zeitungsreporter auf dem EuroAirport offiziell in anderer Mission unterwegs war und die Zeit drängte, entschloss ich mich, später nochmals anzuklopfen. »Man sollte dieses Material irgendwann veröffentlichen«, raunte ich Frey vorsorglich zu, als wir uns verabschiedeten. »An mir soll es nicht liegen«, zwinkerte mir der charismatische Kommunikator zu. »Sie wissen ja jetzt, wo Sie mich finden!«

Was ich nicht ahnte: Etwas mehr als ein Jahr danach quittierte Hans-Ueli Frey überraschend seinen Job, nach rund 20 Dienstjahren. Grund genug, ihn einige Jahre später nochmals privat auf sein UFO-Dossier anzusprechen. »Ich gehe davon aus, dass unsere Dokumentation in den Archiven des EuroAirport vorhanden sein müsste und somit auch weiterhin einsehbar ist«, versicherte er mir während eines längeren persönlichen Gesprächs.

Gespannt lotste ich im Oktober 2003 ein TV-Team der Schweizer *Rundschau* unter der Leitung von Reporter Hanspeter Bäni auf den Flughafen, um Freys Nachfolger Jürg Tschopp um die Herausgabe des Dossiers zu bitten. Das Filmmaterial wurde leider nie ausgestrahlt, liegt mir aber ungeschnitten vor. Auf den Videoaufnahmen ringt ein sichtlich gestresster und desinteressierter Tschopp um Antworten: »Von einem derartigen UFO-Dossier ist mir nichts bekannt«, versicherte er mehrmals. »Ich habe bis heute keine derartigen Dokumente gesehen. Grundsätzlich ausschließen kann ich die Existenz solcher Unterlagen natürlich nicht. Aber wir schauen hier nach vorne und auf das tägliche Geschehen – und sicher nicht 10 Jahre zurück.«

Jürg Tschopp hat seinen Dienst mittlerweile quittiert. Ein Grund mehr, beim EuroAirport vor einigen Jahren erneut um Herausgabe des betreffenden Aktenordners zu bitten. Antwort von Flughafensprecherin Vivienne Gaskell, die 2020 ebenfalls ihren Hut nahm: »Ich habe mit verschiedenen Stellen intern Kontakt aufgenommen und Ihr Anliegen eruiert. Leider muss ich Ihnen mitteilen, dass uns die Dossiers, von denen Sie sprechen, absolut unbekannt sind.« Im Klartext: Entweder hat die Flughafendirektion keine Ahnung, wo ihre Akten verrotten. Oder aber sie hat diese schlicht entsorgt. In jedem Fall ein Armutszeugnis!

Phantome am Himmel: Wir werden beobachtet

»Das ganze weltweite Gerede über UFOs sei überflüssig,
töricht und schädlich – schlicht deshalb, weil es keine Außerirdischen
gäbe, argumentieren vernünftige Menschen seit Jahrzehnten.
Bloß: Wissen dies auch die Außerirdischen – oder sollten
wir sie zuerst darüber informieren, dass es sie nicht geben darf?«

Erich von Däniken, Schriftsteller

Ende Juni 2021 war es so weit. Das amerikanische Office of the Director of National Intelligence (ODNI) bestätigte offiziell 143 Vorfälle unerklärbarer und dennoch physikalisch realer UFO-Erscheinungen zwischen 2004 und 2021 – allesamt aus Regierungsquellen. Quintessenz: »Wir wissen nicht, was sich hinter derlei Manifestationen verbirgt. Sie sind offenbar nicht russischen und auch nicht chinesischen Ursprungs, aber sie existieren, stellen ein Sicherheitsproblem im Luftraum dar und gefährden damit womöglich die nationale Sicherheit. Selbst außerirdische Einflüsse können nicht ausgeschlossen werden.«

Die USA bejahten somit, was sie zuvor 70 Jahre lang abgestritten und öffentlich lächerlich gemacht hatten! Ernüchternd, aber wahr: Dokumentiert sind ähnlich mysteriöse Luftraumzwischenfälle bereits in Tausenden widerwillig freigegebenen Geheimakten des FBI, der CIA und der NSA ab dem Zweiten Weltkrieg bis weit in die 1980er-Jahre, als das UFO-

Phänomen längst regelmäßig Schlagzeilen schrieb. Kommt hinzu, dass die neuesten Militärbeweise einmal mehr unter dem Deckel gehalten werden. Details dazu werden uns vorenthalten. Weshalb?

»Sorry, aber wenn das alles war, was uns das Pentagon 2021 über UFOs zu berichten weiß, fresse ich nicht nur einen Besen, sondern eine gesamte Swiffer-Fabrik!«, jaulte so mancher Insider auf. Zu Recht! Wer die Öffentlichkeit jahrzehntelang knallhart angelogen und für dumm verkauft hat, wird dies selbstverständlich auch weiterhin tun. Umso mehr, als bereits ein flüchtiger Blick in die Geschichte weitaus haarsträubendere Vorfälle offenbart, als man uns aktuell schonend beizubringen versucht.

1973, an der Ostküste der USA. Es ist später Abend, als ein Pärchen vergnügt ein örtliches Restaurant verlässt und sich auf die Suche nach seinem Wagen macht. Sekunden später wird die Umgebung in diffuses Licht gehüllt, und die beiden bemerken verwundert, dass die Lichtemissionen von einem seltsamen Flugkörper ausgehen, der über ihren Köpfen seine Runden dreht. Immer näher schwebt das Objekt auf die dortigen Hochhäuser zu. Wie im Film beginnen sich an einem der Gebäude plötzlich zwei gewaltige Klappen zu öffnen. Lautlos gleitet der Flugkörper in die entstehende Öffnung hinein.

Den beiden Amerikanern fährt der Schrecken in die Glieder. Verängstigt blicken sie sich an, stolpern in ihr Auto und brausen überstürzt davon. Jahrelang sprechen sie mit niemandem über ihr aufwühlendes Erlebnis, ehe sie eines Abends während einer Party einen UFO-Interessierten kennenlernen. Dieser nimmt ihre Schilderung zu Protokoll und leitet sie später an den Luftfahrtingenieur Robert Perry Collins weiter, der sie 1989 unter dem Titel »Unseen, Unspoken, Unknown« in der geschätzten Insiderzeitschrift *Pursuit* (Vol. 22/1) zur Diskussion stellt.

Collins war vom fraglichen Report derart fasziniert, dass er sich auf die Suche machte nach weiteren Erlebnisberichten, die den Rahmen »konventioneller« UFO-Beobachtungen sprengten. Namentlich beglaubigte Augenzeugenberichte erhielt er nicht zuletzt vom New Yorker Paraforscher und Journalisten John Keel (1930–2009). Einer der von Keel dokumentierten Fälle spielte sich im März 1967 ab. Eine Familie durchquerte in ihrem Auto Long Island (New York), als ihr in einiger Entfernung ein scheibenförmiger Flugkörper auffiel, der in einem Feld zur Landung ansetzte. Dem Objekt näherte sich eine dunkle Limousine. Als der Wagen kurz vor dem UFO stoppte, öffnete sich in diesem eine Art Tür. Zwei irdisch aussehende Männer sprangen ins Freie, eilten zum Wagen, der mit ihnen davonbrauste, während das UFO sich in die Lüfte schraubte und ebenso schnell entschwand, wie es aufgetaucht war.

Doch damit nicht genug. So wurde Collins von einem Reporter des *Miami Herald* über einen ähnlichen Vorfall in Miami (Florida) unterrichtet. Dort hatte der Besitzer eines Supermarkts mit zwei Polizisten ebenfalls die Landung eines UFOs verfolgt. Hier lösten sich von dem Flugkörper zwei zylinderförmige Behältnisse und schwebten zu Boden. Die Container öffneten sich. Während die eine Box eine Limousine freigab, entstiegen der anderen mehrere adrett gekleidete, mit Aktenkoffern ausgestattete Herren. Noch während das Objekt entschwand, eilten die Fremden ins bereitgestellte Auto. Räder quietschten, der Motor heulte auf, und einige Sekunden später brauste der Wagen weg.

Unverstandene Augenzeugenberichte wie diese ringen auch in meinem Archiv um Aufmerksamkeit. Darunter eine handschriftliche Schilderung von Alice Herder. »Es war 1958 im Eisenbahnabteil von Schaffhausen nach Zürich«, hielt die Dame vor Jahrzehnten fest. »Mir gegenüber saß ein kleines Mädchen. Kurz nach Neuhausen biegt die Bahn Richtung Ratzenfeld. Das Mädchen stieß einen Schrei aus. Nach einem Blick in ihre entsetzten Augen schaute ich aus dem Fenster und sah, wie eine Art ›Raupe‹ über den fahrenden Zug herunterglitt, um zu landen. Kaum auf dem Boden, wurden Rauchdüsen geöffnet, die das Objekt in Sekundenschnelle unsichtbar machten. Die ›Raupe‹ landete ohne Räder. Sie war etwa 6 bis 8 Meter lang. Hätte der Zug angehalten, wäre ich sofort ausgestiegen.«

Ähnliches hatte am 11. März 1975 in Unkenntnis erwähnter Beobachtung Aase Trautner aus Aarhus (Dänemark) berichtet. Gegenüber der lokalen Forschungsorganisation FUFOS (*UFO-Aspekt*, Vol.11/3, Juni 1979) schilderte sie, wie sie an einem sonnigen Tag in einem Taxi auf der dortigen Frederiksbrücke unterwegs war und gegen 13:30 Uhr unter sich unverhofft eine »etwa 3 bis 5 Meter lange, zigarrenförmige, silbern glänzende Maschine« über den Eisenbahnschienen entlangschweben sah, in deren

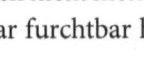

162 »Zigarrenförmige Flugmaschine über den Eisenbahnschienen«:
Impression des Erlebnisses von Aase Trautner aus Aarhus.

Mitte allerlei farbige Lichtstrahlen pulsierten, die im Kreis rotierten. »Als das Objekt die Brücke erreichte, verschwand es plötzlich!«

Einen Monat zuvor, im Februar 1975, hatte der 16-jährige Jürgen Rieder am Bodensee ein ähnlich aufwühlendes Erlebnis, wie er in den 1990er-Jahren meinem mittlerweile verstorbenen Forscherfreund, dem deutschen Geologen Johannes Fiebag, berichtete. »Tanzende Lichter hinter den Bäumen« habe er um 3 Uhr morgens im Wald mit seinem Kumpel wahrgenommen. »Je näher sie kamen, umso mehr hatte ich den Eindruck, dass es sich nicht um Taschenlampen, sondern um so etwas wie senkrecht stehende Neonröhren handelte. Sie erloschen manchmal und tauchten fast im gleichen Moment an anderer Stelle wieder auf. Als ich näher kam, sah ich das Seltsamste, was ich je gesehen habe ...«

Jürgen Rieders Blutdruck schnellte in die Höhe. Denn die Lichter vor ihm entpuppten sich aus geringerer Entfernung als »drei riesenhaft leuchtende Gestalten, vielleicht 3 Meter groß. Sie saßen in einer Art fliegenden, leise brummenden Sesseln, die rund 2 Meter über dem Boden schwebten. Mit den Händen bedienten sie Hebel. Sie trugen eine Art Rucksack. Ihr Kopf war völlig von einem Helm umschlossen.« Als einer von ihnen auf ihn zuschwebte, »konnte ich mich nicht mehr bewegen. Mein Kopf dröhnte wie eine Kirchenglocke, mir war furchtbar heiß.« Wenige Minuten später war der Spuk vorbei. Filmriss! Als hätte ein universaler Filmvorführer dem Szenario den Stecker gezogen.

Wer oder was steckt hinter derlei Erscheinungen, die sich seit etlichen Jahrzehnten auf allen Kontinenten beängstigend häufen? Himmlische Außerirdische? Höllische Dämonen? Besucher aus Parallelwelten oder der Zukunft? Militärische Agenten irdischen Ursprungs? Oder Programmierer unserer Matrix? Fragen, die sich auch Heinz Frick stellte. Ab 1993 informierte mich der damalige Mitarbeiter der militärischen Luftraumüberwachung in Dübendorf als Whistleblower viele Jahre lang vertraulich über verstörende Vorkommnisse im Alpenraum (*Geheimdossier UFOs: Die Akten der Schweizer Luftwaffe*, 2015). Immer wieder warnte der erfahrene Radarspezialist seine Vorgesetzten: »Diese Phänomene bedrohen unseren Luftraum!« Leider ohne Erfolg.

Fricks Originalakten, Radarbilder und Notizen liegen mir heute in Form mehrerer prall gefüllter Aktenordner vor. Jedes einzelne seiner militärischen Dokumente birgt Zündstoff, wie das folgende Beispiel zeigt: »4. Februar 1993. Gemäß unserer elektronischen Aufklärung fingen Luftraumspezialisten mysteriöse Funksprüche von Militärpiloten aus dem Raum Nürnberg/München auf, teils als Notrufe. Die Piloten meldeten eigenartigste Phänomene und verstanden die Welt nicht mehr. Mehrmals wurden Kampfflugzeuge innerhalb weniger Sekunden im Luftraum um Kilometer in ihrer geografischen Position versetzt oder in große Höhen gehoben und schlagartig wieder in die Nähe des Bodens zurückgeworfen, ohne dass ihre Instrumente irgendeine Anomalie anzeigten. Ob man jemals die Wahrheit über diese Vorkommnisse erfahren wird?«

Am 19. Oktober 1996 traute der Mann seinen Ohren erneut nicht, wie er mir später mitteilte. Mit etwas Glück war es ihm gelungen, an einer geheimen Tagung der Schweizer Luftwaffe in Basel teilzunehmen. Anwesend waren auch hohe Offiziere der deutschen Luftwaffe, der US-Armee in Deutschland sowie aus England, Frankreich und Russland. Frick: »Jean-Pierre Cuche, Kommandant der Fliegerabwehr und immerhin General der Schweizer Luftwaffe, hat in seinem Einführungsreferat wörtlich Folgendes gesagt: ›Es gibt in letzter Zeit immer mehr Anzeichen, dass wir in unserem Luftraum mit Objekten von Außerirdischen rechnen müssen!‹ Man werde solche jedoch nicht bekämpfen können. Ich glaubte, nicht recht zu hören. Das wurde kommentarlos geschluckt ...«

Ein weiterer Informant, mit dem ich seinerzeit in Kontakt stand, war der Düsseldorfer Polizist Uwe Schmidt. Jahrzehntelang hielt ich seinen Namen aus journalistischer Diskretion geheim, ebenso wie seine in diesem Buch publizierte »polizeiliche Unfallskizze«. Detailliert schilderte mir der damals 30-jährige Beamte, was seinen Kollegen – »den Polizeiobermeistern W. und E.« – am 3. November 1994 gegen 23:30 Uhr rund 3 Minuten lang während einer Streifenfahrt im Düsseldorfer Süden widerfahren war.

»An der Kreuzung Südallee/Koblenzer Straße musste W. den Streifenwagen aufgrund einer roten Ampel anhalten. Die beiden Beamten beobachteten jetzt bei sternenklarem Himmel und guter Sicht, wie sich links von ihnen, in einer Höhe von rund 50 Metern, zwei Scheinwerfer über die Südallee näherten. W. stieg aus, um die Erscheinung besser beobachten zu können. Der Flugkörper näherte sich mit einer geschätzten Geschwindigkeit von rund 50 Kilometern pro Stunde.

Als sich das Objekt unmittelbar über dem Kreuzungsbereich befand, erkannten die Beamten, dass es sich um ein dreieckiges Gebilde handelte, wobei die rund 10 Meter langen Seitenschenkel etwas länger wirkten als die Rückseite. In jeder der drei Ecken der Unterseite befand sich ein leuchtender Scheinwerfer. In der Mitte leuchtete ein rundes rotes Licht. Die Unterseite des Objekts war für die Beamten deshalb zu erkennen, weil es sich über dem Kreuzungsbereich schräg legte, extrem beschleunigte und Richtung Baumberg aus der Sicht der Beamten verschwand. Beide gaben an, trotz der geringen Höhe des Objektes kein Motorengeräusch vernommen zu haben, sondern nur ein sehr leises Summen. Positionslichter am Objekt waren keine auszumachen.«

Er leiste mit beiden Beamten seit mehreren Jahren gemeinsam Dienst, fügte Uwe Schmidt an, der seinerzeit bereits 12 Jahre bei der Düsseldorfer Polizei im Einsatz war: »Beide Beobachter sind absolut zuverlässige und sachliche Zeugen und stehen dem UFO-Phänomen mit gesunder Skepsis gegenüber. Dennoch hat sie das Erlebnis sehr berührt.« Einer der beiden sei zudem bei der Bundeswehr als Flugbeobachter tätig gewesen – »und nach eigenen Aussagen noch nie mit solchen Flugmanövern konfrontiert worden«.

Zeichnung nach Angaben der Beamten W. und E.
Ansicht der Unterseite des Objektes

Gefertigt von Schmidt, Uwe

Front

Rückseite

Ca 10 m

163
Dreieckige UFO-
Erscheinung
über Düsseldorf.
Originalskizze
des deutschen
Polizisten Uwe
Schmidt von 1994.

Ähnliche »Phantomdreiecke« waren zwischen 1989 und 1991 in Belgien beobachtet worden. Weit über 1500 Sichtungen verzeichneten Behörden, Militärs und Amateurforscher. Die lokale UFO-Organisation SOBEPS veröffentlichte dazu später zwei pralle Forschungsbände von insgesamt 1000 Seiten, voller blitzsauber recherchierter Augenzeugenprotokolle samt weit über 100 Skizzen. Die Betroffenen sprachen darin fast ausnahmslos von überdimensional großen, dreieckigen »Plattformen« mit drei gleißenden Scheinwerfern, die zumeist nachts ihre Runden am örtlichen Firmament gezogen haben sollen.

Zu den glaubwürdigsten Berichterstattern zählten die belgischen Polizisten Hubert von Montigny und Heinrich Nicoll, deren Realitätsempfinden am 29. November 1989 empfindlich strapaziert wurde. Dass mir ihre deutschsprachigen Aussagen bis heute auf Tonbandkassette vorliegen, ist der süddeutschen Radiolegende Horst Garbe zu verdanken. Beherzt hatte mein fleißiger Reporterkollege seinerzeit zum Telefon gegriffen, um die Beamten zu interviewen. Teile von Heinrich Nicolls Äußerungen wurden um 1990 im Schwarzwaldradio (Freiburg i. Br.) zum ersten und leider auch letzten Mal öffentlich ausgestrahlt.

Der Polizist wörtlich: »Wir fuhren an jenem Abend um 17:24 Uhr auf der Landstraße von Eupen in Richtung Aachen. Aufmerksam wurden wir, als eine Wiese nahe der Straße anomal hell ausgeleuchtet war. Wie eine Art Flutlicht bei einem Fußballspiel. Als wir uns näherten, konnten wir sehen, dass über der Wiese ein großer Flugkörper in Dreiecksform schwebte und dort regelrecht stagnierte. Unter ihm waren drei große Scheinwerfer zu sehen, die den Boden hell ausleuchteten. Seine Höhe dürfte 100 bis 150 Meter betragen haben. Das Licht war derart grell, dass man nur eine Sekunde hinsehen konnte! Zudem war unter dem Flugkörper in der Mitte so etwas wie eine orangefarbene Kugel, von der immer wieder seitlich Strahlen weggingen. Wir wurden so sehr geblendet, dass man die Größe nicht ausmachen konnte, aber man konnte vermuten, dass es sich um ein breites Objekt handelte. Wir fuhren dann langsam weiter, obschon der Verkehr dadurch behindert wurde. Ich habe das Fenster runtergekurbelt, man hörte keine Geräusche, es stand da in der Luft und war völlig geräuschlos. Nicht wie ein Flugzeug. Das war es bestimmt nicht.

Ich hatte den Eindruck, als flöge es in Richtung deutscher Grenze. Wie wir weiterfuhren – ich beobachtete, der Kollege im Wagen steuerte –, konnte ich sehen, dass das Objekt abdrehte und erneut in Richtung Eupen flog. Darauf sind wir weitergefahren, um auf einen landwirtschaftlichen

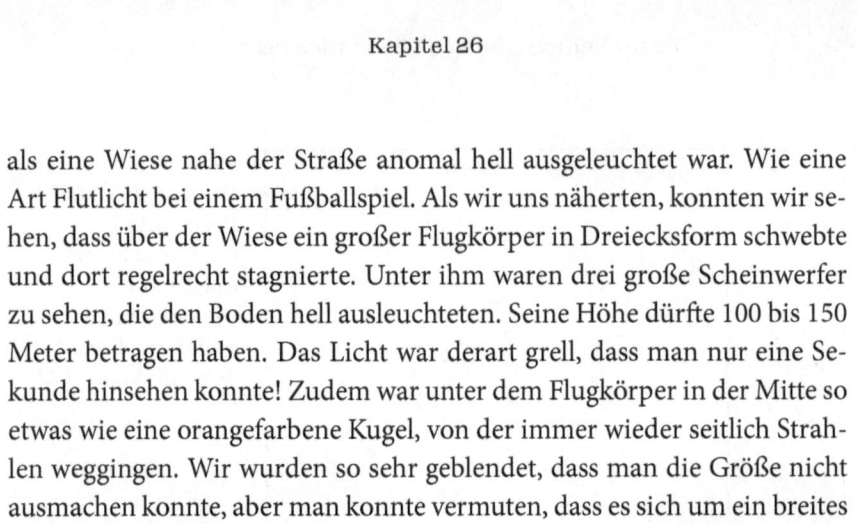

164
Zeuge des Unfassbaren: der belgische Gendarm Heinrich Nicoll (1989).

Weg zu gelangen, von wo wir das Objekt verfolgen konnten. Es hat dann über Eupen erneut gedreht, um sich über dem Gebiet der Talsperre einzupendeln. Wir haben es dort bis ungefähr 19:30 Uhr gesehen, dann entschwand es unserem Blick.

Während wir dort standen, erschien bereits gegen 19 Uhr ein zweiter Flugkörper. Dieser kam plötzlich hinter einem kleinen Wald hervor. Er war ebenfalls dreieckig, und auch die Lichter waren identisch. Und weil er sich einen Moment quer stellte, konnten wir feststellen, dass sich ein einer Pilotenkuppel ähnlicher Aufbau obendrauf befand, mit drei kleinen Fensterchen. Wir konnten diese gut ausmachen, weil sie von innen her beleuchtet waren. Dieses zweite Objekt verschwand aber schnell wieder. Wir sind dann stehen geblieben und haben das erste Objekt weiterhin beobachtet, welches von Kollegen einer anderen Brigade weiterhin verfolgt wurde. Das Ding hat dann bis 20:39 Uhr über dem Autobahnnetz von Aachen/Lüttich gedreht. Aber nicht planlos: Es flog in Kreisen wie Schleifen, um dann zuletzt über einem Waldgebiet zu verschwinden.«

Einen identischen Flugkörper hatte um 1988/1989 Martina L. zu Gesicht bekommen. Und zwar in Wolfstein. In unmittelbarer Nähe zur amerikanischen Ramstein Air Base, wie mir die Augenzeugin später zu Protokoll gab. Dies mit der Bitte um Anonymität, um ihre Reputation nicht zu gefährden: »Wir gingen abends mit unserem Hund spazieren und warteten an der geschlossenen Bahnschranke. Bei uns stand der Bahnwärter neben dem Bahnhäuschen, um die Schranke wieder zu öffnen. Jaulend warf sich unser Hund auf den Boden und drückte sich an mein Bein. Wir wussten nicht warum. Auf der gegenüberliegenden Seite standen die Leute, die mit dem letzten Zug angekommen waren. Es war noch hell, weil es Sommer war. Der Zug ließ auf sich warten, weil er auf den Gegenzug warten musste. Auf der anderen Seite saßen auch Leute auf der Bank vor dem Haus.

Plötzlich wurde es dunkel über uns, und alle sahen nach oben. Alle riefen: ›Was ist denn das?!‹ Es war ein Flugobjekt, größer als ein Fußballfeld. Es bedeckte rund ein Viertel unseres Ortes. Noch nie hatte ich so etwas gesehen! Kein Laut ging von dem Ding aus. Seine Außenseite war fast stahlfarben. Die Form glich einer Bügeleisenfläche. An der Unterseite sah ich ›Kabel‹, die ganz seltsam angeordnet waren, in Vertiefungen. An den drei

Ecken befanden sich runde Positionslampen in den Farben Orange, Weiß und Grün. Wie hoch das Gefährt war, konnte man nicht erkennen.

Das Ding schwebte über uns hinweg. Dabei spürte ich ein komisches Gefühl im Körper. Wie ein Vibrieren fühlte es sich an, verbunden mit einem leichten Schwindelgefühl. Wir leben in einem Talkessel, und der Hausberg ist 567 Meter hoch. Ich rief noch: ›Oh Gott, das stürzt ab oder stößt an den Berg.‹ Aber es flog in größerer Höhe darüber hinweg. Verwandte von uns haben es ebenfalls gesehen. Sie leben auf der Hochebene. Also war das Ding noch größer, als wir abschätzen konnten. Zuerst dachten wir, dass die Amerikaner vielleicht ein neues Objekt entwickelt hätten, genau wie den Tarnkappenbomber, den wir hier ja auch öfter sehen und der ebenfalls solch eine Farbe hat ...«

Tatsächlich spielten sich in jenen Jahren rund um die Air Base von Ramstein weitere bizarre Geschehnisse ab, wie sich Alexander Knörr erinnert. Ehe er nach Xanten an den Niederrhein zog, lebte er als Sohn einer Schaustellerfamilie fast 20 Jahre lang in der Nähe von Kaiserslautern – sozusagen direkt neben der Militärbasis. Immer wieder erreichten ihn in jener Zeit Meldungen über mysteriöse Sichtungen im örtlichen Luftraum. Eines der besagten Phänomene spielte sich 1984 direkt auf der Air Base ab, wo sein Vater am 3./4. Juli mit befreundeten Schaustellern die Feier des US-Unabhängigkeitstages organisierte: ein Volksfest mit Fahrgeschäften, Schaubuden und Verpflegungsständen.

Knörr: »Die Schausteller durften ihre Wohn- und Packwagen damals noch in unmittelbarer Nähe des Rollfeldes aufstellen. Was dann in der Nacht vom 3. auf den 4. Juli geschah, erzählte mir der Schausteller Sony S. ein paar Jahre später während eines privaten Treffens. Er habe damals in seinem Wohnwagen in direkter Nähe zum Rollfeld und zum Festplatz geschlafen, berichtete er: ›Das Rollfeld war etwa 200 Meter entfernt und konnte von uns aus komplett eingesehen werden. Wir schliefen, als ich um 3:45 Uhr plötzlich von einem gleißenden Licht geblendet und geweckt wurde, das durch die Fenster unseres Wohnwagens schien. Ich zog mich notdürftig an und ging nach draußen, um zu sehen, was los war.‹ Auch Sonys älteste Tochter eilte aus ihrem Kinderwohnwagen und rieb sich verstört die Augen: ›Papa, was ist das?‹ Vater und Tochter blickten nach oben.

165 »Riesiger Flugkörper« über Wolfstein, nahe Ramstein. Augen-
zeugenskizzen von Martina L. (Name dem Autor bekannt).

›In diesem Moment ging das Licht schlagartig aus, und wir sahen direkt über uns, vielleicht in 40 Metern Höhe, ein riesiges schwebendes Dreieck, das von verschiedenen kleinen Lichtern umgeben war, die rundum liefen, wie das ›Lauflicht‹ unserer Fahrgeschäfte.‹

An den drei Ecken und in der Mitte des Flugkörpers habe sich jeweils ein großes rot-oranges Licht befunden. ›Es war immer noch totenstill, und wir nahmen nur wahr, dass sich unsere Haare auf den Armen und am Kopf leicht aufstellten, als stünden sie unter Strom. Ein ganz leises monotones Brummen war dann zu hören und wurde langsam lauter. Nach 5 Sekunden schoss das Dreieck auf einmal mit irrwitziger Geschwindigkeit in Richtung Himmel. Das Ding war aluminiumfarben und hatte eine Seitenlänge von rund 45 Metern. Es war unheimlich. So etwas hatten wir hier auf der Air Base noch nie gesehen.‹ Der Vorfall hatte Folgen: Am nächsten Morgen wurden alle Schausteller befragt, ob sie in der Nacht Ungewöhnliches bemerkt hätten. Sony: ›Gleichzeitig wurden wir von der Militärpolizei belehrt, dass wir im Zweifelsfall nur ein ›normales‹ Flugzeug der Air Force gesehen hätten.‹«

166 Seltene Aufnahme der Ramstein Air Base. Salutierende US-Soldaten beim Abflug der Präsidentenmaschine Air Force One (5. Juni 2009).

Die Frage liegt auf der Hand: Testen und erproben die USA oder andere Nationen seit Jahrzehnten heimlich exotische Technologien, die unsere Vorstellungskraft übersteigen? Nichts scheint unmöglich. Bereits am 27. April 1961 waren dem Turiner Journalisten Bruno Ghibaudi nahe dem italienischen Strand von Montesilvano (Pescara) Aufnahmen eines ungewöhnlichen Flugobjektes geglückt, das eher an einen militärischen Experimentalflugkörper als an ein außerirdisches Raumschiff erinnerte. Am 9. April 2005 wiederum dokumentierte das National UFO Reporting Center (NUFORC) den Bericht eines US-Zeugen aus Sidney (Texas). Der leidenschaftliche Schütze hatte sich in der Abenddämmerung auf den Weg nach Hause gemacht, als er über sich plötzlich drei Lichter am Firmament erblickte. Beim genaueren Hinsehen entpuppte sich das Vehikel als dunkles triangelförmiges Flugobjekt.

Der Mann nahm sein Gewehr, um das UFO mittels Hightech-Visier zu beobachten. Schockiert entdeckte er an dessen Unterseite eine Markierung. »Emergency Release and Rescue« stand dort in englischen Lettern geschrieben. Also handelte es sich um etwas Irdisches! Doch damit nicht genug. Nur wenige Monate später konnte NUFORC von einem weiteren Fall berichten. So machte ein Einwohner von Quebec (Kanada) am 6. März 2006 mit zwei weiteren Zeugen nachts ein riesiges schwarzes Dreieck am Himmel aus, das von drei Militärhelikoptern begleitet wurde!

Ähnliches hatte sich zuvor in Belgien zugetragen. Dokumentiert wurde der Vorfall von Michel Bougard im belgischen Journal *Inforespace* der UFO-Forschungsgruppe SOBEPS (Nr. 78/1990). Bougard zufolge beobachtete ein Augenzeuge aus Liège am 29. November 1989 auf dem Abendspaziergang mit seinem Hund, wie ein riesiger beleuchteter dreieckiger Flugkörper in niedriger Höhe Richtung Robermont zog. Begleitet von drei irdischen Bell-Hubschraubern ohne Kennzeichen!

Zugegeben: Vorfälle wie diese bleiben im Gesamtspektrum des UFO-Phänomens Einzelfälle. Dennoch sind es längst zu viele, um sie als Spinnereien abzutun. Tausende von ihnen wurden in den letzten Jahrzehnten von Amateuren und Wissenschaftlern untersucht, dokumentiert und publiziert. In Wirklichkeit dürfte die Dunkelziffer noch weitaus höher sein, wie auch die Schilderung von Stefan W. aus Görlitz vermuten lässt.

167 Geheime irdische Flugmaschine? Kontroverser Schnappschuss von Bruno Ghibaudi (1961, nahe Montesilvano, Pescara, in Italien).

Als Anfang 2014 Medienberichte über UFOs beim Bremer Flughafen für Schlagzeilen sorgten, hatte ihm eine Bekannte von einer eigenen Sichtung erzählt, wie er mir berichtete. Leider wollen die Zeugin und er selbst aus beruflichen Gründen nicht beim Namen genannt werden. »Mit diesem Thema in Zusammenhang gebracht zu werden, kann in unseren Gefilden leider negative Folgen haben!«

Vor und nach ihrem Erlebnis habe seine Gesprächspartnerin nie etwas mit UFOs zu tun gehabt, betont Stefan W.: »Wir forschen beide in ganz anderen Bereichen.« Er selbst habe zwar beruflich gelegentlich mit Flugtechnologien zu tun, beschäftige sich aber vor allem mit Wetterphänomenen. Dem UFO-Phänomen stehe er eher »skeptisch, wenn auch nicht unaufgeschlossen gegenüber«. Die Augenzeugin, die er persönlich kenne, arbeite als Naturwissenschaftlerin und sei es gewohnt, »genau, objektiv und vergleichend zu beobachten sowie reale Einschätzungen zu treffen«. Ihre Schilderung habe er deshalb aus reiner Neugier dokumentiert: »Es wäre schade, wenn sie in Vergessenheit geriete.«

Ereignet hatte sich besagter Vorfall um das Jahr 2000 bei Zittau im Dreiländereck von Deutschland, Tschechien und Polen. »Die Zeugin berichtete von einem großen dreieckigen Objekt, das am helllichten Tag offenbar lautlos am Himmel schwebte«, notierte W. damals. Die Frau zeichnete ihm den seltsamen Flugkörper sogar auf. »Das Objekt entspricht keinem gängigen oder möglichen künftigen Flugzeugtyp«, analysierte der Aviatik-

kenner. »Alle zu erwartenden Varianten mit Deltaflügeln (wie beispielsweise Mirage-Typen) haben einen deutlichen, vorne und hinten überra-
genden Rumpf. Vorstellbare Nurflügler oder ähnlich gebaute Flugzeuge
haben ein deutlich abgewinkeltes, kein gerades Hinterende (B2, F117).«

Es sei zudem extrem unwahrscheinlich, dass Flugzeuge in unseren Gefilden auftauchen, die bei oberflächlicher Betrachtung so aussehen könnten,
»da diese nur in den USA in den 1960er-/1970er-Jahren als Versuchstypen
gebaut wurden, etwa einige F-Typen – wobei auch diese einen deutlichen
Zentralrumpf haben«. Seine Informantin sei »bescheiden, ehrlich und
nicht geltungsbedürftig«. Er empfinde sie »als sehr glaubwürdig«. »Ich habe
noch nie solche Erfahrungen gemacht«, erklärte W. »Aber ich kenne mehrere Zeugen, die steif und fest behaupten, solche Erscheinungen persönlich
beobachtet zu haben.«

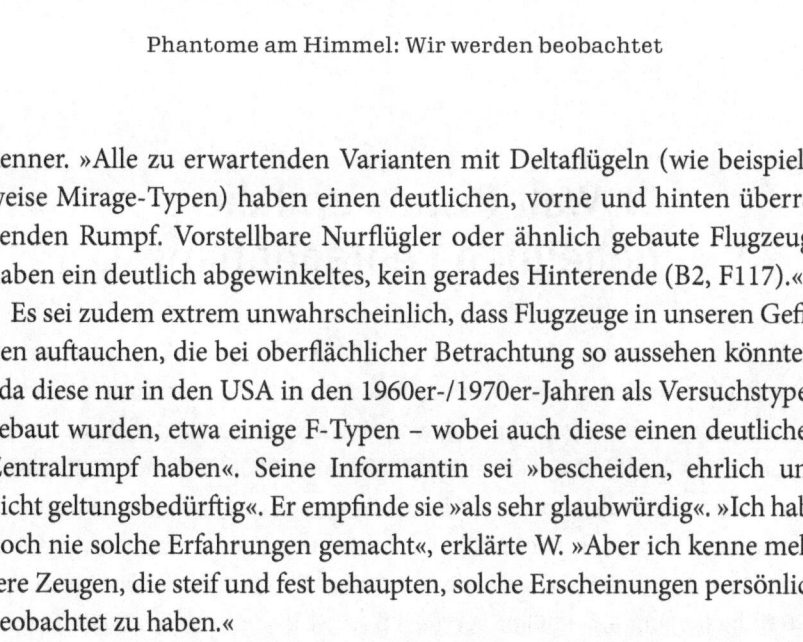

168
Zeugenskizze der Bekannten
von Stefan W. Ebenso wie
er möchte die Naturwissenschaftlerin aus Angst um
ihren Ruf anonym bleiben.

Kuriosum am Rande: Amerikafreundliche Journalisten und Militärs
nennen UFOs (früher: fliegende Untertassen) neuerdings nicht mehr Unidentified Flying Objects, sondern UAPs (Unidentified Aerial Phenome-
na). »Dass doch die Menschen immer meinen, eine Tatsache erklärt zu
haben, wenn sie nur ein recht fremdartiges Wort dafür gefunden haben!«,
schnaubte bereits der verkannte und verarmte Schriftsteller Friedrich
Glauser (1896–1938) vor seinem frühzeitigen Ableben, ehe man ihm Jahrzehnte später prächtige Denkmäler zu errichten begann.

Walt Disney und die geheimen Pentagonfilme

Wer Walt Disneys (1901–1966) leibliche Eltern waren? Niemand wusste es mit Sicherheit. Nicht mal er selbst. Dies enthüllte Marc Eliot in seiner kontroversen Biografie *Hollywood's Dark Prince*. Auf das Mysterium seiner Herkunft aufmerksam wurde der angeblich in Chicago (Illinois) geborene Walt, als er sich 1918 freiwillig zum Kriegsdienst meldete. Um dienen zu können, machte sich der Jungspund bei den Angaben zu seiner Person um ein paar Monate älter. Doch die Militärs verlangten eine Geburtsurkunde, wie Eliot vermerkt: »Als Disney bei der zuständigen Dienststelle um eine derartige Kopie ersucht hatte, wurde ihm mitgeteilt, dass sein Geburtsschein nirgendwo aufzufinden sei.«

Für den damals noch mausarmen Patrioten ein Schock! Zeitlebens zweifelte er als »Unverwurzelter« an seiner Herkunft, ließ als aufstrebender Trickfilmproduzent 1932 erfolgreich Holzgewächse miteinander flirten (*Flowers and Trees*), elternlose Tiere zeichnerisch animieren – und in den folgenden Jahrzehnten unzählige Bäume pflanzen, deren Wipfel sich in seinen Vergnügungsparks heute höher denn je gen Himmel recken.

Umso bemerkenswerter, dass der Mann seiner Zeit stets weiter voraus war, als es die menschliche Vernunft diktierte. Bereits in dem vom US-Militär finanzierten Dokumentarfilm *Man and the Moon* bereitete uns der Meister aller Geister 1955 auf die Mondlandung vor, die damals noch als pure Utopie galt. Vor einem Fotoplakat unseres Trabanten bezeichnete der Visionär mit seinem Zeigefinger auf wenige 100 Meilen punktgenau den künftigen Landeplatz der allerersten NASA-Mondfähre von 1969! Und dies, obwohl die US-Weltraumbehörde seinerzeit noch gar nicht existierte und viele bezweifelten, dass wir je auf unserem Trabanten landen könnten. Purer Zufall? Oder ein weiterer Riss in der Matrix?

169
Visionäres Gespür?
Bereits 1955 (!) ent-
hüllte Walt Disney dem
US-Publikum fast
schon punktgenau die
Stelle der ersten Mond-
landung von 1969 –
zu einer Zeit, als die
NASA noch gar nicht
existierte.

Walt Disneys fast schon unheimliches Gespür für die Zukunft prägte sein gesamtes Schaffen, wenngleich er sich mitunter auch dem Militär andiente. So ließ er etwa in seiner TV-Dokumentation *Eyes in Outer Space* 1959 in prophetisch anmutender Voraussicht erläutern, wie in Zukunft »das Wetter präzise vorhergesagt und militärisch kontrolliert« werden könne. Ein »weltweites Wetterzentrum« würde dereinst exakte Daten und Bilder von Satelliten, einer Raumstation sowie Sendestationen auf der ganzen Erde empfangen. Großrechner verarbeiteten die Informationen zu exakten und global abrufbaren Wetterkarten. Selbst Hurrikane könnten so präzise geortet werden.

Ergänzend erweckten seine Filmemacher ferngesteuerte Drohnen und »Roboterflugzeuge« zum Leben, die Wolkenbänke durch Versprühen chemischer Giftstoffe gezielt zum Abregnen bringen. Ebenso wie von Raketen erzeugte Wolken, welche den Sonnenschein trüben, um das Verdunsten und Abregnen darunterliegender Sturmausläufer zu drosseln. Unterstützt von Blitzmaschinen am Boden, die Unwetter beeinflussen, um deren Wirkung zu schwächen. Oder martialischen Geschossen, die Hochdruckregionen entstehen lassen, um Hurrikane umzuleiten.

»Wetterkontrolle wird unser Leben sicherer machen!«, ließ Disney seine Sprecher im Auftrag der Militärs jubeln, untermalt von heroischen

170
Faible für Aliens und fantastische
Tierwesen. Disneys Zeichner und
Produzent Ward Kimball (unten).

Fanfarenklängen. Die zerstö-
rerische Kraft von Unwet-
tern werde »in eine Macht
verwandelt, die unseren
Planeten von Grund auf neu
gestalten wird. Zum Nutzen
der gesamten Menschheit!«
Wüsten würden begrünt
und das ewige Eis zum Schmelzen gebracht, zum Wohle aller. So wurde
es den Amerikanern 1959 tricktechnisch aufwendig vor Augen geführt.
Damals berauschende Fantasie. Heute ernüchternde Wirklichkeit.

Realisiert hatte den Streifen Ward Kimball (1914–2002), einer der führenden Animatoren und Regisseure der Studios. Was kaum jemand
weiß: Der Oscarpreisträger und enge Vertraute von Disney war ein
informierter UFO-Insider. Mystery-Literatur aller Art stapelte sich in
seinen privaten Bücherregalen, wie sich Freunde erinnern. Niemand
anderer als Meisterzeichner Kimball war es denn auch, der auf Walts
Wunsch hin im Auftrag des US-Militärs Mitte der 1950er-Jahre eine
UFO-Dokumentation produzieren sollte. Das Pentagon wollte zu diesem
Zweck erstmals geheime Originalaufnahmen der Air Force zur Verfügung stellen, wie der Zeichner im Juli 1979 an einem Abendsymposium
der Forschungsgesellschaft MUFON in Kalifornien preisgab.

Washington höchstpersönlich sei damals an Walt Disney herangetreten, erklärte Kimball, der für seinen Boss in jener Zeit zusammen mit
dem deutschen »Raketenzauberer« Wernher von Braun drei viel be-
achtete TV-Dokumentationen zum Thema Weltraum realisiert hatte:

Man in Space (1955), *Man and the Moon* (1955) und *Mars and Beyond* (1957). Bereits der erste Streifen hatte mit Zuschauerzahlen von 42 Millionen eingeschlagen wie eine Bombe. US-Präsident Eisenhower persönlich bat in der Folge um eine Kopie, »um meinen engstirnigen Generälen klarzumachen, dass wir bald Weltraumfahrt betreiben werden«. In der Folge, so Kimball, meldete sich auch die Air Force bei Walt Disney und bat um die Entwicklung von Trickfilmsequenzen für eine geplante UFO-Reportage. Im Gegenzug würde das Militär unter Verschluss gehaltenes »UFO-Filmmaterial« beisteuern. Kimball: »Walt hatte mir das Projekt übergeben, da ich als Einziger unserer Truppe schon immer Interesse an diesem Thema hatte.«

Bald nahm der gemeinsam geplante Dokumentarfilm Formen an. Animierte Sequenzen zeigten UFO-Erscheinungen im alten Ägypten vor rund 4000 Jahren, erinnerte sich Kimball, der sein gesamtes Fachwissen in das Projekt einfließen ließ. »Das Ding war so gut wie fertig, bis auf die letzten 10 Minuten.« Erst ganz zum Schluss sollten dort die bis dahin geheim gehaltenen »UFO-Trüffel« aus dem Archiv der Air Force exklusiv eingefügt werden.

Bei einem Treffen der Disney-Verantwortlichen mit einem gewissen Colonel Miranda von der Wright-Patterson Air Force Base folgte die große Ernüchterung. Zwar räumte Miranda ein: »Wir haben Aufnahmen unserer Piloten, prächtiges Filmmaterial. UFOs in allen Formen und Größen. Ellenlange Filmstreifen!« Doch im gleichen Atemzug schob der Militär nach: »Leider muss dieses Material klassifiziert bleiben. Wir können es Ihnen nicht zeigen. Schon gar nicht der Öffentlichkeit. Jeder würde uns fragen, worum es sich dabei handelt. Und wir könnten diese Frage nicht beantworten, weil wir es selbst nicht wissen. Das gäbe massive politische Probleme, auch mit den Russen.« In Absprache mit Walt Disney wurde das gesamte Filmprojekt in der Folge still und leise beerdigt. Seither verrotten die Zelluloidoriginale in Disneys Panzerschränken. Ob wir sie irgendwann doch noch zu Gesicht bekommen?

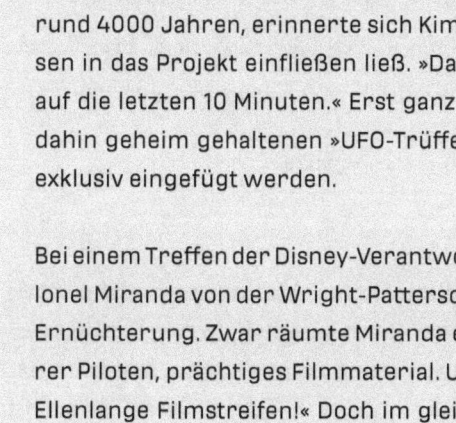

Kontakt mit Außerirdischen? »Bitte noch nicht!«

> »Die Vorstellung, dass Aliens menschenähnlich aussehen müssen, verdanken wir der limitierten Vorstellungskraft Hollywoods. Es gibt 8 Millionen Arten mit einem Gehirn auf unserem Planeten. Einige davon könnten sich sehr wohl weiterentwickeln und in Zukunft das Zepter auf der Erde übernehmen. Tintenfische zum Beispiel sind intelligent und extrem geschickt – wieso sollten E.T.'s nicht so aussehen?«

Ben Moore, Astrophysiker

Sind Allah, Shiva oder Jahwe Außerirdische? Millionen von Menschen glauben fest daran. Zwar huldigen sie damit lediglich ihrer religiösen Gesinnung – aus ihrer Sicht aber mit Sicherheit nicht Wesenheiten irdischer Herkunft. Umso paradoxer mutet die universale Funkstille an, die selbst atheistische Kosmologen angesichts Abermilliarden erdähnlicher Welten verwirrt. Weshalb scheint so manches menschliche Gebet da draußen mitunter erhört, jedes technische Funksignal aber konsequent ignoriert?

Verpuffen unsere Rauchzeichen im Nirgendwo? Trommeln wir zu ungelenk auf unseren Buschtrommeln? Oder bereiten uns Aliens womöglich still und heimlich auf ihre Rückkehr vor? Tun sie dies sachte und liebevoll, um uns mit sieben Armen und noch mehr Tentakeln dereinst freudig im »Kosmischen Club« zu umarmen, wie Optimisten es sich erträumen? Oder lässt man unsere Brut ebenso sachte und liebevoll gedeihen, um

171
»Rückblickend
betrachtet war
›Oumuamua‹ etwas,
das wir noch nie
zuvor gesehen
hatten.« (Avi Loeb,
Professor für
Astrophysik in
Cambridge)

unsere Wärme produzierenden Körper dereinst mit sieben Armen und noch mehr Tentakeln als kompostierbare »Biobatterien« oder »genetische Wundertüten« auszuschlachten, wie Pessimisten befürchten? Ähnlich behutsam, wie »tierliebende« Vegetarier in irdischen Labors aus vermeintlich geistlosen Lebewesen wie Pilzen oder Insekten neuerdings chemisch sterile Fleischersatzprodukte zusammenkleistern?

Was, wenn wir fortschrittlicheren Intelligenzen ebenfalls nur als eiweißreiche »Leckerbissen« dienten? Fantastischer Schmaus? Oder galaktischer Graus? Und was, wenn wir als kosmische Sonderlinge längst in planetarische Terrarien gezwängt worden wären, um dort als letzte Überlebende der wohl dämlichsten Spezies im Universum besten Gewissens kultiviert, beäugt und studiert zu werden – analog zu unseren Zoos, in denen wir dies auf engstem Raum mit »minderen« Kreaturen ebenso besten Gewissens tun?

Avi Loeb, einer der unkonventionellsten Kosmologen unserer Zeit, will es genauer wissen. Und er verzichtet dabei in reiferen Jahren zunehmend auf ideologische Scheuklappen, wie er in seinem Bestseller *Außerirdisch* (2021) ausführlich darlegt. Zum Umdenken gebracht hat den umsichtigen Sternenforscher »Oumuamua« – ein kurios rotierender, kosmischer Fremdkörper. Dieser war, nachdem er unsere Sonne längst passiert hatte, im Herbst 2017 vom Sternbild Leier (Wega) kommend kurzfristig ins Blickfeld unserer irdischen Teleskope geraten und danach in den interstellaren Raum abgerauscht – wobei er offenbar aus eigener Kraft völlig überraschend beschleunigte! Rund 100 Meter lang, knapp 10 Meter breit.

»Eine monströse Zigarre ohne Schweif«, wie andere Astronomen das kuriose Ding beschrieben und dabei ratlos über einen herkömmlichen Asteroiden oder Kometen spekulierten. »Viel eher wohl eine Art fußballfeldgroße Folie oder ein scheibenförmiger Pfannkuchen!«, wie der in Israel geborene Physiker nach intensiven Messungen und Berechnungen versichert, ohne den UFO-Begriff zu bemühen: »Zu ausgefallen, um natürlich zu sein. Womöglich sogar eine Raumsonde einer außerirdischen Zivilisation.« Tatsächlich verhielt sich Oumuamua derart exotisch, dass ein natürlicher Ursprung extrem unwahrscheinlich scheint. »Von Expertenseite aus wurde ein derartiges Objekt jedenfalls noch nie beobachtet«, konstatiert Loeb. Es mute an, als wäre eine moderne Rolex-Armbanduhr in der Antike an einem verlassenen Strand angespült worden, »deren Verschwinden wir während der Flut aus der Ferne zumindest noch verfolgen und messen konnten ...«

Immer wieder kratzte der Kosmologe in den vergangenen Jahren am verkrusteten Lack seiner Zunft und kritisierte den verstaubten Muff unter den Talaren: »In der akademischen Welt wollen sich konservative Professoren selbst verewigen. Sie haben eine wissenschaftliche Agenda und fördern Studenten und Doktoranden, die genau dasselbe sagen wie sie. So erzeugen sie eine Echokammer. Das Problem ist, dass auch ein Professor unrecht haben kann, nicht das vollständige Bild sieht oder die neuesten Beweise. Heute erhält ein junger theoretischer Astrophysiker eher eine unbefristete Stelle, wenn er über sogenannte Multiversen nachdenkt, als wenn er nach Beweisen für außerirdische Intelligenz sucht. Das ist eine Schande, insbesondere deshalb, weil angehende Naturwissenschaftler in den Frühphasen ihrer Laufbahn oft am einfallsreichsten sind. Während

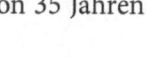

172 Sind wir die Krone der Schöpfung? Oder womöglich eher ein
»kosmischer Naturpark weniger bemittelter Wesen«?

dieser fruchtbarsten Periode begegnen sie einem Berufsstand, der ihre
Interessen zügelt, indem er ihre Angst schürt, außerhalb des Mainstreams
der Naturwissenschaft zu stehen.«

Selbstverständlich wird Avi Loeb für derlei Aussagen von der Gilde der
Astronomen seither zunehmend weniger geachtet – und wissenschaftlich
immer häufiger geächtet. Und dies, obwohl mancher versierte Berufs-
genosse seine Aussagen grundsätzlich teilt oder zumindest Oumuamuas
kurioses Aussehen und Verhalten zähneknirschend bestätigen muss. Zu
Loebs Verteidigung sei deshalb ausdrücklich erwähnt, dass der Mann
1997 bereits im zarten Alter von 35 Jahren als Professor für Astrophysik

an die renommierte Harvard University in Cambridge berufen wurde und dort seither immer mehr honorige Ämter bekleidet. Er zählt somit zu den Intelligentesten seiner Zunft.

Dass manche Geistesgröße mittlerweile ebenfalls für möglich hält, was öffentlich gescholtene Freidenker wie Erich von Däniken seit etlichen Jahrzehnten als »Götterschock« propagieren, lässt aufhorchen. Umso mehr, als sich damit grundlegende Fragen stellen, die vor einem Ernstfall endlich diskutiert gehören: Was würde geschehen, wenn im Rahmen des globalen SETI-Lauschprogramms plötzlich laut und deutlich ein Funkspruch einer außerirdischen Spezies durch den Äther rauscht? Mit welchen Reaktionen müssten wir rechnen, wenn vor aller Augen plötzlich ein Raumschiff vor dem Weißen Haus, dem Kreml, dem Vatikan oder in Mekka aufsetzen würde und ihm exotische Wesen aus einer fremden Welt entstiegen? Womöglich muslimisch verschleiert? Oder mit Sikh-Turbanen, jüdischer Kippa, feministisch anrüchigen Tattoos oder FFP2-Gesichtsmasken bestückt und geschmückt?

Was, wenn unsere omnipotenten Besucher überdies blasphemisch versichern würden, dass Jesus in Wahrheit die uneheliche Halbschwester von Mohammed war? Oder dass Buddha der Heilige Geist war, der die Jungfrau Maria niemals schwängerte, um sich später als Dalai Lama zu reinkarnieren, nachdem er zuvor als Zeus ein liebestolles Techtelmechtel mit Aphrodite genossen hatte? Wären Hinz und Kunz, Ali oder Baba reif dafür? Oder stehen wir vor dem explosivsten religiösen Kulturschock aller Zeiten?

Bereits 2005 hatte ich deutschsprachige Experten erstmals zum Thema interviewt – zu einer Zeit, in der IS-Terroristen, Flüchtlingsströme, Klimaaktivismus, Pandemieängste und mediale Maulkörbe in Europa kaum ein Thema waren. Entsprechend offen erhoben sich mahnende Stimmen, die bis heute nichts von ihrer Aktualität verloren haben. Darunter diejenige von Martin Schuster vom Institut für Psychologie der Universität Köln. »Generell sind Außerirdische ja nicht unwahrscheinlicher geworden, seit man immer mehr bewohnbare Planeten entdeckt«, schickte der Professor voraus und prophezeite im Ernstfall ein düsteres Spektakel. »Wenn die Evolution auch in anderen Welten zu einem ›Überleben des Stärksten‹

geführt hat, wird man wohl mit Wesen rechnen müssen, die ihre eigenen Interessen ohne Angst vor Verlusten durchsetzen. Wenn sie dann hier landen, sind sie uns technologisch sehr überlegen und können uns Menschen ihre Wünsche diktieren. Man kann nur hoffen, dass sie uns – wie vielleicht bisher schon – als ›Naturpark weniger bemittelter Wesen‹ in Ruhe lassen.«

Etwas Angst und eine gesunde Portion Vorsicht seien also angebracht, meinte Schuster, »und das liegt aus dem gleichen evolutionären Grund auch in unseren angeborenen Verhaltensprogrammen gegenüber Fremden«. Weitere Konflikte ortete er bei der Kommunikation. »Eine gleichberechtigte Kommunikation kann sich wegen des unterschiedlichen Wissensstands kaum ergeben. Sollten sich die gelandeten E.T.'s nach gewisser Zeit als friedlich entpuppen, wird man sich nach anfänglicher Panik an sie gewöhnen. Es wird allerdings drastische Konsequenzen für unsere Selbstdefinition als Homo sapiens geben.«

Ähnliches befürchtete Peter Gottwald, emeritierter Professor für Psychologie an der Carl von Ossietzky Universität Oldenburg, und malte die Konsequenzen noch düsterer aus: »Spekulieren kann man, ob ein solcher Kontakt eine bewusstseinsmäßige und kulturelle ›Mutation‹ hervorrufen oder beschleunigen könnte. Alles hängt wohl vom Grad der wahrgenommenen Differenz zu den Aliens ab. Und die Geschichte der Kolonialisierung lässt vermuten, dass die Menschheit sich entweder selbst überschätzt – und dann eventuell bei einem eigenen Angriff zugrunde geht – oder dass sie die ›Anderen‹ überschätzt und sich zu stark unterwirft.«

Dass wir für einen Kontakt reif wären, bezweifelte auch Gottwald. »Das gegenwärtig herrschende ›mentale Bewusstsein‹ kann kaum schon als ›Reife‹ bezeichnet werden«, betonte er und goss damit Wasser auf die Mühlen jener, welche die USA und andere Nationen verdächtigen, entsprechende Fakten zu unterdrücken. Der Psychologieprofessor: »Vermutlich würden die gegenwärtigen Machthaber sich bei der neuen Übermacht andienen, um noch gründlicher über die Erde herrschen zu können. Dass sie auf ihre Macht verzichten, um solidarisch mit der ganzen Menschheit in den Kontakt einzutreten, ist wohl leider eine Illusion.«

Und heute, nach der Entdeckung etlicher Exoplaneten und der wachsenden Indizienflut für außerirdische Aktivitäten in unserem Sonnensystem? Dutzende von Professoren der Psychologie und Soziologie habe ich in den vergangenen Jahren erneut angeschrieben – und erhielt trotz hoch bezahlter universitärer Medienstellen seltsamerweise kaum noch geistreiche Auskünfte. »Ich bin mir nicht sicher, bei wem Sie auf offene Antwortbereitschaft treffen«, ließ etwa das Psychologische Institut der Universität Zürich wortkarg mitteilen. Und die Humboldt-Universität zu Berlin bedauerte: »Keiner unserer Experten hat sich bereit erklärt, Auskunft zu Ihrer Fragestellung zu erteilen.« Zu groß die Angst vieler Akademiker, mit öffentlichen Aussagen die Zunft der Kollegen zu verstören und damit begehrte Forschungsgelder zu verlieren?

Die meisten Antwortenden verwiesen stattdessen auf den süddeutschen Professor Michael Schetsche, der seine mahnende Stimme im deutschen Raum aktuell am lautesten erhebt – obwohl der Kultursoziologe weiß, dass er damit ebenfalls seine Reputation riskiert. Seit Jahren forscht Schetsche an der Albert-Ludwigs-Universität Freiburg i. Br. zum Thema. Als einer von wenigen Andersdenkern wagt er den Blick über den Tellerrand, ohne

173
»›Hallo, wir sind hier!‹ ins Universum zu posaunen, könnte ein großer Fehler sein!« (Michael Schetsche, Professor an der Universität Freiburg i. Br.)

jegliche Medienscheu. »Aus futurologischer Perspektive handelt es sich bei einem solchen Kontakt um eine Art ›Wild-Card-Ereignis‹, dessen Eintreten in der Fachwelt zwar als unwahrscheinlich gilt – im Falle des Falles jedoch extrem starke Auswirkungen auf die Entwicklung der gesamten Menschheit zeitigen dürfte.«

Aus diesem Grund hat der Soziologe mit anderen klugen Köpfen das Forschungsnetzwerk Extraterrestrische Intelligenz ins Leben gerufen, das sich mit der Möglichkeit außerirdischer Präsenzen, denkbaren Kommunikationsoptionen und den kulturellen Folgen verschiedener Kontaktszenarien auseinandersetzt. Zu dessen aktiven Mitstreitern zählt der Diplomingenieur Axel H. Kopsch, langjähriger leitender Mitarbeiter der Europäischen Raumfahrtagentur ESA. »Seit den 1960er-Jahren verfolge ich Debatten um die Frage, ob die Erde Besuch von Außerirdischen gehabt haben könnte, mit nüchternem raumfahrttechnischen Hintergrund. Ich halte die Existenz außerirdischen Lebens sowie außerirdischer Artefakte sowohl auf der Erde als auch im erdnahen Weltraum, dem Mond oder unserem Sonnensystem für möglich und wäre nicht überrascht, wenn sich bald Beweise dafür fänden.«

Kopschs Kollege, der Berliner Physikprofessor Dieter B. Herrmann, bläst ins gleiche Horn, wenn er hinsichtlich eines Direktkontakts anmerkt: »Ein weltweiter kollektiver Schock wäre wohl die unausweichliche Folge!« Auch Professor Schetsche macht seinerseits kein Hehl daraus, dass ihm ein Erstkontakt ebenfalls mehr Kummer als Freude bereiten würde. Er skizziert drei mögliche Szenarien: »Harmlos wäre, wenn es sich um ein Signal aus 10 000 Lichtjahren Entfernung handelt. Unsere Religionen würde das beeinflussen, für den irdischen Alltag aber wäre es irrelevant. Denn das Signal ist dann ja auch 10 000 Jahre alt, wer weiß, ob es die Zivilisation noch gibt. Da wird es nie einen Dialog geben, nur Monologe.« Brisanter wäre es, »wenn im Asteroidengürtel eine fremde Sonde auftauchen würde. Das würde sowohl auf die Wissenschaft als auch auf die Politik Auswirkungen haben.« Dann stellten sich Fragen wie: »Was ist Demokratie noch wert, wenn es eine Zivilisation gibt, die uns weit überlegen ist?«

Wahrlich riskant würde es gemäß Schetsche beim »Auftauchen einer Spezies direkt im Sonnensystem in der Nähe der Erde«. »Dann gibt es

Entdecker – und Entdeckte. Also uns! Eine technisch hochentwickelte Zivilisation, die auf eine weitaus primitivere trifft. Was danach passiert, kennen wir aus der Geschichte der Menschheit: Für die weniger entwickelte Zivilisation ist das in aller Regel sehr, sehr schlecht ausgegangen.«

Und ein Direktkontakt mit Außerirdischen? Aus Sicht der Soziologie wäre dies laut Schetsche das schlimmste Szenario für die Menschheit: »Das Entscheidende ist das schlagartig vorhandene Wissen: Intelligente Wesen aus den Weiten des Universums haben die Erde, haben uns gefunden. Die Geschichte der Menschheit kennt genügend Beispiele aus der sogenannten Zeit der Entdeckungen ab dem 15. Jahrhundert. Da gibt es eine Vielzahl von Kulturen, die entdeckt wurden, und manche Kulturen, welche die Entdecker waren. Für diejenigen, die aufgespürt und erforscht wurden, gab es in den meisten Fällen sehr schwerwiegende psychosoziale Konsequenzen. Die Soziologie nennt so etwas einen ›asymmetrischen Kulturkontakt‹. Will heißen: Die einen sind technisch, kulturell oder wie auch immer überlegen, die anderen sind unterlegen oder fühlen sich so. Unterlegen zu sein ist für Menschen immer schwer zu ertragen, und es wirft vielfältige psychische Probleme auf. Wir haben beispielsweise Berichte von den Großen Antillen, wo sich Menschen nach der Ankunft der Europäer in großer Zahl umgebracht haben, weil ihr Weltbild zerstört wurde. Weil die Grundüberzeugungen ihrer Kultur ins Wanken gerieten.«

Schetsche versteht sich deshalb als einer der wenigen, der sagt: Ich möchte zu meinen Lebzeiten einen solchen Kontakt nicht erleben! »Für die Menschheit wäre es sicherlich ganz gut, wenn das noch 1000 Jahre auf sich warten ließe«, räumt er freimütig ein. »Lauthals ›Hallo, wir sind hier!‹ ins Universum zu posaunen, könnte ein großer Fehler sein, möglicherweise sogar unser letzter. Das halte ich für eine hochriskante Strategie!«

Bleibt die eingangs erwähnte Frage, ob sich außerirdische Intelligenzen nicht schon längst in unserer Nähe aufhalten – und im Rahmen eines universellen Experiments mit Argusaugen beobachten, wie sich unsere primitiven Kulturen zunehmend entfremden und gegenseitig in die Luft sprengen. Psychologieprofessorin Petia Genkova von der Hochschule Osnabrück hält dies auf Anfrage durchaus für denkbar – und teilt Schetsches Bedenken: »Ob wir für eine Kontaktaufnahme reif wären?

174
»Womöglich sind wir
für Außerirdische
nur ein Experiment ...«
(Petia Genkova,
Professorin an der
Hochschule Osnabrück)

Aus Sicht der Psychologie muss ich leider ebenfalls sagen: Nein! Wir sind noch bei Weitem nicht bereit, um damit vernünftig umzugehen.«

Aus Forschungssicht empfänden wir so ziemlich alles, was unbekannt ist, anfänglich als Bedrohung, so Genkova. Kontakt mit dem Fremden sei immer mit Stress verbunden. Dies führe zu einer stärkeren Abgrenzung zur Fremdgruppe – seien es nun Aliens oder andere Menschen –, aber auch zu einer stärkeren Identitätsstiftung innerhalb der eigenen Gruppe, die Außenstehende als weitaus differenzierter und bedrohlicher betrachtet, als sie in Wahrheit vermutlich sind. »Wenn plötzlich Aliens auftauchten, könnte es zwar sein, dass die Menschheit einige Konflikte vergisst, doch könnte sie stattdessen der fremden Gruppe aus dem Weltall umso feindseliger begegnen. Für uns wären derlei Wesen damit plötzlich nicht mehr nur eine hypothetische, sondern eine reale Bedrohung. Das könnte in uns allerlei archaische Instinkte sowie unseren primären Selbsterhaltungstrieb aufleben lassen.«

Denkbar bleibt vieles, wie auch die Professorin als jüngere, aufgeschlossene Vertreterin ihrer Zunft zu bedenken gibt: »Ob ich generell an Außerirdische glaube? Nun, ich stamme aus einer Generation, die mit *Star Trek* aufgewachsen ist und jede neue TV-Folge mit Wonne reflektiert hat.

Persönlich bin ich von ihrer Existenz überzeugt. Vielleicht sind wir für sie ja eine Art Experiment, und sie beobachten uns. Das wäre eine selbstironische Reflexion unserer eigenen Entwicklung. Schließlich experimentieren wir ja auch mit unserer Selbstbestimmung.« Insofern scheint universale Funkstille womöglich tatsächlich ratsam. Um da draußen nicht noch mehr schlafende Geister zu wecken, als sie manchen von uns längst den Schlaf rauben.

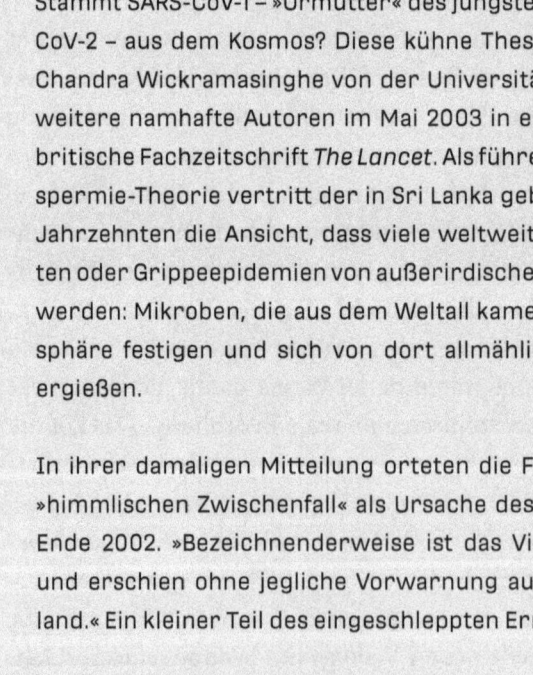

Corona-Kontroverse: Kam das Virus aus dem All?

Stammt SARS-CoV-1 – »Urmutter« des jüngsten Corona-Erregers SARS-CoV-2 – aus dem Kosmos? Diese kühne These formulierten Professor Chandra Wickramasinghe von der Universität von Cardiff (Wales) und weitere namhafte Autoren im Mai 2003 in einem offenen Brief an die britische Fachzeitschrift *The Lancet*. Als führender Verfechter der Panspermie-Theorie vertritt der in Sri Lanka geborene Astrophysiker seit Jahrzehnten die Ansicht, dass viele weltweit ausbrechende Krankheiten oder Grippeepidemien von außerirdischen Organismen verursacht werden: Mikroben, die aus dem Weltall kamen, sich in unserer Stratosphäre festigen und sich von dort allmählich auf die Erdoberfläche ergießen.

In ihrer damaligen Mitteilung orteten die Forscher einen konkreten »himmlischen Zwischenfall« als Ursache des ersten SARS-Ausbruches Ende 2002. »Bezeichnenderweise ist das Virus unerwartet neuartig und erschien ohne jegliche Vorwarnung auf dem chinesischen Festland.« Ein kleiner Teil des eingeschleppten Erregers, so die Vermutung, könnte damals im Osten der Bergketten des Himalaja niedergegangen sein, wo die Stratosphäre am dünnsten ist. Gefolgt von sporadischen Ablagerungen in den benachbarten Gebieten. »Wenn das Virus nur geringfügig ansteckend ist, wie es den Anschein hat, dann wird die nachfolgende Richtung der weltweiten Verbreitung vom stratosphärischen Transport und der Mischung abhängig sein, die während mehrerer Jahre periodisch zu einem kontinuierlichen Niederschlag führen. Neue SARS-Fälle könnten also auch in Zukunft immer wieder vorkommen. So lange, bis der stratosphärische Vorrat des Auslösers erschöpft ist.«

Für ihre Ausführungen ernteten Chandra Wickramasinghe und seine Mitstreiter seinerzeit nur ein müdes Lächeln. Zu Unrecht? Bei einem persönlichen Treffen erörterte mir der Professor 2008 seine kontroversen Thesen, die er einst mit seinem renommierten Doktorvater Sir Fred Hoyle entwickelt hatte. Zugrunde liegt ihnen die Erkenntnis, dass Viren und Bakterien im Weltall weitaus länger überleben als lange Zeit gedacht, womöglich sogar etliche Jahrmillionen – nicht zuletzt im Inneren von Meteoriten. Als »Samen aus dem All« könnten sie in grauer Vorzeit sogar für den Beginn des Lebens auf unserem Erdball verantwortlich gewesen sein.

Für ihre Erkenntnisse waren Hoyle und Wickramasinghe anfänglich wissenschaftlich gekreuzigt und später geehrt worden. Und dies gleich mehrfach. »Als wir unsere Theorie in den 1970er-Jahren publizierten, war die Haltung uns gegenüber tatsächlich sehr feindlich«, bestätigte der sympathische Astrophysiker und Mathematiker. »Im Mittelalter wären wir wohl verbrannt worden. Aber die öffentliche Stimmung hat sich geändert. Viele Kritiker denken jetzt, dass zumindest die chemischen Stoffe für die Lebensentstehung auf unserer Erde aus dem Kosmos stammen dürften. Ein kleiner Anfang. Immerhin ...«

Doch Chandra wäre nicht Wickramasinghe, wenn er sich auf seinem Lorbeerkranz ausgeruht hätte, der inzwischen längst wieder zur

Dornenkrone mutierte. »Bereits die berüchtigte Spanische Grippe (1918–1920) dürfte aus dem Weltall zu uns gelangt sein – durch einen Einfall infektiöser Viren und Mikroorganismen im organischen Staub von Kometen oder von Meteoriten stammenden Partikeln«, versicherte er 2008 keck und drückte mir beim Abschied herzlich die Hand. »Irgendwann in ferner Zukunft wird die Panspermie-Theorie für die Menschheit genauso einleuchtend sein wie die Tatsache, dass die Erde sich um die Sonne dreht. Und man wird einsehen, dass das Universum das Leben kontrolliert – und nicht umgekehrt. Erinnern Sie sich bitte an diese Sätze, wenn das vermeintlich Unmögliche weltweit erneut für Unruhe sorgt!«

12 Jahre lang drehte sich die Welt in der Folge unbeirrt im Kreis, ehe sie 2020 wegen SARS erneut stillstand. Und diesmal komplett. Umso lauter versuchen sich Wickramasinghe und seine Mitstreiter seit dem Ausbruch der neuesten Pandemie einmal mehr Gehör zu verschaffen, indem sie weitere Veröffentlichungen lancierten. Darunter auch eine Publikation in *Advances in Genetics* vom 14. Juli 2020 (»Origin of new emergent Coronavirus and Candida fungal diseases – Terrestrial or cosmic?«). Detailliert zeigen sie darin auf, dass auch die neueste Virenplage durch einen Meteoriteneinschlag ausgelöst worden sein könnte, dessen Feuerball am 11. Oktober 2019 über der Stadt Songyuan in der Provinz Jilin im Nordosten von China von etlichen Augenzeugen beobachtet wurde. »Es handelte sich dabei vermutlich um einen zerbrechlichen und losen kohlenstoffhaltigen Körper. Wir gehen davon aus, dass sich dessen viral kontaminierte Trümmer und Partikel in der Stratosphäre absetzten und dann etwa 4 bis 6 Wochen später in Wuhan und verwandten Regionen niedergingen, was dazu führte, dass die ersten Fälle der durch Covid-19 verursachten viralen Lungenentzündung in der dortigen Region Ende November 2019 auftraten. Die oft kolportierte Theorie, dass der Erreger von Fledermäusen über Schlangen auf uns übergesprungen ist, erscheint unplausibel!«

175   Professor Chandra Wickramasinghe (rechts),
hier mit Erich von Däniken am internationalen
World Mysteries Forum in Basel (2008).

Weil nicht sein kann, was nicht sein darf, fanden auch diese Erkenntnisse bei den Inquisitoren der Neuzeit kaum Gehör. Wickramasinghe: »Anfang Februar 2020 haben wir versucht, die Öffentlichkeit über unsere Interpretation der Ursprünge von Covid-19 mit Argumenten und Analysen zu informieren. Ein entsprechender Brief wurde an *The Lancet* geschickt. Ein weiterer Artikel für eine weitaus breitere Leserschaft wurde an eine australische Publikation versandt. Leider wurden beide Papiere von den zuständigen Redakteuren abgelehnt.«

Leben wir alle in einer Illusion?

» Ich glaube nicht, dass wir die Welt wahrnehmen, wie
sie ist. Es ist in meinen Augen eine Illusion, dass wir sie so sehen,
wie sie wirklich ist. Die Welt ist Kino im Kopf – das ist in der
modernen Psychologie völlig unbestritten. Unsere Realität ist im Prinzip
ein Film mit Dingen, die momentan gerade relevant sind. «

Walter von Lucadou, Physiker und Psychologe

Der Homo sapiens bleibt ein Wendehals. Seit er in grauer Vorzeit seinen
bescheidenen Gehirnapparat entdeckte und anwarf, wechseln seine An-
sichten alle paar Jahrzehnte. Von Generation zu Generation. Was gestern
galt, ist heute veraltet. Was heute gilt, wird morgen verworfen. Was morgen
gilt, wird heute als Hirngespinst von Fantasten oder Verschwörungstheo-
retikern gescholten. So war es, und so wird es immer sein. Auch wenn man
für ketzerische Zeilen wie diese mitunter auf dem Scheiterhaufen der Neuzeit landet, der mittlerweile selbstverständlich mit Ökostrom angefacht
wird und inzwischen sogar kompostierbar und recycelbar ist. Halleluja?!

»Die Antworten wechseln – doch die Fragen bleiben«, kritzelte ich im
Spätherbst 1993 in mein Notizbuch. Als blutjunger Journalist hauste ich
damals in einer Einzimmerwohnung und hielt nach meiner ersten Sach-
buchpublikation Ausschau nach einer größeren Bleibe, die mein kleines
Budget nicht sprengen sollte. Mein 85-jähriger Großvater wusste von meiner Suche und empfahl mir, die Zeitungsanzeigen einer lokalen Immobi-
lienverwaltung abzuklappern, die sein Häuschen betreute: »Falls du was
findest, richte dort einen Gruß von mir aus. Dann klappt es bestimmt!«

176 Bleibt unsere Realität Ansichtssache? Ist letztendlich alles
nur eine Frage des persönlichen Blickwinkels?

Ich machte mich in der 200 000-Einwohner-Stadt auf die Suche, besichtigte manche günstige Absteige und manches überteuerte Loch, ehe ich mich in eine uralte, aber bezahlbare Dreizimmerwohnung verliebte. Von der ersten Sekunde an, in der ich ihre Räume in Augenschein nahm, fühlte ich mich dort »zu Hause«. Eilig füllte ich das Formular aus, samt Empfehlung meines Opas. Und, oh Wunder: Kurz darauf erhielt ich den Zuschlag!

Wenig später saßen Großvater und ich einmal mehr auf seiner Gartenschaukel. »Und? War deine Wohnungssuche erfolgreich?«, wollte er wissen, während wir gemächlich hin und her wippten. »Ja, ich habe eine wunderprächtige Altbauwohnung gefunden«, sprudelte es aus mir heraus. »In welcher Straße denn?«, fragte er. »In der Mülhauserstraße«, entgegnete ich. »Aha – also die Nummer 88, die alte Eckwohnung im ersten Stock!«, schmunzelte er und schwang seinen Zeigefinger: »Wohnt darunter immer noch ein Schuhmacher? Existiert die kleine Mauer davor immer noch?«

Fassungslos blickte ich ihn an. »Woher weißt du das? Hat dich die Hausverwaltung kontaktiert?« Nein, winkte Großvater seelenruhig ab. »Aber eigentlich konnte es in besagter Straße nur diese eine Hausnummer sein. Exakt in jener Wohnung im ersten Stock war ich nach dem Weltkrieg mit meinen Brüdern nämlich ebenfalls mal ein paar Jahre lang zu Hause!«

Drei Jahrzehnte später, etliche unerklärliche Erlebnisse reicher und noch mehr Interviews mit kerngesunden Zeugen der Anderswelt verwirrter, glaube ich zumindest eines mit Bestimmtheit zu wissen: Irgendetwas stimmt auf unserem Globus nicht! Irgendetwas geht da draußen mitunter nicht mit rechten Dingen zu. Je intensiver ich nach Ausrufezeichen fahnde, desto fleißiger umgarnen mich die Fragezeichen: Beeinflussen wir unser Leben? Oder beeinflusst es uns? Sind wir traurig, weil es draußen regnet? Oder regnet es draußen, weil wir traurig sind? Weshalb scheinen uns manche Zeitgenossen auf den ersten Blick intim vertraut, während uns andere ein Leben lang fremd bleiben? Warum hat uns die Natur eifrig mit Genitalien bestückt, damit wir uns fortpflanzen? Und wieso beschert uns dieselbe Natur ebenso eifrig neue Krankheiten, um uns zu dezimieren? Werden wir je begreifen, was wir nicht verstehen? Werden wir je verstehen, was wir nicht begreifen?

Bleibt es nicht seltsam, dass wir nur diejenigen Farben kennen, die wir wahrnehmen, während uns exotischere Farbtöne im Gegensatz zu anderen Lebewesen mangels zusätzlicher Sinnesorgane verschlossen bleiben? Ist ein Tisch nur deshalb ein Tisch, weil wir ihn so bezeichnen? Bellt eine Katze nur darum nicht, weil wir sie in unserer Realität sprachlich zum Miauen verdammt haben? Und was wäre, wenn ein Blitz plötzlich donnern und der Donner danach blitzen würde? Woran würden wir in diesem Fall eher zweifeln? An unserem Verstand? Oder an unserer Natur?

Sind Trugschlüsse unsere treuesten Begleiter? Ich befürchte es. Dennoch flirten mich »Risse in der Matrix« mitunter derart kokett an, dass ich nicht mehr länger wegschauen mag. Was um alles in der Welt hat beispielsweise ein Indianer mit einem Smartphone auf einem Gemälde von 1937 zu suchen? Dies fragen sich nicht nur Kunstfreunde beim Anblick eines Werkes von Umberto Romano, das im historischen US-Postamt von Springfield in Massachusetts prangt. *Mr. Pynchon and the Settling of Springfield* zeigt die

Begegnung zwischen englischen Siedlern und Indianern im 17. Jahrhundert. Seit Jahren zerbrechen sich Anthropologen den Kopf darüber. »Ein Spiegel«, spekulieren einige, »eine religiöse Schrift im Taschenformat«, mutmaßen andere. Von mir aus.

177 Ein Indianer mit einem Smartphone in der Hand?! Historisches Gemälde von Umberto Romano aus den 1930er-Jahren.

Wie aber lässt sich erklären, dass wir den US-Schauspieler Sylvester Stallone (*Rocky*) auf einem antiken Fresko des italienischen Meisterpinslers Raffael von 1511 in den Palästen des Vatikans erkennen? Warum scheint uns *Matrix*-Kinostar Keanu Reeves auf einem antiken Porträt des französischen Schauspielers Paul Mounet (1847–1922) entgegenzublicken? Und weshalb nehmen wir auf einer unverfälschten Fotografie der University of Washington Libraries von 1898 (Special Collections, Hegg 3209) intuitiv die umstrittene Klima-Aktivistin Greta Thunberg wahr? Wieso erinnert eine über 3000 Jahre alte ägyptische Büste im Field Museum von Chicago frappierend an Popikone Michael Jackson? Und warum mischt im französischsprachigen Originalband von *Asterix in Italien* aus dem Jahr 2017 neben Co-Pilot »Bacillus« ausgerechnet ein dauermaskierter, fieser Wagenlenker namens »Coronavirus« das Feld auf? Ebenfalls nur ein Zufall? Vielleicht. Vielleicht aber auch nicht.

178 Antikes Fresko von Raffael (1511) im Vatikan. Was hat der Schauspieler Sylvester Stallone (*Rocky, Rambo*) darauf verloren?

179
Nein – dieses Gemälde zeigt nicht *Matrix*-Star Keanu Reeves, sondern den französischen Schauspieler Paul Mounet vor rund 100 Jahren. Die Ähnlichkeit der beiden Akteure wirft dennoch Fragen auf.

180
An welchen weltberühmten US-Popstar erinnert diese 3000 Jahre alte ägyptische Büste? Dreimal dürfen Sie raten ...

181
Wen erkennen Sie auf diesem Foto? Die Klimaaktivistin Greta Thunberg? Falsch geraten: Geschossen wurde diese Aufnahme im Jahr 1898!

182
Szenen aus dem französisch-englischen Originalband von *Asterix in Italien* (2017), 2 Jahre vor dem Ausbruch der Coronapandemie!

Unser Bewusstsein pulsiert in der Vergangenheit. Alles, was wir wahrnehmen, hat sich bereits Sekundenbruchteile zuvor ereignet, ehe wir uns dessen gewahr werden. Seltsamerweise scheint sich selbst unsere Zukunft weitaus unerwarteter im Gewesenen zu manifestieren als vermutet. Zur Erinnerung: Am 27. Januar 2010 präsentierte Apple-Chef Steve Jobs der Öffentlichkeit das allererste iPad und veränderte damit die Welt. Dies, nachdem Toshiba, IBM, Siemens oder Microsoft schon in den 1990er-Jahren Tablet-Vorläufer lanciert hatten, die sich jedoch nie durchsetzen konnten. Umso kurioser mutet vor diesem Hintergrund Stanley Kubricks fantastisches Filmepos *2001 – Odyssee im Weltraum* an: Im Kinoklassiker von 1968 arbeiten und chatten unsere Astronauten im Weltall nämlich bereits mit hauchdünnen portablen Tablet-Computern in DIN-A4-Größe! Als Apple 2001 juristisch gegen Samsungs Galaxy-Tablet vorging, wurden die damals über 30 Jahre alten Filmszenen vom koreanischen Elektronikriesen sogar vor Gericht präsentiert, um Plagiatsvorwürfe zu kontern.

Drehbuch und Roman zum Film hatte Regisseur Kubrick mit niemand anderem als dem visionären Schriftsteller Arthur C. Clarke entwickelt. Ausführlich werden darin weitere Funktionen besagter Tablets erläutert – und dies wohlgemerkt bereits Ende der 1960er-Jahre. »Obwohl er auf seinem Sitz blieb und las, gab es doch viele Möglichkeiten, die Zeit totzuschlagen. Wenn er von den offiziellen Berichten und Memoranden genug hatte, steckte er den Kontakt des Nachrichtenschirms in die Steckdose, die ihn mit dem Informationsstromkreis des Raumschiffes verband. Nacheinander konnte er jetzt die wichtigsten elektronischen Zeitungen der Welt Revue passieren lassen. (…)

Erst überflog er die Titelseiten, auf denen sämtliche im Innern enthaltenen Artikel in Form von Schlagzeilen vermerkt waren (…) und wenn er einen davon auf einer Tastatur drückte, erschien dieser auf dem Schirm als briefmarkengroßes Rechteck, das sich schnell vergrößerte, bis es die gesamte Fläche ausfüllte und sich bequem lesen ließ. Wenn er den Artikel beendet hatte, stellte er wieder eine Titelseite ein und wählte ein neues Thema zur Lektüre. Er befand sich im Weltraum. (…) Doch in Bruchteilen von Sekunden konnte er jeden beliebigen Zeitungsartikel lesen. Der Text wurde von Stunde zu Stunde ausgewechselt, und selbst wenn einer nur

Englisch verstand, konnte er sein ganzes Leben lang damit verbringen, den ständigen Informationsstrom der Nachrichtensatelliten zu verfolgen.

Man konnte sich schwer vorstellen, dass das System verbessert werden könnte. Aber früher oder später, meinte er, würde es trotz allem veraltet sein und durch etwas Neues und so Unvorstellbares ersetzt werden, wie dieser Nachrichtenschirm dem alten Buchdrucker Gutenberg erschienen wäre. Doch das Lesen der winzigen elektronischen Schlagzeilen ließ noch einen anderen Gedanken in ihm wach werden. Denn je wunderbarer die Kommunikationsmittel wurden, um so banaler war der von ihnen übermittelte Inhalt ...«

Visionäre Zeilen, die am Lack unserer chronologischen Vorstellungswelt kratzen! Verrenken und verschränken sich Zukunft und Vergangenheit quantenphysikalisch mitunter weitaus intimer, als wir ahnen? Ist Zeit nur eine menschliche Erfindung? Ein irdisches Hirngespinst, um der undenkbaren Gleichzeitigkeit aller Geschehnisse im Kosmos Herr zu werden und den Verstand nicht zu verlieren? Weshalb denken wir tagsüber chronologisch strukturiert? Wieso träumen wir nachts chronologisch unstrukturiert? Gab es eine Zeit vor der Zeit? Gibt es eine Zeit nach der Zeit? Und was geschieht, wenn »unsere« Zeit endet? Welches Schöpferwesen schüttelt uns als Regisseur und Drehbuchautor hinter den Kulissen die Hände, wenn vor uns der letzte Vorhang fällt? Gott? Ein depressiver Quantencomputer? Freudig grunzende Spaghettimonster? Niemand? Oder am Ende wir selbst?

Ich kann mich nur wiederholen: Unsere vermeintliche »Realität« bleibt ein ebenso einsturzgefährdetes wie abbruchwürdiges Gedankenkonstrukt! Ein simples Beispiel verdeutlicht, was sich kaum jemand vergegenwärtigt. Beauftragen Sie drei flinke Zeichner und drei begnadete Fotografen, Ihren menschlichen oder tierischen Liebling möglichst wahrheitsgetreu in Szene zu setzen. In der Folge werden Sie sechs prächtige Bilder in den Händen halten, die zwar alle Ihr Herzblatt zeigen und sich dennoch fundamental von Ihrer persönlichen Wahrnehmung unterscheiden. Warum? Weil jeder individuelle Eindruck ebenso wie jede menschliche Momentaufnahme stets subjektiv (also ichbezogen) bleibt – und niemals objektiv (also objektbezogen) sein kann.

Kurz: Wie wir ein Lebewesen, unsere Umgebung oder die gesamte Welt wahrnehmen, entspricht nicht einer übergeordneten Realität, sondern nur unserer ureigenen Realität, die sich von allen anderen, milliardenfach existenten Realitäten unserer Mitmenschen unterscheidet. Gemeinsam ist all diesen unendlich vielen, parallel existierenden Gedankenwelten lediglich eine winzige Schnittmenge, die uns ebenso miteinander verbindet, wie sie uns voneinander trennt. Paradoxe Folgerung: »Wenn unsere Wahrnehmung nicht absolut oder allgemeingültig ist, kann keine Folgerung aus ihr absolut oder allgemeingültig sein.« In Erinnerung gerufen hat uns dies der pfiffige Gedankenanarchist Robert Anton Wilson (1932–2007). Pfiffige Kerle sind ihrer Zeit stets voraus.

Erwin Schrödinger (1887–1961) war ebenfalls ein pfiffiger Kerl. 1935 wagte der österreichische Physiker und Nobelpreisträger ein weitaus vertrackteres Gedankenspiel. Kernfrage: Ist eine Katze in einer verschlossenen und von außen uneinsehbaren Kiste tot oder lebendig, falls sich neben ihr ein irgendwann berstendes oder aber ebenso intakt bleibendes Fläschchen mit Blausäure befindet? Die Antwort: Das bedauernswerte Tier bleibt gleichzeitig tot und lebendig. Allerdings nur so lange, wie wir vorgestern, gestern, heute oder übermorgen keinen Blick in seine Box werfen.

Das Ergötzliche an Schrödingers Gedankenspiel: Wir glauben es nach dreimaligem Lesen einigermaßen nachvollziehen zu können. Und die ernüchternde Krux? Weitere quantenmechanische Geistesblitze und Formeln aus seiner visionären Feder werden uns lebenslang fremd bleiben. Weil unser Gehirn zu winzig ist, um seine eigene Beschränktheit zu kapieren. Will heißen: Viele von uns werden nie verstehen, was sie nicht verstehen. Und für manche bleiben selbst Sätze wie diese verwirrend. Alles klar?!

Gesegnet, wer noch nie Kopfschmerzen hatte. Denn da piesackt uns auch noch das ebenso vertrackte »anthropische Prinzip«. Es besagt, dass das Universum nur deshalb von uns erforschbar ist, weil es alle Eigenschaften besitzt, die uns ein Forscherleben ermöglichen. Jede intelligente Lebensform kann sich demnach selbst nur dort orten, wo intelligente Lebensformen möglich sind. Wäre der Kosmos für die Entwicklung irdischen Lebens nicht geeignet, wäre auch kein irdisches Wesen vorhanden, welches es aus unserer Sicht beschreiben könnte. Verständlicher auf den

Punkt gebracht: Wäre unser Weltall nicht lebensfreundlich, dann wären wir auch nicht da, um darüber zu debattieren, ob diese Behauptung richtig oder falsch ist. Noch simpler formuliert: Es sind Beobachter nötig, um das Universum zu erzeugen!

»Wenn wir ins Universum blicken und erkennen, wie viele Zufälle in Physik und Astronomie zu unserem Wohle zusammengearbeitet haben, dann scheint es fast, als habe das Weltall in gewissem Sinne gewusst, dass wir kommen«, gab der englisch-amerikanische Physiker Freeman J. Dyson (1923–2020) schon 1979 zu bedenken.

Je intensiver unser seitheriger Erkenntnisprozess, desto befremdlicher unser Sein. Je mehr wir dem Sinn des Lebens auf die Schliche kommen, desto stärker entzieht er sich unserem Verständnis. Und so ist die für manche bedrückende und für andere beglückende Spekulation, dass wir alle womöglich »nur« in einer virtuellen Realität leben, lieben und leiden längst auch in akademische Denkmodelle eingeflossen. Fundiert dargelegt in der Simulationshypothese des schwedischen Philosophen Nick Bostrom (*Superintelligenz*, 2014) oder in nicht minder komplexen Gedankenspielereien seines Landsmannes und Kosmologen Max Erik Tegmark (*Leben 3.0*, 2017).

Frei nach dem bereits erwähnten Motto: Je ausgereifter und realitätsnäher unsere virtuell generierten Computerwelten, desto wirklicher die skurrile Möglichkeit, dass wir irgendwann auch Teil von ihr sein könnten. Um damit selbst in täuschend echten holografischen Simulationen zu wandeln und unsere Erzeuger je nach Lust und Laune zu entzücken oder zu bedrücken. Ohne uns dessen bewusst zu sein. Einem universalen Brettspiel gleich, auf dem eifrig vorrücken darf, wer brav und regelkonform um die Wette würfelt. Und als Spielverderber vorzeitig aussetzen muss, wer infrage stellt, ob die Würfel gezinkt sein könnten?

»Ist all Schaun und Schein nur Schaum – nichts als ein Traum in einem Traum?«, fragte sich bereits »Gruselmeister« Edgar Allan Poe (1809–1849), ehe ihm das Universum nach seinem letzten Essay *Heureka* (»Ich hab's gefunden!«) mit 40 Lebensjahren kurzfristig das Licht ausknipste. Rund eine Woche lang galt der visionäre Poet vor seiner Hochzeit als verschollen, ehe er völlig verwirrt und in »fremden Kleidern« (!) auf der

Straße aufgefunden wurde – und kurz danach im Krankenhaus unter ungeklärten Umständen verstarb. Alle medizinischen Aufzeichnungen über sein Ableben sind bis heute spurlos verschwunden.

»Du bist zeitlebens für das verantwortlich, was du dir vertraut gemacht hast«, notierte der französische Meisterphilosoph und Pilot Antoine de Saint-Exupéry (1900–1944) ebenso erleuchtet, ehe die Wirklichkeit auch ihn samt seiner zweimotorigen P-38 vorzeitig ins Nirwana beförderte. Wie hatte es der aufgeweckte junge Mann seinem *Kleinen Prinz* zuvor in den Mund gelegt: »Es wird so aussehen, als wäre ich tot – und das wird nicht wahr sein.«

George Orwell wiederum – Prophet des Überwachungsstaates – durfte sein längst wahr gewordenes Schreckensszenario *1984* zumindest noch im Sterbebett vollenden: »Woher wissen wir denn schon, dass zwei und zwei vier ist? Oder dass die Gravitationskraft funktioniert? Oder dass die Vergangenheit unveränderbar ist? Wenn sowohl die Vergangenheit als auch die äußere Realität nur in unserer Vorstellung existieren und die Vorstellung selbst kontrollierbar ist – was dann?« Der »Mann aus der Zukunft« starb 1950 im Alter von 46 Jahren an Tuberkulose.

»In unserer Kultur bestimmt eine kleine Gruppe von Wissenschaftlern, Religions- und Wirtschaftsführern, was wir als Realität ansehen müssen!«, kritisierte der weltberühmte Psychiatrieprofessor und UFO-Entführungsforscher aus Harvard, John E. Mack, ehe er am 27. September 2004 von einem Auto überfahren wurde. Unvergessen auch der deutsche Kultregisseur Rainer Werner Fassbinder (1945–1982). »Vielleicht sind wir ja alle nur elektronische Schaltkreise, und man zieht uns einfach nur den Stecker raus ...«, ließ er seine TV-Protagonisten im *Matrix*-Vorläufer *Welt am Draht* (1973) orakeln, ehe er im Alter von 37 Jahren selber von der irdischen Bühne abberufen wurde.

Hand aufs Herz: Weshalb muss so mancher geistreiche Kopf unsere Welt oft früher verlassen als so mancher geistlose Tropf? Just dann, wenn er vieles kapiert zu haben scheint? Ist menschliches Bewusstsein ein kosmisches Geschenk? Oder eine globale Bestrafung? Bleibt es nicht bizarr, dass sich seit Anbeginn aller Zeiten niemand von uns an die allerersten Jahre seines Lebens erinnern kann? Gibt es nicht ebenso zu denken, dass

183
Welt am Draht. Filmszene aus Rainer Werner Fassbinders deutschem *Matrix*-Vorläufer mit Klaus Löwitsch (1973).

jegliches persönliche Wissen über unsere Vorfahren zumeist bei unseren Urgroßeltern endet? Oder um den komplexen Matrixfaden noch länger zu spinnen: Leben wir alle womöglich in der bescheidenen Illusion einer größeren Illusion, die ihrerseits Bestandteil einer weitaus komplexeren Illusion ist, die wiederum lediglich Teil einer noch unverständlicheren Illusion bleibt?

Wissen entsteht. Wissen vergeht. Der Glanz der Ausrufezeichen verblasst, und die Fragen wiederholen, paaren und vermehren sich, je intensiver man über sie nachsinnt. Wer hat die Grenzen unserer Intelligenz gezogen, die wir nie überschreiten werden? Warum bleibt es seit der Steinzeit keinem noch so emsig Reisenden vergönnt, sämtliche Winkel dieser Erde persönlich zu erkunden? Warum bleibt es uns zeitlich ebenso lebenslang verwehrt, jedes je gedruckte Buch zu lesen, um das Wissen über unser Unwissen entscheidend zu erweitern? Weshalb wird es niemandem jemals gelingen, sämtliche Sprachen dieser Welt zu erlernen, um befremdliche Wesen wie Angela Merkel, Donald Trump oder den afrikanischen Stammeshäuptling von Bingo Bongo artgerechter zu verstehen? Zufall? Oder Absicht?

Wieso kennen wir bis an unser Lebensende viele Nischen, Plätze oder Straßen in unserer direkten Nähe lediglich vom Hörensagen – ohne sie je ein einziges Mal betreten zu haben? Weshalb lernen wir niemals sämtliche Nachbarn persönlich kennen, die neben, oberhalb oder unterhalb von uns leben, um von ihren Erfahrungen zu profitieren? Kennen Sie jemanden, der alle Tierarten dieser Welt kennt? Ich nicht. Kennen Sie jemanden, der sämtliche Kinofilme aller Zeiten persönlich gesehen hat? Ich nicht. Kennen Sie jemanden, dem es in seinem kurzen Dasein vergönnt war, jeden Bewohner auf diesem Planeten zu umarmen? Ich nicht.

Weshalb gesteht die Natur so manchem Baum oder Tierwesen ein Lebensalter von etlichen Jahrhunderten zu – und uns lediglich einen Bruchteil davon? Wer oder was hat unsere irdische Existenz bereits in der Bibel wortwörtlich auf 120 Jahre beschränkt? Warum diese bis heute gültige körperliche, zeitliche und geistige Begrenzung, die unsere Entwicklung bis in alle Ewigkeit in Fesseln legt? Höllische Nachsicht? Himmlische Vorsicht?

Bleibt es nicht ebenso absurd, dass das Universum mit Vorliebe stets das tut, was wir am wenigsten von ihm erwarten? Rein rechnerisch gesehen etwa müssten die Sterne unserer Galaxien aufgrund der Fliehkraft, mangelnder Masse und zu wenig Anziehungskraft voneinander wegdriften. Dummerweise ist exakt das Gegenteil der Fall! Weil unsere Elite gerne an allem zweifelt, nur nicht an sich selbst, hat sie stattdessen eine obskure »Dunkle Materie« erfunden, ebenso wie eine »Dunkle Energie«, damit das fehlerhafte Zahlenspiel unter dem Strich wieder aufgeht. Salopp formuliert: Was nicht passt, wurde passend gemacht!

Woraus die hypothetisch propagierte »Phantommaterie« besteht, die unsere Sternensysteme zusammenhält? Niemand weiß es. Woraus die hypothetisch propagierte »Phantomenergie« besteht, die unser Universum allen Erwartungen zum Trotz auseinanderdriften lässt? Niemand weiß es. Ebenso wenig, weshalb sich unser Erdball nach Jahrzehnten der Entschleunigung seit 2016 zunehmend rasanter um die eigene Achse dreht. Hoppla!

Und Zufälle? Sind sie lediglich das »Pseudonym Gottes, wenn er nicht unterschreiben will«, wie es ein weiser Narr einst umschrieb? Scheint es nicht bemerkenswert, dass wir ihnen biologisch betrachtet unsere eigene

Existenz zu verdanken haben? Wohnt so manchen unverstandenen Koinzidenzen womöglich doch ein tieferer Sinn inne? Oder bleiben sie auf ewig »das unberechenbare Geschehen, das sich unserer Vernunft und Absicht entzieht«, wie es die Gebrüder Grimm im 19. Jahrhundert umschrieben – vor weitaus komplexeren Gedankengeflechten kapitulierend, die unser Geist nie zu entwirren vermag?

Für mich bleibt das Unwahrscheinliche wahrscheinlicher. Und so überrumpelte mich beim Verfassen dieser Zeilen eine weitere, vermeintlich belanglose »Synchronizität«, die mir als Journalist dennoch keine Ruhe lässt. Schlauere Zahlenakrobaten als ich haben ihre statistische Unwahrscheinlichkeit auf meinen Wunsch hin bis auf die letzte Kommastelle durchgerechnet und meinen grauen Zellen netterweise beste Gesundheit bescheinigt.

Worum es geht? Mitunter fröne ich im Internet Glücksspielen. Mit minimalsten Einsätzen. In dem Bewusstsein, stets zu verlieren. Darunter neben EuroMillions auch Super Crossword von Swisslos – dem staatlichen Glücksspielmoloch der Eidgenossenschaft. Man setzt dort – analog zu Kiosk-Losen – dank Kreditkarte ein paar Euronen, wohlwissend, dass Gewinn oder Verlust vorab durch einen Zufallsgenerator bestimmt werden. Will heißen: Man klickt sich durch ein farbenfrohes Computerspielchen, dessen Ausgang längst vorherbestimmt ist. In diesem Fall ging es darum, möglichst viele »zufällig generierte Namenskombinationen« zu ergattern, um danach zum Millionär zu werden, der man nie werden wird.

Gesagt, getan. Es bimmelte und funkelte minutenlang wie in Las Vegas. Selbstverständlich verlor ich meinen Einsatz. Aber nicht, ohne dass zuvor zwei erfolgreiche Namenskombinationen in Großbuchstaben himmelblau aufleuchteten. Erstens: »LUC«. Ausgerechnet mein seltener französischer Vorname. Nun gut, na ja. Das ist ja auch mein realer Name, der dort aus Datenschutzgründen eigentlich niemals auftauchen dürfte. Das Rätselhafte: Gleichzeitig poppte als zweiter farbig markierter Namenstreffer ausgerechnet der ebenso seltene Vorname meines Bruders auf (»NIC«), obwohl dieser noch nie derlei Onlinespielen fröne und das Internet eher meidet. Glücklicherweise konnte ich noch vor Spielende einen Screenshot davon anfertigen (siehe Farbbildteil).

Bleiben rational betrachtet nur zwei Möglichkeiten: Swisslos, also die hochgelobte, staatliche Schweizer Lottogesellschaft, betrügt und bescheißt, greift heimlich vertrauliche Informationen, Namen oder Mails von unseren Rechnern ab und schert sich einen Dreck um Datenschutz. Die Chance dafür scheint mir gering. Der Skandal wäre zu explosiv. Und die zweite Möglichkeit? Ich habe dank der Darstellung unserer beiden seltenen Vornamen quasi einen Sechser mit Jackpot im Lotto gezogen, ohne dafür auch nur einen Cent zu erhalten. Statistisch gesehen ebenfalls eine Unmöglichkeit. Ein weiterer Zufall? Vielleicht. Vielleicht auch nicht.

Zum Glück bin ich nicht der einzige »Verrückte« da draußen. In der Tat »spinnen« mittlerweile wohl mehr Menschen als die Minderheit. Haben Sie in diesem Sinn ebenso Phänomenales oder Mysteriöses erlebt, das Sie an Ihrem Verstand zweifeln ließ? Dann teilen Sie mir Ihre Erlebnisse bitte schriftlich mit, damit ich sie der Nachwelt erhalten kann. Und vergessen Sie bitte nie: Je mehr Leute heute etwas glauben, desto weniger entspricht dies den Vorstellungen der nächsten Generation – und desto stärker den Vorstellungen der übernächsten Generation, die später erneut umdenken muss, um dann wohl einmal mehr eines Besseren belehrt zu werden, weil der Zeitgeist anschließend erneut dreht!

Alles Denkbare bleibt insofern möglich und alles Undenkbare unmöglich. Denn das Universum ist nicht nur bizarrer, als wir es uns vorstellen, sondern auch weitaus bizarrer, als wir es uns vorstellen können. Vielleicht haben wir es ja tatsächlich nur erfunden. Oder es hat zuvor uns erfunden. Oder ein anderer hat es stattdessen für uns erfunden, den wir seinerseits ebenfalls nur erfunden haben, nachdem er zuvor uns erfunden hatte. Kapieren Sie nun ebenfalls, was ich vermutlich nie kapieren werde?

Dank & Kontakt

Jedes Ende ist ein neuer Anfang. Seit Jahren schlummern brisante Papiere über politische Mauscheleien in meinem Archiv. Ebenso wie geheime Dateien über USOs (unidentifizierte Unterwasserobjekte). Deren Veröffentlichung wurde mir behördlich untersagt. Ob ich sie demnächst publizieren werde? Selbstverständlich! Wussten Sie überdies, dass die USA nach wie vor etliche Akten über 9/11 oder den Zweiten Weltkrieg unter Verschluss halten? Weshalb? Und wieso berichten mir Augenzeugen immer wieder über unheimliche Gefährte auf der Autobahn, die sich vor ihren Augen buchstäblich in nichts auflösten?

In der Tat gäbe es noch weitaus »Verrückteres« über unsere Welt zu berichten. Doch das sind andere Geschichten, die ein anderes Mal ausgeplaudert werden sollen. Bis dahin möchte ich mich bei allen journalistischen Mitstreitern bedanken, die mir bei den Recherchen für dieses Buch fleißig unter die Arme gegriffen haben. Allen voran Stéphanie Erni, Mikael Berglund, Ernst Hirt, Chris Kummer, Tomas Hrico, Ruth Gremaud – und nicht zu vergessen ein geschätzter Angler, der mittlerweile in anderen Gefilden fischt. Weitere Gedankenblumen gebühren Barbara Allgeier, Kim Blatter, Martina Kimmerle und Nicole Lechner vom Kopp-Team. Merci!

Meine Kontaktdaten:

Luc Bürgin, Postfach, CH 4002 Basel, Schweiz

www.lucbuergin.com

E-Mail: *info@lucbuergin.com*

Bildnachweis

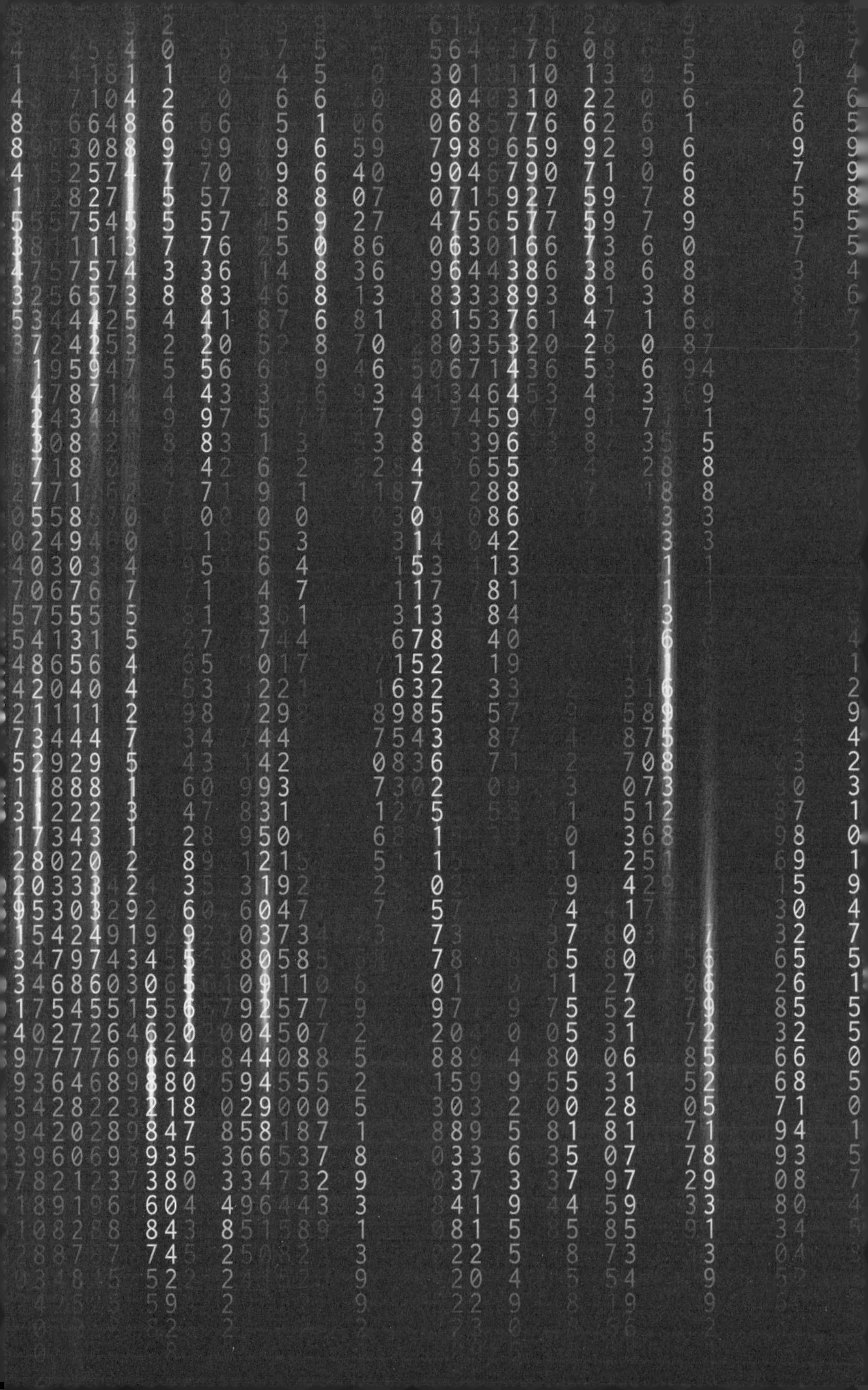